LA RECHERCHE DE LA LANGUE PARFAITE DANS LA CULTURE EUROPÉENNE

DANS LA COLLECTION
« FAIRE L'EUROPE »
DIRIGÉE PAR JACQUES LE GOFF

L'Europe et la Mer
par Michel Mollat du Jourdin

La Ville dans l'histoire européenne
par Leonardo Benevolo
Traduit de l'italien
par Sophie Gherardi et Jean-Luc Pouthier

Les Lumières en Europe
par Ulrich Im Hof
Traduit de l'allemand
par Jeanne Étoré et Bernard Lortholary

Les Révolutions européennes 1492-1992
par Charles Tilly
Traduit de l'anglais
par Paul Chemla

Les Paysans dans l'histoire de l'Europe
par Werner Rösener
Traduit de l'allemand
par Denis-Armand Canal

UMBERTO ECO

LA RECHERCHE DE LA LANGUE PARFAITE DANS LA CULTURE EUROPÉENNE

Traduit de l'italien par Jean-Paul Manganaro
Préface de Jacques Le Goff

OUVRAGE TRADUIT AVEC LE CONCOURS
DU CENTRE NATIONAL DU LIVRE
LIBRAIRIE EUROPÉENNE DES IDÉES

ÉDITIONS DU SEUIL
*27, rue Jacob, Paris VI*e

Titre original : *La ricerca della lingua perfetta nella cultura europa*

La collection « Faire l'Europe » est publiée simultanément par cinq maisons d'édition :

Graphisme du logo « Faire l'Europe » :
Uwe Göbel, Munich.

ISBN de l'édition française : 2-02-012596-X

Je ne saurai certes jamais vous donner le conseil de suivre cette idée bizarre, qui vous est venue, de rêver sur la langue universelle.

FRANCESCO SOAVE, *Riflessioni intorno all'instituzione di una lingua universale* [Réflexions sur l'institution d'une langue universelle], 1774.

Préface

L'Europe se construit. C'est une grande espérance. Elle ne se réalisera que si elle tient compte de l'histoire : une Europe sans histoire serait orpheline et malheureuse. Car aujourd'hui vient d'hier, et demain sort du passé. Un passé qui ne doit pas paralyser le présent mais l'aider à être différent dans la fidélité, et nouveau dans le progrès. Notre Europe, entre Atlantique, Asie et Afrique, existe depuis très longtemps en effet, dessinée par la géographie, modelée par l'histoire, depuis que les Grecs lui ont donné son nom, toujours repris depuis. L'avenir doit s'appuyer sur ces héritages qui, depuis l'Antiquité, voire la préhistoire, ont fait de l'Europe un monde d'une exceptionnelle richesse, d'une extraordinaire créativité dans son unité et sa diversité.

La collection « Faire l'Europe », née de l'initiative de cinq éditeurs de langues et de nationalités différentes, Beck à Munich, Basil Blackwell à Oxford, Critica à Barcelone, Laterza à Rome, Le Seuil à Paris, veut éclairer la construction de l'Europe et ses atouts inoubliables, sans dissimuler les difficultés héritées. Dans ses efforts vers l'unité, le continent a vécu des dissensions, des conflits, des divisions, des contradictions internes. Cette collection ne les cachera pas : l'engagement dans l'entreprise européenne doit s'effectuer dans la connaissance du passé entier, et dans la perspective de l'avenir. D'où ce titre actif de la collection. Le temps ne nous semble pas venu en effet d'écrire une histoire synthétique de l'Europe. Les essais que nous proposons sont l'œuvre des meilleurs historiens actuels, européens ou non, déjà reconnus ou non. Ils aborderont les thèmes essentiels de l'histoire européenne dans les domaines économique, politique, social, religieux, culturel, en s'appuyant à la fois sur la longue tradition historio-

graphique issue d'Hérodote et sur les nouvelles conceptions qui, élaborées en Europe, ont profondément renouvelé la science historique au XXe siècle, notamment dans les dernières décennies. Par leur volonté de clarté, ces essais sont largement accessibles.

Et notre ambition est d'apporter des éléments de réponse à la grande question de ceux qui font et feront l'Europe, et à ceux qui dans le monde s'y intéressent : « Qui sommes-nous ? D'où venons-nous ? Où allons-nous ? »

Jacques Le Goff

Introduction

Psammétique fit remettre à un berger deux nouveau-nés, des enfants du commun, à élever dans ses étables dans les conditions suivantes : personne, ordonna-t-il, ne devait prononcer le moindre mot devant eux ; [...] Psammétique voulait surprendre le premier mot que prononceraient les enfants. [...] Pendant deux ans le berger s'acquitta de sa tâche, puis un jour, quand il ouvrit la porte et entra dans la cabane, les enfants se traînèrent vers lui et prononcèrent le mot *bécos*, en lui tendant les mains. [...] [Psammétique] découvrit ainsi que *bécos* est, chez les Phrygiens, le nom du pain. C'est ainsi que les Égyptiens [...] reconnurent que les Phrygiens étaient plus anciens qu'eux.

HÉRODOTE, *L'Enquête*, II, 1 [1].

[Frédéric II] voulut faire une expérience pour savoir quels seraient la langue et l'idiome des enfants, à leur adolescence, sans qu'ils aient jamais pu parler avec qui que ce fût. C'est ainsi qu'il ordonna aux nourrices d'allaiter les enfants [...] avec la défense de leur parler. Il voulait en effet savoir s'ils parleraient la langue hébraïque, qui fut la première, ou bien la grecque, ou la latine, ou l'arabe ; ou s'ils parleraient toujours la langue des parents dont ils étaient nés. Mais il se donna de la peine sans résultat, parce que les enfants ou les nouveau-nés mouraient tous.

SALIMBENE DE PARME, *Cronaca* [Chronique], n. 1664.

Si Dieu inspiroit encore à V. A. S. la pensée de m'accorder seulement que les 1 200 écus qu'elle a eu la bonté de déterminer, fussent un revenu perpétuel, je serais aussi heureux que Raymond Lulle, et peut estre avec bien plus de justice [...] Car mon invention contient l'usage de la raison tout entier, un juge des controverses, un interprète des notions, une balance pour les probabilités, une boussole qui nous guidera sur l'océan des expériences, un inventaire des choses, un tableau des pensées, un microscope pour éplucher les choses présentes, un télescope pour deviner les éloignées, un Calcul général, une magie innocente, une cabbale non-chimérique, une écriture que chacun lira dans sa langue : et même une langue qu'on pourra apprendre en peu de semaines, qui aura bien tost cours parmi le monde. Et qui mènera la vraie religion avec elle partout où elle passera.

LEIBNIZ, Lettre au duc de Hanovre, 1679.

Puisque les mots ne servent qu'à désigner les *choses*, il vaudrait mieux que chaque homme transportât sur soi toutes les *choses* dont il avait l'intention de parler. [...] Nombreux sont cependant, parmi l'élite de la pensée et de la culture, ceux qui ont adopté ce nouveau langage par *choses*. Ils ne lui trouvent d'ailleurs qu'un seul inconvénient : c'est que, lorsque les sujets de conversation sont abondants et variés, l'on peut être forcé de porter sur son dos un ballot très volumineux des différentes choses à débattre, quand on n'a pas les moyens d'entretenir deux solides valets à cet effet. [...] Ce système comporte un autre avantage important, c'est d'avoir mis au point une sorte de langage universel, à l'usage de toutes les nations civilisées [...]. Aussi, les ambassadeurs seront à même de converser avec les princes étrangers ou leurs ministres, tout en étant complètement ignorants de leur langue.

JONATHAN SWIFT, *Gulliver's Travels*, III, 5 [2].

Du reste, toute parole étant idée, le temps d'un langage universel viendra ! [...] Cette langue sera de l'âme pour l'âme, résumant tout, parfums, sons, couleurs [...]

ARTHUR RIMBAUD, Lettre à Paul Demeny,
15 mai 1871.

1. Hérodote, *Œuvres complètes*, trad. A. Barguet, Paris, Gallimard, Bibliothèque de la Pléiade, 1964. [N.d.T.]

2. *Voyages de Gulliver*, éd. présentée, établie et annotée par E. Pons, Paris, Gallimard, Bibliothèque de la Pléiade, 1965, p. 194-195. [N.d.T.]

1.

L'utopie d'une langue parfaite n'a pas obsédé la seule culture européenne. Le thème de la confusion des langues et la tentative d'y remédier grâce à la redécouverte ou à l'invention d'une langue commune pour tout le genre humain traversent l'histoire de toutes les cultures (voir Borst 1957-63). Néanmoins, le titre de ce livre établit une première limite, et les références à des civilisations pré- ou extra-européennes ne seront que sporadiques et marginales.

Mais il y a une seconde limite, quantitative celle-là. Pendant l'écriture de ce livre, sont arrivés sur mon bureau au moins cinq projets récents, que l'on peut ramener, selon moi, pour l'essentiel, aux divers projets fondateurs dont je traiterai. Et je ne traiterai que des projets fondateurs parce que, pour ne citer que celle-ci, Borst a écrit six volumes concernant la confusion des langues, et, alors que j'achevais cette introduction, m'est parvenue l'œuvre de Marie-Luce Demonet, qui consacre presque 700 pages très denses rien qu'au débat sur la nature et l'origine du langage entre 1480 et 1580. Couturat et Leau analysent de manière assez approfondie 19 modèles de langues *a priori* et 50 parmi les langues mixtes et celles qui sont *a posteriori* ; Monnerot-Dumaine enregistre 360 projets de langues internationales ; pour les modèles de langues universelles seulement entre le XVIIe et le XVIIIe siècle, Knowlson dresse la liste de 83 œuvres, et Porset, se limitant aux projets du XIXe siècle, présente 173 titres.

Mais ce n'est pas fini. Les quelques années que j'ai consacrées à ce sujet m'ont permis d'identifier dans les catalogues de livres anciens un très grand nombre d'œuvres absentes des bibliographies précédentes, certaines entièrement consacrées au problème de la glottogonie, d'autres écrites par des auteurs connus pour des raisons différentes et qui ont cependant consacré quelques chapitres importants au thème de la langue parfaite — au point de laisser supposer que le répertoire est encore largement inachevé ou que, pour paraphraser ce que disait Macedonio Fernandez, la somme des choses qui manquent dans les bibliographies est si grande que, s'il en manquait encore une, elle n'y tiendrait pas.

De là vient ma décision de procéder par décimation pondérée en examinant un certain nombre de projets qui m'ont paru exemplaires (par leurs vertus et par leurs défauts), et en renvoyant pour le reste aux œuvres consacrées à des périodes ou à des auteurs spécifiques.

2.

J'ai, en outre, décidé aussi de n'examiner que les projets de véritables langues. Et c'est donc avec un regret plein de soulagement que j'ai pris en considération seulement ce qui suit :

(I) La redécouverte de langues historiques, considérées comme originaires ou mystiquement parfaites, tel l'hébreu, l'égyptien, le chinois.

(II) La reconstruction de langues postulées comme originaires, à savoir les Langues Mères plus ou moins fantasmatiques, y compris ce modèle de laboratoire qu'a été l'indo-européen.

(III) Les langues construites artificiellement, qui peuvent répondre à trois finalités : 1. La perfection venant soit de leur fonction, soit de leur structure, comme dans les langues philosophiques *a priori* du XVIIe et du XVIIIe siècle, qui devaient servir à exprimer parfaitement les idées et à découvrir éventuellement de nouveaux liens entre les aspects de la réalité. 2. La perfection venant de leur universalité, comme dans les langues internationales *a posteriori* du XIXe siècle. 3. La perfection donnée par la facilité de leur emploi, même si elle n'est que présumée, comme dans les polygraphies.

(IV) Les langues plus ou moins magiques, qu'elles soient redécouvertes ou construites, qui aspirent à une perfection aussi bien en fonction de leur effabilité mystique que de leur secret initiatique.

Par contre, je ne traiterai qu'indirectement :

(*a*) Les langues oniriques, inventées de manière non intentionnelle, comme les langues des aliénés, les langues exprimées en état de transe, les langues des révélations mystiques, comme la Langue Inconnue de sainte Hildegarde de Bingen, les cas de glossolalie et de xénoglossie (voir Samarin 1972 et Goodman 1972).

(*b*) Les langues romanesques et poétiques, c'est-à-dire des langues fictives, conçues à des fins satiriques (de Rabelais à Foigny, jusqu'au Newspeak d'Orwell) ou poétiques, comme le langage transmental de Šlebnikov, ou les langues de peuples fantastiques comme chez Tolkien. Ces cas, pour la plupart, ne présentent que des fragments de langage et présupposent une langue dont, cependant, ni le lexique ni la syntaxe ne sont donnés en entier (voir Pons 1930, 1931, 1932, 1979, Yaguello 1984).

(*c*) Les langues de *bricolage*, c'est-à-dire des langues qui naissent spontanément de la rencontre entre deux civilisations de langue différente. Les *pidgin* nés dans les aires de colonisation en sont des exemples typiques. Bien que supranationales, ces langues ne sont pas universelles, elles sont partielles et imparfaites, parce qu'elles possèdent un lexique et une syntaxe très élémentaires, servant à exprimer un certain nombre d'activités tout aussi élémentaires, comme les transactions commerciales, mais elles n'ont ni une richesse ni une flexibilité suffisantes pour exprimer des expériences d'un ordre supérieur (voir Waldman 1977).

(*d*) Les langues véhiculaires, c'est-à-dire aussi bien des langues naturelles que des jargons plus ou moins limités, qui servent de substitut aux langues naturelles dans des aires multilingues ; dans ce sens, le swahili est une langue véhiculaire qui s'est diffusée sur une large superficie de l'Afrique orientale, de même que l'anglais actuellement, et que le français autrefois, puisque, sous la Convention, l'abbé Grégoire relevait que quinze millions sur vingt-six millions de Français parlaient encore des langues différentes de celle de Paris (voir Calvet 1981 : 110).

(*e*) Les langues formelles utilisées dans un milieu restreint, comme celles de la chimie, de l'algèbre ou de la logique (qui ne seront prises en considération qu'en tant qu'elles se rattachent aux projets de la catégorie III.1).

(*f*) L'immense et très savoureuse catégorie de ceux qu'on appelle « les fous du langage » (voir, par exemple, Blavier 1982 et Yaguello 1984). Il est vrai que, dans cette histoire, il est difficile de distinguer le « fol pur », saint et possédé, du glossomaniaque, et qu'un grand nombre de mes personnages montrent quelque trace de folie. Mais il est possible d'établir une distinction et de ne pas considérer les glossomaniaques en retard. Pourtant, j'ai parfois cédé à la tentation de montrer mon goût pour la sémiologie lunatique, lorsque le retard n'était peut-être pas justifiable, mais la folie éclatante, et quand elle a eu des influences historiquement repérables, ou qu'elle attestait la longévité d'un rêve.

De même, je ne prétends pas examiner les recherches d'une *grammaire universelle*, qui vont se croiser à plusieurs reprises avec celle de la langue parfaite, et sur lesquelles il nous faudra revenir souvent, mais qui constituent un chapitre à part de l'histoire de la linguistique. Il faut aussi, surtout, qu'il soit clair que ce livre ne parle pas de la discussion séculaire, voire millénaire, sur les *origines du langage* (sauf lorsqu'elle rencontre le problème de la langue parfaite). Il existe un nombre infini de cas de discussions sérieuses et passionnées sur les origines du langage où la prétention de revenir au langage des origines, souvent considéré comme étant très imparfait, a été tout à fait absente.

Si je devais, enfin, décider sous quelle rubrique il faut cataloguer ce livre dans une bibliothèque (et selon Leibniz une question de ce genre avait quelque chose à voir avec le problème de la langue parfaite), je ne penserais pas à la linguistique ou à la sémiotique (même si dans ces pages on utilise des instruments d'analyse sémiotique et qu'un certain intérêt pour cette discipline est demandé au lecteur de bonne volonté), mais à l'*histoire des idées*. C'est pourquoi j'ai décidé de ne pas risquer une typologie sémiotique rigoureuse des divers types de langues *a priori* ou *a posteriori*, qui engendrent à l'intérieur d'elles-mêmes des familles lexicalement et syntaxiquement différentes (typologie que d'autres chercheurs ont essayé de faire dans ce que l'on appelle désormais l'« interlinguistique générale »). Car il aurait fallu faire dans ce cas l'examen détaillé de *tous* les projets. Ce livre ne souhaite que suivre, au contraire, à grands traits, et en procédant par échantillonnages, l'histoire d'une utopie ayant duré deux mille ans environ. Il nous a donc paru plus utile de nous limiter à tracer quelques divisions thématiques, qui parviennent à donner la direction des flux de tendance et des orientations idéologiques.

3.

Les limites de mon discours ayant été ainsi établies, venons-en à mes dettes. Mon intérêt au sujet de cette histoire a d'abord été éveillé grâce aux études de Paolo Rossi sur les mnémotechniques, les pansophies et les théâtres du monde, grâce à Alessandro Bausani qui a passé en revue de manière passionnante les langues inventées, grâce au livre de Lia Formigari sur les problèmes linguistiques de l'empirisme anglais et à tant d'autres auteurs auxquels, malheureusement, je ne renvoie pas chaque fois que j'ai puisé à leur source, mais que j'espère avoir cité non seulement dans la bibliographie, mais au moins sur les points cruciaux. Je regrette simplement que George Steiner se soit adjugé le titre le plus approprié pour ce livre, *Après Babel*, avec presque vingt ans d'avance. *Chapeau* !

Je tiens à remercier ce journaliste de la BBC qui, à Londres, le 4 octobre 1983, m'a demandé ce qu'était la sémiotique. Je lui ai répondu qu'il aurait dû le savoir puisqu'elle a été définie précisément dans son pays par Locke en 1690, et qu'en 1668 a paru un véritable traité de sémiotique, même s'il se référait à une langue artificielle, l'*Essay towards a Real Character* de l'évêque Wilkins. En sortant, j'ai vu une librairie de livres anciens, je suis entré par curiosité, j'y ai justement trouvé l'*Essay* de Wilkins et, jugeant qu'il y avait dans cet événement un signe du ciel, j'en ai fait l'acquisition. C'est là qu'a débuté ma passion de collectionneur de livres anciens sur les langages imaginaires, artificiels, fous et occultes, ce qui a donné son origine à ma « Bibliotheca Semiologica Curiosa, Lunatica, Magica et Pneumatica », à laquelle j'ai largement puisé.

J'ai été encouragé à m'occuper de langues parfaites en 1987 par un premier travail de Roberto Pellerey, qui m'a ensuite suggéré un bon nombre d'idées, et dont j'aurais l'occasion de citer souvent le récent volume, paru en 1992, sur les langues parfaites au siècle de l'utopie. J'ai tenu sur ce thème deux cours à l'université de Bologne et un au Collège de France, élaborant un travail dont le nombre de pages est le double de celui dont dispose le présent ouvrage. Au cours de ce travail, beaucoup de mes étudiants ont apporté leurs contributions sur des thèmes et des auteurs particuliers, et celles-ci ont dûment paru, précédant la publication de ce livre, dans le numéro 61-63 de *Versus*, 1992, consacré justement aux langues parfaites.

Un dernier remerciement aux libraires de livres anciens de deux continents au moins, qui m'ont signalé des textes rares et inconnus. Malheureusement, quelques-unes des trouvailles les plus excitantes, des morceaux de choix mais marginaux, ne peuvent être mentionnées dans ce livre qu'en passant, et d'autres aucunement. Tant pis! Il me reste matière à quelques essais érudits à venir.

J'espère que le lecteur me saura gré du sacrifice que j'ai célébré pour alléger sa peine, et que les spécialistes me pardonneront l'allure panoramique et elliptique de mon histoire.

U.E.

Bologne, Milan, Paris - 1990/1993.

CHAPITRE I

D'Adam à la «*confusio linguarum*»

«Genèse» deux, dix, onze

Notre histoire a l'avantage, par rapport à de très nombreuses autres, de pouvoir commencer au Début.

D'abord, Dieu parle, en créant le ciel et la terre et il commence par dire : «Que la lumière soit.» C'est seulement après cette parole divine que «la lumière fut» (Genèse 1, 3-4). La création a lieu par un acte de parole, et, rien qu'en nommant les choses qu'il crée au fur et à mesure, Dieu confère à celles-ci un statut ontologique : «Et Dieu appela la lumière ''jour'' et les ténèbres ''nuit'' [...] (et) déclara le firmament ''ciel''.»

Dans 2, 16-17, le Seigneur parle pour la première fois à l'homme, en mettant à sa disposition tous les biens du paradis terrestre et en lui ordonnant de ne pas manger le fruit de l'arbre du bien et du mal. Un doute subsiste sur le fait de savoir en quelle langue Dieu parle à Adam, et une grande partie de la tradition pense à une sorte de langue par illumination intérieure dans laquelle Dieu, comme d'ailleurs en d'autres pages de la Bible, s'exprime à travers des phénomènes atmosphériques, des éclairs et des coups de tonnerre. Mais, s'il faut l'entendre ainsi, c'est là que se dessine la première possibilité d'une langue qui, tout en restant intraduisible dans les termes des idiomes connus, est cependant comprise par celui qui l'a ouïe à l'aide d'un don ou d'un état de grâce particulier.

C'est alors, et uniquement alors (2, 19 et s.), que Dieu « forma de la terre tous les animaux des steppes et tous les oiseaux du ciel et il les fit venir vers l'homme, pour voir comment il les nommerait ; et de quelque façon que l'homme nommerait chaque être vivant, cela devait être son nom ». L'interprétation de ce passage est extrêmement délicate. C'est certainement ici, en effet, que le thème du Nomothète, partagé par d'autres religions et mythologies, c'est-à-dire celui du premier créateur du langage, est proposé, mais les bases sur lesquelles Adam a nommé les animaux ne sont pas claires, et, en tout cas, la version de la Vulgate, celle sur laquelle s'est formée la culture européenne, ne fait rien pour résoudre l'ambiguïté, car elle poursuit en disant, au contraire, qu'Adam a appelé les divers animaux *nominibus suis* et, en traduisant « par leurs noms », on ne résout rien : cela signifie-t-il qu'Adam les a nommés par les noms qui leur appartenaient en fonction de quelque droit extralinguistique, ou bien par les noms que nous leur attribuons à présent (sur la base de la convention adamique) ? Chaque nom donné par Adam est-il le nom que *devait* avoir l'animal à cause de sa nature ou bien celui que le Nomothète avait décidé arbitrairement de lui assigner, selon son bon plaisir, en instaurant ainsi une convention ?

Passons maintenant à Genèse 2, 23, où Adam voit pour la première fois Ève. C'est là qu'Adam dit (et c'est la première fois qu'un de ses discours est cité) : « Cette fois il s'agit d'os de mes os et de chair de ma chair. Celle-ci s'appellera *virago* [c'est ainsi que la Vulgate traduit *ishshà*, féminin de *ish*, ''homme'']. » Si nous considérons que, dans Genèse 3, 20, Adam appelle sa femme Ève, qui signifie « vie », mère des vivants, nous nous trouvons devant deux dénominations qui non seulement ne sont pas tout à fait arbitraires, mais sont des noms « justes ».

C'est dans 11, 1 et s. que la Genèse reprend, et de façon très explicite, le thème linguistique. Après le Déluge, « toute la terre avait une seule langue et des mots identiques », mais l'orgueil conduit les hommes à vouloir rivaliser avec le Seigneur et à vouloir construire une tour qui aboutisse au ciel. Le Seigneur, pour punir leur prétention et empêcher la construction de la tour, décide : « Descendons et confondons là même leur langue, en sorte qu'ils ne comprennent plus chacun la langue de l'autre [...]. C'est ainsi qu'on l'appela Babel, parce que c'est là que Jéhovah les dispersa sur la surface de toute la terre. » Le fait que de nombreux auteurs arabes (voir Borst 1957-63, I, II, 9) pensent que la confusion a eu lieu pour des raisons traumatiques en assistant à l'écroulement, certainement terrible, de la tour ne change rien ni à ce récit ni à ceux d'autres mythologies qui sanctionnent, sur des modes partiellement différents, le fait qu'il existe dans le monde des langues différentes.

Mais, racontée ainsi, notre histoire est incomplète. Nous avons négligé le passage de Genèse 10 qui parle de la propagation des fils de Noé après le Déluge et où il est dit, à propos de la race de Japhet, que « ceux-ci furent les fils de Japhet dans leurs territoires, chacun selon sa langue, selon leurs familles, dans leurs nations respectives » (10, 5), et avec des mots presque identiques le même thème est repris pour les fils de Cham (10, 20) et de Sem (10, 31). Comment doit-on entendre cette pluralité de langues avant Babel ? Alors que Genèse 11 est dramatique, iconologiquement forte — et la preuve en est donnée par la richesse des représentations que la Tour a inspirées à travers les siècles —, les allusions de Genèse 10 sont, au contraire, presque toutes faites incidemment et font montre certainement d'une moindre théâtralité. Lors de la transmission de la tradition, il est naturel que l'attention se soit fixée sur l'épisode de la confusion babélique et que la pluralité des langues ait été ressentie comme l'effet tragique d'une malédiction divine. Genèse 10 a été, la plupart du temps, négligée ou longtemps réduite au rang d'un épisode provincial : il ne s'agissait pas d'une multiplication des langues mais d'une différenciation des dialectes tribaux.

Mais, s'il est facile d'interpréter Genèse 11 (il y avait d'abord une seule langue, et elles furent ensuite 70 ou 72, selon la tradition), qui va donc constituer le point de départ de tout rêve de « restitution » de la langue adamique, Genèse 10, en revanche, contenait des virtualités explosives. Si les langues s'étaient déjà différenciées après Noé, pour quelle raison n'auraient-elles pas pu se différencier aussi auparavant ? Voilà une faille dans le mythe de Babel. Si les langues ne se sont pas différenciées à la suite du châtiment, mais selon une tendance naturelle, pourquoi interpréter la confusion comme un malheur ?

Certains parfois, au cours de cette histoire, opposeront Genèse 10 et Genèse 11, avec des effets plus ou moins retentissants, en fonction des époques et des positions théologico-philosophiques.

Avant et après l'Europe

Un récit qui explique la multiplicité des langues (Borst 1957-63, I, 1) apparaît dans diverses mythologies et théogonies. Mais savoir qu'il existe plusieurs langues est une chose, c'en est une autre de croire que cette blessure doit être réparée en trouvant une langue parfaite. Pour chercher une langue parfaite, il faut penser que la sienne ne l'est pas.

Limitons-nous simplement, comme nous l'avons décidé, à l'Europe. Les Grecs de la période classique connaissaient des peuples qui parlaient des langues différentes de la leur, mais ils les appelaient justement *bàrbaroi*, c'est-à-dire êtres qui bégaient en parlant de façon incompréhensible. Les stoïciens, dans l'articulation de leur sémiotique, montrent qu'ils savaient très bien que, si en grec un son donné correspondait à une idée, cette même idée était certainement présente aussi dans l'esprit d'un barbare, mais le barbare ne connaissait pas le rapport entre le son grec et sa propre idée, et donc, du point de vue linguistique, son histoire était insignifiante.

Les philosophes grecs identifiaient la langue de la raison à la langue grecque, et Aristote construit la liste de ses catégories sur la base des catégories grammaticales du grec. Non que cela ait constitué une affirmation explicite de la primauté du grec ; mais on identifiait simplement la pensée avec son véhicule naturel : la pensée était *Logos*, le discours était *Logos*. On ne savait pas grand-chose des discours des barbares, et on ne pouvait donc pas penser avec eux, même si l'on admettait que les Égyptiens, par exemple, avaient élaboré une sagesse particulière et très ancienne : mais on la connaissait par la médiation de la langue grecque.

Grâce à l'expansion de la civilisation grecque, le grec a pris, en outre, un autre statut, plus important. S'il existait auparavant autant de variétés de grec qu'il y avait de textes (Meillet 1930 : 100), pendant l'époque suivant les conquêtes d'Alexandre le Grand, l'usage d'un grec commun, nommé justement *koinè*, s'est répandu. Ce sera non seulement la langue dans laquelle seront écrites les œuvres de Polybe, de Strabon, de Plutarque et d'Aristote, mais aussi la langue transmise par les écoles des grammairiens ; c'est elle qui deviendra graduellement la langue officielle de toute l'aire méditerranéenne et orientale touchée par les conquêtes d'Alexandre, et survivra au cours de la domination romaine comme langue de culture. Elle est parlée aussi par les patriciens et par les intellectuels romains, et par tous ceux qui s'intéressaient aux relations commerciales, à la diplomatie, aux discussions scientifiques et philosophiques dans les terres habitées connues, et c'est dans cette langue que seront transmis les premiers textes du christianisme (les Évangiles et la traduction de la Bible des Septante, IIIe siècle avant J.-C.) ainsi que les discussions théologiques des premiers Pères de l'Église.

Une civilisation dotée d'une langue internationale ne souffre pas de la multiplicité des langues. La culture grecque, avec le *Cratyle* de Platon, s'était pourtant posé le même problème linguistique que celui devant lequel se trouve le lecteur du récit biblique : le Nomothète avait-il choisi des mots qui nomment les choses suivant leur nature (*physis*) — et c'est la thèse de Cratyle —, ou les avait-il attribués en fonction d'une loi ou d'une convention humaine (*nomos*) — et c'est la thèse d'Hermogène. Socrate se meut dans cette querelle avec une ambiguïté apparente, comme s'il épousait tantôt l'une tantôt l'autre des deux thèses. En effet, après avoir exposé chacune des deux positions avec beaucoup d'ironie, en avançant des étymologies auxquelles lui-même (ou Platon) ne croit pas, Socrate propose sa thèse personnelle selon laquelle la connaissance, en définitive, ne dépend pas de notre rapport avec les noms, mais de notre rapport avec les choses, ou, mieux, avec les idées. Nous verrons que, même pour les cultures qui ont ignoré le *Cratyle*, tout débat sur la nature d'une langue parfaite a suivi l'une des trois voies que ce dernier avait tracées. Mais le texte platonicien discute les conditions de perfection d'une langue sans se poser le problème d'une langue parfaite.

Alors que la *koinè* grecque domine encore le bassin de la Méditerranée, le latin s'impose : en tant que langue de l'Empire, il sert de langue universelle pour toutes les régions de l'Europe où sont parvenues les légions romaines, et va devenir aussi la langue de la culture chrétienne dans l'Empire d'Occident. Une culture qui utilise une langue parlée par tous n'est pas sensible au scandale de la pluralité des langues. Les savants parleront aussi le grec, mais pour le reste du monde le dialogue avec les barbares dépend du travail de quelques interprètes, jusqu'à ce que les barbares, vaincus, commencent à apprendre le latin.

Cependant, le soupçon que le latin et le grec ne sont pas les seules langues dans lesquelles on puisse exprimer une totalité harmonique de l'expérience chemine dans les esprits vers le IIe siècle après J.-C., lorsque dans le monde gréco-romain commencent à être diffusées d'obscures révélations attribuées aux Mages de Perse, à une divinité égyptienne (Theuth, ou Thoth Hermès), à des oracles provenant de Chaldée, à la tradition pythagoricienne et orphique elle-même, née en terre grecque, mais longtemps étouffée par la grande tradition rationaliste.

Et c'est alors qu'un syndrome de lassitude se manifeste par rapport à l'héritage du rationalisme classique qui se développe et se réélabore. Les religions traditionnelles sont également en crise. La religion impériale était purement formelle, une expression de loyalisme ; chaque peuple conservait ses propres dieux qui étaient acceptés dans le Panthéon latin, sans avoir égard aux contradictions, aux synonymies ou aux homonymies. Pour définir cette tolérance qui plaçait au même niveau n'importe quelle religion (comme, d'autre part, n'importe quelle philosophie ou n'importe quel savoir), un terme existe : le *syncrétisme*.

Chez les âmes les plus sensibles, une sorte de religiosité diffuse se manifeste alors, on pense à une âme universelle du Monde qui subsiste dans les astres tout comme dans les choses terrestres et dont notre âme individuelle n'est qu'une parcelle. Puisque les philosophes ne pouvaient offrir aucune vérité soutenue par la raison sur les problèmes les plus importants, il ne restait plus qu'à chercher une révélation au-delà de celle-ci, et à laquelle on parvînt au moyen d'une vision directe donnée par la divinité elle-même.

C'est dans ce climat que renaît le pythagorisme. La doctrine de Pythagore s'était présentée dès le début comme une connaissance mystique, et les pythagoriciens pratiquaient des rites d'initiation. Leur connaissance des lois mathématiques et musicales se présentait comme le fruit d'une révélation qu'ils avaient reçue des Égyptiens — et, particulièrement à l'époque que nous évoquons, la culture égyptienne, désormais écrasée par le grec de ses conquérants grecs et latins, commençait à ressembler à un « hiéroglyphe » incompréhensible et énigmatique. Rien n'est plus fascinant qu'une sagesse secrète. On sait qu'elle existe, mais on ne la connaît pas, et on suppose donc qu'elle est très profonde.

Mais si elle existe et si elle est restée inconnue, tout aussi inconnue doit être la langue dans laquelle cette sagesse a été exprimée. Et donc, comme Diogène Laërce (*Vies des philosophes*, I) le dira au IIIe siècle : « On a souvent prétendu que la philosophie avait pris naissance à l'étranger. Aristote (*Livre de la Magie*) et Solon (*Filiations*, Livre XXIII) disent que les Mages en Perse, les Chaldéens en Babylonie et en Assyrie, les Gymnosophistes dans l'Inde, et les gens appelés Druides ou Semnothées chez les Celtes et les Galates en ont été les créateurs [1]. » Si les Grecs de la période classique identifiaient les Barbares comme ceux qui ne savaient même pas articuler un mot, à présent c'est justement le balbutiement présumé de l'étranger qui devient langue sacrée, pleine de promesses et de révélations inexprimées auparavant (voir Festugière 1944-54, I).

Nous avons reconstruit sommairement cette atmosphère culturelle parce qu'elle aura, à long terme, une influence fondamentale. Personne, à cette époque, n'essaie de reconstruire une langue parfaite, mais on y aspire vaguement, et on en rêve. Nous verrons comment ces suggestions vont resurgir, environ douze siècles plus tard, dans la culture humaniste et de la Renaissance (et au-delà), nourrissant un courant central de l'histoire que nous essayons de reconstruire.

Entre-temps, le christianisme est devenu religion d'État, il a parlé le grec de la patristique orientale et parle le latin en Occident. Il ne parle, même, que le latin.

Si saint Jérôme pouvait encore, au IVe siècle, traduire l'Ancien Testament de l'hébreu, la connaissance de cette

1. Diogène Laërce, *Vies, Doctrines et Sentences des philosophes illustres*, trad. R. Genaille, Paris, Garnier-Flammarion, 1965, p. 39. [N.d.T.]

langue sacrée s'affaiblissait de plus en plus. C'est aussi ce qui se passait pour le grec. Pensons à saint Augustin, qui avait une culture très vaste et était le représentant le plus important de la pensée chrétienne au moment de la dissolution de l'Empire : il témoigne d'une situation linguistique paradoxale (voir Marrou 1958). La pensée chrétienne se fonde sur un Ancien Testament écrit en hébreu et un Nouveau Testament écrit essentiellement en grec. Saint Augustin ignore l'hébreu et il a, du grec, une connaissance plus que vague. Son problème, en tant qu'interprète des Écritures, est de comprendre ce que le texte divin voulait vraiment dire, et il ne connaît, du texte divin, que les traductions latines. L'idée qu'il pourrait avoir recours à l'hébreu original effleure à peine son esprit, mais il la repousse parce qu'il se méfie des Juifs qui pourraient avoir corrompu les sources pour en effacer les références au Christ à venir. Le seul moyen qu'il conseille, c'est la comparaison entre différentes traductions, afin de conjecturer la leçon la plus digne de foi (et saint Augustin devient le père de l'herméneutique, mais certainement pas de la philologie).

En un certain sens, saint Augustin pense à une langue parfaite, commune à tous les peuples, dont les signes ne seraient pas des mots, mais les choses elles-mêmes, de telle sorte que le monde apparaisse, c'est ce que l'on dira plus tard, comme un livre écrit sous le doigt de Dieu. C'est en comprenant cette langue que l'on pourra interpréter les passages allégoriques des Écritures, là où elles s'expriment en nommant les éléments du décor du monde (herbes, pierres, animaux) qui acquièrent une signification symbolique. Mais cette Langue du Monde, instituée par son créateur, ne peut qu'être interprétée. Cette idée donnera immédiatement lieu à une production, qui se poursuivra tout au long du Moyen Age, de bestiaires, de lapidaires, d'encyclopédies et d'*imagines mundi*. Nous retrouverons cette tradition au cours de cette histoire, lorsque la culture européenne aura recours aux hiéroglyphes égyptiens et à d'autres idéogrammes exotiques, avec l'idée que la vérité ne peut être exprimée que par emblèmes, devises, symboles et sceaux. Mais saint Augustin ne manifeste aucune nostalgie pour une langue verbale perdue que l'on pourrait ou devrait parler de nouveau.

Pour lui, comme pour la tradition patristique en général, l'hébreu avait certainement été, avant la confusion, la langue primordiale de l'humanité et avait été préservé par le peuple élu après l'accident de la *confusio linguarum*. Mais saint Augustin n'éprouve aucun besoin de la retrouver. Il est tout à fait à l'aise avec son latin désormais théologique et ecclésiastique. Quelques siècles plus tard, Isidore de Séville (*Etymologiarum*, IX, 1) n'aura aucune difficulté à considérer qu'il n'existe incontestablement que trois langues sacrées, l'hébreu, le grec et le latin, car l'écriteau se trouvant en haut de la croix était rédigé en trois langues ; et il était désormais difficile d'établir quelle avait été la langue dans laquelle avait parlé le Seigneur quand il avait prononcé son « Fiat lux ».

La tradition patristique se préoccupe plutôt d'un autre problème : la Bible dit que Dieu avait amené devant Adam tous les animaux de la terre et tous les oiseaux du ciel, mais elle ne nomme pas les poissons (et en toute rigueur et biologiquement il n'eût pas été facile de les traîner du fond des abysses jusqu'au jardin de l'Éden). Adam a-t-il donné un nom aux poissons ? Cette question peut nous sembler secondaire — on en retrouve la dernière trace dans *Origins and Progress of Letters* de Massey, en 1763 (voir White 1917, II : 196) —, mais, à notre connaissance, elle n'a pas encore été résolue — même si saint Augustin (*De Genesi ad litteram libri duodecim*, XII, 20) hasardait l'hypothèse que leur nom aurait été donné aux espèces des poissons par la suite, au fur et à mesure qu'elles étaient découvertes.

Entre la chute de l'Empire romain et la fin du haut Moyen Age, l'Europe n'existe pas encore : on en sent s'agiter les pressentiments. Des langues nouvelles sont en train de se former lentement, et on a calculé que c'est vers la fin du Ve siècle que le peuple ne parle déjà plus latin mais gallo-romain, italo-romain, hispano-romain ou balkano-romain. Les intellectuels continuent à écrire en un latin qui devient de plus en plus bâtard, et entendent parler autour d'eux des dialectes locaux dans lesquels se croisent les remémorations des parlers précédant la civilisation romaine et de nouvelles racines introduites par les barbares.

C'est au VIIe siècle, bien avant que n'apparaissent les premiers documents écrits des langues romanes et germaniques, que l'on voit se manifester une première trace de notre thème. Il s'agit d'une tentative, faite par des grammairiens irlandais, de définir les avantages du vulgaire gaélique par rapport à la grammaire latine. Dans une œuvre intitulée *Auraceipt na n-Éces* [Les préceptes des poètes], on remonte jusqu'aux structures de composition de la Tour de Babel : « D'autres affirment qu'il y avait dans la tour neuf matériaux exclusivement, c'est-à-dire de l'argile et de l'eau, de la laine et du sang, du bois et de la chaux, de la poix, du lin et du bitume [...] c'est-à-dire le nom, le pronom, le verbe, l'adverbe, le participe, la conjonction, la préposition, les interjections. » Et si l'on néglige l'écart existant entre les neuf parties de la tour et les huit parties du discours, on comprend que la structure de la langue soit comparée à la construction de la Tour parce que l'on pense que la langue gaélique constitue le premier et unique exemple de dépassement de la confusion des langues. Les 72 sages de l'école de Fenius programment la première langue codifiée après la dispersion, et le texte canonique des *Préceptes* « décrit l'action de fondation de la langue [...] comme une opération de "découpage" menée sur les autres langues que les 72 disciples avaient apprises après la dispersion [...]. C'est là que cette langue fut réglementée, de telle sorte que ce qu'il y avait de meilleur dans chaque langue et ce qu'il y avait de plus ample et de plus beau fut taillé sur l'irlandais [...] pour chaque élément dont il n'y avait pas de dénomination dans les autres langues, on trouva des noms en irlandais» (Poli 1989 : 187-189). Cette langue primordiale et donc surnaturelle garde des traces de l'isomorphisme avec l'ordonnancement naturel de la création et établit une sorte de lien iconique entre genre grammatical et référent, à condition de respecter l'ordre juste des éléments.

Pour quelle raison ce document sur les droits et les qualités d'une langue meilleure que celles, nombreuses, qui existaient n'apparaît-il qu'au tournant de ce millénaire ? Une vérification dans l'histoire de l'iconographie renforce notre surprise. On ne connaît pas de représentations de la Tour de Babel avant la *Biblia Cotton* (V^e ou VIe siècle), à laquelle fait suite un manuscrit remontant peut-être à la fin du Xe siècle, puis un bas-relief dans la cathédrale de Salerne, datant du XIe siècle. Ce sera ensuite un déluge de tours (Minkowski 1983). A ce déluge d'illustrations fait pendant une vaste spéculation théorique, et c'est à partir de cette époque que l'épisode de la confusion des langues va être médité non seulement comme l'exemple d'un acte d'orgueil, puni par la justice divine, mais comme l'origine d'une blessure historique (ou méta-historique) devant, en quelque sorte, recevoir des soins.

C'est qu'en ces siècles dits obscurs on assiste comme à la répétition de la catastrophe de Babel : des barbares hirsutes, des paysans, des artisans, «Européens» analphabètes, commencent à parler une multiplicité de nouvelles langues vulgaires, dont la culture officielle ne sait apparemment encore rien : les langues que nous parlons encore aujourd'hui sont en train de naître, et il s'ensuit fatalement que les premiers documents connus ne verront le jour que plus tard : les *Serments de Strasbourg* (842) ou la *Carta Capuana* (960). Devant *Pro Deo amur et pro Christian poblo et nostro commun salvament* et *Sao ko kelle terre, per kelle fini ke ki contene, trenta anni le possette parte Sancti Benedicti*, la culture européenne réfléchit sur la *confusio linguarum*.

Mais avant cette réflexion il n'y avait pas de culture européenne, et donc il n'y avait pas encore d'Europe. Qu'est-ce que l'Europe ? C'est un continent que l'on peut difficilement distinguer de l'Asie, qui existait même avant que les hommes l'appellent ainsi, au moins depuis que la Pangée originaire a été fracturée par cette dérive qui ne s'est pas encore arrêtée. Toutefois, pour parler d'Europe au sens où le monde moderne l'entend, il faut attendre la dissolution de l'Empire romain et la naissance des royaumes romano-barbares. Mais ce n'est sans doute pas encore suffisant, et il en est de même pour le projet d'unification carolingienne. Où trouverons-nous une date satisfaisante pour fixer le commencement de l'histoire européenne ? Alors que les grands événements politiques et militaires ne nous permettent pas de le faire, il en va différemment pour les événements linguistiques. Face à l'unité massive de l'Empire romain (qui intéressait également l'Asie et l'Afrique), l'Europe se présente d'abord comme une Babel de langues nouvelles, et seulement ensuite comme une mosaïque de nations.

L'Europe commence avec la naissance de ses langues vulgaires, et c'est avec la réaction, souvent alarmée, à leur irruption que commence la culture critique de l'Europe, qui aborde le drame de la fragmentation des langues et commence à réfléchir sur sa propre destinée de civilisation multilingue. Puisqu'elle en souffre, elle tente d'y remédier. Parfois en se tournant vers le passé et en essayant de redécouvrir la langue qu'avait parlée Adam, parfois en se projetant en avant et en visant à bâtir une langue de la raison qui possédât la perfection perdue de la langue d'Adam.

Effets collatéraux

L'histoire des langues parfaites est l'histoire d'une utopie, ainsi que d'une série de faillites. Mais il n'est pas dit que l'histoire d'une série de faillites soit elle aussi une faillite. Même s'il ne s'agissait que de l'histoire de l'obstination invincible dans la poursuite d'un rêve impossible, il serait tout de même intéressant de connaître les origines de ce rêve, ainsi que les motivations qui l'ont gardé en vie au cours des siècles.

De ce point de vue, notre histoire s'inscrit dans l'histoire culturelle européenne, et ses chapitres acquièrent un relief particulier aujourd'hui, au moment où les peuples d'Europe — alors qu'ils discutent des modalités d'une union politique et commerciale possible — non seulement parlent encore des langues différentes, mais en parlent un nombre plus grand qu'ils ne le faisaient il y a dix ans, et alors qu'en certains lieux ils se sont armés les uns contre les autres, au nom de leur différence ethno-linguistique.

Mais nous verrons que le rêve d'une langue parfaite ou universelle s'est justement toujours présenté comme une réponse au drame des divisions religieuses et politiques, ou à la difficulté des rapports économiques. Par ailleurs, l'histoire de l'alternance de ces motivations à travers les siècles constituera un autre apport à la compréhension de beaucoup d'aspects de la culture de notre continent.

Nous verrons aussi, même si cette histoire est celle d'une série de faillites, que chaque faillite a été suivie d'un « effet collatéral » : les divers projets ne se sont pas affirmés, mais ont laissé comme un sillage de répercussions bénéfiques. Chacun d'entre eux pourra être vu comme un exemple de *felix culpa* : un grand nombre des théories que nous pratiquons aujourd'hui, ou des pratiques dont nous traçons la théorie (depuis les taxinomies des sciences naturelles jusqu'à la linguistique comparée, depuis les langages formalisés jusqu'aux projets d'intelligence artificielle et aux recherches des sciences cognitives) sont nées comme autant d'effets collatéraux d'une recherche sur la langue parfaite. Et il est donc juste de reconnaître à quelques pionniers le mérite du don qu'ils nous ont fait, même si ce n'est pas ce qu'ils nous promettaient.

Enfin, en analysant les vices des langues parfaites, nées pour éliminer ceux des langues naturelles, on découvrira que nos langues naturelles possèdent un assez grand nombre de vertus. Ce qui sera une manière de nous réconcilier avec la malédiction de Babel.

Un modèle sémiotique de langue naturelle

Quand nous analyserons les structures des différentes langues d'origine naturelle ou artificielle que nous rencontrerons, il nous faudra les comparer à une notion théoriquement rigoureuse de structure d'une langue naturelle. Dans ce but, nous nous conformerons au modèle hjelmslevien (Hjelmslev 1943) auquel nous nous référerons pour chaque langue que nous aurons à examiner.

Une langue naturelle (et en général tout système sémiotique) se compose d'un plan de l'expression (pour une langue naturelle nous dirions un lexique, une phonologie et une syntaxe) et d'un plan du contenu qui représente l'univers des concepts que nous pouvons exprimer. Chacun de ces plans se compose de forme et de substance, et tous les deux résultent de l'organisation d'une matière ou continuum.

Pour une langue naturelle, la *forme de l'expression* est constituée par son système phonologique, un répertoire lexical, ses règles syntaxiques. Grâce à cette forme, nous pouvons engendrer diverses *substances de l'expression*, comme les mots que nous prononçons chaque jour, ou le texte que vous êtes en train de lire. Pour élaborer une forme de l'expression, une langue découpe (sur le continuum des sons qu'une voix humaine peut émettre) une série de sons, en en excluant d'autres qui existent et peuvent être produits, mais n'appartiennent pas à la langue en question.

	continuum
CONTENU	substance
	forme
	forme
EXPRESSION	substance
	continuum

Pour que les sons d'une langue soient compréhensibles, il faut leur associer des signifiés, à savoir des contenus. Le *continuum du contenu* est l'ensemble de tout ce que l'on pourrait penser et dire, à savoir l'univers entier, physique et mental (dans la mesure où nous pouvons en parler). Mais chaque langue organise l'univers de ce qui peut être dit et pensé dans une *forme du contenu*. Appartiennent à la forme du contenu, par exemple, le système des couleurs, l'organisation de l'univers zoologique en genres, familles et espèces, l'opposition entre haut et bas et celle entre amour et haine.

Les différentes manières d'organiser le contenu changent d'une langue à l'autre, et parfois selon que nous considérons l'usage commun d'une langue ou son utilisation scientifique. Ainsi, un expert en couleurs connaît et nomme des milliers de couleurs, alors que l'homme de la rue n'en connaît et exprime qu'une série réduite, et certains peuples connaissent et nomment diverses couleurs qui ne correspondent pas aux nôtres parce qu'elles ne sont pas distinguées en fonction des longueurs d'onde du spectre chromatique, mais en fonction d'autres critères. N'importe quel locuteur reconnaît ordinairement une série très réduite d'« insectes » alors qu'un zoologue en distingue plusieurs milliers. Pour donner un exemple extrêmement différent (mais les modes d'organisation du contenu sont multiples), dans une société à religion animiste, un terme que nous traduirions par *vie* pourrait aussi s'appliquer à divers aspects du règne minéral.

C'est en raison de ces caractéristiques qu'une langue naturelle peut être vue comme un système *holistique* : étant structurée d'une certaine façon, elle implique une vision du monde. Selon certaines théories (voir, par exemple, Whorf 1956 et Quine 1960), une langue naturelle serait apte à exprimer une expérience donnée de la réalité, mais non les expériences réalisées par d'autres langues naturelles. Bien qu'il s'agisse là d'une position extrême, nous rencontrerons fréquemment cette objection lorsque nous examinerons les critiques avancées contre divers projets de langue parfaite.

Quant à la *substance du contenu*, elle représente le sens des énoncés singuliers que nous produisons comme substance de l'expression.

Pour être douée de signification, une langue naturelle doit établir des corrélations entre éléments de la forme de l'expression et éléments de la forme du contenu. Un élément du plan de l'expression, comme par exemple le lexème *nav-*, est mis en relation avec des unités de contenu déterminées (disons, pour tenter une définition assez grossière, « artefact » « flottant », « mobile », « apte au transport ») ; des morphèmes comme par exemple *e/i* [1] établissent s'il s'agit d'un seul ou de plusieurs de ces artefacts.

Mais, dans les langues naturelles, cette corrélation entre expression et contenu n'a lieu qu'au niveau de ces unités majeures que sont les *items* lexicaux (unités de première articulation qui s'articulent justement pour former des syntagmes dotés de sens). Il n'y a pas de corrélation significative, en revanche, au niveau des unités de deuxième articulation, les phonèmes. Les phonèmes appartiennent à un inventaire fini de sons dépourvus de signification qui s'articulent pour former des unités pourvues de signification. Les sons qui composent le mot *nave* [2] ne constituent pas des composantes de l'idée de « nef » (*n* ne signifie pas artefact, *a* ne signi-

1. *e/i*, marques respectivement d'un singulier et d'un pluriel en italien. [N.d.T.]

2. « Nef », « bateau », en italien. [N.d.T.]

fie pas flottant, et ainsi de suite). La preuve en est que les mêmes sons peuvent être articulés différemment pour composer une autre unité de première articulation dont la signification est tout à fait différente comme, par exemple, *vena*[1].

Ce principe de la *double articulation* doit être considéré attentivement parce que nous verrons que beaucoup de langues philosophiques essaient justement de l'éliminer.

Selon les termes de Hjelmslev, une langue est *biplane* mais *non conforme* : la forme de l'expression est structurée différemment de la forme du contenu, le rapport entre les deux formes est arbitraire et les variations de l'expression ne correspondent pas spéculairement à des variations du contenu. Si au lieu de *nave* on prononçait *cave*[2], la simple substitution d'un son comporterait un changement radical de signification. Il existe pourtant des systèmes que Hjelmslev qualifie de *conformes* : que l'on songe, par exemple, au cadran d'une montre, où chaque position des aiguilles correspond, millimètre par millimètre, à une variation temporelle, ou bien à une position différente de la terre au cours de sa révolution autour du soleil. Comme on va le voir, beaucoup de langues parfaites aspirent à cette correspondance entre signes et réalité ou entre signes et concepts correspondants.

Mais une langue naturelle ne vit pas en se fondant uniquement sur une syntactique et une sémantique. Elle vit aussi sur la base d'une *pragmatique*, c'est-à-dire qu'elle se fonde sur des règles d'usage qui tiennent compte des circonstances et des contextes d'émission. Ces règles d'usage établissent les usages rhétoriques possibles de la langue, grâce auxquels les mots et les constructions syntaxiques peuvent acquérir des significations multiples (comme cela arrive, par exemple, avec les métaphores). Nous verrons que certains projets ont identifié la perfection avec l'élimination de ces

1. « Veine », en italien. [N.d.T.]
2. « Carrières » ou « creuses », en italien. [N.d.T.]

aspects pragmatiques ; d'autres, au contraire, ont prétendu qu'une langue parfaite était aussi en mesure de reproduire justement ces caractéristiques des langues naturelles.

Enfin — et ceci justifie les exclusions dont nous parlions dans l'Introduction —, une langue naturelle prétend être *omnieffable*, c'est-à-dire capable de rendre compte de toute notre expérience, physique et mentale, et pouvoir donc exprimer des sensations, des perceptions, des abstractions, allant jusqu'à la question qui demande pourquoi il y a de l'Être plutôt que du Néant. Il est vrai que la langue verbale ne peut tout exprimer (que l'on essaie de décrire par des mots la différence entre le parfum de la verveine et celui du romarin) et doit donc profiter d'indications, de gestes, d'inflexions de tons. Et pourtant, parmi tous les systèmes sémiotiques, elle apparaît comme le système qui possède le rayon d'expression le plus vaste et le plus satisfaisant, et c'est pour cette raison que presque tous les projets de langue parfaite se sont référés au modèle de la langue verbale.

CHAPITRE II

La pansémiotique kabbalistique

L'histoire de la langue parfaite en Europe commence en se référant à un texte aux origines orientales, la Bible, mais, la patristique tardive et le Moyen Age ayant oublié la langue dans laquelle ce texte avait été écrit, il nous a suffi, pour suivre les débuts de notre histoire, de le relire à partir de la Vulgate latine. L'Occident chrétien fera le bilan de ses rapports avec l'hébreu à partir de la Renaissance. Mais, alors qu'au cours des siècles du Moyen Age la langue hébraïque est oubliée par la pensée chrétienne, c'est pourtant en Europe que s'instaure et fleurit un courant du mysticisme hébraïque destiné à avoir une influence fondamentale sur les recherches de la langue parfaite, parce qu'il se fonde sur une idée de la création du monde comme phénomène linguistique : la Kabbale.

La lecture de la Torah

La Kabbale (*qabbalah* pourrait être rendu par le mot « tradition ») se greffe sur la tradition du commentaire de la Torah, c'est-à-dire les livres du Pentateuque, et sur la tradition interprétative rabbinique représentée par le Talmud : elle se présente avant tout comme une technique de lecture et d'interprétation du texte sacré. Mais le rouleau de la Torah écrite sur lequel travaille le kabbaliste ne représente qu'un point de départ : il s'agit de retrouver, sous la lettre de la Torah écrite, la Torah éternelle, qui préexiste à la création et que Dieu a remise aux anges.

Selon certains kabbalistes, la Torah a été écrite primordialement sous la forme de feu noir sur feu blanc ; au moment de la création, elle se trouvait en présence de Dieu comme une série de lettres non encore réunies en mots. S'il n'y avait pas eu le péché d'Adam, les lettres se seraient réunies pour former une autre histoire. C'est la raison pour laquelle le rouleau de la Torah ne contient aucune voyelle, ni aucun signe de ponctuation, ni aucun accent : à l'origine, la Torah formait un tas de lettres en désordre. Après la venue du Messie, Dieu éliminera la combinaison actuelle des lettres, ou bien il nous apprendra à lire le texte actuel suivant une autre disposition.

Une des versions de la tradition kabbaliste, caractérisée dans les études les plus récentes comme Kabbale théosophique, vise à repérer, sous la lettre du texte sacré, des allusions à la dizaine des Séphiroth en tant que dix hypostases de la divinité. La théosophie des Séphiroth peut être comparée aux différentes théories des chaînes cosmiques qui apparaissent aussi dans la tradition hermétique, gnostique et néoplatonicienne. Les dix Séphiroth peuvent être vues comme des hypostases de la divinité à la suite d'un processus d'émanation, et donc comme des entités intermédiaires entre Dieu et le monde, ou bien comme des aspects intérieurs de la divinité elle-même. Dans les deux sens, puisqu'elles représentent la richesse des modes dans lesquels Dieu, de fait ou en puissance, se dilate vers la multiplicité de l'univers, elles constituent autant de canaux ou de degrés à travers lesquels l'âme peut accomplir son retour à Dieu.

Le texte de la Torah est donc abordé par le kabbaliste comme un système symbolique qui (sous la lettre et les événements qu'il raconte ou les préceptes qu'il impose) parle de ces réalités mystiques et métaphysiques et doit par conséquent être lu en y repérant quatre sens (littéral, allégorico-philosophique, herméneutique et mystique). Cet aspect rappelle la théorie des quatre sens de l'écriture dans l'exégèse chrétienne, mais l'analogie fait alors place à une différence radicale.

Pour l'exégèse chrétienne, les sens cachés doivent être repérés à travers le travail de l'interprétation (afin d'identifier un surplus de contenu), mais sans altérer l'expression, c'est-à-dire la disposition matérielle du texte, en s'efforçant même d'en rétablir le plus possible la version exacte. En revanche, pour certains courants kabbalistes, la lecture anatomise, pour ainsi dire, la substance même de l'expression à travers trois techniques fondamentales, le *notariqon*, la *gématrie* et la *témourah*.

Le *notariqon* est la technique de l'acrostiche (les initiales d'une série de mots forment un autre mot) : c'est une manière de coder et décoder un texte. Elle était par ailleurs courante en tant qu'artifice poétique dans toute la littérature de la fin de l'Antiquité tardive et médiévale, et à partir du Moyen Age on voit se diffuser des pratiques magiques connues sous le nom d'*ars notoria*. Pour les kabbalistes, l'acrostiche doit révéler des parentés mystiques : par exemple, Moïse de León prend les initiales des quatre sens de l'écriture (*peshat, remez, derash* et *sod*) et en tire PRDS, c'est-à-dire (puisqu'il n'existe pas de voyelle dans l'alphabet hébraïque) *Pardès*, le Paradis. En lisant la Torah, on découvre que les initiales des mots qui composent la question de Moïse (Deutéronome 30, 12) « qui ira pour nous dans les cieux ? » donnent MYLH, « circoncision », alors que les lettres finales donnent YHVH : la réponse est donc « le circoncis rejoindra Dieu ». Il est significatif que pour Aboulafia la dernière lettre de MVH (cerveau) est la première lettre de *Hokhmâ* (ou *Khokhmâ*, la première Séphirah, la sagesse) ; alors que la dernière lettre de LB (cœur) est la première de *Binâ* (l'intelligence).

La *gématrie* est possible parce que les nombres, en hébreu, sont représentés par des lettres alphabétiques. Chaque mot a donc une valeur numérique qui dérive de la somme des nombres représentés par chaque lettre prise séparément. Il s'agit de trouver des mots dont le sens est différent mais qui ont la même valeur numérique, en recherchant ainsi les analogies qui passent entre les choses ou idées désignées. En faisant le total des valeurs de YHVH, on obtient par exemple 72, et la tradition de la Kabbale ira constamment à la recherche des 72 noms de Dieu. Le serpent de Moïse est une préfiguration du Messie, parce que ces mots ont tous deux comme valeur 358.

La *témourah*, enfin, est l'art de permuter les lettres, c'est-à-dire l'art de l'anagramme. Dans une langue où les voyelles peuvent être intercalées, l'anagramme présente de plus grandes possibilités de permutation que dans d'autres idiomes. Par exemple, Moïse Cordovero se demande pour quelle raison dans le Deutéronome apparaît l'interdiction de porter des vêtements de laine et de lin mélangés et il en déduit que dans la version originale les mêmes lettres se combinaient pour donner lieu à une autre expression qui prévenait Adam de ne pas remplacer son vêtement de lumière originaire par le vêtement de peau du serpent, représentant la puissance démoniaque.

Chez Aboulafia se trouvent des pages dans lesquelles le tétragramme YHVH, grâce à la vocalisation de ses quatre lettres de toutes les façons possibles, produit quatre tableaux de 50 combinaisons chacune. Éléazar de Worms vocalise chaque lettre du tétragramme avec deux voyelles, mais, en utilisant six voyelles, le nombre des combinaisons augmente (voir Idel 1988c : 27-28).

La combinatoire cosmique et la Kabbale des noms

Le kabbaliste peut avoir recours aux ressources infinies de la *témourah* parce que celle-ci n'est pas seulement une technique de lecture, mais le procédé même par lequel Dieu a créé le monde. Ce principe est déjà explicite dans le *Séfer Yetsira*, ou Livre de la Création. Selon ce petit traité (écrit à une date incertaine entre le IIe et le VIe siècle), les matériaux, les pierres, c'est-à-dire les 32 voies de sagesse avec lesquelles Iahvé a créé le monde, sont les dix Séphiroth et les 22 lettres de l'alphabet (I, 1) :

> Il grava, modela, soupesa et permuta les vingt-deux lettres fondamentales et forma avec elles toute la création et tout ce qu'il y a à former pour le futur (II, 2) [...]. Il plaça les vingt-deux lettres fondamentales sur une roue comme si c'étaient des murailles (II, 4) [...]. De quelle façon les combina-t-il et les permuta-t-il ? Aleph avec tous les Aleph, Bêt avec tous les Bêt [...] et il se trouve que toute créature et toute chose dite provient d'un Nom unique (II, 5) [...]. Deux pierres bâtissent deux maisons, trois pierres bâtissent six maisons, quatre pierres bâtissent vingt-quatre maisons, cinq pierres bâtissent cent vingt maisons, six pierres bâtissent sept cent vingt maisons, sept pierres bâtissent cinq mille quarante maisons. A partir de ce moment, va, et pense à ce que la bouche ne peut pas dire et l'oreille ne peut ouïr (IV, 16).

En effet, non seulement la bouche et l'oreille, mais même un ordinateur moderne se trouverait dans l'embarras pour exprimer ce qui arrive au fur et à mesure que le nombre des pierres (ou des lettres) augmente. Le Livre de la Création est en train d'évoquer le calcul factoriel, dont nous parlerons dans le chapitre sur la combinatoire de Lulle.

La Kabbale suggère donc que l'on peut constituer un alphabet fini qui produise un nombre vertigineux de combinaisons. C'est Abraham Aboulafia (XIIIe siècle) avec sa Kabbale des Noms qui conduisit l'art combinatoire à son plus grand développement (voir Idel 1988b, 1988c, 1988d, 1989).

La kabbale des noms, ou kabbale extatique, se pratique en récitant les noms divins que cache le texte de la Torah, en jouant sur les diverses combinaisons des lettres de l'alphabet hébraïque. La kabbale théosophique, tout en se hasardant à des pratiques de lecture numérologique, par acrostiche ou par anagramme, était encore, au fond, respectueuse du texte sacré. La kabbale des noms, au contraire, altère, bouleverse, décompose et recompose la surface textuelle et même sa structure syntagmatique, jusqu'à ces atomes linguistiques formés par chaque lettre de l'alphabet, suivant un processus continu de recréation linguistique. Si pour la kabbale théosophique le texte reste encore entre Dieu et l'interprète, pour la kabbale extatique l'interprète se trouve entre Dieu et le texte.

Cela est possible parce que les éléments atomiques du texte, les lettres, ont, pour Aboulafia, une signification par eux-mêmes, indépendamment des syntagmes dans lesquels ils se présentent. Chaque lettre est déjà un nom divin : « puisque pour les lettres du Nom chacune des lettres est un Nom en lui-même, sache que le Yod est un nom, et YH est un nom » (*Peroush Havdalah de Rabbi'Akibà*).

La pratique de la lecture à travers la permutation tend à provoquer des effets extatiques :

> Et commence par combiner d'abord [les lettres] du tétragramme [YHVH] seulement, et observe chacune de ses combinaisons, déplace-les et fais-les permuter comme une roue, c'est-à-dire en avant et en arrière, comme un rouleau (de parchemin), et ne t'arrête que si tu vois son sens augmenter à force de le combiner [le tétragramme] et si tu crains de voir ton imagination se troubler et tes idées s'emporter ; ensuite, après une interruption, tu y reviendras et tu le questionneras. Jusqu'à ce que tu en ressortes un secret [de sagesse] ne le quitte pas. Ensuite, tu passeras au

> second [nom], *Adonay* ; interroge-le sur son fondement, et celui-ci te révélera son secret [...]. Ensuite tu relieras les deux [noms], tu les combineras, tu porteras toute ton attention et tu les interrogeras, et ils te feront part de profonds secrets [de sagesse] [...]. Puis tu permuteras [les lettres d'] *Élohim*, et lui aussi te révélera ses secrets [de sagesse] » (*Hayyê ha-néfesh*) [1].

Lorsque s'y ajoutent les techniques respiratoires qui doivent accompagner l'épellation des noms, on comprend comment de l'épellation on passe à l'extase, et de celle-ci à l'acquisition de pouvoirs magiques, parce que les lettres que le mystique combine sont les sons mêmes à travers lesquels Dieu a créé le monde. Cet aspect deviendra plus évident au XVe siècle. Idel (1988b : 204-205) dira de Yohanan Alemanno, ami et inspirateur de Pic de La Mirandole, que pour lui « la charge symbolique du langage était en train de se transformer en un genre d'ordre presque mathématique. De même, le symbolisme kabbalistique se transformait — ou se retransformait peut-être — en un langage magique incantatoire ».

Pour la kabbale extatique, le langage est un univers en soi, et la structure du langage représente la structure du réel. Philon d'Alexandrie avait déjà essayé, dans ses écrits, de comparer l'essence intime de la Torah avec le Logos, le Monde des idées. Des conceptions platoniciennes avaient aussi pénétré la littérature aggadico-midrashique, où l'on considérait la Torah comme le schéma que Dieu avait utilisé en créant le monde. La Torah éternelle s'identifiait donc avec la Sagesse et, dans plusieurs passages, avec un monde des formes, un univers d'archétypes. Au XIIIe siècle, Aboulafia, suivant une ligne averroïstique affirmée, formulera une équation entre la Torah et l'Intellect Agent, « la forme de toutes les formes des intellects séparés » (*Séfer Maftéah ha-tokhahot*).

1. Moshe Idel, *L'Expérience mystique d'Abraham Aboulafia*, Paris, Éd. du Cerf, 1989, p. 33. [N.d.T.]

A la différence de ce qui a lieu dans la tradition philosophique occidentale (depuis Aristote jusqu'aux stoïciens et à la pensée médiévale) et dans la philosophie arabe et judaïque, le langage dans la Kabbale ne représente pas le monde au sens où la signification représente le signifié ou le référent. Si Dieu a créé le monde à travers l'émission de termes linguistiques ou de lettres alphabétiques, ces éléments sémiotiques ne sont pas des représentations de quelque chose qui leur préexisterait, mais ce sont des formes sur lesquelles se modèlent les éléments dont le monde est constitué. L'importance de cette thèse pour notre sujet est évidente : il se dessine ici une langue qui est parfaite non seulement parce qu'elle réfléchit de façon exemplaire la structure de l'univers, mais aussi parce que, en la produisant, elle coïncide avec elle, comme le moule avec l'objet formé.

La langue mère [1]

Pour Aboulafia, cependant, cette matrice de toutes les langues (qui ne fait qu'un seul corps avec la Torah éternelle mais pas nécessairement avec la Torah écrite) ne coïncide pas encore avec la langue hébraïque. Il semble qu'Aboulafia fasse une distinction entre les 22 lettres (et la Torah éternelle) comme matrice et l'hébreu comme langue mère du genre humain. Les 22 lettres de l'alphabet hébraïque représentent les sons idéaux qui doivent présider à la création de chacune des 70 autres langues existantes. Le fait que d'autres langues aient un plus grand nombre de voyelles dépend de variations de prononciation des 22 lettres fondamentales (les

1. Nous traduisons l'italien « lingua madre » par « langue mère » et non « maternelle », parce que ici le concept est celui de « langue matricielle » ; mais nous traduirons normalement par « langue maternelle » lorsque cela semblera s'imposer. [N.d.T.]

autres sons étrangers seraient, en des termes modernes, allophones des phonèmes fondamentaux).

D'autres kabbalistes relèvent que les chrétiens n'ont pas la lettre *Hêṯ* et que les Arabes ignorent le *Pê*. A la Renaissance, Yohanan Alemanno affirmera que les variations de prononciation par rapport aux 22 lettres hébraïques doivent être assimilées aux sons des animaux (certains ressemblent au grognement du cochon, d'autres aux coassements des grenouilles, d'autres encore au cri des grues), de sorte que le fait même de prononcer d'autres sons révèle que les autres langues appartiennent à des peuples qui ont abandonné la conduite juste de la vie. En ce sens, la multiplication des lettres est l'un des résultats de la confusion de Babel. Alemanno, conscient du fait que d'autres peuples ont estimé que leur langue était la meilleure du monde, cite Galien, selon lequel la langue grecque est la plus agréable et celle qui répond le mieux aux lois de la raison, mais, n'osant pas le contredire, il prétend que cela vient du fait qu'il existe des affinités entre le grec, l'hébreu, l'arabe et l'assyrien.

Pour Aboulafia, les 22 lettres représentent tous les sons naturellement produits par les organes de la phonation, et la manière de combiner les lettres qui permet de donner vie aux différentes langues. Le mot *tsérouf* (combinaison) et le mot *lashon* (langue) ont la même valeur numérique (386) : connaître les lois de la combinatoire signifie connaître la clé de formation de chaque langage. Aboulafia admet que le choix de représenter ces sons à travers certains signes graphiques est affaire de convention, mais pour lui c'est une convention établie entre Dieu et les prophètes. Il connaît très bien les théories courantes du langage selon lesquelles les sons pour certaines choses ou pour certains concepts sont conventionnels (car il avait trouvé cette idée aristotélico-stoïcienne chez des auteurs comme Maïmonide), mais échappe à la difficulté, semble-t-il, grâce à une solution tout à fait moderne, en distinguant implicitement entre caractère conventionnel et caractère arbitraire. La langue hébraïque est née par convention comme toutes les langues (et Aboulafia rejette l'idée que d'autres soutiennent, même dans le camp chrétien, qu'un petit enfant abandonné à lui-même après sa naissance parlerait automatiquement l'hébreu), mais elle est la Langue Mère et Sainte parce que les noms donnés par Adam étaient *en accord avec la nature*, et non pas choisis arbitrairement. En ce sens, la langue hébraïque fut le *protolangage* et, comme telle, elle fut nécessaire pour créer toutes les autres langues, parce que « s'il n'y avait pas eu ce premier langage, il n'y aurait pas eu d'accord mutuel pour donner à un objet un nom différent de celui qu'il avait avant, parce que la seconde personne n'aurait pas compris le second nom si elle n'avait pas connu le nom original, de façon à pouvoir se mettre d'accord sur le changement... » (*Séfer 'or ha-Sékhel*, voir Idel 1989 : 13-14).

Aboulafia déplore le fait que son peuple, au cours de l'exil, ait oublié sa propre langue originaire, et évidemment, pour lui, le kabbaliste doit être celui qui travaille pour retrouver la véritable matrice de l'ensemble des 70 langues. Ce sera le Messie qui révélera définitivement les secrets de la Kabbale, et la différence entre les langues cessera à la fin des temps, quand chaque langue existante sera réabsorbée par la Langue Sacrée.

CHAPITRE III

La langue parfaite de Dante

Le premier texte dans lequel le monde médiéval chrétien affronte systématiquement un projet de langue parfaite est le *De vulgari eloquentia* [1] de Dante Alighieri, écrit vraisemblablement entre 1303 et 1305.

Le *De vulgari eloquentia* s'ouvre sur une constatation évidente, mais fondamentale pour notre sujet : il y a une pluralité des langues vulgaires, et le vulgaire s'oppose en tant que langue naturelle au latin pris comme modèle de grammaire universelle mais artificielle.

Avant la construction sacrilège de la Tour de Babel, il existait une langue parfaite, celle qu'Adam avait parlée à Dieu et qu'avaient parlée ses descendants, mais lors de la *confusio linguarum* naît la pluralité des langues. En faisant preuve de connaissances de linguistique comparée exceptionnelles pour son époque, Dante montre que les diverses langues nées de la confusion se sont multipliées sur le mode ternaire, d'abord selon une division entre les diverses régions du monde, puis à l'intérieur de l'aire que nous appellerions aujourd'hui romane, en se différenciant en langue d'*oc*, langue d'*oil* et langue du *sì*. Cette dernière s'est fragmentée en une pluralité de dialectes qui parfois, comme à Bologne par exemple,

1. Dante Alighieri, *De l'éloquence en langue vulgaire*, *in Œuvres complètes*, traduction et commentaire par André Pézard, Paris, Gallimard, La Pléiade, 1965, p. 549 et s. [N.d.T.]

varient d'un quartier à l'autre de la ville. Et cela parce que l'homme est un animal instable et changeant, dans ses coutumes, ses habitudes et son langage, aussi bien dans le temps que dans l'espace.

Si nous voulons trouver une langue plus digne et illustre, il faut procéder à une sévère critique analytique des différents dialectes vulgaires régionaux, en tenant compte du fait que les meilleurs poètes se sont éloignés, chacun à leur façon, du vulgaire propre à leur ville ; et il faut viser à un vulgaire *illustre* (capable de diffuser sa lumière [1]), *cardinal* (qui fonctionne comme gond [2] et règle), *royal* (digne de prendre sa place dans le palais royal d'un royaume national, si jamais les Italiens en avaient un) et *curial* (langage du gouvernement, du droit, de la sagesse [3]). Ce vulgaire, fruit de chaque ville italienne et n'appartenant pourtant à aucune en particulier, représente une sorte de règle idéale à laquelle les meilleurs poètes ont tendu, et tous les vulgaires existants devront être jugés par rapport à cette norme idéale.

La seconde partie (inachevée) du *De vulgari eloquentia* esquisse les règles de composition de l'unique véritable vulgaire illustre, la langue poétique dont Dante se considère orgueilleusement le fondateur et qu'il oppose aux langues de la confusion en tant qu'elle retrouve l'affinité primitive avec les choses, ce qui constituait le trait caractéristique de la langue adamique.

Le latin et le vulgaire

Apologie du vulgaire, le *De vulgari eloquentia* est écrit en latin. En tant que poète Dante écrit en vulgaire, mais en tant que penseur, nourri de philosophie scolastique, et

1. « Éclairé », « resplendissant » ; voir A. Pézard, *op. cit.*, p. 587, n. 7. [N.d.T.]
2. « Cardo » est le mot latin, « cardine » le mot italien ; voir *ibid.*, p. 588, n. 1. [N.d.T.]
3. « Celui qui serait digne de l'idéale cour d'Italie » ; voir *ibid.*, p. 578, n. 1. [N.d.T.]

homme politique qui souhaite le retour d'un empire supranational, il connaît et pratique la langue commune tant à la philosophie qu'à la politique et au droit international.

Le *De vulgari eloquentia* définit le vulgaire comme la langue que les enfants apprennent à utiliser lorsqu'ils commencent à articuler les sons, qu'ils reçoivent en imitant leur nourrice sans besoin d'aucune règle, et il l'oppose à une *locutio secundaria* appelée grammaire par les Romains. Celle-ci est une langue gouvernée par des règles qui doivent être étudiées longtemps et dont on acquiert l'*habitus*. Comme un *habitus* dans le langage scolastique est une vertu, une capacité à agir, le lecteur contemporain pourrait voir ici la simple opposition entre la capacité instinctive d'exécution (*performance*) et la compétence grammaticale. Mais Dante, lorsqu'il parle de grammaire, fait encore allusion au latin scolastique — l'unique langue qui était, à cette époque, enseignée grammaticalement dans les écoles (voir aussi Viscardi 1942), idiome *artificiel*, « perpétuel et incorruptible », langue internationale de l'Église et de l'Université, rigidifiée dans un système de règles par des grammairiens qui (comme Servius entre le IVe et le Ve siècle, ou Priscien entre le Ve et le VIe siècle) légiféraient alors que ce n'était déjà plus la langue vivante de Rome.

Devant cette distinction entre langue primaire et langue secondaire, Dante affirme nettement que la langue vulgaire est la plus noble : parce qu'elle a été utilisée en premier par le genre humain, parce que c'est le monde entier qui en jouit « bien qu'elle soit divisée en divers vocables et prononciations » (I, I, 4), et enfin parce qu'elle est naturelle alors que l'autre est artificielle.

Ce passage est d'une interprétation très délicate. D'une part, la langue la plus noble doit posséder les qualités requises par la naturalité, alors que la diversité reconnue des langues vulgaires en confirme le caractère conventionnel. D'autre part, le vulgaire est présenté comme une langue commune à tous, même s'il se différencie par les vocables et les prononciations. Puisque le *De vulgari eloquentia* dans son ensemble insiste sur la variété des langues, comment est-il possible de concilier le nombre des langues avec le fait que le vulgaire (langue naturelle) est commun à tout le genre humain ? Certes, c'est un lieu commun de dire que chacun de nous apprend une langue naturelle sans d'abord en connaître les règles, mais est-ce une raison suffisante pour affirmer que nous parlons tous la même langue ? On peut dire, tout au plus, et cela reste vrai encore aujourd'hui, que tous les hommes possèdent une prédisposition naturelle au langage, une *faculté du langage* naturelle, qui s'incarne ensuite en des substances et des formes linguistiques diverses, c'est-à-dire en diverses langues naturelles (voir aussi Marigo 1938, Commentaire : 9, n. 23 ; Dragonetti 1961 : 32).

Pour Dante, la notion de faculté du langage est claire : comme il dit en I, I, 1, il existe une faculté d'apprendre le langage maternel qui est naturelle, et cette faculté est commune à tous les peuples malgré la diversité des prononciations et des vocables. Que cette faculté se manifeste, pour Dante, à travers l'utilisation des langues vulgaires qu'il connaît, cela est évident ; il ne s'agit pas d'une langue spécifique, mais, justement, d'une faculté générale commune à l'espèce : « seul à l'homme il est donné de parler » (I, II, 1). La capacité de parler est le propre de l'homme : les anges ne l'ont pas, ni les animaux, ni les démons. Parler, cela signifie manifester les pensées de notre esprit, alors que les anges ont une « ineffable capacité intellectuelle » grâce à laquelle chacun d'eux comprend la pensée de l'autre, ou bien tous lisent les pensées de tous dans l'esprit divin ; les démons connaissent déjà réciproquement le degré de leur perfidie ; et les animaux n'ont pas de passions individuelles mais celles qui caractérisent leur espèce et c'est pourquoi, connaissant leurs propres passions, ils connaissent aussi celles de leurs semblables et n'ont pas besoin de connaître celles d'animaux d'autres espèces. Dante ne sait pas encore qu'il va faire parler les démons dans *La Divine Comédie*. Effectivement, les démons parlent aussi un langage qui n'est pas celui de l'humanité ; et, curieusement, une expression diabolique comme le célèbre « Pape satan, pape satan aleppe [1] » rappelle une autre expression, prononcée cette fois-ci par Nimrod [2], responsable de la catastrophe de Babel (« Raphèl, maì amècche zabì almi [3] »). Les diables parlent les langues de la confusion (voir Hollander 1980).

L'homme, au contraire, est guidé par la raison qui prend des formes individuelles différentes de discernement et de jugement, et il a besoin d'une faculté qui lui permette de manifester au moyen d'un signe sensible un contenu intellectuel. On voit ici que pour Dante la faculté du langage se définit comme la disposition à associer des signifiés rationnels à des signifiants perceptibles par les sens (en suivant la tradition aristotélicienne, Dante admet que le rapport entre signifiant et signifié, conséquence de la faculté de langage, est établi par convention, c'est-à-dire *ad libitum*).

De même apparaît clairement chez Dante l'idée que, alors que la faculté de langage est permanente et immuable pour tous les membres de l'espèce, les langues naturelles capables de s'accroître au cours du temps et de s'enrichir indépendamment de la volonté des individus parlants sont historiquement changeantes. Il sait qu'une langue naturelle peut être enrichie par la créativité individuelle, et le vulgaire illustre qu'il se propose de forger entend être justement le produit d'une créativité. Mais il semble qu'entre la faculté de langage et la langue naturelle il aimerait placer une instance intermédiaire, comme on peut le déduire de la manière dont il reconsidère l'histoire d'Adam.

1. Dante Alighieri, *La Divine Comédie*, *L'Enfer*, VII, 1. [N.d.T.]
2. Nimrod, ou Nemrod, ou Nembrot, ou Nembroth. [N.d.T.]
3. Dante Alighieri, *La Divine Comédie*, *L'Enfer*, XXXI, 67. [N.d.A.]

Langues et actes de parole

Dans le chapitre d'ouverture de son traité, Dante, en se référant à son concept de vulgaire, parle de *vulgaris eloquentia*, de *locutio vulgarium gentium*, de *vulgaris locutio*, et utilise *locutio secundaria* en parlant de la grammaire. Nous pourrions traduire *eloquentia* dans le sens générique aussi bien par « éloquence » que par « élocution » ou « activité de parole ». Mais, à l'intérieur du texte, apparaissent des distinctions entre les différents choix lexicaux qui ne sont probablement pas le fruit du hasard. Dans certains cas Dante parle de *locutio*, dans d'autres d'*ydioma*, de *lingua* et de *loquela*. Il dit *ydioma*, par exemple, lorsqu'il se réfère à la langue hébraïque (I, IV, 1 ; I, VI, 1 et I, VI, 7) et pour faire allusion au bourgeonnement des langues du monde et des langues romanes en particulier. Dans I, VI, 6-7, là où il est question de la *confusio linguarum* de Babel, Dante parle de *loquela*, mais dans le même contexte il utilise aussi *ydioma* tant pour les langues de la confusion que pour la langue hébraïque restée intacte. Il parle de la *loquela* des Gênois ou des Toscans, mais il emploie aussi *lingua* pour l'hébreu ou pour les dialectes du vulgaire italique. Il semblerait donc qu'aussi bien *ydioma* que *lingua* et *loquela* doivent être entendus dans le sens moderne de « langue », au sens saussurien.

C'est dans le même sens qu'il semble utiliser le mot *locutio* : par exemple, toujours dans le texte sur la confusion de Babel, (I, VI, 6-8), pour exprimer que les ouvriers de la Tour, à la suite de la confusion, parlent des langues imparfaites, il dit que « tanto rudius nunc barbariusque locuntur[1] » et, quelques lignes plus loin, il est fait allusion à la

1. « plus est grossière et barbare à présent leur parlure » ; voir A. Pézard, *op. cit.*, p. 562. [N.d.T.]

langue hébraïque originaire avec l'expression « antiquissima locutione [1] ».

Cependant, alors qu'*ydioma*, *lingua* et *loquela* sont des termes marqués, c'est-à-dire employés uniquement lorsque l'on veut parler d'une *langue*, il semble que *locutio* ait un domaine d'utilisation plus général et qu'il apparaisse même lorsque le contexte semble suggérer l'activité de la *parole*, comme le processus, ou la faculté du langage elle-même. Souvent Dante parle de *locutio* comme d'un acte de parole : par exemple, à propos de certaines voix animales, il est dit qu'un tel acte ne peut pas être nommé « locutio », puisqu'il ne s'agit pas d'une véritable activité linguistique (I, II, 6-7), et c'est toujours *locutio* qui est utilisé pour les actes de parole qu'Adam adresse à Dieu.

Ces distinctions apparaissent clairement dans le passage (I, IV, 1) où Dante se demande « à quel homme a été donné en premier la faculté de parole (*locutio*), et qu'est-ce qu'il a dit en premier (*quod primitus locutus fuerit*), et à qui, et où, et quand, et dans quelle langue (*sub quo ydiomate*) a été émis le premier acte de langage (*primiloquium*) » — et je crois que l'on peut traduire ainsi *primiloquium* par analogie avec *tristiloquium* et *turpiloquium* (I, X, 2 ; I, XIII, 3) qui se réfèrent à la mauvaise façon de parler des Romains et des Florentins.

Le premier don fait à Adam

Dans les pages qui suivent, Dante affirme aussi qu'il est dit dans la Genèse qu'Ève fut la première à parler (*mulierem invenitur ante omnes fuisse locutam*), lorsqu'elle a dialogué avec le serpent, et il lui semble qu'« imaginer qu'un acte aussi glorieux du genre humain n'ait pas pris source dans l'homme

1. « la plus antique des langues », *ibid.*, p. 562. [N.d.T.]

plutôt que dans la femme, c'est inconvenance [1] ». Comme nous le savons, dans la Genèse, c'est plutôt Dieu qui parle d'abord pour créer le monde, puis Adam est amené à nommer les animaux, et donc, probablement, émet des sons (mais tout l'épisode de la Genèse, 2, 19, qui concerne la *nominatio rerum*, est étrangement ignoré par Dante), et, enfin, Adam parle pour manifester sa satisfaction lors de l'apparition d'Ève. Selon Mengaldo (1979 : 42), étant donné que pour Dante on parle afin d'exprimer les pensées de notre esprit, et que le parler est donc un fait dialogique, celui-ci entendait dire qu'avec Ève et le serpent on a le premier dialogue, et donc le premier *acte de langage* (et cela s'accorderait avec le statut ambigu que nous avons reconnu à *locutio*). Devrions-nous donc penser qu'Adam se félicitait en son for intérieur de la naissance d'Ève et que, lorsqu'il nommait les animaux plutôt que d'effectuer des actes de langage, il établissait en fait les règles d'une langue et faisait donc du métalangage ?

Dans tous les cas, Dante se sert de cette incidente sur Ève pour soutenir qu'il est plus raisonnable de penser qu'Adam ait parlé en premier ; et alors que, lorsqu'il s'agit des êtres humains, la première émission de voix est un vagissement de douleur, celle d'Adam ne pouvait être qu'un son de joie en même temps qu'un hommage à son créateur : Adam aurait donc prononcé en premier le nom de Dieu, *El* (et la tradition patristique attestait que « *El* » avait été le premier nom hébraïque de Dieu). Dante voulait probablement faire ressortir le fait qu'Adam parle avec Dieu avant de donner un nom aux choses, et que par conséquent *Dieu lui avait donné une faculté de langage avant qu'il ne construise une langue.*

Adam a parlé avec Dieu sous forme de réponse. C'est pourquoi Dieu a dû lui parler d'abord. Mais il n'est pas nécessaire que le Seigneur ait employé une langue. C'est ici que Dante reprend la tradition qui en appelait au

1. Voir *ibid.* (I, IV, 2), p. 556. [N.d.T.]

Psaume 148, 8 selon lequel Dieu s'exprime à travers des phénomènes naturels (le feu, la grêle, la neige, le souffle des orages), mais il la corrige en suggérant que Dieu pourrait avoir fait bouger l'air de telle sorte que celui-ci fît résonner de véritables paroles. Pourquoi Dante est-il amené à concevoir cette idée curieuse d'un Dieu qui fait résonner l'air afin de faire entendre à Adam des sons de nature linguistique ? Parce qu'Adam, évidemment, en tant que premier individu de l'espèce unique des animaux parlants, ne peut recevoir des idées qu'à travers la voix. Et parce que Dieu, comme le précise Dante *in* I, V, 2, voulut qu'Adam aussi parlât afin que fût glorifié, par l'exercice de cette qualité, celui qui avait fait un si grand don.

C'est alors que Dante se demande en quel idiome a pu parler Adam : et il critique tous ceux qui, à commencer par les Florentins, croient que leur langue natale est la meilleure, alors qu'il existe de très nombreuses langues et que beaucoup sont meilleures que le vulgaire italien. Il affirme donc (I, IV, 4) qu'en même temps que la première âme Dieu avait cocréé une *certam formam locutionis*. Si l'on traduit cette expression par « une forme de langage bien déterminée » (voir, par exemple, Mengaldo 1979 : 55), on ne pourrait pas expliquer pour quelle raison Dante affirme, *in* I, VI, 7, que « ce parler fut donc l'idiome (*ydioma*) hébraïque lequel forgèrent (*fabricarunt*) les lèvres du premier parlant [1] ».

Il est vrai que Dante précise qu'il parle de *forme* « tant par rapport aux vocables qui indiquent les choses, qu'à la construction des vocables, et aux désinences de la construction », laissant penser qu'il veut se référer, avec l'expression *forma locutionis*, à un lexique et à une morphologie, et donc à une langue. Mais, si l'on traduisait par « langue », il serait difficile d'expliquer le passage suivant :

> ... qua quidem forma omnis lingua loquentium uteretur, nisi culpa presumptionis humanae dissipata fuisset, ut inferius ostenderetur.

1. Voir *ibid.*, p. 560. [N.d.T.]

> Hac forma locutionis locutus est Adam : hac forma locutionis locuti sunt homines posteri ejus usque ad edificationem turris Babel, quae « turris confusionis » interpretatur : hanc formam locutionis hereditati sunt filii Heber, qui ad eo sunt dicti Hebrei. Hiis solis post confusionem remansit, ut Redemptor noster, qui ex illis oritus erat secundum humanitatem, non lingua confusionis sed gratiae frueretur. Fuit ergo hebraicum ydioma illud quod primi loquentis labia fabricarunt (I, VI, 5).

Si l'on entendait *forma locutionis* comme une langue formée, pour quelle raison, afin de dire que Jésus parla hébreu, a-t-on alors utilisé une fois le terme *lingua* et une autre fois *ydioma* (et pourquoi tout de suite après, *in* I, VII, en racontant l'épisode de la confusion des langues, trouve-t-on *loquela*), alors qu'on ne parle de *forma locutionis* que pour le don divin du début ? D'autre part, si l'on admettait que la *forma locutionis* n'est que la faculté de langage, on ne comprendrait pas pour quelle raison les pécheurs de Babel l'auraient perdue alors que les Hébreux l'ont gardée, étant donné que tout le *De vulgari eloquentia* reconnaît l'existence d'une pluralité de langues produites (sur la base de quelque faculté naturelle) après Babel.

L'on peut donc essayer de traduire ainsi :

> ... et c'est précisément cette forme qu'utiliseraient tous les êtres parlants dans leur langue, si elle n'eût pas été démembrée à cause de la présomption humaine, comme on le montrera plus bas. C'est *grâce à cette forme linguistique* qu'Adam parla : c'est *grâce à cette forme* que parlèrent tous ses descendants jusqu'à l'édification de la Tour de Babel — qui est interprétée comme « tour de la confusion » : ce fut cette *forme linguistique* qui passa par héritage aux fils d'Héber, qui à partir de lui furent nommés Hébreux. Elle resta à ceux-là seuls après la confusion, afin que notre Rédempteur, qui devait naître d'eux selon nature humaine, jouît non d'une langue de la confusion, mais d'une langue de la grâce. Ce fut donc l'idiome hébraïque celui *que forgèrent les lèvres du premier être parlant*.

Mais quelle est donc cette *forme linguistique* qui n'est ni la langue hébraïque ni la faculté générale du langage et qui appartint par don divin à Adam, mais fut perdue après Babel

— celle que Dante, comme nous le verrons, essaie de retrouver avec sa théorie du vulgaire illustre ?

Dante et la grammaire universelle

Maria Corti (1981 : p. 46 et s.) a proposé une solution du problème. Que l'on ne puisse pas comprendre Dante si l'on ne voit en lui qu'un partisan orthodoxe de la pensée thomiste, c'est un fait qui ne prête désormais pas à discussion. Il se réfère, suivant les circonstances, à différentes sources philosophiques et théologiques, et il est hors de doute qu'il a subi l'influence de nombreux courants de cet aristotélisme dit radical dont Siger de Brabant fut le représentant majeur. Mais Boèce de Dacie, un des représentants les plus importants de ces grammairiens dits modistes, et dont le *De modis significandi* aurait influencé Dante, était en relation, lui aussi, avec les milieux de l'aristotélisme radical (et il eut à subir avec Siger la condamnation promulguée en 1277 par l'évêque de Paris). Maria Corti voit surtout dans le milieu bolonais de cette époque le foyer d'où, soit directement, soit à travers des contacts entre le milieu bolonais et le milieu florentin, ces influences seraient parvenues jusqu'à Dante.

Ce que Dante entendait par *forma locutionis* serait alors clair, étant donné que les modistes, justement, soutenaient l'existence d'universaux linguistiques, c'est-à-dire de quelques règles sous-jacentes à la formation de chaque langue naturelle. Dans le *De modis*, Boèce de Dacie rappelle qu'on peut tirer de tout idiome existant les règles d'une grammaire universelle qui ne tienne pas compte du grec ni du latin (*Quaestio* 6). La « grammaire spéculative » des modistes appuyait l'idée d'un rapport spéculaire entre langage, pensée et nature des choses, puisque pour eux les *modi intelligendi* et, par conséquent, les *modi significandi* dépendaient des *modi essendi*.

Donc, ce que Dieu donne à Adam n'est pas simplement une faculté de langage et ce n'est pas encore une langue naturelle : ce sont les principes d'une grammaire universelle, la cause formelle, « le principe général structurant de la langue tant pour ce qui regarde le lexique que pour ce qui va ensuite concerner les phénomènes morpho-syntaxiques de la langue qu'Adam va lentement forger, en vivant et en nommant les choses » (Corti 1981 : 47).

La thèse de Maria Corti a été violemment contestée (voir plus particulièrement Pagani 1982, et Maierù 1983) : on a objecté qu'il n'existe pas de preuves évidentes quant à la connaissance par Dante du texte de Boèce le Dace, qu'à plusieurs reprises Maria Corti établit entre les deux textes des analogies discutables et que les idées linguistiques que l'on peut retrouver chez Dante circulaient aussi auprès d'autres philosophes et grammairiens même avant le XIIIe siècle. Or, même si l'on accepte les objections sur les deux premiers points, reste le troisième, à savoir que l'idée d'une grammaire universelle circulait largement dans la culture médiévale et que Dante connaissait ces discussions, ce qu'aucun des critiques de Maria Corti ne met en doute. Dire, comme le fait Maierù, qu'il n'était pas nécessaire de connaître le texte de Boèce pour savoir que « la grammaire est une et la même en substance dans toutes les langues, même si elle varie superficiellement », parce que cette affirmation revient aussi chez Roger Bacon, constitue tout au plus un argument convaincant pour soutenir que Dante pouvait penser à une grammaire universelle. Il pouvait donc penser à la *forma locutionis* donnée par Dieu comme à une sorte de mécanisme inné qui, à nous contemporains, nous rappelle exactement ces principes universels dont s'occupe la grammaire générative chomskienne (s'inspirant d'autre part des idéaux rationalistes de Descartes et des grammairiens du XVIIe siècle de Port-Royal, qui reprenaient la tradition modiste médiévale).

S'il en est ainsi, qu'arrive-t-il avec Babel ? Il est probable que Dante pensait qu'avait disparu avec Babel la *forma locutionis* parfaite, la seule qui permît la création de langues capables de refléter l'essence même des choses (identité entre *modi essendi* et *modi significandi*), et dont l'hébreu adamique était le résultat parfait et impossible à atteindre. Qu'est-il resté, alors ? Des *formæ locutionis* disloquées et imparfaites ont survécu — de même que sont imparfaits les vulgaires italiens que Dante analyse sans pitié dans leurs défauts et dans leur inaptitude à exprimer de grandes et profondes pensées.

Le vulgaire illustre

On peut à présent comprendre ce qu'est ce vulgaire illustre que Dante poursuit comme une panthère parfumée (I, XVI, 1). Insaisissable, il apparaît par moments dans les textes des poètes que Dante considère comme les plus grands, mais il ne semble pas être encore formé, réglé, explicité dans ses principes grammaticaux. Face aux vulgaires existants, naturels mais non universels, face à une grammaire universelle mais artificielle, Dante poursuit le rêve d'une restauration de la *forma locutionis* édénique, naturelle et universelle. Mais — à la différence de ce que feront les hommes de la Renaissance, à la recherche d'une langue hébraïque restituée dans son pouvoir de révélation et de magie — Dante souhaite recréer la condition originaire par un acte d'invention moderne. Le vulgaire illustre, dont le plus grand exemple sera sa langue poétique, est la manière dont un poète moderne guérit la blessure post-babélique. Tout le second livre du *De vulgari eloquentia* ne doit pas être perçu comme un simple petit traité de stylistique, mais comme un effort pour fixer les conditions, les règles, la *forma locutionis* de l'unique langue parfaite concevable, l'italien de la poésie de Dante (Corti 1981 : 70). Ce vulgaire illustre aura la *nécessité* (opposée au caractère conventionnel) de la langue parfaite parce que, de même que la *forma locutionis* parfaite permettait à Adam de parler avec Dieu, de même le vulgaire illustre est ce qui permet au poète de rendre les mots adéquats à ce qu'ils doivent exprimer et qui ne serait pas exprimable autrement.

C'est de cette conception audacieuse de son propre rôle de restaurateur de la langue parfaite que dépend le fait que Dante, au lieu de blâmer la multiplicité des langues, en fait ressortir la force presque biologique, leur aptitude à se renouveler, à changer dans le temps. Parce que c'est précisément sur la base de l'affirmation de cette créativité linguistique qu'il peut se proposer d'inventer une langue parfaite moderne et naturelle, sans se mettre en chasse de modèles perdus. Si un homme de la trempe de Dante avait véritablement pensé que l'hébreu inventé par Adam était la seule langue parfaite, il aurait appris la langue hébraïque et il aurait écrit son poème dans cette langue. Il ne l'a pas fait parce qu'il pensait que la langue vulgaire qu'il devait inventer correspondrait aux principes de la forme universelle donnée par Dieu mieux que n'avait pu le faire l'hébreu adamique. Dante pose sa candidature pour être un nouvel (et plus parfait) Adam.

Dante et Aboulafia

En passant du *De vulgari eloquentia* au *Paradis* (quelques années se sont écoulées), Dante semble pourtant avoir changé d'idée. Dans le petit traité, il était dit sans ambiguïté que l'hébreu comme langue parfaite naît de la *forma locutionis* donnée par Dieu et qu'Adam s'adresse à Dieu déjà dans cette langue en l'appelant *El*. En revanche, dans *Le Paradis* XXVI, 124-138, Adam dit :

La lingua ch'io parlai fu tutta spenta
innanzi che all'ovra inconsummabile
fosse la gente di Nembrot attenta :
chè nullo effetto mai razionabile,
per lo piacer uman che rinnovella
seguendo il cielo, sempre fu durabile.
Opera naturale è ch'uom favella,
ma, così o così, natura lascia
poi fare a voi, secondo che v'abbella.
Pria ch'i' scendessi all'infernale ambascia
I s'appellava in terra il Sommo Bene,
onde vien la letizia che mi fascia :
e *EL* si chiamò poi : e ciò convene,
che l'uso d'i mortali è come fronda
in ramo, che sen va e altra vene. [1]
(éd. critique de G. Petrocchi).

Adam dit que les langues, nées d'une disposition naturelle à la parole, se différencient ensuite, grandissent et changent en fonction de l'initiative humaine, à tel point que même l'hébreu parlé avant la construction de la Tour n'était déjà plus celui qu'il avait parlé dans le paradis terrestre (où il appelait Dieu « I », alors qu'ensuite il fut appelé « El »).

Dante semble hésiter ici entre Genèse 10 et Genèse 11, deux textes dont il disposait déjà auparavant. Qu'est-ce qui a donc poussé Dante à opérer cette modification de parcours ? Un indice intéressant est cette étrange idée que Dieu puisse être appelé « I », choix qu'aucun des commentateurs de Dante n'est parvenu à expliquer de façon satisfaisante.

1. « La langue en moi créée s'éteignit toute / avant qu'à son ouvrage inachevable / se fût la gent de Nemrod aheurtée ; / car nul effet de raison sur la terre / ne peut durer toujours, quand vos plaisirs / selon que le ciel mue se renouvellent. / Que l'homme parle est œuvre de nature ; / mais en quels mots ou quels, nature laisse / que vous fassiez comme mieux vous agrée. / Avant qu'au deuil d'enfer je descendisse, / sur terre *I* fut le nom du bien suprême / d'où me vient l'allégresse où je m'enrobe ; / puis il se nomma *El* ; et c'est dans l'ordre, / car aux mortels coutume est comme feuille / en l'arbre, qui s'en va, et vient une autre » (Dante Alighieri, *Le Paradis*, Chant XXVI, v. 124-138, in *Œuvres complètes*, traduit par André Pézard, *op. cit.*, p. 1602-1604). [N.d.T.]

Si nous revenons un moment au chapitre précédent, nous trouverons que, pour Aboulafia, les éléments atomiques du texte, les lettres, ont une signification par elles-mêmes, à tel point que chaque lettre du nom de YHVH est déjà un nom divin, et donc que le seul *Yod* est aussi le nom de Dieu. Nous translittérons, comme Dante pouvait le faire, le *Yod* comme « I », et nous avons là une source possible du « retournement » de Dante. Mais cette idée du nom divin n'est pas la seule que Dante semble partager avec Aboulafia.

Nous avons vu dans le chapitre précédent qu'Aboulafia formulait une équation entre la Torah et l'Intellect Agent, et que le schéma à travers lequel Dieu avait créé le monde coïncidait avec le don linguistique qu'il avait fait à Adam, une sorte de matrice générative de toutes les langues qui ne coïncidait pas encore avec l'hébreu. Il s'agit donc d'influences averroïstes chez Aboulafia qui l'amènent à croire en un Intellect Agent unique et commun à toute l'espèce humaine, et de sympathies averroïstiques indubitables et démontrées chez Dante, et de sa conception avicenno-augustinienne de l'Intellect Agent (identifié avec la Sagesse divine) qui offre ses formes à l'intellect possible (voir, plus particulièrement, Nardi 1942 : XI-XII). Ni les modistes ni d'autres partisans d'une grammaire universelle n'étaient d'ailleurs étrangers au courant averroïste. Il y a donc là une position philosophique commune qui, même sans qu'on veuille démontrer des influences directes, pouvait les inciter tous deux à considérer le don des langues comme la remise d'une *forma locutionis*, matrice générative analogue à l'Intellect Actif.

Mais il y a plus. Pour Aboulafia, l'hébreu avait été historiquement le *protolangage*, mais le peuple élu, au cours de l'exil, avait oublié cette langue originaire. Et donc, comme Dante le dira dans *Le Paradis*, la langue d'Adam était « toute éteinte » au temps de la confusion de Babel. Idel (1989 : 17) cite un manuscrit inédit d'un disciple d'Aboulafia dans lequel il est dit que :

> quiconque croit en la création du monde, s'il croit que les langues sont conventionnelles, doit aussi penser qu'il existe deux types de langue : la première est divine, née d'un pacte entre Dieu et Adam, et la seconde naturelle, fondée sur un pacte entre Adam, Ève et leurs enfants. La seconde est dérivée de la première, et la première ne fut connue que d'Adam et ne fut transmise à aucun de ses descendants, hormis Seth [...]. Et c'est ainsi que la tradition parvint jusqu'à Noé. Et la confusion des langues au temps de la dispersion ne se vérifia que pour le second type de langue, la langue naturelle.

Si l'on se souvient que le terme « tradition » se réfère à la Kabbale, on voit que le passage cité fait de nouveau allusion à une connaissance linguistique, à une *forma locutionis* en tant qu'ensemble de règles pour la construction de langues différentes. Si la forme originaire n'est pas la langue, mais la matrice universelle des langues, on voit que cela confirme le caractère historiquement changeant de l'hébreu, mais aussi l'espoir que cette forme originaire puisse être retrouvée et rendue à nouveau productive (de manière différente, évidemment, pour Dante et pour Aboulafia).

Dante pouvait-il connaître la pensée d'Aboulafia ?

Aboulafia était venu en Italie à plusieurs reprises : il est à Rome en 1260, il séjourne dans la péninsule jusqu'en 1271, année où il revient à Barcelone, mais on le retrouve de nouveau à Rome en 1280, avec l'idée de convertir le pape. Puis il passe en Sicile où ses traces se perdent à la fin des années quatre-vingt-dix. Ses idées ont sans aucun doute influencé le milieu hébraïque italien. Et, en 1290, nous assistons à un débat entre Hillel de Vérone (qui avait probablement rencontré Aboulafia vingt ans plus tôt) et Zerahyah de Barcelone, arrivé en Italie au début des années soixante-dix (voir Genot-Bismuth 1975 ; 1988, II).

Hillel, qui fréquente à ce moment-là les milieux bolonais, écrit à Zerahyah en reprenant la question ouverte par Hérodote sur la langue dans laquelle s'exprimerait un enfant élevé sans être exposé à des stimulations linguistiques. Pour

Hillel, l'enfant s'exprimerait en hébreu parce qu'il s'agit de la langue donnée originairement à l'homme par nature. Hillel paraît ignorer, ou négliger, le fait que telle n'était pas l'opinion d'Aboulafia. Mais Zerahyah réagit différemment : il répond en accusant sarcastiquement Hillel d'avoir cédé aux sirènes des « non-circoncis » bolonais. Les sons émis par un enfant privé d'éducation linguistique, objecte-t-il, seraient semblables aux aboiements des chiens, et c'est une folie de soutenir que la langue sacrée ait été donnée à l'homme par nature.

L'homme possède en puissance l'aptitude au langage, mais cette puissance ne passe à l'acte qu'à travers une éducation des organes de la phonation qui s'établit par l'apprentissage. Et c'est là que Zerahyah utilise une preuve que nous retrouverons après la Renaissance chez un grand nombre d'auteurs chrétiens (comme, par exemple, dans les *In Biblia polyglotta prolegomena* de Walton, 1673, ou dans le *De sacra philosophia*, 1652, de Vallesio) : si le don primordial d'une langue sacrée originaire existait, chaque homme, quelle que fût sa langue maternelle, devrait également connaître la langue sacrée par don inné.

Sans affabuler autour d'une rencontre entre Dante et Aboulafia, il suffit de cette discussion pour démontrer que la thématique d'Aboulafia était débattue dans la péninsule et dans ce milieu bolonais précisément, qui aurait influencé Dante (et dont, selon Maria Corti, il aurait reçu et assimilé beaucoup d'idées sur la *forma locutionis*). Par ailleurs, l'épisode du débat bolonais ne constitue pas un événement isolé dans l'histoire des rapports entre Dante et la pensée hébraïque.

Genot-Bismuth nous propose un panorama passionnant de cette fin de siècle, dans lequel nous retrouverons plus tard un Yéhouda de Rome qui donnera des leçons sur *La Divine Comédie* pour ses coreligionnaires, ou un Leone de Ser Daniele qui fera de même, en utilisant une *Divine Comédie* translittérée en hébreu, pour ne pas citer un personnage étonnant comme Immanuel de Rome qui semble, dans ses compositions poétiques, jouer à prendre à contre-pied les thèmes de Dante comme s'il aspirait à composer une contre-*Comédie* hébraïque.

Naturellement, tout cela n'attesterait que l'influence de Dante sur le milieu hébraïque italien et non l'inverse. Mais Genot-Bismuth montre aussi des influences opposées, et va jusqu'à suggérer une origine hébraïque de la théorie des quatre sens de l'écriture qui apparaît dans la Lettre XIII de Dante (voir Eco 1985) — thèse peut-être hardie, si l'on pense à l'abondance de sources chrétiennes dont Dante pouvait disposer sur ce thème. Mais la thèse selon laquelle Dante pourrait avoir recueilli précisément à Bologne, dans les années qui suivirent la polémique Hillel-Zerahyah, des échos de ce débat judaïque apparaît beaucoup moins hardie, et plus convaincante à plusieurs égards.

On pourrait presque dire que dans le *De vulgari eloquentia* Dante se rapproche de la thèse d'Hillel (ou de ses inspirateurs chrétiens, comme Zerahyah le reprochait à Hillel) alors que dans *Paradis* XXVI il se convertit à celle de Zerahyah, qui était celle d'Aboulafia — bien qu'à l'époque où il écrit le *De vulgari eloquentia* il puisse avoir déjà connu les opinions de l'un et de l'autre.

Mais il ne s'agit pas tant ici d'attester des influences directes (bien que Genot-Bismuth cite quelques contributions historiographiques du côté hébraïque montrant un jeu d'influences et de reprises à travers le *De regimine principum* de Gilles de Rome) que de prouver l'existence d'un climat dans lequel les idées circulaient à l'intérieur d'une polémique constante, faite de débats écrits et oraux, entre l'Église et la Synagogue (voir Calimani 1987 : VIII). D'autre part, si avant la Renaissance un penseur chrétien s'était rapproché de la doctrine des Juifs, il ne l'aurait certainement pas admis publiquement. La communauté hébraïque appartenait à cette catégorie de rejetés, tels les hérétiques, que le Moyen Age officiel — comme le dit pertinemment Le Goff

(1964 : 388) — semble en même temps détester et admirer, avec un mélange d'attraction et de peur, en les gardant à distance mais fixant cette distance de façon assez proche pour les avoir à portée, de sorte que « ce qu'elle appelle sa charité à leur égard, ressemble à l'attitude du chat jouant avec la souris ».

Avant la réévaluation humaniste de la Kabbale, on avait à ce sujet des notions imprécises et on la confondait sans plus avec la nécromancie. Dans ce cas aussi, par ailleurs, on a suggéré (Gorni 1990 : VII) que Dante citait avec trop d'insistance divers arts divinatoires et magiques dans *La Divine Comédie* (astrologie, chiromancie, physiognomonie, géomancie, pyromancie, hydromancie, et évidemment les nécromanciens) : il était apparemment informé d'une culture souterraine et marginale dont le kabbalisme faisait confusément partie, du moins selon une thèse courante.

Ainsi, l'interprétation de la *forma locutionis*, non comme langue mais comme matrice universelle des langues, même sans être directement rapportée aux modistes, devient ultérieurement recevable.

CHAPITRE IV

L'*Ars magna* de Raymond Lulle

Presque contemporain de Dante, Ramón Llull (latinisé en Lullus, italianisé en Raimondo Lullo et francisé en Raymond Lulle), était un Catalan né à Majorque et qui a vécu probablement entre 1232 (ou 1235) et 1316. Il est important que son lieu de naissance se soit situé au croisement — à cette époque — des trois cultures chrétienne, islamique et hébraïque, si bien que la plus grande partie de ses 280 œuvres reconnues ont été à l'origine écrites en arabe et en catalan (voir Ottaviano 1930). De même, il est à remarquer que Lulle, après une jeunesse mondaine et une crise mystique, est entré comme tertiaire dans l'ordre franciscain.

Il élabore alors son projet d'*Ars magna* comme système de langue philosophique parfaite qui permettra de convertir les infidèles. Cette langue aspire à être universelle parce que la combinatoire mathématique qui articule son plan de l'expression est universelle, et que le système des idées communes à tous les peuples que Lulle élabore sur le plan du contenu est aussi universel.

Saint François était déjà allé convertir le Sultan de Babylone, et l'utopie d'une concorde universelle entre des peuples de races et de religions différentes se présentait comme une constante de la pensée franciscaine. Un autre contemporain de Lulle se trouve être le franciscain Roger Bacon, qui établissait un rapport étroit entre l'étude des langues et le contact avec les infidèles (non seulement les Arabes, mais aussi les Tartares). Le problème de Bacon n'est pas tellement d'inventer une langue nouvelle, que de diffuser la connaissance des langues des autres peuples, soit pour les convertir à la foi chrétienne, soit pour que le monde chrétien occidental puisse s'enrichir au moyen de la connaissance propre aux infidèles, en leur soustrayant des trésors de sagesse qu'ils n'ont pas le droit de posséder (*tamquam ab iniustis possessoribus*). La finalité, et la méthode, sont différentes, mais l'exigence universaliste est la même et elle anime le même milieu spirituel. Sous l'inévitable ferveur missionnaire et l'appel à une croisade fondée sur le dialogue et non sur la force militaire s'agite une utopie universaliste et iréniste, dans laquelle le problème linguistique revêt un rôle central (voir Alessio 1957). La légende veut que Lulle mourut martyrisé par les Sarrasins, auxquels il s'était présenté muni de son *Ars* qu'il pensait être un moyen de persuasion infaillible.

Lulle est le premier philosophe européen qui écrit des œuvres doctrinales en langue vulgaire — et quelques-unes en vers, sur des rythmes extrêmement populaires, « per tal che hom puscha mostrar / logica e philosophar / a cels qui nin saben lati / ni arabichi » (*Compendium* 6-9). L'*Ars* est universel non seulement parce qu'il doit servir à tous les peuples, mais aussi parce qu'il utilisera des lettres alphabétiques et des figures, et sera donc accessible aux illettrés de n'importe quelle langue.

Éléments d'art combinatoire

L'on a *permutation* lorsque, étant donné *n* éléments différents, le nombre d'arrangements qu'ils permettent, dans n'importe quel ordre, est donné par leur factoriel, que l'on représente comme *n !* et que l'on calcule comme *1*2*3....* * *n*. Il s'agit de l'art de l'anagramme, et de la *témourah* kabbalistique. Et si le factoriel de 5, comme le rappelait le *Séfer Yetsira*, donne 120, au fur et à mesure que le nombre des éléments augmente, les permutations s'accroissent : par exemple, les permutations permises par 36 éléments seraient 371 993 326 789 901 217 467 999 448 150 835 200 000 000. Le reste s'imagine aisément.

Il existe un cas extrême de permutation, c'est celui dans lequel les séquences admettent aussi des répétitions. Les 21 lettres de l'alphabet italien peuvent donner lieu à plus de 51 milliards de milliards de séquences de 21 lettres (toutes différentes les unes des autres), mais, si l'on admet que certaines lettres peuvent être répétées, alors la formule générale pour *n* éléments pris *t* par *t* avec des répétitions est n^t et le nombre de séquences s'élève à 5 milliards de milliards de milliards.

Supposons que notre problème soit différent. Étant donné quatre personnes A, B, C, D, comment pourrait-on les disposer par paires à bord d'un avion qui n'aurait que des places côte à côte deux par deux ? Nous nous trouvons en face d'un problème de *disposition*, c'est-à-dire comment disposer *n* éléments *t* par *t*, mais de telle façon que même l'ordre ait une valeur différentielle (dans le sens qu'il faut tenir compte de qui se trouve du côté hublot et de qui se trouve du côté couloir). La formule est *n !/(n-t) !* et nos quatre personnes pourront être disposées de cette manière :

AB	AC	AD
BA	CA	DA
BC	BD	CD
CB	DB	DC

On a, au contraire, *combinaison* si, en disposant de quatre soldats A, B, C, D, on veut savoir en combien de façons il est possible de les apparier pour les envoyer en patrouille.

Dans ce cas l'ordre ne compte plus, parce que la patrouille composée par A et B est la même que celle composée par B et A. Chaque paire n'est distincte de l'autre que par la différence d'un membre. La formule est $n!/t!(n-t)!$ Les paires se réduiraient à

AB	AC	AD
BC	BD	CD

Le calcul des permutations, dispositions et combinaisons peut servir à résoudre de nombreux problèmes techniques, mais pourrait aussi être utilisé pour des procédures de découverte, c'est-à-dire pour tracer des « scénarios » possibles. En termes sémiotiques, nous nous trouvons face à un système de l'expression (composé justement de symboles) et de règles syntaxiques (n éléments peuvent se combiner t par t, où t peut coïncider avec n) capable de révéler automatiquement des systèmes possibles du contenu.

Cependant, afin que la combinatoire travaille au maximum de ses possibilités, il est nécessaire de décider qu'il n'y ait pas de restrictions dans le fait de penser tous les univers possibles. Si l'on commence par affirmer que certains univers ne sont pas possibles parce qu'ils sont improbables par rapport aux données de notre expérience passée, ou qu'ils ne correspondent pas à ce que nous pensons être les lois de la raison, des critères extérieurs entrent alors en jeu, qui non seulement sont discriminants pour les résultats de la combinatoire, mais qui introduisent aussi des restrictions à l'intérieur de la combinatoire elle-même.

Étant donné quatre personnes A, B, C, D, il existe six façons de les combiner deux par deux. Mais s'il s'agit d'une combinaison matrimoniale, si A et B sont caractérisés comme masculins et C et D comme féminins, alors les combinaisons possibles se réduisent à quatre ; si, par ailleurs, A et C étaient frère et sœur et que nous devions tenir compte du tabou de l'inceste, les possibilités se réduiraient à trois.

Naturellement, des critères comme le sexe ou la consanguinité, et les interdictions qui s'ensuivent, ne concernent pas la combinatoire : ils sont introduits de l'extérieur pour en limiter les possibilités.

L'alphabet et les quatre figures [1]

L'*Ars* se sert d'un alphabet de 9 lettres de B à K et de 4 figures (voir Figure 4.1). Dans une *tabula generalis* qui apparaît dans diverses de ses œuvres, Lulle établit une liste de 6 ensembles de 9 entités chacun, qui représentent les contenus assignables, dans l'ordre, aux 9 lettres. L'alphabet lullien peut ainsi évoquer neuf Principes Absolus (appelés aussi Dignités Divines), grâce auxquels les Dignités se communiquent mutuellement leur nature et se répandent dans la création, neuf Principes Relatifs, neuf types de Questions, neuf Sujets, neuf Vertus et neuf Vices. Lulle précise, avec un rappel évident à la liste aristotélicienne des catégories, que les neuf dignités sont des sujets de prédication alors que les cinq autres séries sont des prédicats. Cela explique la raison pour laquelle dans la combinatoire, même si sujet et prédicat échangent souvent leur fonction, parfois les variations d'ordre sont souvent exclues.

Première figure. Après avoir attribué aux lettres les neuf principes absolus ou Dignités (avec les adjectifs correspondants) Lulle trace toutes les combinaisons possibles qui peuvent unir ces principes et former des propositions du genre « La Bonté est grande », « La Grandeur est glorieuse », et cætera. Comme les principes apparaissent sous une forme substan-

1. Nous nous référons à l'édition des écrits de Lulle publiée en 1598 à Strasbourg parce que la tradition lullienne, du moins jusqu'à Leibniz, se réfère à cette édition. Lorsque sont faites des citations de l'*Ars generalis ultima* de 1303, il s'agit de l'*Ars magna* parce que dans cette édition le texte s'intitule *Ars magna et ultima*.

TABLE DES DIGNITÉS

	PRINCIPIA ABSOLUTA	PRINCIPIA RELATIVA	QUESTIONES	SUBJECTA	VIRTUTES	VITIA
B	Bonitas	Differentia	Utrum?	Deus	Iustitia	Avaritia
C	Magnitudo	Concordantia	Quid?	Angelus	Prudentia	Gula
D	Aeternitas	Contrarietas	De quo?	Coelum	Fortitudo	Luxuria
E	Potestas	Principium	Quare?	Homo	Temperantia	Superbia
F	Sapientia	Medium	Quantum	Imaginatio	Fides	Acidia
G	Voluntas	Finis	Quale?	Sensitiva	Spes	Invidia
H	Virtus	Majoritas	Quando?	Vegetativa	Charitas	Ira
I	Veritas	Aequalitas	Ubi?	Elementativa	Patientia	Mendacium
K	Gloria	Minoritas	Quomodo? Cum quo?	Instrumentativa	Pietas	Inconstantia

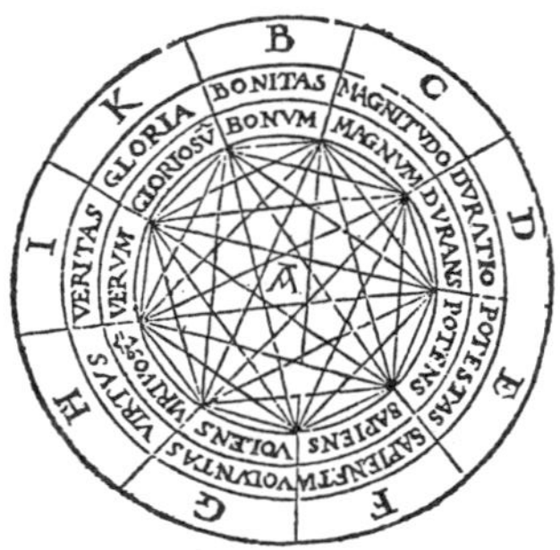

Première figure

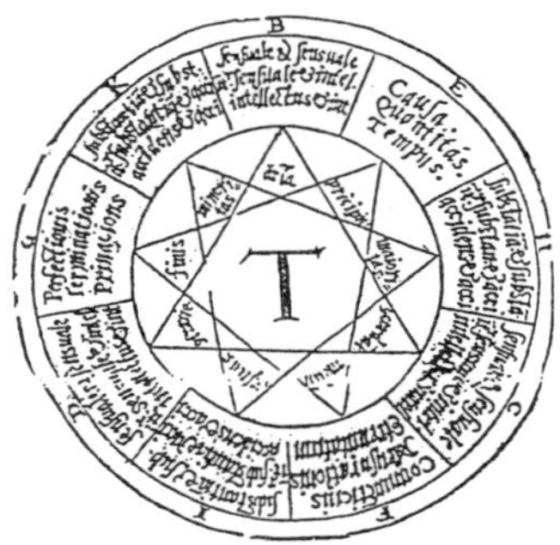

Deuxième figure

Troisième figure

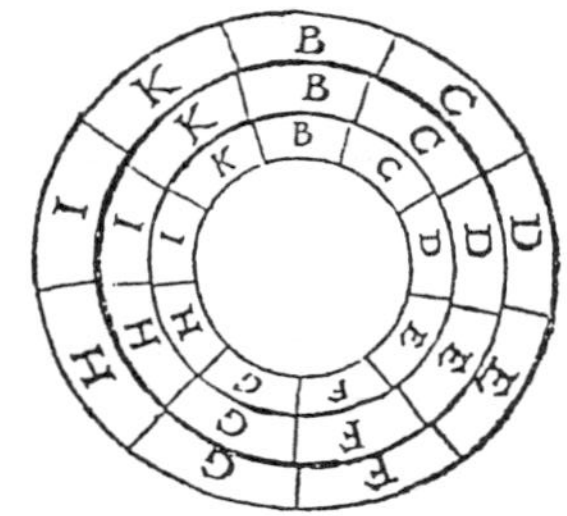

Quatrième figure

Fig. 4.1. Les dignités et les roulettes de Lulle

tivée lorsqu'ils sont sujets et sous forme adjectivée lorsqu'ils sont prédicats, chaque ligne des polygones inscrits dans le cercle de la première figure doit être lue en deux directions (on peut lire « La Bonté est grande » et « La Grandeur est bonne »). C'est la raison pour laquelle il y a 36 lignes mais, de fait, les combinaisons sont au nombre de 72.

La figure devrait permettre des syllogismes réguliers. Pour démontrer que la Bonté peut être grande, la déduction suivante est nécessaire : « tout ce qui est magnifié par la grandeur est grand — or, la bonté est ce qui est magnifié par la grandeur — donc la bonté est grande. » Sont exclues de ce premier tableau les combinaisons autoprédicatives comme BB ou CC parce que pour Lulle la prémisse « La Bonté est bonne » ne permet pas de trouver un terme moyen (dans la tradition aristotélicienne « tous les A sont B — C est un A — donc C est un B » représente un bon syllogisme parce que le terme moyen A, grâce auquel on opère, pour ainsi dire, la soudure entre B et C, est justement disposé selon certaines règles).

Deuxième figure. Elle sert à définir les principes relatifs en connexion avec des ensembles triples de définitions. Les relations servent à mettre en connexion les dignités divines avec le cosmos. Cette figure ne prévoit aucune combinatoire et n'est qu'un simple artifice de mnémotechnique visuelle qui permet de se rappeler les rapports fixes entre divers genres de relation et divers genres d'entité. Par exemple, tant la différence que la concordance et la contrariété peuvent être considérées en référence à (I) deux entités sensibles, comme une pierre et une plante, (II) une entité sensible et une intellectuelle, comme l'âme et le corps, (III) deux unités intellectuelles, comme l'âme et l'ange.

Troisième figure. C'est ici que Lulle prend en considération tous les accouplements possibles entre les lettres. Il semble exclure les inversions d'ordre, parce que le résultat donne 36 paires, insérées dans ce qu'il appelle 36 *chambres* (ou cases). De fait, les inversions d'ordre sont prévues (et les chambres sont virtuellement 72), parce que chacune des lettres peut devenir indifféremment sujet et prédicat (« La Bonté est grande » donne aussi « La Grandeur est bonne », voir *Ars magna* VI, 2). Une fois réalisée la combinatoire, on procède à ce que Lulle appelle l'*évacuation des chambres*. Par exemple, à propos de la chambre BC, on lit d'abord la chambre BC selon la première figure et on obtient *Bonitas* et *Magnitudo*, puis on lit suivant la deuxième figure et on obtient *Differentia* et *Concordia* (*Ars magna* II, 3). De cette façon on obtient 12 propositions : « La Bonté est grande », « la Différence est grande », « la Bonté est différente », « la Différence est bonne », « la Bonté est concordante », « la Différence est concordante », « la Grandeur est bonne », « la Concordance est bonne », « la Grandeur est différente », « la Concordance est différente », « la Grandeur est concordante », « la Concordance est grande ».

En revenant à la *tabula generalis* et en attribuant à B et à C les questions correspondantes (*utrum* et *quid*) avec les réponses relatives, on tire, des 12 propositions, 24 questions (du genre « Si la Bonté est grande » et « Qu'est-ce qu'une Bonté grande ? ») (VI, 1). Ensuite la troisième figure permet 432 propositions et 864 questions, du moins en théorie. De fait, les différentes questions doivent être résolues en tenant compte de 10 règles (exposées, par exemple, *in Ars magna* IV), et pour la case BC ce seront les règles B et C. Celles-ci et toutes les autres règles dépendent des définitions des termes (qui sont de nature théologique) et de quelques modalités d'argumentation établies par les règles, étrangères aux lois de la combinatoire.

Quatrième figure. C'est la plus célèbre et celle qui a eu le plus de succès selon la tradition. En principe, on considère ici des ensembles triples engendrés par les neuf éléments. Le mécanisme est maintenant *mobile*, en ce qu'il s'agit de trois cercles concentriques de dimension décroissante, appliqués l'un sur l'autre, et fixés d'habitude au centre par une cordelette nouée. Rappelons que dans le *Séfer Yetsira* on parlait de la combinatoire divine en termes de roue, et rappelons que Lulle, vivant dans la péninsule ibérique, connaissait certainement la tradition kabbalistique.

Neuf éléments par groupe de trois permettent 84 combinaisons (du genre BCD, BCE, CDE). Si dans l'*Ars breu* et ailleurs Lulle parle de 252 combinaisons, c'est parce que l'on peut assigner à chacun des ensembles triples les trois questions désignées par les lettres qui apparaissent dans l'ensemble triple (voir aussi Kircher, *Ars magna sciendi*, p. 14). Chaque ensemble triple engendre une colonne de 20 combinaisons (pour 84 colonnes !) parce que Lulle transforme les ensemble triples en quadruples, en insérant la lettre T. On obtient ainsi des combinaisons comme BCDT, BCTB, BTBC, et cætera (voir l'exemple, Figure 4.2).

Fig. 4.2. Une page de combinaisons de l'édition de Strasbourg 1598

ARS MAGNA LVLL

bdkt	bcft	bcgt	bcht	bcft	bckt	bfgt	bfhd	bift	bfkt	bght	bgit
bdtb	bctb	bctb	bctb	bctb	bcib	bftb	bftb	bftb	bftb	bgtb	bgtb
bdtd	bctc	bctc	bctc	bctc	bcic	bftf	bftf	bftf	bftf	bgtg	bgtg
bdtk	bctf	bctg	bcth	bcti	bctk	bftg	bfth	bfti	bftk	bgth	bgti
bktb	bftb	bgtb	bhtb	bitb	bktb	bgtb	bhth	bitb	bktb	bhtb	bitg
bktd	bftc	bgtc	bhtc	bitc	bktc	bgtf	bhtf	bitf	bktf	bhtg	bitg
bktk	bftf	bgtg	bhth	biti	bktk	bgtg	bhth	biti	bktk	bhth	biti
btbd	btbc	btbc	btbc	btbc	btbc	btbf	btbf	btbf	btbf	btbg	btbg
btbk	btbf	btcg	btbh	btbi	btbk	btbg	btbh	btbi	btbk	btbh	btbi
btdk	btcf	bctg	btch	btci	btck	btfg	btfh	btfi	btfk	btgh	btgi
dktb	cftb	cgtb	chtb	citb	cktb	fgtb	fhtb	fitb	fktb	ghtb	gitb
dktd	cftc	cgtc	chtc	citc	cktc	fgtf	fhtf	fitf	fktf	ghtg	gitg
dktk	cftf	cgtg	chth	citi	cktk	fgtg	fhth	fiti	fktk	ghth	giti
dtbd	ctbc	ctbc	ctbc	ctbc	ctbc	ftbf	ftbf	ftbf	ftbf	gtbg	gtbg
dtbk	ctbf	ctbg	ctbh	ctbi	ctbk	ftbg	ftbh	ftbi	ftbk	gtbh	gtbi
dtdk	ctcf	ctcg	ctch	ctci	ctck	ftfg	ftfh	ftfi	ftfk	gtgh	gtgi
ktbd	ftbc	gtbc	htbc	itbc	ktbc	gtbf	htbf	itbf	ktbf	htbg	itbg
ktbk	ftbf	gtbg	htbh	itbi	ktbk	gtbg	htbh	itbi	ktbk	htbh	itbi
ktdk	ftcf	gtcg	htch	itci	ktck	gtfg	htfh	itfi	ktfk	htgh	itgi
tbdk	fbcf	tbcg	tbch	tbci	tbck	tbfg	tbfh	tbfi	tbgk	tbgh	ibgi

152

Mais le T ne fait pas partie de la combinatoire, il n'est qu'un artifice mnémonique : il signifie que les lettres qui le précèdent doivent être lues comme des principes ou des dignités de la première figure, alors que celles qui le suivent doivent être lues comme des principes relatifs définis dans la deuxième figure. Par exemple, l'ensemble quadruple BCTC doit être lu de la façon suivante : b = *bonitas*, c = *magnitudo*, et donc (puisque le T change la référence à la figure) c = *concordantia*.

Les figures qui commencent par *b* correspondent, sur la base du 1er tableau, à la première question (*utrum*), celles qui commencent par *c* à la deuxième question (*quid*) et ainsi de suite. Par conséquent, BCTC doit être lu comme « Si la bonté est grande en ce qu'elle contient en elle-même des choses concordantes ».

Ces séries d'ensembles quadruples sont, à première vue, embarrassantes parce qu'elles semblent contenir des répétitions de lettres. Si les répétitions étaient admises, les ensembles triples ne devraient pas être 84, mais 729. La solution la plus claire est celle fournie par Platzeck (1954 : 141). Puisque les mêmes lettres, selon qu'elles suivent ou précèdent le T, peuvent signifier ou des dignités ou des relations, chaque lettre, en effet, a deux valeurs, et donc Lulle, dans chacune des 84 colonnes, ne combine pas des groupes de trois, mais de six lettres. C'est comme si nous avions affaire avec, mettons, BCD, qui se réfèrent à des dignités, et bcd qui se réfèrent à des relations (les lettres qui suivent le T doivent être lues comme si elles étaient minuscules). Par conséquent, tout serait plus clair si on lisait, par exemple, non pas BCTB, mais BCb, et ainsi de suite. Or, six éléments différents, pris trois par trois, donnent justement 20 combinaisons, autant qu'il en apparaît dans chaque colonne.

84 colonnes, chacune de 20 ensembles quadruples, donnent 1 680 combinaisons. On obtient ce chiffre parce que la règle exclut les inversions d'ordre.

La première question qui se pose est de savoir si les 1 680 ensembles quadruples conduisent tous à une argumentation valable. Et c'est là que surgit immédiatement la première limite de l'*Ars* : il peut engendrer des combinaisons qu'une raison juste doit refuser. Kircher dans son *Ars magna sciendi* dira que l'on procède avec l'*Ars* comme on fait lorsqu'on cherche par la combinatoire les anagrammes d'un mot : une fois la liste obtenue, on exclut toutes les permutations qui ne correspondent à aucun mot existant. En d'autres termes, le mot ROMA permet 24 permutations, mais alors que AMOR, AROM, MORA, ARMO et RAMO ont un sens et peuvent être retenues, des permutations telles que AOMR, OAMR ou MRAO sont, pour ainsi dire, mises au rebut.

Lulle semble adhérer à ce critère lorsque, par exemple, il dit (*Ars magna, Secunda pars principalis*), à propos des différentes façons dont on peut utiliser la première figure, que le sujet peut certainement être changé pour le prédicat et vice versa (par exemple, « la Bonté est grande » et « la Grandeur est bonne »), mais la permutation entre Bonté et Ange n'est pas autorisée (chaque ange participe de la bonté mais quiconque participe de la bonté ne participe pas de l'ange), et l'on ne peut certainement pas accepter une combinaison qui affirme que l'avarice est bonne. L'artiste, dit Lulle, doit savoir ce qui est convertible et ce qui ne l'est pas.

Donc, non seulement la combinatoire lullienne est bloquée par les lois de la syllogistique (parce qu'elle ne peut engendrer des découvertes qu'à condition de trouver le terme moyen), mais elle est encore plus bloquée que la syllogistique, parce que même les conversions ne sont pas réglées de manière formelle, mais selon la possibilité de trouver réellement quelque prédicat de quelque chose d'autre. A savoir, alors que la syllogistique permettrait de dire « L'avarice est différente de la bonté, Dieu est avare, Dieu est donc différent de la bonté », pour Lulle on ne peut extraire de la combinatoire que les formules dont les prémisses et les conclusions correspondent à la disposition réelle du cosmos. La combinatoire permet de formuler la prémisse « Toute loi est durable », mais Lulle la rejette parce que « lorsque une injustice frappe le sujet, la justice et la loi se corrompent » (*Ars brevis, quae est de inventione mediorum iuris*, 4. 3. a). Lulle accepte certaines conversions de la combinatoire mais non pas d'autres, qui seraient cependant formellement correctes (voir Johnston 1987 : 229).

Mais il y a plus. Les ensembles quadruples dérivés de la quatrième figure présentent des répétitions. Par exemple, l'ensemble quadruple BCTB apparaît sept fois dans chacune des sept premières colonnes. Cependant, Lulle ne semble pas se soucier du fait qu'un même schéma démonstratif apparaisse plusieurs fois, et cela à cause d'un fait très simple. Il suppose qu'une même question peut être résolue tant par chacun des ensembles quadruples de la colonne particulière qui l'engendre, que par toutes les autres colonnes !

Cette caractéristique, qui semble être pour Lulle une des vertus de l'art, en marque au contraire la seconde limite : les 1 680 ensembles quadruples n'engendrent pas de questions inédites et ne fournissent pas de preuves qui ne soient la reformulation d'argumentations déjà vérifiées. Et même, en principe, l'*Ars* permettrait de répondre de 1 680 façons différentes à une question dont on connaît déjà la réponse — et l'*Ars*, par conséquent, n'est pas un instrument logique mais un instrument dialectique, une manière pour repérer et mémoriser toutes les bonnes façons d'argumenter en faveur d'une thèse préétablie. A tel point qu'il n'y a pas d'ensemble quadruple qui, convenablement interprété, ne parvienne à résoudre la question à laquelle il est adapté.

Que l'on considère, par exemple, la question demandant « si le monde est éternel » (*utrum mundus sit æternus*). Il s'agit d'une question dont Lulle connaît déjà la réponse, qui est négative, sinon on tomberait dans l'erreur averroïste. Mais il faut remarquer que, dans ce cas, la question n'est pas engendrée par l'*Ars*, parce qu'aucune des lettres ne se réfère au monde. La question vient d'ailleurs. Sauf qu'en elle le terme *éternité* apparaît comme « expliqué », ce qui permet de la relier au D. Mais le D la renvoie, en vertu de la deuxième figure, à l'opposition telle qu'elle s'exerce entre sensible et sensible, intellectuel et sensible, et intellectuel et intellectuel. Si l'on observe la deuxième figure, on voit que le D est uni à B et à C par le même triangle. D'autre part, la question commence par *utrum*, et sur la base de la *tabula generalis* on sait que la question *utrum* renvoie au B. On a donc trouvé la colonne dans laquelle il faut chercher les argumentations, c'est-à-dire celle dans laquelle apparaissent B, C et D.

Cela permet à Lulle de dire que « la solution de cette question est donnée par la première colonne du tableau », mais naturellement « elle peut être donnée par d'autres colonnes, parce que les colonnes sont liées entre elles ». C'est alors que tout dépend des définitions, des règles et d'une certaine habileté rhétorique dans l'interprétation des lettres. En travaillant sur la case BCDT, on déduit que, si le monde était éternel, puisqu'on a déjà vu que la bonté est si grande qu'elle est éternelle, il devrait produire une bonté éternelle, et par conséquent il ne devrait y avoir aucun mal dans le monde. « Mais le mal existe dans le monde, comme cela ressort de l'expérience. Par conséquent, on en conclut que le monde n'est pas éternel. » La réponse est donc négative non sur la base de la forme logique de l'ensemble quadruple (qui, effectivement, n'a aucune forme logique), mais sur la base d'informations issues de l'expérience. L'*Ars* est conçue pour convaincre les averroïstes musulmans sur la base de la raison universelle, mais il est clair que la conviction que si le monde était éternel il ne pourrait pas être bon doit déjà être un élément de cette saine raison.

L'*arbor scientiarum*

L'*Ars* de Lulle a séduit la postérité comme s'il s'agissait d'un mécanisme pour explorer les très nombreuses connexions possibles entre entité et entité, entité et principes, entités et questions, vices et vertus (pour quelle raison ne pourrait-on pas concevoir une combinaison blasphématoire qui parlerait d'une *Bonitas* qui serait Dieu Vicieux ou d'une Éternité qui serait Contrariété Inconstante ?). Mais une combinatoire incontrôlée produirait les principes de n'importe quelle théologie possible, tandis que les principes de la foi et une cosmologie bien ordonnée doivent modérer l'excès de la combinatoire.

La logique lullienne se présente comme une logique des premières et non pas des secondes intentions, c'est-à-dire une logique de notre appréhension immédiate des choses et non pas des concepts que nous avons des choses. Lulle répète dans diverses œuvres que, si la métaphysique considère les choses en dehors de l'esprit et que si la logique considère leur être mental, l'*Ars* les considère sous ces deux points de vue. Dans ce sens l'*Ars* conduit à des conclusions plus sûres que celles de la logique, « et l'artiste de cet art peut donc apprendre plus en un mois que ne le peut un logicien en un an » (*Ars magna, Decima pars*, chap. 101). Et c'est par cette affirmation finale hardie que Lulle nous rappelle que sa méthode n'est pas la méthode formelle que beaucoup lui ont attribuée.

La combinatoire doit refléter le mouvement même de la réalité, et elle travaille sur un concept de vérité qui n'est pas assuré par l'*Ars* selon les formes du raisonnement logique, mais par la façon dont les choses se trouvent dans la réalité. Lulle est un réaliste et croit à l'existence extramentale des universaux. Non seulement il croit à la réalité des genres et des espèces, mais il croit aussi à la réalité des formes accidentelles. Cela permet à sa combinatoire d'un côté de manipuler non seulement les genres et les espèces, mais aussi les vertus, les vices et toutes les *differentiae* ; mais ces accidents ne tournent pas librement parce qu'ils sont déterminés par une hiérarchie d'airain des êtres (voir Rossi 1960 : 68).

Leibniz (dans sa *Dissertatio de arte combinatoria* de 1666) se demandait pour quelle raison Lulle s'était arrêté à un nombre aussi restreint d'éléments. En vérité, dans diverses œuvres, Lulle avait proposé successivement 10, 16, 12 et 20 principes, pour s'en tenir finalement à 9, mais le problème n'est pas de déterminer le nombre des principes, mais pour quelle raison leur nombre n'est pas ouvert. C'est que Lulle ne pensait pas du tout à une combinatoire libre d'éléments de l'expression non bloqués par un contenu précis, sinon son art ne lui aurait pas semblé une langue parfaite capable de parler d'une réalité divine qu'il suppose dès le début comme auto-évidente et révélée. Il concevait son *Ars* comme un instrument pour convertir les infidèles, et il avait longuement étudié les doctrines tant des Hébreux que des musulmans. Dans le *Compendium artis demonstrativae* (*De fine hujus libri*), Lulle dit explicitement qu'il a emprunté les termes de l'*Ars* aux Arabes. Lulle cherchait les notions élémentaires et primaires qui fussent communes à tous, même aux infidèles, et c'est la raison pour laquelle ses principes absolus se réduisent à la fin à neuf, le dixième (marqué comme A) restant exclu de la combinatoire, en tant que représentant la Perfection et l'Unité divine. On serait tenté d'essayer de reconnaître dans cette série les dix Séphiroth kabbalistiques, mais Platzeck (1953 : 583) observe qu'on pourrait retrouver dans le Coran une liste analogue des dignités. Yates (1960) a cru pouvoir identifier une source directe dans la pensée de Jean Scot Érigène, mais Lulle aurait pu trouver des listes analogues dans d'autres textes du néoplatonisme médiéval, comme dans les commentaires au pseudo-Denys, dans la tradition augustinienne, et dans la doctrine médiévale des propriétés transcendantales de l'être (voir Eco 1956).

Or, ces principes élémentaires s'insèrent pour Lulle dans un système clos et prédéfini, c'est-à-dire déjà rigidement hiérarchisé, le système des Arbres de la Science. En d'autres termes, selon les règles de la syllogistique aristotélicienne, si l'on argumente « toutes les fleurs sont des végétaux, x est une fleur, x est donc un végétal », le syllogisme est formellement valable, et ce qu'est x est logiquement insignifiant.

Lulle, au contraire, veut savoir si x est une rose ou un cheval, et, si c'est un cheval, le syllogisme doit être refusé, parce qu'un cheval n'est pas un végétal. Cet exemple est probablement un peu grossier, mais il répond bien à l'idée de cette Grande Chaîne de l'Être (voir Lovejoy 1936) sur laquelle s'appuie la théorie lullienne de l'*Arbor Scientiæ* (1296).

Entre les premières et les dernières versions de l'*Ars*, Lulle a suivi un long parcours (décrit par Carreras y Artau 1939, I : 394) afin de rendre son dispositif capable de traiter non seulement des problèmes de théologie et de métaphysique, mais aussi de cosmologie, de droit, de médecine, d'astronomie, de géométrie et de psychologie. L'*Ars* devient progressivement un instrument capable d'affronter l'encyclopédie du savoir tout entière, en reprenant les suggestions des très nombreuses encyclopédies médiévales, et en anticipant sur l'utopie encyclopédique de la culture de la Renaissance et du baroque. Et ce savoir s'organise à travers une structure hiérarchique. Les Dignités se définissent circulairement parce qu'elles sont des déterminations de la Cause Première : mais après les Dignités, commence l'échelle de l'Être. Et l'*Ars* devrait pouvoir permettre de raisonner sur chaque élément de cette échelle.

L'arbre de la science, qui a comme racines les neuf dignités et les neuf relations, se subdivise ensuite en seize branches, et à chacune de celles-ci correspond un arbre en soi. Chacun de ces seize arbres, auquel est dédiée une représentation particulière, se divise en sept partie (les racines, le tronc, les branches, les rameaux, les feuilles, les fleurs et les fruits). Huit arbres correspondent clairement à huit sujets de la *Tabula generalis*. Ce sont : l'*Arbor Elementalis* (qui représente les *elementata*, c'est-à-dire des objets du monde sublunaire comme les pierres, les arbres, les animaux, composés des quatre éléments), l'*Arbor Vegetalis*, l'*Arbor Sensualis*, l'*Arbor Imaginalis* (les images mentales qui sont les similitudes des choses représentées dans les autres arbres), l'*Arbor Humanalis et Moralis* (qui concerne la mémoire, l'intellect, la volonté, et comprend les diverses sciences et les divers arts inventés par l'homme), l'*Arbor Cœlestialis* (astronomie et astrologie), l'*Arbor Angelicalis* et l'*Arbor Divinalis* (les dignités divines). S'ajoutent à la liste l'*Arbor Moralis* (les vertus et les vices), l'*Arbor Eviternalis* (les royaumes d'outre-tombe), l'*Arbor Maternalis* (la mariologie), l'*Arbor Christianalis* (la christologie), l'*Arbor Imperialis* (le gouvernement), l'*Arbor Apostolicalis* (l'Église), l'*Arbor Exemplificalis* (les contenus du savoir) et l'*Arbor Quæstionalis* (4 000 questions sur les différents arts).

Pour comprendre la structure de ces arbres, il suffit d'en considérer un seul, par exemple l'*Arbor Elementalis*. Les racines sont constituées par les neuf dignités et les neuf relations ; le tronc représente la conjonction de tous ces principes, d'où résulte ce corps confus qui est le chaos primordial, lequel remplit l'espace, et dans lequel se trouvent les espèces des choses ainsi que leur disposition ; les branches principales représentent les quatre éléments (l'eau, le feu, l'air et la terre), qui se ramifient dans les quatre masses qu'ils composent (comme les mers et les terres), les feuilles sont les accidents, les fleurs sont les instruments (comme la main, le pied et l'œil), et les fruits sont les choses individuelles, comme la pierre, l'or, la pomme, l'oiseau.

Ce serait une métaphore arbitraire que de parler d'une forêt d'arbres : ils s'imbriquent l'un dans l'autre pour constituer une hiérarchie, comme s'il s'agissait des étages et des toits d'une pagode. Les arbres inférieurs font partie des supérieurs : l'arbre des végétaux, par exemple, fait partie de l'arbre des éléments, l'arbre des sens de l'un et de l'autre, tandis que l'arbre de l'imagination est construit sur les trois précédents et il permet, en même temps, de comprendre l'arbre suivant, c'est-à-dire l'arbre humain (Llinares 1963 : 211-212).

Le système des arbres représente l'organisation de la réalité, et c'est justement pour cela qu'il constitue un système du savoir « vrai », c'est-à-dire qu'il représente la Chaîne de l'Être comme elle est et doit être métaphysiquement. On comprend dès lors pour quelle raison Lulle, d'une part, agence l'*Ars* afin de trouver, dans chaque raisonnement possible, le terme moyen qui lui permette un syllogisme démonstratif, mais pourquoi ensuite, d'autre part, il exclut certains syllogismes, par ailleurs corrects, et cela même si formellement le terme moyen existe. Son terme moyen n'est pas celui de la logique formelle scolastique. C'est un intermédiaire qui lie les éléments de la chaîne de l'être, c'est un intermédiaire substantiel et non formel.

Si l'*Ars* est une langue parfaite, il l'est en ce qu'il peut parler d'une réalité métaphysique et d'une structure de l'être à laquelle il doit se référer, et qui existe indépendamment de lui. Comme Lulle le dit dans la version catalane de sa *Logica Algazelis* : « De la logica parlam tot breu — car a parler avem de Deu. » L'*Ars* n'est pas un mécanisme révélateur qui puisse dessiner les structures du cosmos encore inconnues.

On a beaucoup parlé d'une analogie entre la combinatoire lullienne et la combinatoire kabbalistique. Mais ce qui différencie la pensée kabbalistique de celle de Lulle, c'est que dans la Kabbale la combinatoire des lettres produit de la réalité, au lieu de la refléter. La réalité que le mystique kabbaliste doit découvrir n'est pas encore connue et ne pourra se révéler qu'à travers l'épellation des lettres qui permutent en tourbillonnant. La combinatoire lullienne est au contraire un instrument rhétorique à travers lequel on veut démontrer ce qui est déjà connu, ce que la structure d'airain de la forêt aux divers arbres a déjà fixé une fois pour toutes, et qu'aucune combinatoire ne pourra jamais subvertir.

L'*Ars* aurait cependant pu aspirer à être la langue parfaite si ce déjà-connu qu'elle entendait communiquer avait vraiment appartenu à un univers du contenu égal pour la totalité des peuples. En réalité, malgré l'effort pour saisir des suggestions venant des religions non chrétiennes et non européennes, l'entreprise désespérée de Lulle fait faillite (et la légende de son supplice sanctionne cette faillite) à cause de son ethnocentrisme inconscient : parce que l'univers du contenu dont elle voulait parler était le produit d'une organisation du monde fruit de la tradition chrétienne occidentale. Et il était certainement resté tel, même si Lulle traduisait les résultats de son *Ars* en arabe ou en hébreu.

La concorde universelle chez Nicolas de Cuse

La grande séduction que pouvait pourtant exercer l'appel concordataire de Lulle apparaît dans la reprise qui en est faite, deux siècles plus tard environ, par Nicolas de Cuse, rénovateur du platonisme entre la crise de la scolastique et le début de la Renaissance. Avec Nicolas de Cuse se dessine l'image d'un univers infiniment ouvert qui a son centre partout et sa circonférence nulle part. Dieu, en tant qu'infini, dépasse toute limitation et toute opposition. Au fur et à mesure qu'on augmente le diamètre d'un cercle, c'est sa courbure qui diminue, et, à la limite, une circonférence infinie devient une ligne droite infinie : en Dieu, on a la coïncidence des opposés. Si l'univers avait un centre, il serait limité par un autre univers. Mais, dans l'univers, Dieu est centre et circonférence. La terre ne peut pas être le centre de l'univers. D'où la vision d'une pluralité des mondes, d'une réalité sur laquelle on peut faire continuellement des recherches et qui est fondée sur une conception mathématique, où le monde, bien qu'il ne puisse pas être dit infini, peut certainement assumer une infinité de visages possibles. La pensée de Nicolas de Cuse est riche de métaphores (ou modèles) cosmologiques qui se fondent sur l'image du cercle et de la roue (*De docta ignorantia*, II, 11), où les noms des attributs divins (explicitement empruntés à Lulle) se confirment réciproquement et circulairement les uns les autres (*De docta ignorantia*, I, 21).

Mais l'influence de Lulle se fait sentir encore plus explicitement lorsque Nicolas de Cuse remarque comment les noms par lesquels les Grecs, les Latins, les Allemands, les Turcs, les Sarrasins et ainsi de suite, désignent la divinité, coïncident fondamentalement, c'est-à-dire qu'ils sont tous reconductibles au Tétragrammaton hébraïque (voir le sermon *Dies sanctificatus*).

Nicolas de Cuse se trouve probablement en contact avec la pensée de Lulle à Padoue, car on enregistre une diffusion du lullisme en Vénétie vers la fin du XIVe siècle, en partie comme un élément de polémique à l'égard d'un aristotélisme désormais en crise, mais aussi dans un climat de rapports intenses entre Orient et Occident, entre la République de Venise, le monde byzantin et les pays musulmans (comme en Catalogne et à Majorque, qui avaient été, en leur temps, des territoires de contact entre cultures chrétienne, islamique et hébraïque). Le nouvel humanisme vénète s'inspire aussi de ces éléments de curiosité et de respect pour des cultures différentes (voir Lohr 1988).

Il est donc extrêmement important que l'on redécouvre dans ce climat la pensée d'un homme qui avait fait de sa prédication, de sa réflexion théologique et de sa recherche d'une langue universelle, un moyen pour jeter un pont intellectuel et religieux entre l'Occident européen et l'Orient, et qui pensait que la véritable autorité ne se fondait pas sur une unité rigide, mais sur une tension entre divers centres — si bien que la loi de Moïse, la révélation du Christ et la prédication de Mahomet pouvaient conduire à un résultat unitaire. Le lullisme est accueilli non seulement comme stimulation mystique et philosophique, et comme alternative poétique et pleine de fantaisie à l'encyclopédie de l'aristotélisme de la scolastique, mais aussi comme source d'inspiration politique. L'œuvre d'un écrivain qui a eu l'audace d'écrire en langue vulgaire est conforme à un humanisme qui est justement en train de célébrer la dignité des langues vulgaires et de leur pluralité, en même temps qu'il se pose le problème de savoir comment pourrait être instauré un discours supranational de la raison, de la foi et de la philosophie, qui soit capable d'introduire pourtant dans le corpus de l'encyclopédie scolastique les ferments, en voie de développement, de nouvelles doctrines exotiques, exprimées en des langues encore en grande partie peu connues.

Dans son *De pace fidei*, Nicolas de Cuse esquisse une polémique et un dialogue avec les musulmans et se pose le problème (tout à fait lullien) de la manière de démontrer aux représentants des deux autres religions monothéistes qu'ils doivent s'accorder avec la vérité chrétienne. Peut-être — dit Nicolas de Cuse — a-t-on mal choisi, pour définir la Trinité, des noms tels que le Père, le Fils et le Saint-Esprit, et serait-il profitable de les traduire, pour leurs adversaires, en des termes plus philosophiques (qui rappellent encore une fois les dignités lulliennes). Et Nicolas de Cuse, dans sa ferveur œcuménique, va jusqu'à proposer aux Juifs et aux musulmans, s'ils acceptent l'Évangile, de faire circoncire tous les chrétiens, bien qu'il admette, à la fin, que la réalisation pratique de cette idée présente quelques difficultés (*De pace fidei,* XVI, 60).

Cependant, chez Nicolas de Cuse passe l'esprit iréniste de Lulle, ainsi que sa vision métaphysique. Afin que le frémissement de l'infinité des mondes que l'on ressent dans son œuvre puisse réellement se traduire en une pratique différente de l'art combinatoire, on devra attendre que le monde de l'humanisme et de la Renaissance soit fécondé par d'autres courants d'idées : la redécouverte de l'hébreu, le kabbalisme chrétien, l'affermissement de l'hermétisme, la reconnaissance positive de la magie.

CHAPITRE V

L'hypothèse monogénétique et les langues mères

Dans sa version la plus ancienne, la recherche de la langue parfaite prend la forme de l'hypothèse monogénétique, c'est-à-dire de la dérivation de toutes les langues d'une seule Langue Mère. Mais il faut cependant, lorsque l'on suit l'histoire des théories monogénétiques, garder à l'esprit qu'il se produit continuellement dans la plupart de ces recherches une série de confusions entre différentes options théoriques :

1. On ne fait pas suffisamment la distinction entre *langue parfaite* et *langue universelle*. Il est fort différent de chercher une langue capable de refléter la nature même des choses et une langue que chacun pourrait et devrait parler. Rien n'exclut qu'une langue parfaite ne soit accessible qu'à un petit nombre de gens et qu'une langue utilisée universellement soit imparfaite.

2. On ne fait pas la distinction (voir Formigari 1970 : 15) entre l'opposition platonicienne *nature* VS *convention* (il est possible de penser à une langue qui exprimerait la nature des choses, et qui ne serait pourtant pas originelle, mais le fruit d'une invention nouvelle), et *le problème de l'origine du langage*. On peut débattre pour savoir si le langage est né comme une imitation de la nature (l'hypothèse *mimologique*, voir Genette 1976) ou comme le résultat d'une convention, sans pour autant poser nécessairement le problème du privilège d'une langue sur les autres. C'est pourquoi il y a sou-

vent une confusion entre légitimation étymologique (comprise comme le signe d'une filiation à partir d'une langue plus ancienne) et légitimation mimologique (l'onomatopée peut être vue comme un indice de perfection, mais non nécessairement de filiation à partir d'une langue parfaite originaire).

3. Chez un très grand nombre d'auteurs, on ne fait pas la distinction entre le son et la lettre alphabétique qui l'exprime (bien que cela fût déjà clair chez Aristote).

4. Presque toutes les recherches qui précèdent le début de la linguistique comparée du XIXe siècle privilégient (comme le remarque à plusieurs reprises Genette 1976) une étude de type sémantique et cherchent des familles de *nomenclatures* voisines, en accomplissant des acrobaties comme on le voit plus loin — au lieu de porter leur attention sur les structures phonologiques et grammaticales.

5. Souvent, il est fait une confusion entre *langue primordiale* et *grammaire universelle*. La recherche des principes grammaticaux communs à toutes les langues n'entraîne pas obligatoirement le retour à une langue primitive.

Le retour à l'hébreu

Les Pères de l'Église, d'Origène à saint Augustin, avaient posé comme une donnée irréfutable que l'hébreu avait été, avant la confusion, la langue primordiale de l'humanité. L'exception la plus importante fut celle de Grégoire de Nysse (*Contra Eunomium*), qui soutint que Dieu ne parlait pas en hébreu, et ironisa sur l'image d'un Dieu-maître d'école enseignant l'alphabet à nos pères (voir Borst 1957-63, I, 2 et II/1, 3.1). Mais l'idée de l'hébreu comme langue divine survit tout le long du Moyen Age (voir Lubac 1959, II, 3.3).

Entre le XVIe et le XVIIe siècle on ne se limite plus à soutenir seulement que l'hébreu a été la protolangue (tout en le connaissant, en fin de compte, assez mal) : on souhaite, à présent, en promouvoir l'étude et, si possible, la diffusion. Nous sommes dans une situation différente de celle de saint Augustin : non seulement on revient à présent au texte, mais on y revient avec la conviction qu'il a été écrit dans l'unique langue sacrée apte à exprimer la vérité qu'il véhicule. Entre-temps, il y avait eu la réforme protestante : par son refus de la médiation de l'interprétation par l'Église (dont font partie les traductions latines canoniques) et le renvoi à la lecture directe des Écritures, elle avait donné une impulsion aux recherches sur le texte sacré et sur sa formulation originale. Le développement le plus exhaustif des différents débats de l'époque se trouve peut-être chez Brian Walton, *in Biblia polyglotta prolegomena* (1637, surtout 1-3), mais l'histoire du débat de la Renaissance sur l'hébreu a été si diverse et complexe (voir Demonet 1992) que nous devrons nous limiter à en fournir quelques « portraits » exemplaires.

L'utopie universaliste de Postel

Guillaume Postel (1510-1581), grande figure d'érudit utopiste, a pris une place particulière dans l'histoire de la Renaissance de l'hébreu. Conseiller des rois de France, en contact avec les plus grandes personnalités religieuses, politiques et scientifiques de son temps, Guillaume Postel fut profondément influencé par les voyages en Orient qu'il accomplit pour diverses missions diplomatiques et au cours desquels il eut l'occasion d'étudier l'arabe et l'hébreu, et de connaître de plus près la kabbale. Il excellait aussi en philologie grecque et, vers 1539 environ, il fut nommé *mathematicorum et peregrinarum linguarum regius interpres* dans ce qui sera le Collège des Trois Langues et ensuite le Collège de France.

Dans le *De originibus seu de Hebraicæ linguæ et gentis antiquitate* (1538), il affirme que la langue hébraïque a été transmise par la descendance de Noé, et que d'elle ont dérivé l'arabe, le chaldéen, la langue indienne et le grec, mais celui-ci seulement de manière indirecte. Dans le *Linguarum duodecim characteribus differentium alphabetum, Introductio* (1538), qui est une étude portant sur douze alphabets différents, il affirme non seulement la dérivation de toutes les langues à partir de l'hébreu, mais aussi l'importance de la langue comme instrument de fusion entre les peuples.

Son idée de l'hébreu comme protolangage se fonde sur un critère de Divine Économie. Comme il l'écrit dans le *De Fœnicum litteris* (1550), de même qu'il n'existe qu'un genre humain unique, qu'un seul monde, qu'un seul Dieu, de même il n'a dû exister qu'une seule langue, une « langue sainte, inspirée divinement au premier homme ». C'est pourquoi, comme non seulement la foi mais aussi la langue maternelle s'apprend à travers la voix, il était nécessaire que Dieu instruise Adam en lui insufflant la capacité de donner un nom approprié aux choses (*De originibus, seu, de varia et potissimum orbi Latino ad hanc diem incognita aut inconsyderata historia*, 1553).

Il ne semble pas que Postel ait pensé à une faculté innée du langage ou à une grammaire universelle, comme le faisait Dante, mais dans beaucoup de ses écrits apparaît une notion d'Intellect Agent de style averroïste, et il postule que c'est certainement dans ce réservoir de formes commun à tous les hommes qu'il faut trouver la racine de notre faculté linguistique (*Les Très Merveilleuses Victoires des femmes du Nouveau Monde* et *La Doctrine du siècle doré*, parus en 1553).

Chez Postel aussi, une utopie religieuse accompagne l'attention portée aux langues. Il rêve de la paix universelle. Dans le *De orbis terræ concordia* (1544, I), il affirme nettement que la connaissance des problèmes linguistiques est nécessaire à l'instauration d'une concorde universelle entre tous les peuples. La communauté de langue est nécessaire pour démontrer aux disciples d'une foi différente que le message chrétien interprète et amène à la vérité leurs croyances religieuses, car il s'agit (*De orbis*, III) de retrouver les principes d'une religion naturelle, une série d'idées innées communes à tous les peuples.

La même inspiration animait Raymond Lulle et Nicolas de Cuse, mais, chez Postel, elle s'accompagne de la conviction que la concorde universelle devra se réaliser sous l'égide du roi de France, qui peut légitimement aspirer au titre de roi du monde parce qu'il descend en ligne directe de Noé, étant donné que Gomer, fils de Japhet, serait le fondateur de la souche celtique et gauloise (voir en particulier *Les Raisons de la monarchie*, c. 1551). Postel (*Thresor des Propheties de l'Univers*, 1556) prend en compte une étymologie traditionnelle (voir, par exemple, Jean Lemaire de Belges, *Illustrations de Gaule et Singularitez de Troye*, 1512-13, f. 64r) selon laquelle *gallus* signifierait en hébreu « celui qui a dépassé les vagues » et qui a donc échappé aux eaux du Déluge (voir Stephens 1989, 4).

Postel cherche d'abord à convaincre de ses idées François Ier qui le considère comme un exalté ; ayant perdu la faveur de la cour, il se rend ensuite à Rome pour gagner à son utopie Ignace de Loyola, dont l'idéal de réforme lui paraît proche du sien (et il pensera longtemps aux jésuites comme à l'instrument divin pour la réalisation de la concorde dans le monde). Ignace se rend compte naturellement que Postel n'a pas les mêmes objectifs que les jésuites (la proposition de Postel met en question le vœu d'obéissance au pape, et en outre l'idée du roi de France comme roi du monde ne devait guère plaire à Ignace qui était espagnol). Au bout d'un an et demi, Postel fut obligé de quitter la Compagnie.

Après diverses vicissitudes, il se rend à Venise en 1547, où il devient aumônier de l'Ospedale dei Santi Giovanni e Paolo (dit Ospedaletto) et censeur des livres en langue hébraïque publiés dans cette ville. Pendant la période qu'il passe à l'Ospedale, il devient confesseur de Mère Johanna, ou

Zuana, une cinquantenaire qui avait fondé l'Ospedaletto, et qui se consacrait à l'assistance aux pauvres. Peu à peu, Postel est convaincu de se trouver en face d'une personne douée d'esprit prophétique et conçoit une passion mystique pour cette femme qu'il définit comme la Mère du Monde, destinée à racheter l'humanité de la faute du péché originel.

Postel, selon la lecture du *Zohar*, identifie Johanna avec la Schechinah, mais aussi avec le Pape Angélique dont avaient parlé les prophéties joachimites, puis avec le second Messie. Pour Postel, la partie féminine de l'humanité, condamnée par le péché d'Ève, n'avait pas été sauvée par le Christ et il fallait un second Messie qui rachetât les filles d'Ève (sur le «féminisme» de Postel, voir Sottile 1984).

Que Johanna ait été une mystique aux caractéristiques singulières, ou que Postel ait surévalué leur rencontre, peu importe. Il s'établit de toute évidence une intense communion spirituelle. Johanna, la Kabbale, la concorde universelle, le dernier âge joachimite se fondent en un ensemble unique, et Johanna, dans le monde de l'utopie de Postel, prend la place d'Ignace de Loyola. L'«immaculée conception» de Johanna fait de Postel un nouvel Élie (Kuntz 1981 : 91).

Accablé par les médisances inévitables sur cette fréquentation singulière, Postel quitte Venise en 1549 pour reprendre ses pérégrinations en Orient, mais il y revient l'année suivante pour apprendre la mort de Johanna : on rapporte qu'il tomba dans un état grave de prostration, avec des moments d'extase pendant lesquels, disait-on, il semblait être capable de fixer pendant une heure le soleil de façon ininterrompue, et où, progressivement, il se sentait envahi par l'esprit de Johanna ; Kuntz (1981 : 104) parle de croyance dans la métempsycose.

Revenu à Paris, il reprend son enseignement, connaît un grand succès auprès du public et il annonce le commencement de l'ère de la Restitution, du siècle d'or, sous le signe de Johanna. Encore une fois le milieu philosophique et religieux se met en émoi, le roi l'oblige à quitter l'enseignement. Postel part alors en voyage pour diverses villes européennes, revient à Venise afin d'empêcher que ses écrits ne soient mis à l'index, subit les rigueurs de l'Inquisition qui essaie de l'amener à abjurer et qui, en 1555, tenant compte de ses mérites scientifiques et politiques, se limite à le définir *non malus sed amens*, non coupable mais fou, et il épargne ainsi sa vie ; on l'emprisonne d'abord à Ravenne et ensuite à Rome.

De nouveau à Paris, en 1564 il se retire (sous la pression des autorités religieuses) dans le monastère de Saint-Martin-des-Champs où il vit dans une paisible réclusion jusqu'en 1587, l'année de sa mort. Il y écrit une rétractation de ses doctrines hérétiques concernant Mère Johanna.

A part cette ultime faiblesse, Postel apparaît toujours comme un défenseur irréprochable de ses positions qui étaient inhabituelles à cette époque. Certes, il ne faut pas considérer son utopie en dehors du cadre de la culture de son temps, et Demonet (1992 : 337 et s.) souligne que Postel veut la « restitution » de l'hébreu comme langue de la concorde universelle, c'est un fait, mais qu'il pense que les infidèles doivent reconnaître leur erreur et accepter les vérités chrétiennes. Kuntz (1981 : 49) remarque cependant que Postel ne pouvait être considéré ni comme catholique ni comme protestant orthodoxe, et que ses positions irénistes et modérées irritaient les extrémistes des deux bords. Il y avait certainement quelque chose d'ambigu dans le fait de prétendre que, d'un côté, le christianisme était l'unique vraie religion qui conférait sa vérité au message judaïque, et de l'autre, que pour être un bon chrétien il n'était pas nécessaire d'appartenir à un groupe religieux (y compris l'Église), mais qu'il suffisait d'éprouver en esprit la présence du divin. Par conséquent, le véritable chrétien pouvait et même devait suivre la loi hébraïque, et les musulmans pouvaient donc être considérés comme des demi-chrétiens. Postel condamne à plusieurs occasions les persécutions contre les Juifs, il préfère parler de la «judaïcité» de tous les hommes et de chrétiens hébreux au lieu d'Hébreux chrétiens (Kuntz 1981 : 130), il soutient que la véritable tradition chrétienne est le judaïsme où seuls les noms sont changés, il se plaint du fait que la Chrétienté ait perdu ses racines et ses traditions judaïques. L'ambiguïté de sa position devait apparaître extrêmement provocatrice si l'on considère que pour le monde de la pré-Renaissance le christianisme apparaissait comme la correction et même l'effacement de la tradition judaïque. Pour pouvoir affirmer, comme le faisait Postel dans le *De orbis*, une harmonie entre les fois différentes, il fallait manifester de la tolérance, y compris même sur plusieurs points particuliers de la théologie, c'est pourquoi l'on a parlé, à propos de lui, de théisme universaliste (Radetti 1936).

La fureur étymologique

Avec Postel, nous avons un appel fort et exemplaire au retour de l'hébreu comme langue unique. Pour d'autres le projet ne sera pas aussi radical, et il s'agira plutôt de montrer que la perfection de la langue hébraïque consiste dans le fait que toutes les autres langues sont dérivées d'elle.

Examinons, par exemple, le *Mithridates* de Conrad Gessner, de 1555, qui trace un parallèle entre 55 langues. Après s'être arrêté sur la condition enviable de quelques êtres légendaires doués d'une langue double, l'une pour la parole humaine et l'autre pour le langage des oiseaux, Gessner affirme tout de suite après que, parmi toutes les langues existantes, «il n'y en a pas une qui n'ait de termes d'origine hébraïque, même s'ils sont corrompus» (éd. 1610, p. 3). D'autres, pour montrer cette parenté, se lanceront dans une chasse forcenée aux étymologies.

Cette fureur étymologique n'était pas nouvelle. Déjà entre le VIe et le VIIe siècle, Isidore de Séville (*Etymologiarum*) s'engageait dans une recension fantaisiste des 72 langues existantes dans le monde, et élaborait ces étymologies sur lesquelles on a ensuite ironisé au cours des siècles : *corpus* est une contraction de *corruptus perit*, *homo* vient d'*humus*, parce que l'homme est né de la boue, *iumenta* vient de *iuvat*, parce que le cheval aide l'homme, *agnus* est appelé ainsi parce qu'il *agnoscit*, il reconnaît sa mère... Ce sont des exemples de ce que nous avons défini comme un mimologisme d'origine cratyléenne, qui est repris tel quel par les partisans de l'hébreu.

Claude Duret écrit en 1613 un monumental *Thrésor de l'histoire des langues de cet univers*, dans lequel on retrouve toutes les spéculations précédentes du kabbalisme chrétien, dans un panorama qui s'étend de l'origine des langues à l'examen de toutes les langues connues, y compris celles du Nouveau Monde, jusqu'au chapitre final sur le langage des animaux. Puisque Duret estime que la langue hébraïque a été la langue universelle du genre humain, il est évident que le nom hébraïque des animaux contient toute leur « histoire naturelle ». C'est ainsi que :

> l'aigle est nommé *Nescher*, mot qui convient avec *Schor* & *Iaschar*, dont l'un signifie regarder, l'autre estre droict, pource que cest oiseau entre tous a la veüe ferme & tousiours eslevee contre le soleil [...]. Le Lyon a trois noms, asçavoir *Ariech*, *Labi*, *Laijsch*. Le premier vient d'un autre qui signifie arracher & deschirer ; le deuxiesme se rapporte au mot *Leb* qui signifie le cœur, & *Laab*, c'est-à-dire estre en solitude. Le troisiesme mot signifie ordinairement un grand & furieux lyon, & a convenance avec le verbe *Iosch*, qui signifie fouler ou paistrir quelque chose, pource que cest animal foule & saboule sa proye » (p. 39-40).

L'hébreu a gardé cette proximité des choses parce qu'il ne s'est jamais laissé corrompre par d'autres langues (chap. X) et cette présomption de naturalité suffit à en justifier la nature magique. Duret rappelle qu'Eusèbe et saint Jérôme se moquaient des Grecs qui exaltaient leur langue mais étaient incapables de trouver aucune signification mystique aux lettres de leur alphabet, alors que si l'on demande à un hébreu, même un enfant, ce que signifie *aleph*, il sait dire que cela signifie discipline, et de même pour toutes les autres lettres et leur combinaisons (p. 134).

Mais si Duret faisait de l'étymologie *rétrospective*, pour montrer comment la langue maternelle était en harmonie avec les choses, d'autres feront de l'étymologie *prospective*, pour montrer comment toutes les autres langues sont dérivées de l'hébreu. En 1606 Estienne Guichard écrit *L'Harmonie étymologique des langues*, où il démontre que toutes les langues existantes peuvent être ramenées à des racines hébraïques. Partant de l'affirmation que la langue hébraïque est la plus simple parce que en elle « tous les mots sont simples, desquels la substance consiste en trois radicales seules », il élabore un principe qui lui permette de jouer sur ces radicales par des inversions, des anagrammes, des permutations, suivant la meilleure tradition kabbalistique.

Batar signifie en hébreu « diviser ». Comment justifier que de *batar* est sorti le latin *dividere* ? Par inversion on produit *tarab*, de *tarab* on arrive au latin *tribus*, et donc à *distribuo*, et à *dividere* (p. 147). *Zacen* signifie « vieux » ; en transposant les radicales nous pouvons faire *Zanec*, d'où *senex* en latin ; mais avec une permutation suivante de lettres, on obtient *cazen*, d'où en osque *casnar*, d'où dériverait le latin *canus*, qui signifie justement « vieillard » (p. 247). Selon ce principe, on pourrait démontrer que le bas latin *testa* a produit l'anglais *head*, en passant par l'anagramme de *testa* en *eatts*.

En mille pages d'incursions à travers toutes les langues mortes et vivantes, Guichard parvient à trouver quelques rapports étymologiques dignes de foi, mais sans fixer de critères scientifiques. L'on peut cependant affirmer que ces contributions à l'hypothèse monogénétique répandent d'une part une connaissance moins « magique » de la langue hébraïque, et représentent d'autre part l'esquisse d'un procédé de type comparatif (voir Simone 1990 : 328-329).

Fig. 5.1. Extrait de l'*Alphabeti veri naturalis Hebraici brevissima delineatio* de Mercurius van Helmont, 1667

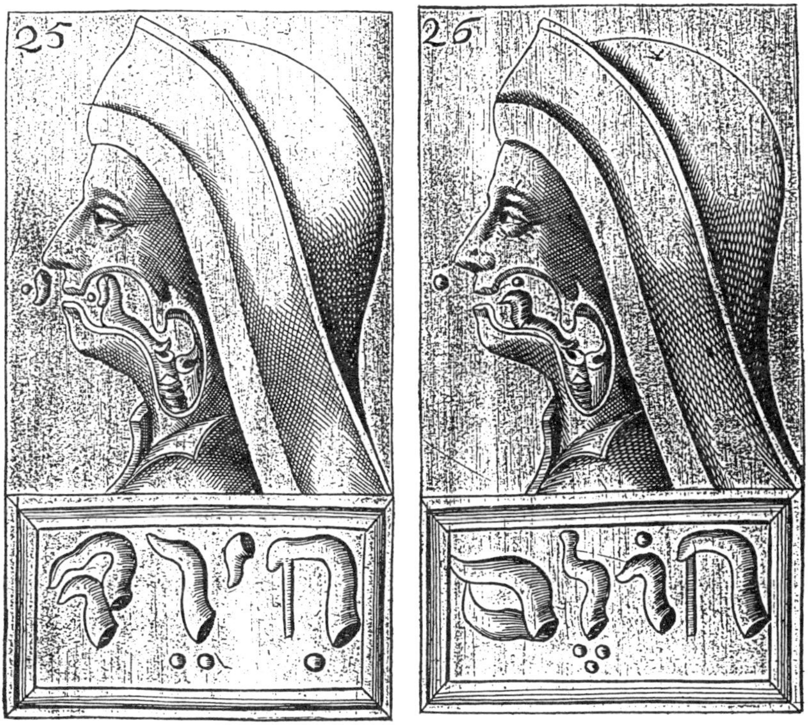

Mais, au cours de cette période, la fantaisie et les hypothèses scientifiques s'entrelacent de façon inextricable. Examinons, par exemple, le cas de Mercurius van Helmont, qui publie en 1667 un *Alphabeti veri naturalis Hebraici brevissima delineatio*, où il se propose d'étudier une méthode pour apprendre à parler aux sourds-muets. De tels projets, au cours du siècle suivant, et dans un milieu inspiré par les

Lumières, vont produire d'intéressantes réflexions sur la nature du langage, mais van Helmont suppose l'existence d'une langue primitive qui puisse apparaître comme très naturelle même à ceux qui n'ont jamais appris les langues. Cette langue ne peut être que l'hébreu, et van Helmont entend montrer qu'elle est celle dont les sons peuvent être produits le plus facilement par les organes phonatoires humains. 33 gravures font voir que la langue, le palais, la luette ou la glotte, pour former un son déterminé, s'articulent (physiquement) de manière à reproduire la forme des lettres hébraïques correspondantes. Évidemment, cette position exprime une théorie motivationnelle et mimologique exaspérée : non seulement les mots de l'hébreu reflètent la nature véritable des choses, mais la puissance divine qui a donné à Adam un langage parfait, écrit et parlé, est celle qui a modelé dans la boue une structure physiologique capable de le parler (voir Figure 5.1).

La *Turris Babel*, 1679, d'Athanasius Kircher, représente une bonne synthèse de toutes les discussions que nous avons brièvement résumées. Après avoir examiné l'histoire du monde depuis la création jusqu'au Déluge, et de là jusqu'à la confusion de Babel, Kircher en retrace le développement historique et anthropologique à travers une analyse des différentes langues.

Kircher ne met nullement en question l'idée que la langue hébraïque soit la *lingua sancta* et primordiale, puisqu'elle est le support de la révélation biblique, de même qu'il est pour lui évident qu'Adam a compris la nature de n'importe quel animal et qu'il a nommé celui-ci selon sa nature ; et il ajoute que « tantôt en joignant, tantôt en séparant, tantôt en permutant les lettres des différents noms, il les combina de différentes façons avec la nature et les propriétés des animaux » (III, I, 8). Comme il s'agit ici d'une citation kabbalistique (du rabbin R. Becchai), il est clair qu'Adam est intervenu pour définir les propriétés des êtres en permutant les lettres de leur nom. Ou alors, il nomme d'abord en imitant une propriété de la chose, comme dans le cas du lion, qui s'écrit en hébreu ARYH, et pour Kircher les lettres AHY indiquent sa respiration impétueuse : mais ensuite Adam continue suivant l'art kabbalistique de la *témourah*, sans par ailleurs se limiter à procéder par anagramme, mais en insérant aussi d'autres lettres, en construisant des phrases dans lesquelles chaque mot contient quelques lettres du nom du lion. Il s'ensuit des expressions disant que le lion est *monstrans*, c'est-à-dire capable d'inspirer la frayeur rien qu'avec son aspect, lumineux comme si une lumière émanait de sa face, qui apparaît semblable à un miroir... Comme on le voit, un grand nombre des techniques étymologiques déjà suggérées dans le *Cratyle* de Platon (que d'ailleurs Kircher cite, p. 145) sont mises en jeu ici, et les noms sont tournés et retournés pour exprimer des notions plus ou moins traditionnelles concernant l'animal ou la personne en question.

Kircher poursuit ensuite en montrant comment, après la confusion, se sont créés cinq dialectes à partir de la langue hébraïque, le chaldéen, le samaritain (d'où sortira le phénicien), le syrien, l'arabe et l'éthiopien, et il en déduit, en passant par différentes argumentations étymologiques (et en allant jusqu'à expliquer la dérivation successive des alphabets), la naissance des diverses autres langues jusqu'aux langues européennes de son temps. Il exprime aussi, avec un certain bon sens, les causes de la transformation des langues, qu'il attribue à la diversité et au mélange des peuples (en se saisissant du principe d'une créolisation de différentes langues se trouvant en contact), aux politiques imposées et dues au changement des empires, aux migrations causées par des guerres et aux épidémies de peste, aux colonisations et à l'influence climatique. De la multiplication et de l'évolution des langues dérive aussi la naissance des diverses religions idolâtres, ainsi que la multiplication du nombre et des noms des dieux (III, I, 2).

Conventionnalisme, épicurisme, polygénèse

Mais Kircher, ainsi que d'autres théoriciens au cours du XVIIe siècle, semble retardataire. La crise de la langue hébraïque en tant que langue sainte avait déjà commencé au cours de la Renaissance, à travers une série très dense d'argumentations que nous pourrions placer, emblématiquement, sous le signe de Genèse 10. L'attention s'était déjà déplacée non tant sur une langue primordiale que sur une série de *langues matricielles*, ou langues mères, pour employer une expression forgée par Joseph Juste Scaliger (*Diatriba de europæorum linguis*, 1599), qui avait identifié 11 familles de langues, quatre majeures et 7 mineures, répandues sur tout le continent européen. Dans chaque famille les langues étaient génétiquement apparentées, mais on ne pouvait pas établir de parentés entre les familles.

On réfléchit sur le fait que la Bible, en effet, ne s'est pas prononcée explicitement sur la nature de la langue primordiale ; nombreux sont ceux qui désormais soutiennent que la division des langues n'a pas commencé aux pieds de la Tour, mais bien auparavant, et on regarde le phénomène de la *confusio* comme un processus naturel : on est plutôt intéressé par la recherche d'une grammaire commune des langues, « il ne s'agit pas de "réduire", mais plutôt de classer pour faire apparaître ce système latent des langues qui respecte en même temps les différences » (Demonet 1992 : 341, et en général II, 5).

Richard Simon, qui est considéré comme le rénovateur de la critique testamentaire, dans son *Histoire critique du Vieux Testament* (1678), écarte désormais l'hypothèse des origines divines de l'hébreu, en reprenant les arguments pleins d'ironie de Grégoire de Nysse. La langue est une invention humaine et, puisque la raison n'est pas la même chez tous les peuples, cela explique la différence entre les langues. Dieu lui-même a voulu que les hommes parlassent des langues différentes, que « chacun s'expliquât à sa façon ».

Méric Casaubon (*De quatuor linguis commentatio*, 1650) prend chez Grotius l'idée que la langue primordiale — si elle a jamais existé — a été, de toute manière, perdue. Si Dieu fut l'inspirateur des mots dits par Adam, l'humanité développa ensuite le langage de façon autonome, et la langue hébraïque n'est qu'une des langues mères d'après le Déluge.

Leibniz affirmera lui aussi que la langue d'Adam est absolument irrécupérable sur le plan historique et que, si grands que soient les efforts que nous puissions faire, *nobis ignota est*. Même si elle a existé, soit elle a complètement disparu, soit elle survit uniquement dans quelques restes (fragment non daté *in* Gensini éd., 1990 : 197).

Dans ce climat culturel, le mythe d'une langue adéquate à l'expression de la nature des choses est revu à la lumière de ce principe de l'arbitraire du signe qui, par ailleurs, n'avait jamais été abandonné par la pensée philosophique et restait fidèle à la leçon aristotélicienne. C'est précisément en cette période que Spinoza, dans une perspective fondamentalement nominaliste, se demandait comment un terme général tel que « homme » pourrait exprimer la véritable nature de l'homme, parce que tous ne forment pas les notions de la même façon :

> Par exemple, ceux qui ont été généralement frappés par la manière de se tenir (*statura*) des hommes, entendront sous le nom d'*homme* un animal de stature droite, tandis que ceux qui d'ordinaire considèrent autre chose, se formeront des hommes une autre image commune, par exemple : l'homme est un animal qui rit, un animal à deux pieds sans plumes, un animal raisonnable ; et de même pour les autres choses, chacun, selon la disposition de son corps s'en formera des images universelles (*Éthique*, 1677, Proposition XL, Scolie 1 [1]).

1. Spinoza, *Éthique*, trad. R. Caillois, Paris, Gallimard, 1954, p. 121. [N.d.T.]

Si la langue hébraïque était celle dans laquelle les mots correspondaient à la nature même des choses, pour Locke les mots sont utilisés par les hommes comme des signes de leurs idées, « non par aucune liaison naturelle qu'il y ait entre certains sons articulés et certaines idées (car, en ce cas-là, il n'y aurait qu'une langue parmi les hommes), mais par une institution arbitraire... » (*Essay Concerning Human Understanding*, 1690, III, II, 1 [1]). Et si l'on tient compte du fait que les mêmes idées sont des « idées nominales » et non des entités platoniques et innées, le langage perd toute aura de sacralité pour devenir un instrument d'interaction, une construction humaine.

Hobbes déjà (*Le Léviathan*, 1651, I, 4, *Du langage*), tout en admettant que le premier auteur du langage a été Dieu lui-même, qui avait appris à Adam comment nommer les créatures, abandonne aussitôt la référence sûre au texte biblique et admet l'hypothèse qu'Adam a continué ensuite à ajouter librement de nouveaux noms « as the experience and use of the creatures should give him occasion » (à mesure que l'expérience et l'usage des créatures lui en donneraient l'occasion). En d'autres termes, Hobbes laisse Adam seul face à son expérience personnelle et à ses besoins, et c'est de la nécessité (« mère de toutes les inventions ») qu'il fait naître les différentes langues qui viennent après la confusion de Babel.

On se penche à nouveau, en cette fin du siècle, sur la lettre d'Épicure à Hérodote dans laquelle il était dit que les noms des choses ne furent pas assignés originairement par convention, mais qu'ils furent créés par la nature même des hommes qui, suivant les peuples, en éprouvant des affections particulières et en recevant des perceptions particulières, de façon tout aussi particulière émettaient l'air empreint de cet état d'âme singulier et de la perception particulière

1. Locke, *Essai philosophique concernant l'entendement humain*, trad. Pierre Coste, éd. E. Naert, Paris, Vrin, 1972, p. 324 (réimpression en fac-similé de l'édition de 1755). [N.d.T.]

(Lettre à Hérodote, *in* Diogène Laërce, *Vie des philosophes*, X, 75).

Épicure ajoutait que « plus tard » les différents peuples revinrent à un accord en donnant les noms aux choses pour éliminer l'ambiguïté et pour des raisons d'économie, et il ne se prononce pas définitivement sur la question de savoir si ce choix a été fait suivant un instinct ou « suivant le bon sens » (voir Formigari 1970 : 17-28 ; Gensini 1991 : 92 ; Manetti 1987 : 176-177). Mais la première partie de sa thèse (qui insistait sur la genèse naturelle et non conventionnelle du langage) est reprise par Lucrèce : c'est la nature qui a poussé les hommes à émettre les sons du langage, et c'est le besoin qui a fait naître les noms des choses.

> Ainsi donc penser qu'un homme ait pu alors distribuer des noms aux choses et que de lui tous les autres aient appris les premiers mots du langage, c'est folie ; car s'il a pu désigner toutes choses par un terme et émettre les sons variés du langage, comment à la même époque d'autres que lui n'ont-ils pu le faire ? [...] Enfin, est-il si surprenant que le genre humain doué d'une voix et d'une langue, ait suivi la variété de ses impressions pour désigner de sa voix la variété des objets ? [...] Si donc des émotions différentes amènent les animaux, tout muets qu'ils sont, à émettre des sons différents, combien n'est-il pas plus naturel encore que les hommes aient conformé leur voix à la diversité des choses ? (*De rerum natura*, V, 1041-1090 [1]).

On voit s'affirmer une théorie que nous pourrions définir matérialistico-biologique des origines du langage conçu comme aptitude naturelle à transformer les sensations primaires en idées, et donc en sons, à des fins de vie en société. Mais si, comme le suggérait Épicure, cette réponse à l'expérience varie selon les peuples, et le climat, et les lieux, il n'est pas inconsidéré de penser que des peuples différents aient donné naissance, selon des modes et à des époques dif-

1. Lucrèce, *De la nature*, trad. H. Clouard, Paris, Garnier, 1954, p. 341-343. [N.d.T.]

férentes, à différentes familles de langues. Et c'est de là que tirera son origine la théorie du *génie* des différentes langues, qui se développera au cours du XVIIIe siècle.

L'hypothèse épicurienne ne pouvait que séduire le milieu libertin du XVIIe siècle français, où elle prend la forme extrémiste de l'hypothèse *polygénétique*, en se mêlant à diverses formes de scepticisme religieux qui allaient de l'agnosticisme ironique à l'athéisme déclaré. On voit alors apparaître la thèse d'Isaac de La Peyrère, calviniste, qui dans son *Systema theologicum ex præ-adamitarum hypothesi*, 1655, interprétant de façon certainement originale le cinquième chapitre de la lettre de saint Paul aux Romains, propose l'idée d'une polygénèse des peuples et des races. Son œuvre représentait la réponse laïque aux rapports d'explorateurs et de missionnaires sur les civilisations extra-européennes, comme celle de la Chine, si anciennes que leur lointaine histoire ne coïncidait pas avec les datations bibliques, surtout en ce qui concernait leurs récits sur les origines du monde. Il aurait donc existé une humanité pré-adamique, exemptée du péché originel, et le péché aussi bien que le Déluge ne concernaient qu'Adam et ses descendants en terre hébraïque (voir Zoli 1991 : 70). L'hypothèse était déjà apparue, par ailleurs, en milieu musulman : au Xe siècle, Al-Maqdisi, travaillant sur le Coran (2.31), avait fait allusion à l'existence d'autres êtres sur la terre avant Adam (voir Borst 1957-63, I, II, 9).

Au-delà des implications évidentes de cette thèse (l'œuvre de La Peyrère fut condamnée à être brûlée), il était logique que la civilisation hébraïque en sorte détrônée et avec elle, implicitement, la langue sainte dans laquelle elle s'était exprimée. Si les espèces se sont développées dans des conditions différentes, et si la capacité linguistique dépend de l'évolution et de l'adaptation au milieu, alors il y a eu polygénèse.

On peut situer l'œuvre de Giambattista Vico dans un genre de polygénétisme (mais non certes d'inspiration libertine). Vico renverse naturellement, en quelque sorte, le discours de son époque. Il ne va pas à la recherche d'une origine chronologique, mais il esquisse les lignes d'une histoire idéale éternelle : en ce sens-là, tout en faisant un bond en dehors de l'histoire, paradoxalement, il se place parmi les inspirateurs de l'historicisme moderne. Ce qu'il veut décrire n'est pas — ou n'est pas seulement, en dépit de la Table chronologique qu'il place au début de sa *Scienza nuova seconda* (1744, II, 2.4) — un cours historique, mais les conditions toujours récurrentes d'une naissance et d'une évolution du langage à chaque époque et dans chaque pays. Il dessine une sorte de succession génétique du langage depuis la langue des dieux jusqu'à celle des héros et enfin à celle des hommes. C'est pourquoi la première langue a dû être *hiéroglyphique* « c'est-à-dire sacrée ou divine », la deuxième, *symbolique* (« par signes ou emblèmes héroïques ») et la troisième, *épistolaire*, « qui permet aux personnes éloignées les unes des autres d'entretenir des rapports concernant les besoins matériels de la vie [1] » (432).

Vico soutient qu'à son origine (idéale) le langage est motivé par l'expérience que l'homme a de la nature, et qu'il adhère métaphoriquement à celle-ci. Il ne s'organise que par la suite en des formes plus conventionnelles ; mais Vico affirme aussi : « Les dieux, les héros et les hommes ont fait simultanément leur apparition car ceux qui imaginèrent des dieux et crurent que leur nature héroïque était un mélange de divin et d'humain, ceux-là furent des hommes ; et de la même façon les trois langues et les trois sortes d'écritures apparurent simultanément [2] » (446). Ainsi (plutôt que de reprendre la discussion du XVIIe siècle pour savoir si à une phase naturelle a succédé une phase de construction conventionnelle et arbitraire) lorsqu'il se pose la question de savoir pourquoi il existe autant de langues naturelles différentes qu'il y a de peuples, il ne peut répondre qu'en affir-

1. Giambattista Vico, *La Science nouvelle* (*La Scienza nuova*), trad. Ariel Doubine, présenté par Benedetto Croce, Paris, Nagel, coll. « Unesco », 1953, p. 150. [N.d.T.]
2. *Ibid.*, p. 160. [N.d.T.]

mant « cette importante vérité » que « la diversité des climats ayant contribué à la formation de tempéraments fort différents, il en est résulté des us et coutumes variables de peuple à peuple ; et cette diversité de tempéraments et de mœurs a entraîné une diversité de langues[1] » (445).

Quant à l'antériorité de la langue hébraïque, cette affirmation est liquidée par une série d'observations qui visent à démontrer qu'il est possible que les lettres de l'alphabet soient parvenues aux Juifs par les Grecs et non vice versa. Vico ne cède pas non plus aux fantaisies hermétiques de la Renaissance, pour lesquelles toute la sagesse vient des Égyptiens. Il ressort de sa description un trafic complexe d'influences tant culturelles que mercantiles, qui amenèrent les Phéniciens — poussés par les nécessités du commerce — à apporter en Égypte et en Grèce leurs caractères, alors qu'ils avaient emprunté et successivement diffusé à travers le bassin de la Méditerranée les caractères hiéroglyphiques reçus des Chaldéens, en les adaptant aux nécessités de la comptabilité de leurs marchandises (441-443).

La langue pré-hébraïque

Or, parallèlement à ces discussions philosophiques et tout en escomptant vraisemblablement la défaite de l'hébreu, d'autres glossogonistes fantaisistes sont en train d'explorer d'autres chemins. Entre le XVIe et le XVIIe siècle, des explorateurs et des missionnaires découvrent qu'il a existé des civilisations bien plus anciennes que l'hébraïque, avec d'autres traditions tant culturelles que linguistiques. En 1669, John Webb (*An Historical Essay Endeavouring a Probability that the Language of the Empire of China is the Primitive Lan-*

1. *Ibid.*, p. 158. [N.d.T.]

guage) avance l'hypothèse que Noé a atterri avec l'Arche en Chine après le Déluge et qu'il s'y est établi, d'où la primauté de la langue chinoise. Les Chinois n'auraient pas participé à l'édification de la Tour de Babel, ils seraient donc indemnes de la *confusio* et, en outre, ils auraient vécu pendant des siècles à l'abri des invasions étrangères, en conservant ainsi leur patrimoine linguistique originaire.

On voit que notre histoire avance à travers de nombreux anachronismes singuliers. C'est au cours du XVIIIe siècle, juste au moment où la méthode comparatiste allait naître en dehors de toute hypothèse monogénétique, qu'ont lieu les efforts les plus gigantesques pour retrouver une langue primitive. En 1765, Charles de Brosses écrit un *Traité de la formation méchanique des langues* dans lequel il soutient une hypothèse naturaliste (l'articulation des vocables est déterminée par la nature des choses, et pour désigner un objet doux on choisit toujours un son doux) et fondamentalement matérialiste (réduction du langage à des opérations physiques et attribution de la création d'entités surnaturelles à des jeux linguistiques, voir Droixhe 1978), mais il ne renonce pas à l'hypothèse d'une langue primitive, « organique, physique & nécessaire, commune à tout le genre humain, qu'aucun peuple au monde ne connoît ni ne pratique dans sa première simplicité ; que tous les hommes parlent néanmoins, & qui fait le premier fonds du langage de tous les pays » (*Discours préliminaire*, XIV-XV).

Le linguiste doit analyser les mécanismes des différentes langues, et trouver ce qui en elles vient d'une nécessité naturelle. Par induction il ne pourra que remonter, de chaque langue connue, à cette matrice originaire inconnue. Il s'agit simplement d'individualiser un nombre réduit de racines primitives qui pourront nous donner la nomenclature universelle de toutes les langues européennes et orientales.

L'œuvre de Charles de Brosses est une tentative comparatiste, fondée sur un cratylisme ou mimologisme radical (voir Genette 1976 : 85-118). Il voit dans les voyelles la matière première du continuum sonore, sur lequel les consonnes découpent des intonations ou des césures, plus perceptibles à la vue qu'à l'ouïe (l'absence de distinction entre le son et la lettre alphabétique demeure), mais, en fin de compte, le travail comparatif se fonde sur les identités consonantiques.

De Brosses pense — c'est une idée que nous trouvons aussi chez Vico — que l'invention des sons articulés s'est faite parallèlement à l'invention de l'écriture et, comme l'exprime efficacement Fano (1962 : 231) dans une synthèse pertinente :

> De Brosses semble se représenter la chose ainsi : comme un bon maître d'école prend la craie à la main pour rendre pédagogiquement plus claire sa leçon, de même l'homme des cavernes interpolait dans ses discours des figurines explicatives. S'il devait dire, par exemple : « un corbeau s'est envolé et s'est posé sur la cime d'un arbre », il imitait d'abord le croassement de l'oiseau, exprimait avec un « frrr ! frrr ! » le vol, puis il prenait un morceau de charbon de bois et dessinait un arbre avec un oiseau dessus.

Un effort cyclopéen à l'appui de la mimologie est accompli par Antoine Court de Gébelin qui, entre 1773 et 1782, publie neuf volumes in-quarto, un ensemble de plus de cinq mille pages, et donne à cette œuvre multiple, confuse, mais qui ne manque pas d'observations intéressantes, le titre de *Le Monde primitif analysé et comparé avec le monde moderne* (voir Genette 1976 : 119-148).

Court de Gébelin est au courant des recherches comparatistes précédentes. Il sait que la faculté linguistique est exercée par l'homme grâce à un appareil de phonation spécifique dont il connaît l'anatomie et les lois physiologiques. Il partage les opinions des physiocrates de son époque et cherche avant tout à enquêter sur les origines du langage à travers une relecture des mythes anciens. Il y voit une expression allégorique des rapports de l'homme agriculteur avec la terre (vol. I), raison pour laquelle l'écriture elle-même, quoique inventée antérieurement à la séparation des peuples, s'est développée dans les États agricoles, qui en avaient besoin pour maintenir et perfectionner leurs propriétés, pour prospérer par les commerces et les lois (III : XI)... Mais dans cette entreprise il veut retrouver la langue originale d'un monde primitif, origine et base d'une grammaire universelle, de laquelle toutes les langues existantes prennent leur origine et par laquelle elles sont expliquées.

Dans son discours préliminaire au volume III, consacré à l'Histoire Naturelle de la Parole, c'est-à-dire aux origines du langage, il affirme que les mots ne sont pas nés par hasard, que « chaque mot eut sa raison ; que cette raison fut puisée dans la Nature » (p. IX). Il élabore une théorie étroitement causaliste du langage, qu'il s'accompagne d'une théorie idéographique de l'écriture, selon laquelle même l'écriture alphabétique n'est autre qu'une Écriture Hiéroglyphique Primitive bornée à un petit nombre de caractères radicaux ou de « clés » (III : XII).

Le langage comme faculté, fondée sur une structure anatomique donnée, est certainement un don divin, mais l'élaboration de la langue primitive est un fait historique humain, au point que, si Dieu a parlé originairement à l'homme, il a dû le faire dans le langage que l'homme entendait déjà parce que celui-ci l'avait construit lui-même (III : 69).

Pour retrouver la langue primitive, l'auteur s'engage en une impressionnante analyse étymologique du grec, du latin, du français, sans négliger les recherches sur les blasons, les monnaies, les jeux, les voyages des Phéniciens autour du monde, les langues des Indiens d'Amérique, les médailles, l'histoire profane et religieuse à partir de calendriers et d'almanachs. Et comme base de cette langue primordiale il reconstruit une Grammaire Universelle fondée sur des principes nécessaires, propres à chaque époque et à chaque lieu, mais tels que, lorsqu'on les a identifiés comme étant immanents à une langue naturelle donnée, ils soient valables pour toutes les autres langues.

En fin de compte, Court de Gébelin semble être trop vorace : il veut en même temps la *grammaire universelle*, la redécouverte de la *langue mère*, la démonstration des *origines biologiques et sociales du langage* et, comme le fait remarquer Yaguello (1984 : 19), il confond tout sous une même rubrique. Et, de plus, bien qu'avec un retard considérable, il va même jusqu'à ne pas résister aux sirènes de l'hypothèse celtico-nationaliste, dont on parlera dans le prochain paragraphe : le celtique est la langue parlée par les premiers habitants de l'Europe, « la même, à ses origines, que celle des Orientaux », et c'est d'elle que dérivent le grec, le latin, l'étrusque, le thrace, la langue teutonne ou germanique, le cantabre des anciens Espagnols, le runique parlé dans les pays du Nord (V).

Les hypothèses nationalistes

Certains auteurs ne niaient pas, en effet, que l'hébreu fût la langue primitive, mais ils soutenaient qu'à la suite de Babel celle-ci avait donné naissance à d'autres langues auxquelles revenait à présent la palme de la perfection. La première source qui encourage ces théories « nationalistes » est constituée par les *Commentaria super opera diversorum auctorum de antiquitatibus loquentium* (1498) de Giovanni Nanni, ou Annio, où il est raconté comment l'Étrurie a été colonisée, avant les Grecs, par Noé et ses descendants. Le fait que le chapitre 10 de la Genèse semble contredire le chapitre 11, celui de la *confusio*, est une source de réflexion. En effet, quand la descendance de Noé est décrite, en 10, 5, il est dit que « ceux-ci furent les enfants de Japhet sur leurs territoires, *chacun selon leur langue* » (voir Stephens 1989 : 3).

L'idée que le toscan dérive de l'étrusque et celui-ci de l'araméen noachique est développée à Florence par Giovan

Battista Gelli (*Dell'origine di Firenze*, 1542-1544) et par Pier Francesco Giambullari (*Il gello*, 1546). Cette thèse, fondamentalement antihumaniste, soutient l'idée que la multiplication naturelle des langues a précédé l'événement de la Tour de Babel (et elle se relie à celle déjà exposée par Dante dans *Le Paradis* XXVI).

Cette idée passionna aussi Guillaume Postel qui avait déjà pris parti pour l'origine noachique des Celtes. Dans le *De Etruriæ regionis* (1551), il accepta les positions de Gelli et de Giambullari concernant le rapport Noé-Étrusques, quitte à soutenir que l'hébreu adamique — du moins en tant que langue sacrée — était resté intact au cours des siècles.

Plus modéré semble être le milieu de la Renaissance espagnole, où l'on soutient la thèse que le castillan descend de Tubal, fils de Japhet, tout en admettant l'hypothèse qu'il ne serait qu'une des 72 langues nées à la suite de la confusion de Babel. Mais cette modération n'est qu'apparente, et le qualificatif « langue de Babel » devient en Espagne un blason d'ancienneté et de noblesse (sur le débat italien et espagnol, voir Tavoni 1990).

Mais démontrer que la langue nationale a des titres de noblesse parce qu'elle provient d'une langue originaire, qu'elle soit adamique ou noachique, n'amène pas nécessairement à soutenir que, pour ces raisons précisément, elle apparaît comme la seule langue parfaite. Seuls les grammairiens irlandais cités dans notre premier chapitre avaient jusqu'alors poussé leurs prétentions si loin, et Dante lui-même — qui aspirait pourtant à la perfection pour sa langue vulgaire poétique — se moquait (dans le *De vulgari eloquentia* I, VI) de celui qui peut croire que son idiome est au-dessus de tous les autres, en l'identifiant par conséquent avec celui d'Adam. Et pourtant, le XVIIe siècle nous offre des exemples savoureux de nationalismes linguistiques de cette sorte.

Goropius Becanus (Jan van Gorp) dans ses *Origines Antwerpianæ* (1569) soutient toutes les thèses courantes sur l'inspiration divine de la langue primordiale, sur son rapport motivé entre les mots et les choses, et trouve que ce rapport est montré de façon exemplaire dans le hollandais, dans le dialecte d'Anvers précisément. Les aïeux des Anversois, les Cimbres, descendent directement des fils de Japhet, qui ne se trouvaient pas sous la Tour de Babel, et qui ont donc échappé à la *confusio linguarum*. Aussi ont-ils gardé la langue adamique, ce qui est prouvé par des étymologies claires (la méthode étymologique de Becanus a donné naissance à la qualification de « bécanisme » ou « goropisme » pour indiquer des étymologies tout aussi aventureuses que celles d'Isidore de Séville ou de Guichard) et par le fait que le hollandais a le plus grand nombre de mots monosyllabiques, qu'il dépasse toutes les autres langues par la richesse de ses sons et offre des possibilités exceptionnelles d'engendrer des mots composés.

Ce thème sera repris plus tard par Abraham Mylius (Van der Mijl) (*Lingua belgica*, 1612) et par Adrian Schrickius (*Adversariorum libri* III, 1620), qui entend démontrer « comment la langue hébraïque est divine et née la première » et « comment la langue teutonne vient aussitôt après », où, par « teutonne », l'on entend toujours le néerlandais sous la forme alors plus connue du dialecte d'Anvers (il en donne des preuves étymologiques semblables à celles de van Gorp).

Ce que l'on nomme la thèse flamande semble manifester beaucoup de résistances pour disparaître. En effet, alimentée par des polémiques nationalistes, elle se prolonge jusqu'au XIXᵉ siècle. Dans son ouvrage *La Province de Liège... Le flamand langue primordiale, mère de toutes les langues*, de 1868, le baron de Ryckholt soutiendra encore que « le flamand est la seule langue parlée à côté du berceau de l'humanité » et que « lui seul est une langue et que toutes les autres, mortes ou vivantes, n'en sont que des dialectes, des jargons plus ou moins déguisés » (voir Droixhe 1990 : 145, et, en général, à propos des délires de grandeur linguistiques, Poliakov 1990).

A côté de la thèse hollando-flamande, on ne peut oublier la thèse « suédoise » avec Georg Stiernhielm (*De linguarum origine præfatio*, 1671) et — mais nous sommes déjà en pleine parodie — Andreas Kempe (*Die Sprachen des Paradises*, 1688), qui imagine une Ève séduite par un serpent francophone, alors que Dieu parle le suédois et Adam le danois (voir Borst 1957-63, III, 1 : 1338, et Olender 1989, 1993). Il ne faut pas oublier que c'est l'époque où la Suède manœuvre sur l'échiquier européen comme une grande puissance. Olaus Rudbechius (ou Olof Rudbeck), dans son *Atlantica sive Manheim vera Japheti posterorum sedes ac patria* (1675), démontre que c'est en Suède qu'a résidé Japhet ainsi que sa descendance et que de cette souche raciale et linguistique sont nées toutes les langues gothiques. Rudbeck identifie en effet la Suède avec la mythique Atlantide et il la représente comme le pays idéal, la terre des Hespérides, d'où la civilisation se répand partout dans le monde.

Chez Isidore de Séville (*Etymologiarum* IX, II : 26-27) apparaissait déjà l'idée que les Goths tiraient leur origine de Magog, fils de Japhet. Vico ironise sur ces prétentions (*Scienza nuova seconda*, 1744, II, 2.4 : 430) :

> ... nous donnerons un petit essai des opinions qui ont déjà été émises là-dessus pour que l'on se rende compte de ce qu'il y avait en elles d'incertain ou de superficiel, de grossier, de vain ou de ridicule ; opinions qui, pour ces raisons et parce qu'elles sont si nombreuses, ne doivent pas être rapportées ici. Voici cet essai : lorsque les temps barbares furent de retour, la Scandinavie ou Scantie fut, par l'effet de la vanité des nations, appelée *vagina gentium*, et que l'on y vit la mère de toutes les nations, la vanité des savants conduisit Jean et Olof Magnus à croire que les Goths s'étaient transmis les lettres — découvertes par Adam sous l'inspiration de Dieu — de génération en génération depuis le commencement du monde ; véritable chimère qui suscita les railleries de nombreux savants. Nous voyons toutefois Goropius Becanus les suivre dans la même voie et aller même plus loin en faisant remonter sa langue cimbrienne — proche parente du saxon — jusqu'au paradis terrestre, soutenant qu'elle avait donné naissance

> à toutes les autres langues [...]. Cependant pareille vanité ne s'arrêta point en chemin mais, prenant de plus en plus d'ampleur, elle éclata enfin dans l'ouvrage d'Olof Rudbeck intitulé *Atlantica* [L'Atlantide] où l'auteur soutient que les lettres grecques proviennent des runes, elles-mêmes constituées par les lettres phéniciennes renversées ; Cadmos aurait rendu ces dernières semblables aux caractères hébraïques graphiquement et phonétiquement et les Grecs finalement les auraient redressées et stylisées avec la règle et le compas ; l'inventeur des lettres étant désigné par le nom de « Mercurouman », Rudbeck en vient à soutenir que ce Mercure qui transmit les lettres aux Égyptiens était en réalité un Goth [1].

Quant à l'allemand, divers soupçons sur son droit d'aînesse agitent répétitivement le monde germanique dès le XIVe siècle, et apparaissent ensuite dans la pensée de Luther (pour qui l'allemand est la langue qui, plus que toute autre, rapproche de Dieu), alors qu'en 1533 Konrad Pelicanus (Konrad Pellikan) (*Commentaria bibliorum*) montre les analogies évidentes entre les langues allemande et hébraïque sans se prononcer sur celle qui serait vraiment la *Ursprache* (voir Borst 1957-63, III/1, 2). Dans la période baroque, Georg Philipp Harsdörffer (*Frauenzimmer Gesprächspiele*, 1641, rééd. Tübingen, Niemeyer, 1968, p. 335) affirme que la langue allemande

> parle avec les langues de la nature, en exprimant bien perceptiblement tous les sons [...]. Elle tonne avec le ciel, lance des éclairs avec les nuages rapides, darde avec la grêle, siffle avec les vents, écume avec les vagues, fait du vacarme avec les serrures, résonne avec l'air, détone avec les canons, rugit comme le lion, beugle comme le bœuf, gronde comme l'ours, brame comme le cerf, bêle comme le mouton, grogne comme le porc, aboie comme le chien, hennit comme le cheval, siffle comme le serpent, miaule comme le chat, cacarde comme l'oie, cancane comme le canard, bourdonne comme le frelon, caquette comme la poule, claquette comme la cigogne, croasse comme le corbeau, trisse comme l'hirondelle, gazouille comme le moineau [...]. Dans toutes les choses qui émettent un son, la nature parle notre langage allemand, c'est pour-

1. *Op. cit.*, p. 148-149. [N.d.T.]

> quoi nombreux sont ceux qui ont voulu affirmer que le premier homme Adam ne put se servir que de nos vocables pour nommer les oiseaux et tous les animaux de la terre, parce qu'il exprimait, conformément à la nature, toute et n'importe quelle propriété innée et en elle-même sonore ; et il n'est donc pas étonnant que toutes nos radicales coïncident en grande partie avec le langage sacré.

L'allemand était resté parfait parce que l'Allemagne n'avait jamais été assujettie à une puissance étrangère alors que les vaincus (c'était aussi l'opinion de Kircher) adoptent les coutumes et la langue du vainqueur, comme cela est arrivé au français qui s'est mélangé avec le celtique, le grec et le latin. L'allemand est plus riche en termes que l'hébreu, plus souple que le grec, plus puissant que le latin, plus magnifique que l'espagnol dans la prononciation, plus gracieux que le français, plus correct que l'italien.

De telles idées apparaissent chez Schottel (*Teutschen Sprachkunst* de 1641, où l'allemand est célébré en tant qu'il ressemble le plus par sa pureté à la langue adamique (ici apparaît aussi l'idée de la langue exprimant le génie d'un peuple). Pour d'autres, enfin, l'hébreu lui-même dérivait de l'allemand. On voit aussi réapparaître la thèse (où, suivant les auteurs, seul change le lieu) soutenant que Japhet s'était marié en Allemagne, que son neveu Ashkanaz habitait la principauté d'Anhalt depuis l'époque précédant la confusion babylonienne, et que de lui descendaient Arminius et Charlemagne.

Ces thèses naissent aussi du fait que dans le monde protestant allemand il s'avère nécessaire de défendre la langue allemande, car elle est celle dans laquelle a été traduite la Bible de Luther, et que « des revendications de ce genre doivent être considérées dans le contexte de la fragmentation politique après la guerre de Trente ans. Puisque la langue allemande était une des plus grandes forces capables d'unir la nation, on devait mettre l'accent sur sa valeur, et la langue elle-même devait être délivrée des influences étrangères » (Faust 1981 : 366).

Leibniz ironisait sur ces prétentions et sur d'autres encore. Dans une lettre du 7 avril 1699 (citée par Gensini 1991 : 113) il se moquait de ceux qui veulent tout tirer de leur langue, de Goropius Becanus donc, de Rudbeck, d'Ostroski qui faisait tout remonter au hongrois, de l'abbé François qui remontait au breton, de Prætorius partisan du polonais, et il en concluait que, si un jour les Turcs et les Tartares devenaient aussi savants que les Européens, ils trouveraient facilement la manière de promouvoir leurs langues comme langues mères de l'humanité tout entière.

Et pourtant Leibniz lui-même ne parvient pas à rester exempt de la tentation nationaliste. Dans les *Nouveaux Essais*, il fait une allusion indulgente à Goropius Becanus en parlant de *goropiser* au sujet des mauvaises étymologies, mais il lui accorde qu'il n'avait pas eu tort en reconnaissant dans le cimbrique, et donc dans le germanique, une langue encore plus primitive que la langue hébraïque elle-même. Leibniz partagea en effet l'« hypothèse celto-scythique » (avancée depuis la Renaissance, voir Borst 1957-63, III/1, 4. 2 ; Droixhe 1978). Au cours de son travail d'une dizaine d'années où il recueillit du matériel linguistique, afin de tenter des comparaisons minutieuses, il s'était convaincu qu'aux origines de toute la souche de Japhet se trouvait une langue celtique commune aussi bien aux Germains qu'aux Gaulois, et que l'« on peut conjecturer que cela vient de l'origine commune de tous ces peuples descendus des Scythes, venus de la mer Noire, qui ont passé le Danube et la Vistule, dont une partie pourrait être allée en Grèce, et l'autre aura rempli la Germanie et les Gaules » (*Nouveaux Essais* III, 2 [1]). Mais ce n'est pas tout ; il relève des analogies entre les langues celto-scythiques et celles que nous appelons aujourd'hui langues sémitiques, dues à des migrations successives ; il affirme qu'il « n'y a rien en cela qui combatte

1. G. W. Leibniz, *Nouveaux Essais sur l'entendement humain*, Paris, Flammarion, 1990, p. 218. [N.d.T.]

et qui ne favorise plutôt le sentiment de l'origine commune de toutes les nations, et d'une langue radicale et primitive[1] » ; il admet que l'arabe et l'hébreu s'en rapprochent plus que les autres, malgré de nombreuses altérations : mais il conclut à la fin qu' « il semble que le teuton a plus gardé du naturel et (pour parler le langage de Jacques Böhm [*sic*]) de l'adamique[2] ». Et après avoir examiné plusieurs onomatopées allemandes, il conclut que la langue germanique peut apparaître comme la plus primitive.

En faisant le tracé de la diffusion successive de cette souche scythique dans le monde méditerranéen, et en distinguant un groupe de langues méridionales ou araméennes, Leibniz faisait l'hypothèse d'un atlas linguistique en grande partie faux, mais où il y avait certainement des intuitions lucides, au vu de ce que découvrirait plus tard le comparatisme (voir Gensini 1990 : 41).

Dans le milieu britannique, la défense du celtique aura évidemment d'autres connotations, entre autres d'opposition à la tradition germanique. Ainsi, au cours du siècle suivant, Rowland Jones soutiendra que la langue primordiale a été le celtique et qu'« aucun langage, sauf l'anglais, ne se montre si proche du premier langage universel, de sa précision naturelle et de sa correspondance entre les mots et les choses, sous la forme et à la manière dont nous l'avons présenté comme langue universelle ». La langue anglaise

> est la mère de tous les dialectes occidentaux et du grec, vieille sœur des langues orientales, et, sous sa forme concrète, la langue vivante des habitants de bords de l'Atlantique et des aborigènes de l'Italie, des Gaules et de la Bretagne, qui fournit aux Romains nombre de leurs vocables qui ne sont pas d'origine grecque, ainsi que leurs noms grammaticaux, et aussi beaucoup des noms principaux de plusieurs parties du monde [...]. Les dialectes et la sagesse celtique dérivent des cercles du Trismégiste, Hermès, Mercure ou Gomer [...et] la langue anglaise a conservé de façon plus particu-

1. *Ibid.*, p. 218. [N.d.T.]
2. *Ibid.* [N.d.T.]

lière ses dérivations de celle-ci qui est la plus pure des sources du langage (« Remarks on the circles of Gomer », *in The Circles of Gomer*, Londres, Crowder, 1771, II : 31).

Des preuves étymologiques sont ensuite fournies.

Les hypothèses nationalistes apparaissent comme typiques des XVIIe et XVIIIe siècles, époque à laquelle les grands États européens prennent une forme définitive et où se pose le problème d'une suprématie sur le continent. Ces fortes affirmations sur le caractère originaire d'une langue ne naissent plus d'une tension se manifestant dans la concorde religieuse, mais d'une raison d'État bien plus concrète. Leurs auteurs en sont plus ou moins conscients.

Et pourtant, malgré ces motivations nationalistes, par une de ces « ruses de la raison », comme l'appellerait Hegel, la recherche fébrile d'étymologies tendant à prouver la descendance commune de chacune des langues vivantes conduit à un travail de plus en plus serré de comparaison linguistique. A travers ce travail, le fantôme d'une langue originaire se dissout petit à petit, et reste tout au plus comme une simple hypothèse régulatrice. On voit émerger, en revanche, la nécessité d'une typologie des souches linguistiques fondamentales. La recherche de la langue mère donne naissance à une recherche des origines, mais qui change radicalement de signe. Pour assurer les preuves de la langue primordiale, des pas importants ont été accomplis aussi bien dans l'identification et dans la délimitation de quelques familles linguistiques (sémitique et germanique par exemple), que dans l'élaboration d'un modèle selon lequel la langue pouvait être « mère » d'autres langues ou de dialectes, qui gardaient avec elle quelques traits en commun, et aussi, enfin, dans la construction embryonnaire d'une méthode de comparaison, qui se dessine déjà dans la production de dictionnaires synoptiques (Simone 1990 : 331).

L'hypothèse indo-européenne

La langue hébraïque a désormais perdu la bataille. Entre le XVIIIe et le XIXe siècle se développe désormais l'idée qu'un très grand nombre de phénomènes de variation et de corruption ont eu lieu au cours de la différenciation historique. Il est donc à présent impossible de remonter à une langue primitive qui, même si elle avait existé, serait désormais inaccessible. Il conviendra de faire plutôt une typologie des langues existantes, retrouver des familles, des générations, des descendances. C'est alors que commence une nouvelle histoire.

En 1786, dans le *Journal of the Asiatic Society* de Bombay, Sir William Jones annonce que

> la langue sanscrite, quelle que soit son antiquité, est d'une structure admirable, plus parfaite que le grec, plus riche que le latin et plus merveilleusement raffinée que chacune des deux, se trouvant avec l'une et l'autre dans un rapport d'affinité, tant dans les racines des verbes, que dans les formes grammaticales [...]. Aucun philologue ne pourrait les examiner toutes les trois, sans être convaincu qu'elles découlent d'une racine commune, qui n'existe peut-être plus (*On the Hindus*, *in The Works of Sir William Jones*, Londres, 1807, III : 34-35).

Jones formulait l'hypothèse que même le celtique et le gothique, et même l'ancien persan avaient quelque parenté avec le sanscrit. Il faut remarquer qu'il ne parle pas seulement des racines des verbes mais aussi des structures grammaticales. L'on sort de la recherche d'analogies nomenclatrices et l'on commence à parler de ressemblances syntaxiques et d'affinités phonétiques.

John Wallis (*Grammatica linguæ anglicanæ*, 1653) s'était déjà posé le problème de savoir comment il était possible d'établir un rapport entre la série française *guerre - garant - garde - gardien - garderobe - guise* et la série anglaise *warre - warrant - ward - warden - wardrobe - wise*, en individualisant un échange constant entre *g* et *w*. Plus tard, au XIXe siècle, des chercheurs allemands comme Friedrich et Wilhem von Schlegel et Franz Bopp approfondiront les rapports entre le sanscrit, le grec, le latin, le persan et l'allemand. On découvre des correspondances entre les paradigmes du verbe « être » dans diverses langues, et on arrive graduellement à l'hypothèse que la langue originaire ou *Ursprache* n'est pas le sanscrit, mais que toute une famille de langues, y compris le sanscrit, ont dérivé d'une *protolangue* qui n'existe plus mais que l'on pourrait reconstruire idéalement. C'est cette recherche qui conduisit à l'hypothèse de l'indo-européen.

C'est avec le travail de Jakob Grimm (*Deutsche Grammatik*, 1818) que ces critères scientifiques sont élaborés. L'on cherche à présent des « rotations de sons » (*Lautverschiebungen*) pour observer, par exemple, comment sont engendrés d'un [p] sanscrit le *pous-podos* grec, le *pes-pedis* latin, le *fotus* gothique et le *foot* anglais.

Qu'est-ce qui a changé définitivement par rapport à l'utopie de la langue d'Adam ? D'abord l'aspect scientifique des critères. Deuxièmement, l'idée que la langue originaire est une pièce archéologique qu'il faille déterrer. L'indo-européen demeure un paramètre idéal. Et enfin, en troisième lieu, on ne prétend plus que celui-ci soit la langue mère de l'humanité, mais il se présente comme à l'origine d'une seule famille, les langues aryennes.

Mais pouvons-nous dire vraiment qu'avec la naissance de la science linguistique moderne le fantôme de l'hébreu en tant que langue sainte disparaît ? Il se redessine simplement comme un Autre différent et inquiétant.

On peut voir chez Olender (1989, 1993) comment, au XIXe siècle, se profile un échange de mythes. Ce n'est plus le mythe de la primauté d'une langue, mais celui de la primauté d'une culture, ou d'une race. Le fantôme de la civilisation et des langues de souche aryenne se dresse contre l'image de la civilisation et de la langue hébraïques.

Placée devant la présence (virtuelle mais envahissante) de l'indo-européen, la culture européenne situe la langue hébraïque dans une perspective méta-historique. Cela va des célébrations de Herder, qui dans son sentiment fondamental du pluralisme culturel en fait une langue fondamentalement poétique (mais qui trace tout de même, ce faisant, un sillon entre une culture de l'intuition et une culture de la rationalité), jusqu'à la fréquentation ambiguë de Renan qui, dans sa tentative d'opposer l'esprit de la langue hébraïque (langue du désert et du monothéisme) à celui des langues indo-européennes (à vocation polythéiste), parvient à des oppositions qui, relues après quelques années, semblent franchement comiques : les langues sémitiques seraient incapables de penser la multiplicité, elles seraient réfractaires à l'abstraction, raison pour laquelle la culture hébraïque serait étrangère à la pensée scientifique et au sens de l'humour.

Il ne s'agit malheureusement pas seulement d'ingénuités scientifiques. Le mythe de la culture aryenne a eu, nous le savons, des issues politiques bien plus tragiques. Il n'est évidemment pas question d'attribuer aux honnêtes chercheurs de l'indo-européen les camps d'extermination. Sur le plan linguistique ils avaient même raison. Mais au cours de cette histoire nous avons constamment essayé de montrer des effets collatéraux. Et l'on est bien obligé de penser à certains « effets collatéraux » lorsque Olender rapporte quelques passages du grand linguiste Adolphe Pictet, qui dans *Les Origines indo-européennes ou les Aryas primitifs* (1859-1863) chante son hymne personnel à la culture aryenne :

> A une époque antérieure à tout témoignage historique et qui se dérobe dans la nuit des temps, une race destinée par la Providence à dominer un jour sur le globe entier grandissait peu à peu dans le berceau primitif où elle préludait à son brillant avenir. Privilégiée entre toutes les autres par la beauté du sang, et par les dons de l'intelligence, au sein d'une nature grandiose mais sévère, qui

> livrait ses trésors sans les prodiguer, cette race fut appelée dès le début à conquérir [...]. Une langue où venaient se refléter spontanément toutes ses impressions, ses affections douces, ses admirations naïves, mais aussi ses élans vers un monde supérieur ; une langue pleine d'images et d'idées intuitives, portant en germe toutes les richesses futures d'une magnifique expansion de la poésie la plus élevée, comme de la pensée la plus profonde (I : 7-8) [...] Et n'est-il pas curieux de voir les Aryas de l'Europe, après une séparation de quatre à cinq mille ans, rejoindre par un immense circuit leurs frères inconnus de l'Inde, les dominer en leur apportant les éléments d'une civilisation supérieure, et retrouver chez eux les anciens titres d'une commune origine ? (III : 537 ; cité *in* Olender 1989 : 130-139).

Au terme d'un voyage idéal millénaire vers l'Orient pour y découvrir ses propres racines, l'Europe trouve les raisons idéales pour un voyage réel, non de découverte mais de conquête, que Kipling célébrera en parlant du « fardeau de l'homme blanc ». Elle n'a plus besoin d'une langue parfaite pour convertir des frères plus ou moins inconnus. Il suffira de leur imposer une langue indo-européenne, en justifiant à la rigueur le fait de l'imposer par le rappel d'une origine commune.

Les philosophes contre le monogénétisme

Bien que le XVIIIe siècle ait vu encore les recherches glossogoniques de Charles de Brosses ou de Court de Gébelin, les présupposés pour une liquidation définitive du mythe de la langue mère ou d'un état linguistique idéal situé avant la confusion de Babel étaient déjà à l'œuvre dans la philosophie du langage des philosophes des Lumières. Il suffit d'examiner l'*Essai sur l'origine des langues* de Rousseau (publication posthume de 1781, mais certainement antérieure de plusieurs décennies). C'est un coup de théâtre qui s'annonçait déjà chez Vico. Ici la langue des origines assume précisément ces caractères négatifs que les théoriciens des langues parfaites attribuaient aux langues après la confusion de Babel.

Dans cette langue, le nom n'exprime pas du tout l'essence de la chose, parce que alors on parlait par métaphore, en obéissant aux impulsions de la passion qui obligeait à réagir instinctivement face aux objets inconnus, ce pour quoi l'on appelait métaphoriquement et de façon erronée géants des êtres à peine plus grands et plus forts que le locuteur (chap. 3). C'était une langue plus proche du chant et moins articulée que la langue verbale, peuplée de nombreux synonymes pour exprimer la même entité dans ses différents rapports. Elle possédait peu de mots abstraits et sa grammaire nous apparaîtrait pleine d'irrégularités et d'anomalies. Elle représentait sans raisonner (chap. 4).

D'autre part, la dispersion originaire des hommes après le Déluge avait aussi rendu vaine toute recherche monogénétique (chap. 9). Du Bos (*Réflexions critiques sur la poésie et sur la peinture*, éd. 1764, I : 35) préférait déjà parler non tant de langue mère que de langue des origines, langue de l'âge des cabanes. Plus qu'inaccessible, cette langue des cabanes apparaît comme étant désormais imparfaite au plus haut degré. Le glas de l'Histoire résonne à présent. Il est impossible de revenir en arrière et, quoi qu'il en soit, cela ne signifierait pas revenir à la plénitude du savoir.

Sur la genèse du langage et ses rapports avec la pensée, le XVIIIe siècle est divisé entre des hypothèses rationalistes et des hypothèses empirico-sensualistes. Bien des penseurs des Lumières sont certainement influencés par les principes cartésiens qui s'étaient exprimés, au niveau sémiotique, dans la *Grammaire* (1660) et dans la *Logique* (1662) de Port-Royal. Des auteurs comme Beauzée et Du Marsais (qui sont aussi des collaborateurs de l'*Encyclopédie*) entendent individualiser un isomorphisme complet entre la langue, la pensée et la réalité, et c'est dans cette direction que vont s'orienter un grand nombre de débats sur la rationalisation de la grammaire. Beauzée affirme (à l'article « Grammaire ») que « la parole est une sorte de tableau dont la pensée est l'original », et, par conséquent, le langage doit être une imitation fidèle de la pensée, et « il doit donc y avoir des principes fondamentaux communs à toutes les langues, dont la vérité indestructible est antérieure à toutes les conventions arbitraires ou fortuites qui ont donné naissance aux différents idiomes qui divisent le genre humain ».

Mais, au cours de ce siècle, on voit aussi fleurir, à travers le sensualisme de Condillac, ce que Rosiello (1967) a appelé la « linguistique des Lumières », qui prend son origine dans l'empirisme de Locke. Se plaçant nettement comme alternative à l'innéisme cartésien, Locke avait décrit notre esprit comme une feuille blanche, sans aucun caractère, tirant toutes ses données de la sensation, qui nous fait connaître les choses extérieures, et de la réflexion, qui nous fait connaître les opérations intérieures de l'âme. Ce n'est que de ces activités que dérivent les idées simples que l'intelligence compare ensuite et dont elle forme en les composant une variété infinie d'idées complexes.

Condillac (*Essai sur l'origine des connaissances humaines*, 1746) réduit l'empirisme de Locke à un sensualisme radical, parce que des sens dérivent non seulement les perceptions mais toutes les activités de l'âme, depuis la mémoire jusqu'à l'attention, à la comparaison et donc au jugement. Une statue organisée intérieurement comme notre corps, à travers les premières sensations de plaisir et de douleur, élabore au fur et à mesure les diverses opérations de l'entendement, en en faisant dériver aussi notre patrimoine d'idées abstraites. Dans cette genèse des idées, les signes interviennent de façon immédiate et active, d'abord pour exprimer nos premières sensations, comme langage émotif et passionnel de gestes et de cris, c'est-à-dire en tant que *langage d'action*, et ensuite comme mode pour fixer le développement de la pensée, en tant que *langage d'institution*.

Cette idée du langage d'action était déjà présente chez William Warburton (*The Divine Legation of Moses*, 1937-1941) et sera largement développée dans le sillon de la tradition sensualiste. On essaiera de voir comment on passe du langage d'action à des formes plus complexes, et comment cette genèse, irréversible, suit le fil d'un cours historique. A la fin du XVIIIe siècle, le groupe des Idéologues tirera de cette discussion une série cohérente et systématique de conclusions dans une optique qui est, en même temps, matérialiste, historiciste et attentive aux facteurs sociaux. Ils développeront une phénoménologie détaillée des différents types d'expression, à partir des pictogrammes, des langages gestuels des pantomimes, des muets, des orateurs ou des acteurs, et aussi des chiffres et des caractères algébriques, des jargons et signes des sociétés secrètes (thème assez vivant à une époque où naissent et fleurissent les confréries maçonniques).

Dans des œuvres telles que les *Éléments d'idéologie*, Antoine-Louis-Claude Destutt de Tracy (1801-1815, 4 vol.), et plus encore dans *Des signes* de Joseph-Marie Degérando (1800, I, 5), se développe une fresque historique dans laquelle les hommes apparaissent occupés d'abord à se deviner réciproquement, en communiquant à travers des actions simples, et passent ensuite, progressivement, à un langage imitatif, un langage de la nature, par lequel les actions sont reproduites, dans une sorte de pantomime, pour faire allusion à des actions analogues. Mais ce langage est encore équivoque, parce que rien ne dit que les deux interlocuteurs associent au même geste la même idée, la même circonstance, la même motivation, la même finalité. Pour nommer les objets présents, il suffit d'un signe dont nous dirons qu'il est indicatif, soit un cri, soit un regard dirigé vers la chose désignée, soit un geste du doigt. Quant aux choses qui ne peuvent pas être directement indiquées, ou bien il s'agit d'objets physiques mais lointains, ou bien il s'agit d'états intérieurs. Dans le premier cas, on a encore recours à un langage imitatif, où, plus que des substances, on reproduit des actions. Pour faire allusion à des états intérieurs, à des concepts, on a recours à un langage figuré, par métaphores, par synecdoques ou métonymies : les mains qui soupèsent deux corps suggèrent le jugement qui évalue deux partis, la flamme renvoie à une passion vive, et ainsi de suite. Jusqu'ici nous en restons à un langage d'analogies, qui peut se manifester par des gestes, des accents de la voix (en grande partie des onomatopées primitives) et des écritures symboliques ou pictographiques. Mais, petit à petit, ces signes d'analogie deviendront des signes d'habitude, on passera à une codification plus ou moins arbitraire, les langues proprement dites naîtront. Par conséquent, l'appareil des signes construit par l'humanité est déterminé par les facteurs de l'histoire et du milieu.

C'est justement dans la pensée des Idéologues que se développera la critique la plus serrée à l'égard d'un idéal de langue parfaite, quel qu'il soit. Mais c'est ici aussi que se conclut en réalité la polémique commencée au XVIIe siècle avec l'hypothèse dite épicurienne, et même encore plus tôt avec les réflexions sur la diversité des cultures déjà présentes tant chez Montaigne que chez Locke, lorsqu'ils mettaient en évidence la différence entre les croyances des différents peuples exotiques que les explorateurs de leur temps étaient en train de révéler.

Ainsi, à l'article « Langage » de l'*Encyclopédie*, Jaucourt rappelait que, puisque les différentes langues naissent des génies différents des peuples, on peut affirmer décidément tout de suite qu'il n'y en aura jamais d'universelle, puisqu'on ne pourra jamais conférer à toutes les nations les mêmes coutumes et les mêmes sentiments, les mêmes idées de vertu et de vice, car ces idées procèdent de la différence des climats, de l'éducation, de la forme de leur gouvernement.

On voit se profiler l'idée que les langues élaborent un « génie » qui les rend mutuellement incomparables, mais capables d'exprimer différentes visions du monde. Cette idée apparaît chez Condillac (*Essai sur l'origine des connaissances humaines*, II, I, 5), mais on la retrouve aussi chez Herder (*Fragmente über die neuere deutsche Literatur*, 1766-1767) et elle réapparaîtra de façon plus développée chez Humboldt (*Ueber die Verschiedenheit des menschlischen Sprachbaues und ihren Einfluss auf die geistige Entwicklung des Menschengeschlechts* de 1836), selon lequel chaque langue possède une *innere Sprachform*, une forme intérieure qui exprime la vision du monde particulière du peuple qui la parle.

Les rapports organiques reconnus entre une langue donnée et une façon de penser supposent des conditionnements réciproques qui ne sont pas seulement synchroniques (rapport entre la langue et la pensée à une époque donnée), mais aussi diachroniques (rapport dans le temps d'une langue donnée avec elle-même). Tant la façon de penser que la manière de parler sont le produit d'un développement historique (voir De Mauro 1965 : 47-63). Et ce serait alors s'égarer que de ramener les langages humains à une prétendue matrice unitaire.

Un rêve qui a du mal à mourir

Et pourtant les théories monogénétiques ne cèdent pas, même devant les recherches les mieux formulées de la linguistique comparée. La bibliographie des monogénétistes rétrogrades est immense. On voit des fous, des esprits bizarres, des chercheurs d'un sérieux absolu.

Par exemple, en 1850 encore, J. Barrois orientera l'idée venue de l'époque des Lumières, d'un langage d'action, vers une direction monogénétique (*Dactylologie et Langage primitif restitués d'après les monuments*, Paris, 1850). En supposant que le langage primitif de l'humanité était un langage d'action, exclusivement gestuel, Barrois va jusqu'à démontrer que les expressions bibliques indiquant que Dieu adresse la parole à Adam ne font pas référence à un parler au sens verbal, mais présupposent un langage mimique. « La désignation des divers animaux faite par Adam se composait d'une mimique spéciale, rappelant soit la forme, l'instinct, l'habitude ou les qualités, enfin la caractéristique de leurs propriétés essentielles » (p. 31). La première fois où, dans la Bible, apparaît une expression qui se rapporte sans ambiguïté à un parler phonétique se trouve dans le passage où Dieu parle à Noé. Auparavant, les expressions sont plus vagues : cela signifierait que le langage phonétique ne s'est définitivement imposé que lentement, et seulement à l'époque antédiluvienne. La *confusio linguarum* est née du désaccord entre le langage gestuel et le langage parlé. La naissance d'une langue primitive vocale était étroitement accompagnée de gestes qui soulignaient les mots les plus importants, tout comme le font encore les Nègres et les trafiquants syriens (p. 36).

Le langage dactylologique, qui s'exprime à travers des mouvements des doigts (et que Barrois retrouve toujours identique en réexaminant les monuments iconographiques de toutes les époques), naît comme une abréviation des langages phonétiques lorsque ceux-ci se mettent en place, et en tant que façon de les souligner et de les préciser à travers cette transformation du langage d'action primitif.

Quant à l'idée d'un hébreu primitif, il suffirait de citer la figure de Fabre d'Olivet, qui écrit pourtant en 1815. Dans *La Langue hébraïque restituée* (source d'inspiration encore aujourd'hui pour les kabbalistes rétrogrades), il nous parle d'une langue primitive qu'aucun peuple n'a jamais parlée, et dont la langue hébraïque n'est que le plus illustre des rejetons, car elle n'était rien moins que l'égyptien de Moïse. Fabre d'Olivet va donc à la recherche de la langue mère dans une langue hébraïque qu'il étudie certainement avec soin, mais qu'il réinterprète de façon fantaisiste, convaincu que chaque phonème, chaque son singulier avait un sens dans cette langue. Il est inutile de le suivre dans sa revisitation insensée, et il nous suffit de préciser que ses étymologies sont encore alignées sur celles de Duret, de Guichard et de Kircher, même si elles sont moins convaincantes.

On peut voir par exemple comment, en cherchant à retrouver des traces du mimologisme hébraïque dans les langues modernes, il donne l'étymologie du mot français *emplacement*. *Place* vient du latin *platea* et de l'allemand *Platz* : dans ces mots, le son AT signifie protection, L veut dire extension, et donc LAT signifie extension protégée. MENT vient de *mens* et de *mind* ; dans cette syllabe, E est signe de vie absolue, N d'existence reflétée, et ensemble ils suggèrent ENS, c'est-à-dire l'esprit corporel. M est signe d'existence en un point déterminé. Par conséquent, *emplacement* signifie « le mode propre d'après lequel une étendue fixe est déterminée, comme *place*, est conçue, ou se présente au dehors » (I : 43) ; ce qui a permis de dire, à un de ses critiques, que pour Fabre *emplacement* signifie donc « emplacement » (voir Cellier 1953 : 140 ; Pallotti 1992).

Et pourtant, c'est à partir de Fabre d'Olivet que Benjamin Lee Whorf commença à rêver d'une « oligosynthèse » et à réfléchir sur les « applications possibles d'une science capable de restaurer une langue originale commune à la race humaine, soit en perfectionnant une langue naturelle idéale construite sur la signification psychologique originale des sons, peut-être une langue commune future, à laquelle seraient assimilées toutes nos diverses langues, soit, pour dire la même chose différemment, aux termes de laquelle pourraient être réduits tous les autres termes » (Whorf 1956 : 12 ; voir aussi 74-76). Ce n'est ni le premier ni le dernier des épisodes paradoxaux de cette histoire, étant donné que la moins monogénétique parmi toutes les hypothèses glossogoniques est connue sous le nom de Whorf, et que c'est justement Whorf qui a donné à la culture contemporaine l'idée que chaque langue est un univers « holistique », apte à exprimer une vision du monde irréductible à celle exprimée par d'autres langues.

Sur la longévité du mythe de la langue hébraïque originaire, il faut consulter l'amusant recueil qu'en propose White (1917, II : 189-208). Il faudra plus de cent ans pour que de la première à la neuvième édition (c'est-à-dire de 1771 à 1885) l'article de l'*Encyclopædia Britannica* consacré à la « Philologie » passe d'une acceptation partielle de l'hypothèse monogénétique, en traitant avec beaucoup de respect la théorie de l'hébreu comme langue sacrée, au fur et à mesure à travers des corrections successives, de moins en moins timides, à un article inspiré par les critères glossologiques les plus modernes. Mais au cours de cette même période, et plus tard encore, la défense de l'hypothèse traditionnelle va continuer, du moins dans les milieux théologiques « fondamentalistes ». En 1804 encore, la Manchester Philological Society excluait de ses membres ceux qui niaient la révélation divine en parlant de sanscrit ou d'indo-européen.

Nous pouvons compter aussi, parmi les continuateurs de l'hypothèse monogénétique, un mystique et un théosophe de la fin du XVIIIe siècle comme Louis-Claude de Saint-Martin, qui dans *De l'esprit des choses* (1798-1799) consacrait de nombreux chapitres de la deuxième partie aux langues primitives, langues mères, et hiéroglyphiques. On trouve aussi des légitimistes catholiques du XIXe siècle comme Joseph de Maistre (*Soirées de Saint-Pétersbourg*, II), Louis de Bonald (*Recherches philosophiques*, III, 2), Lamennais (*Essai sur l'indifférence en matière de religion*). Ce qui intéresse ces auteurs, ce n'est pas tant d'affirmer que la première langue du monde a été l'hébreu, que de s'opposer à une vision matérialistiquement polygénétique ou, pis encore, conventionnaliste à la manière de Locke, des origines du langage. Le problème de la pensée « réactionnaire » — jusqu'à nos jours — n'est pas de dire si Adam a parlé en hébreu, mais de retrouver dans le langage une source de révélation, et cela ne peut être soutenu que si l'on pense que le langage exprime le rapport direct entre l'homme et le Sacré, sans la médiation d'aucun pacte social ou d'aucune adaptation aux nécessités matérielles de l'existence.

Au cours de notre siècle, l'hypothèse polygénétique du linguiste géorgien Nicolaj Marr, plus connu pour avoir soutenu la dépendance de la langue vis-à-vis des divisions de classe, et pour avoir été ensuite réfuté par Staline dans l'essai *Le Marxisme et la Linguistique* de 1953, est placée sous un signe apparemment opposé. Marr avait abouti à ses positions ultimes en partant d'une attaque contre le comparativisme comme expression de l'idéologie bourgeoise et en soutenant une hypothèse rigidement polygénétique. Mais, curieusement, le polygénétisme conduit Marr à retomber dans une utopie de la langue parfaite, en imaginant une humanité sans classes et sans nationalités capable de parler une langue unique, née du croisement de toutes les langues (voir Yaguello 1984 : 7, comportant de larges textes choisis).

Nouvelles perspectives monogénétiques

En 1866, la Société de linguistique de Paris, doutant de la possibilité d'une investigation vraiment scientifique sur un sujet dont les documents se perdent dans la nuit des temps et qui ne peuvent constituer qu'un objet de conjectures, avait décidé de refuser toute communication tant sur les langues universelles que sur les origines du langage. Mais le débat encore actuel sur les universaux du langage (voir Greenberg éd., 1963, et Steiner 1975, 1.3) est l'héritier de ces anciennes discussions (même s'il ne prend plus la forme d'une reconstruction historique plus ou moins fantaisiste, ni celle de l'utopie de la langue universelle ou parfaite, mais celle d'une recherche comparative sur les langues existantes). Assez récemment, on a assisté également à une reprise de la recherche sur les origines du langage (voir, par exemple, Fano 1962, et Hewes 1975, 1979).

D'autre part, la recherche de la langue mère réapparaît dans notre siècle avec Vitalij Sevorskin (1989) qui a récemment reproposé la Nostratique (une théorie élaborée dans le milieu culturel soviétique des années soixante par Vladislav Illic-Svityh et Aron Dolgopo'ckij) et qui soutient l'existence d'un proto-indo-européen, qui aurait été, à son tour, une des six branches d'une famille linguistique plus vaste remontant au Nostratique, et de là à un proto-Nostratique parlé il y a dix mille ans au moins, et dont les partisans de la théorie ont reconstruit un dictionnaire d'une centaine de termes. Mais le proto-Nostratique descendrait d'une Langue Mère encore antérieure, parlée peut-être même il y a cent cinquante mille ans, qui serait venue de l'Afrique et se serait diffusée à travers le globe (voir Wright 1991).

Il s'agirait en fin de compte de faire l'hypothèse d'un couple humain originaire de l'Afrique (rien n'empêche de les appeler Adam et Ève, et on parle en effet d'une « Eve's hypothesis »), ayant émigré ensuite dans le Proche-Orient, et dont les descendants se seraient répandus partout en Eurasie et, éventuellement, en Australie et en Amérique (Ivanov 1992 : 2). Reconstruire une langue originaire dont on ne possède pas de documents écrits signifie travailler comme

> les biologistes moléculaires dans leur recherche pour comprendre l'évolution de la vie. Le biochimiste identifie des éléments moléculaires qui exercent des fonctions semblables dans des espèces largement divergentes, et en déduit les caractéristiques de cellules primordiales dont on présume qu'elles descendent. C'est ce que fait aussi le linguiste qui cherche des correspondances grammaticales, syntaxiques, lexicales et phonétiques entre les langages connus pour reconstruire leurs antécédents immédiats et, à la fin, la langue originale (Gamkrelidze et Ivanov 1990 : 110).

Sur un versant analogue, la recherche génétique menée par Cavalli-Sforza (voir, par exemple, 1988, 1991) tend à démontrer une homologie étroite entre les affinités génétiques et les affinités linguistiques, et continue toujours à pencher, en définitive, vers l'hypothèse d'une origine commune des langues, dépendant de l'origine commune de l'évolution des groupes humains. L'homme serait apparu une seule fois à la surface de la terre et se serait répandu dès lors à travers tout le globe, et il en aurait été de même pour le langage : monogenèse biologique et monogenèse linguistique iraient de pair et pourraient être reconstruites par induction-déduction sur la base de données comparables entre elles. D'autre part — et bien que dans un tableau général très différent —, la théorie prétendant qu'il existe un code génétique, ou un code immunologique en quelque mesure analysables en termes sémiotiques, apparaît encore une fois comme une reproposition, bien plus motivée et avisée scientifiquement, de ce besoin de trouver, cette fois-ci non plus dans un sens historique, mais dans un sens biologique, une langue primitive : qui se manifeste aux racines mêmes de l'évolution, tant de la philogenèse que de l'ontogenèse, et non seulement à l'aube de l'humanité (voir Prodi 1977).

CHAPITRE VI

Kabbalisme et lullisme dans la culture moderne

Entre l'Humanisme et la Renaissance, la fascination pour les sagesses archaïques ne s'était pas manifestée uniquement à l'égard de la langue hébraïque. A l'aube du monde moderne l'on était parti à la redécouverte de la pensée grecque, de l'écriture hiéroglyphique égyptienne (voir chap. VII) et d'autres textes, que l'on croyait tous plus anciens qu'ils n'étaient : les *Hymnes orphiques* (écrits probablement entre le IIe et le IIIe siècle après J.-C., mais attribués aussitôt à Orphée), les *Oracles chaldéens* (eux aussi produits au IIe siècle mais attribués à Zoroastre), et surtout le *Corpus Hermeticum*, parvenu en 1460 à Florence et confié aussitôt par Cosme de Médicis à Marsile Ficin pour qu'il le traduise.

L'ancienneté de ce dernier recueil n'était pas du tout avérée et, par la suite, Isaac Casaubon, dans le *De rebus sacris et ecclesiasticis* (1614), démontrera que quelques indices stylistiques éloquents et de nombreuses contradictions entre les divers textes prouvaient qu'il s'agissait d'un recueil d'écrits dus à plusieurs auteurs vivants à la fin de la période hellénistique dans un milieu à la culture nourrie de spiritualité égyptienne. Mais Marsile Ficin fut frappé par le fait que la genèse de l'univers décrite dans le texte rappelait la Genèse biblique. Nous ne devons pas nous étonner du fait que Mercure ait su tant de choses — dit Ficin — parce qu'il n'était autre que Moïse lui-même (*Theologia platonica* 8, 1) : « Cette gigantesque erreur historique eut des conséquences étonnantes» (Yates 1964 : 24).

Parmi les suggestions que la tradition hermétique pouvait offrir se trouvait une vision magico-astrologique du cosmos. Les corps célestes exercent des forces et des influences sur les choses terrestres, et, si l'on connaît les lois planétaires, ces influences peuvent non seulement être prévues, mais aussi orientées. Il existe un rapport de sympathie entre le Macrocosme, l'univers, et l'homme comme Microcosme et l'on peut agir sur ce réseau de forces à travers la magie astrale.

Ces pratiques magiques se réalisent grâce à des mots ou à des signes d'une autre forme. Il existe une langue par laquelle on parle aux astres pour leur donner des ordres. Le moyen pour mettre en œuvre ce miracle, ce sont les talismans, c'est-à-dire des images qui peuvent permettre d'obtenir la guérison, la santé, la force physique, et le *De vita cœlitus comparanda* de Ficin fourmille d'instructions sur la manière de porter des talismans, de se nourrir avec des plantes en sympathie avec certains astres, et de célébrer des cérémonies magiques en utilisant des parfums, des vêtements et des chants adéquats.

La magie des talismans peut agir parce que le rapport entre les vertus occultes des choses et les entités célestes qui leur fournissent ces vertus est exprimé par les *signatures*, autrement dit par ces aspects formels des choses qui correspondent par ressemblance aux aspects formels des astres. Pour rendre perceptible la sympathie entre les choses, Dieu a imprimé sur chaque objet du monde comme un sceau, un trait distinctif qui rend reconnaissable leur rapport de sympathie avec quelque chose d'autre (voir Thorndike 1923-1958, Foucault 1966, Couliano 1984, Bianchi 1987).

Dans un texte considéré comme le fondement même de la doctrine des signatures, Paracelse rappelait que :

> L'*ars signata* enseigne la façon dont il faut assigner à toutes les choses leurs vrais noms naturels, qu'Adam, le Protoplaste, connut de manière complète et parfaite [...et qui] indiquent en même temps la vertu, le pouvoir et la propriété d'une chose et d'une autre [...]. C'est le *signator*, qui marque les bois du cerf d'un certain nombre de ramifications pour qu'à partir d'elles on puisse reconnaître son âge : le cerf a autant d'années qu'il y a de branches dans ses bois [...]. C'est le *signator* qui parsème d'excroissances la langue de la truie malade, à partir de quoi l'on peut deviner son impureté : par conséquent, de même que sa langue est impure, impur est tout son corps. C'est le *signator* qui colore les nuages de différentes teintes, à travers lesquelles l'on peut prévoir les changements du ciel (*De natura rerum* 1, 10, *De signatura rerum*).

La civilisation médiévale elle-même avait été consciente du fait que « habent corpora omnia ad invisibilia bona similitudinem » (Richard de Saint Victor, *Beniamin maior*, PL 196, 90) et que chaque créature de l'univers est comme une image, un miroir de notre destin terrestre et surnaturel. Cependant, le Moyen Age n'avait jamais pensé que ce langage des choses était une langue parfaite : car il était certain qu'il avait besoin d'interprétation, d'explication, de commentaire, et le discours pédagogico-rationnel servait à élucider, à déchiffrer, à trouver des clés univoques pour comprendre le rapport mystérieux entre le symbole et le symbolisé. En revanche, pour le platonisme de la Renaissance, le rapport entre les images et les Idées auxquelles elles se réfèrent est plus direct et intuitif et « non seulement toute distinction entre symbolisation et représentation est abolie, mais on met aussi en doute la distinction entre le symbole et ce qu'il symbolise » (Gombrich 1972 : 242).

Les noms magiques et la langue hébraïque kabbalistique

1492 marque une date capitale pour la culture européenne : il ne s'agit pas simplement de l'année où l'Europe commence sa pénétration sur le continent américain, ni de celle où, avec la prise de Grenade, l'Espagne (et donc l'Europe) est définitivement soustraite à l'influence musulmane. A la suite de ce dernier événement, leurs Majestés Très Chrétiennes expulsent les Juifs d'Espagne. Les Juifs, parmi lesquels les kabbalistes, se répandent à travers l'Europe, et celle-ci subit alors l'influence de la spéculation kabbalistique.

Sous l'inspiration de la Kabbale des Noms, l'on découvre que la même conformité qui passe entre les objets sublunaires et le monde céleste s'applique aussi aux noms. Pour Agrippa, Adam imposa les noms aux choses en tenant justement compte de ces influences et de ces propriétés des choses célestes, et c'est pourquoi « ces noms contiennent en eux les forces admirables des choses signifiées » (*De occulta philosophia* I, 70). Par conséquent, l'écriture des Juifs doit être considérée comme la plus sacrée entre toutes, étant donné la correspondance parfaite qu'elle instaure entre les lettres, les choses et les nombres (I : 74).

Jean Pic de La Mirandole avait fréquenté l'académie platonicienne de Ficin et avait commencé à étudier, dans l'esprit de la culture de son temps, les langues de la sagesse dont la connaissance avait été négligée pendant les siècles du Moyen Age : le grec, l'arabe, l'hébreu, le chaldéen. Pic refuse l'astrologie divinatoire (*Disputatio adversus astrologos divinatores*), mais non les pratiques de la magie astrale, qui représentent un moyen de se soustraire au déterminisme des étoiles et de le soumettre à la volonté éclairée du magicien.

Si la construction de l'univers est faite de lettres et de nombres, en connaissant la règle mathématique de l'univers on peut agir sur lui, et pour Garin (1937 : 162) cette attitude de domination à l'égard de la nature est proche, en quelque sorte, de l'idéal de Galilée.

En 1486, Pic rencontre une figure singulière de Juif converti, Flavius Mithridate (pour sa biographie, voir Secret 1964-85[2] : 25 et s.) avec lequel il entreprend une intense collaboration. Pic se vante d'une certaine connaissance de l'hébreu, mais, pour trouver et lire à fond les textes, il a besoin des traductions que Mithridate élabore exprès pour lui, et, parmi les sources auxquelles Pic peut accéder, nous trouvons beaucoup d'œuvres d'Aboulafia (Wirszubski 1989). Lire les kabbalistes à travers les traductions de Mithridate a certainement aidé Pic, mais l'a aussi fait se fourvoyer — et, avec lui, tout le kabbalisme chrétien qui a suivi. La lecture kabbalistique présuppose, pour que l'on puisse mettre en œuvre toutes les stratégies du *notariqon*, de la *gématrie* et de la *témourah*, que l'on lise et comprenne les textes cruciaux en hébreu, et, fatalement, toute traduction fait perdre beaucoup de la saveur originale de diverses découvertes. Mithridate insère souvent les termes originaux, mais Pic, comme cela arrivera pour certains de ses textes, les retraduit en latin (les imprimeurs de l'époque ne possédaient pas toujours non plus des caractères hébraïques) et en augmente souvent l'ambiguïté et les mystères. En second lieu, Mithridate suit une habitude déjà commune chez les premiers kabbalistes chrétiens, c'est-à-dire qu'il interpole dans le texte hébraïque des spécifications qui doivent servir à faire croire que l'auteur original reconnaissait la divinité du Christ. Par conséquent, Pic pourra affirmer qu'« il n'existe aucune controverse entre nous et les Juifs à propos de laquelle ils ne pourraient être réfutés sur la base des livres kabbalistiques ».

Au cours des ses célèbres neuf cents *Conclusiones philosophicæ, cabalisticæ et theologicæ*, dont font partie vingt-six *Conclusiones magicæ* (1486), Pic montre comment le tétragramme YHVH, avec le nom sacré de Dieu, Yahvé, devient le nom de Jésus par simple insertion de la lettre *sin*. La démonstration sera reprise par tous les kabbalistes qui suivirent, et ainsi l'hébreu, soumis à toutes les stratégies combinatoires auxquelles l'avait plié la tradition kabbalistique, se présente comme la langue vraiment parfaite.

Par exemple, dans la « Expositio primæ dictionis » du *Heptaplus* (1489), Pic interprète ainsi le premier mot de la Genèse, *bereschit* (« Au début »), en se lançant dans les opérations permutatives et anagrammatiques les plus aventureuses :

> Ie dy chose merveilleuse, inouye et incroyable [...]. Si d'elle donques nous apparions la troisième lettre à la première, il s'en faict AB, c'est-à-dire Père ; si à la première redoublée nous marions la seconde il en naist Bebar, au fils ou par le fils ; si nous les lisons toutes fors la première, reste rescith, commencement : si nous accouplons la quatrième à la première, il en résulte Sçabath, repos ; si nous plaçons les trois premières en leur rang, il s'en fera Bara, qui veut dire créa. Si laissant la première nous rangeons les trois suivantes, il s'en compose Rosch, signifiant chef ; si, obmettant la première et seconde, nous laissons seules les deux d'après, ce sera Esçh, feu ; si, oublians les trois premières, nous ioingnons la quatrième à la dernière, il en viendra Sçeth, fondement ; si Ie prepose la seconde à la première, Rab se faict veoir, comme grand qu'il signifie ; si, après la troisième, nous installons la cinquième et quatrième, nous aurons Isçh, homme ; si nous allions les deux premières aux deux dernières, il s'en fera Berith, alliance, et finablement si nous affrontons la dernière à la première, naistra la dernière et douzième diction qui est Tov, Thau estant néanmoins changé en Theth comme il advient souvent en hébrieu : ce mot signifie bon. [...]. Ab, comme i'ay devant dit, signifie Père, Bebar, au fils ou par le fils (car la préposition Beth dénote l'un et l'autre), Rescith commencement, Sçabath repos ou fin, Bara créa, Rosc chef, Esch feu, Scith fondement, Rab du grand, Isch homme, Berith par accord, Tob bon. Et si nous tissons par ordre suivant toute l'oraison, elle sera telle : le père au fils ou par le fils commencement et fin ou repos créa le chef, le feu et le fondement du grand homme par bon accord ou alliance » (voir Secret 1964 : p. 19-20).

Lorsque Pic affirme que « nulla nomina ut significativa, et in quantum nomina sunt, singula et per se sumpta, in Magico opere virtutem habere possunt, nisi sint Hebraica, vel inde proxima derivata » (Conclusion 22), il nous fait comprendre que, sur la base d'une correspondance présumée entre la langue adamique et la structure du monde, les mots hébraïques apparaissent comme des forces, comme des sons qui, lorsqu'ils sont prononcés, peuvent influer sur le cours des événements.

L'idée de l'hébreu comme langue douée d'une « force » apparaissait dans la tradition kabbalistique, aussi bien dans la kabbale extatique (dont nous avons parlé dans le deuxième chapitre de ce livre) que dans le *Zohar*, où (dans 75 b, *Noah*) il est dit que l'hébreu originaire non seulement exprimait dans la prière les intentions du cœur, mais qu'il était le seul compris par les puissances célestes. En l'incluant dans la confusion lors de la catastrophe de Babel, Dieu avait empêché que les constructeurs rebelles puissent affirmer et faire entendre leur volonté dans le ciel. Et aussitôt après, le texte observait que la puissance des hommes s'était affaiblie à la suite de la confusion, parce que chaque mot que l'on prononce dans la langue sainte renforce les puissances du ciel. On se trouvait donc parler une langue qui non seulement « disait » mais aussi « faisait », qui mettait en œuvre des forces surnaturelles.

Mais si cette langue devait être utilisée comme force agissante et non comme moyen de communication, il n'était pas nécessaire de la connaître. Pour certains, la langue hébraïque devait être étudiée dans sa grammaire afin de pouvoir comprendre les révélations qu'elle pouvait transmettre, mais pour d'autres elle apparaissait révélatrice et efficace justement parce qu'elle était incompréhensible, auréolée d'un « mana » d'autant plus sublime qu'il était moins saisissable par les êtres humains — mais clair et impossible à éluder pour les agents surnaturels.

A cette étape, cette langue n'aura même plus besoin d'être l'hébreu authentique. Il suffira qu'elle ressemble à l'hébreu.

On voit alors le monde de la magie de la Renaissance, qu'elle soit noire ou blanche, naturelle ou surnaturelle, se peupler de sons plus ou moins vaguement sémitiques, comme certains noms d'anges que Pic avait transmis à la culture de cette époque, souvent déjà abondamment déformés tant par la translittération latine que par la technique incertaine de l'imprimeur occidental : Hasmalim, Aralis, Thesphsraim...

Agrippa, dans la partie de son *De occulta philosophia* consacrée aux protocoles magiques, porte une grande attention à la prononciation des noms, aussi bien divins que diaboliques, partant du principe suivant lequel « bien que tous les démons ou les intelligences parlent la langue de la nation à laquelle ils président, ils utilisent néanmoins exclusivement l'hébreu lorsqu'ils interagissent avec ceux qui comprennent cette langue mère » (*De occulta philosophia* III : 23). Les noms naturels des esprits, s'ils sont prononcés convenablement, peuvent les soumettre à nos volontés :

> Ces noms [...] bien que leur son et leur signification soient inconnus, doivent avoir dans l'œuvre magique [...] un plus grand pouvoir que les noms significatifs, lorsque l'esprit, étonné par l'énigme qu'ils représentent [...] croyant fermement subir quelque influence divine, les prononce de façon respectueuse, même s'il ne les comprend pas, pour la gloire de la divinité (*De occulta philosophia* III : 26).

La même chose a lieu pour les caractères magiques et pour les sceaux. On trouve chez Agrippa une grande abondance d'alphabets pseudo-hébraïques, où de mystérieuses configurations naissent parfois d'une sorte d'abstraction graphique à partir d'un caractère hébraïque originaire, et on voit apparaître des pentacles, des talismans et des amulettes où sont inscrits des versets (hébraïques) de la Bible, qu'il faut porter sur soi pour rendre propices les esprits bienveillants ou pour terroriser les esprits malins.

John Dee — magicien et astrologue d'Élisabeth Ire, mais aussi grand érudit et homme politique d'une grande finesse

— évoque les anges dont le caractère céleste semble douteux par des invocations telles que « Zizop, Zchis, Esiasch, Od, Iaod » que « He seemeth to read as Hebrew is read » (voir *A True and Faithful Relation* de 1659).

Il existe, d'autre part, un passage curieux d'un traité hermétique arabe, qui circulait déjà pendant le Moyen Age en version latine, *Picatrix* (III, 1, 2, voir Pingree éd., 1986), où l'on associe l'esprit saturnien, et donc mélancolique, avec les idiomes hébraïque et chaldéen. Saturne est, d'une part, le signe de la connaissance des choses secrètes et profondes ainsi que de l'éloquence, mais, de l'autre, l'on ne peut empêcher les connotations négatives de la loi judaïque, à laquelle sont associés les tissus noirs, les rivages obscurs, les puits profonds et les lieux solitaires, et parmi les métaux « plumbum, ferrum et omnia nigra et fetida », et les plantes aux feuillages touffus, et parmi les animaux « camelos nigros, porcos, simias, ursos, canes et gattos [sic] ». Ce passage est exemplaire parce qu'il associe l'esprit saturnien, qui sera fortement à la mode dans l'univers de la Renaissance, aux langues saintes, mais ces dernières à des lieux, des animaux et des pratiques considérées comme étant du ressort de la nécromancie.

Ainsi, à l'époque où l'Europe s'ouvrait aux nouvelles sciences qui changeaient la face de l'univers — et souvent grâce aux mêmes protagonistes —, les palais royaux et les villas élégantes sur les collines de Florence résonnaient d'un brouhaha parasémitique dans lequel s'exprimait une volonté déterminée de prendre possession de la nature et du surnaturel.

Évidemment, les choses ne sont pas si simples, parce que, chez d'autres auteurs, la mystique kabbalistique encourage au contraire une herméneutique des textes hébraïques qui aura une grande influence sur l'évolution de la philologie sémitique. Du *De verbo mirifico* et du *De arte kabbalistica* de Reuchlin, au *De harmonia mundi* de Francesco Giorgi, ou à l'*Opus de arcanis catholicæ veritatis* de Galatinus, et ainsi de suite jusqu'à la monumentale *Kabbala denudata* de Knorr von Rosenroth (en passant par des auteurs jésuites, suspectant ces exercices, mais soumis à la même fascination fervente de découverte), il se dessine une tradition de relecture des textes hébraïques, pleine de passionnantes histoires exégétiques, d'affabulations numérologiques, de mélanges de pythagorisme, néoplatonisme et kabbalisme, mais cette tradition est révélatrice dans la mesure même où elle cache, obscurcit, allégorise.

Les kabbalistes sont fascinés par une substance de l'expression (les textes hébraïques) dont l'on essaie par moments de reconstruire la forme de l'expression (le lexique et la grammaire), mais en ayant toujours des idées très confuses quant à la forme du contenu qui est exprimée. En réalité, la recherche de la langue parfaite vise à redécouvrir, à travers de nouvelles substances de l'expression, une matière du contenu encore ignorée, informe, dense de possibilités. Le kabbaliste chrétien a toujours tendance à découvrir des manières nouvelles de segmenter le continuum infini du contenu, dont la nature lui échappe. Le rapport entre expression et contenu devrait être conforme, mais la forme de l'expression apparaît comme l'image iconique d'un contenu informe, abandonné à la dérive de l'interprétation (voir Eco 1990).

Kabbalisme et lullisme dans les stéganographies

Un mélange singulier de kabbalisme et de néolullisme s'établit dans les recherches sur les écritures secrètes, à savoir les stéganographies. L'origine de ce courant fécond, qui produit une série innombrable de contributions entre les périodes humaniste et baroque, est l'abbé prolifique et légendaire Trithème (1462-1516). Il n'apparaît pas de rappels lulliens dans les œuvres de cet auteur, parce qu'il puise plutôt ses références dans la tradition kabbalistique. C'est sur celle-ci, d'ailleurs, qu'il spécule, en recommandant d'évoquer, avant de tenter de déchiffrer une écriture secrète, les noms d'anges tels que Pamersiel, Padiel, Camuel, Aseltel.

A la première lecture, ces noms n'apparaissent que comme des artifices mnémotechniques qui aident au déchiffrement. De même pour chiffrer des messages où ne comptent, par exemple, que les initiales des mots, ou une initiale sur deux, Trithème élabore des textes comme « Camuel Busarcha, menaton enatiel, meran sayr abasremon... ». Mais Trithème joue entre la kabbale et la stéganographie avec une grande ambiguïté : alors que dans sa *Polygraphia* nous nous trouvons certainement en face d'un simple manuel d'écriture en langage chiffré, dans sa *Steganographia* de 1606 les choses se passent tout à fait différemment. Comme de nombreux observateurs ont pu le noter (voir Walker 1958 : 86-90, ou Clulee 1988 : 137), si dans les deux premiers livres l'on peut comprendre les rappels kabbalistiques comme étant purement métaphoriques, dans le troisième livre Trithème décrit clairement des rituels kabbalistico-magiques, selon lesquels les anges sont évoqués en modelant des figures de cire auxquelles il faut adresser des invocations ; ou bien c'est l'opérateur qui doit écrire son nom sur son front avec de l'encre mélangée à du suc de roses.

En réalité, la stéganographie se développe comme un bon moyen de chiffrage à des fins d'utilisations politiques et militaires. Ce n'est pas un hasard si elle naît avec le développement de conflits entre États nationaux et fleurit ensuite dans la période des grandes monarchies absolues. Mais, pour l'époque, un peu de kabbalisme et de magie rendait certainement l'offre de l'artifice plus désirable.

Il se pourrait donc que l'apparition chez Trithème de roulettes de chiffrage fonctionnant selon le principe des cercles mobiles concentriques de Lulle ne soit que fortuite. Pour Trithème, ces mécanismes n'ont pas une fonction de découverte, mais doivent faciliter l'invention de codes chiffrés, ou la décodification de messages chiffrés : sur les cercles sont inscrites les lettres de l'alphabet, et la rotation des cercles ou du cercle intérieur établit si le A du cercle extérieur doit être chiffré comme B, comme C ou comme Z (le critère inverse est valable pour le déchiffrage).

Sans en appeler à Lulle, Trithème, probablement, à travers ses fréquentations kabbalistiques, connaissait ce procédé de la *témourah* suivant lequel chaque lettre d'un mot ou d'une phrase donnée était remplacée par la lettre correspondante dans l'ordre alphabétique inverse. Cette méthode était appelée « séquence atbash » et permettait d'obtenir, par exemple, à partir du tétragramme YHVH, la séquence MSPS, citée d'ailleurs aussi ensuite par Pic de La Mirandole dans une de ses Conclusions kabbalistiques (voir Wirszubski 1989 : 43). Mais si Trithème ne cite pas Lulle, en revanche celui-ci est cité par les stéganographes ultérieurs. Le *Traité des chiffres* de Vigenère, de 1587, est peut-être le texte stéganographique qui reprend de la façon la plus explicite les thèmes de Lulle sur différents points, en les reliant au calcul factoriel du *Séfer Yetsira.* Mais il ne fait rien d'autre que de suivre la voie ouverte d'abord par Trithème, et par Della Porta avec la première édition du *De furtivis litterarum notis* de 1563 (qui connaît d'importantes variations à travers des remaniements et des éditions successives) : il construit des tableaux où sont établies, par exemple, 400 séries doubles nées de la combinaison de 20 lettres alphabétiques (non pas 21, parce que le *v* et le *u* ne comptent que pour une seule lettre), et, passant ensuite à des combinaisons par séries triples, il se complaît dans cette « mer d'infinis divers chiffremens à guise d'un autre Archipel tout parsemé d'Isles [...] un embrouïllement plus malaisé à s'en depestrer que de tous les labirinthes de Crete ou d'Egypte » (p. 193-194). Le fait ensuite que ces tablettes combinatoires soient accompagnées de listes d'alphabets mystérieux, aussi bien inventés que tirés des langues moyen-orientales, et que l'ensemble soit présenté avec une apparence de secret, continuera à garder vivant, dans la tradition de l'occultisme, le mythe de Lulle kabbaliste.

Mais il y a une autre raison qui fait que les stéganographies agissent comme autant de propulseurs d'un lullisme qui va au-delà de Lulle. Le stéganographe ne s'intéresse pas au contenu (et donc à la vérité) des combinaisons qu'il produit. Le système élémentaire prévoit simplement que des éléments de l'expression stéganographique (combinaisons de lettres ou d'autres symboles) puissent être librement mis en relation (de façon toujours différente, afin que le chiffrage puisse être imprévisible) avec des éléments de l'expression à chiffrer. Il ne s'agit que de symboles qui remplacent d'autres symboles. Le stéganographe est encouragé à tenter des combinatoires complexes, purement formelles, où ne compte qu'une syntaxe de l'expression de plus en plus vertigineuse, et chaque combinaison reste une variable non liée.

C'est donc ainsi que Gustavus Selenus, dans son *Cryptomenytices et Cryptographiæ libri IX* de 1624, peut se permettre de construire une roulette de 25 cercles concentriques qui combinent 25 séries de 24 séries doubles chacune. Et il présente ensuite une série de tableaux qui enregistrent environ 30 000 séries triples : les possibilités combinatoires deviennent astronomiques.

Le kabbalisme lullien

Cherchons à présent à rassembler tous les membres, apparemment *disjecta*, des diverses traditions culturelles que nous avons examinées jusqu'ici, et voyons comment elles convergent suivant des procédés différents dans la Renaissance du lullisme.

Le premier à citer Lulle avait été Pic de La Mirandole dans son *Apologie* de 1487. Pic ne pouvait pas ne pas se rendre compte des analogies immédiates entre la *témourah* de la Kabbale (qu'il appelait *revolutio alphabetaria*) et la combinatoire de Lulle. Mais il a l'habileté de préciser en même temps qu'il s'agit de deux choses différentes. Dans la *Quæstio sexta* de l'*Apologia* où il démontre qu'aucune science mieux que la magie et que la Kabbale ne pourrait nous assurer de la divinité du Christ, Pic distingue deux doctrines, qui ne peuvent être qualifiées de kabbalistiques qu'au sens figuré (*tramsumptive*) : ce sont, d'une part, la magie naturelle suprême, et de l'autre la *khokmat ha-tsérouf* d'Aboulafia (que Pic désigne comme *ars combinandi*) qui « apud nostros dicitur ars Raymundi licet forte diverso modo procedat ».

Malgré la prudence de Pic, l'association entre Lulle et la Kabbale devient inévitable. C'est à partir de là que va commencer la tentative pathétique des kabbalistes chrétiens de lire Lulle en termes kabbalistiques. Dans l'édition de 1598 des écrits combinatoires de Lulle, un *De auditu kabbalistico* paraîtra sous son nom : or, ce texte n'est autre qu'une transcription de l'*Ars brevis*, où sont insérées certaines références kabbalistiques. Cette œuvre aurait dû paraître pour la première fois à Venise en 1518 en tant que « opusculum Raimundicum ». Mais Thorndike (1923-58, V : 325), qui en a trouvé un manuscrit à la Bibliothèque Vaticane sous un titre différent et attribué à Petrus de Maynardis, affirme que la calligraphie est du XVe siècle : il s'agit donc d'une œuvre de la fin du XVe, qui ne fait probablement qu'appliquer mécaniquement la suggestion de Pic (Scholem *et al.* 1979 : 40-41).

Un critique subtil et bizarre du kabbalisme, Tommaso Garzoni di Bagnacavallo, dans son *Piazza universale di tutte le arti* (1589 : 253), s'en était très bien aperçu et il faisait ce commentaire :

> la science de Raymond [Lulle], très peu connue, pourrait être appelée elle aussi, improprement, Kabbale. Et il en est donc découlé cette renommée commune auprès de tous ceux qui étu-

> dient, et même auprès du monde entier, que la Kabbale enseigne tout [...] et dans ce but, on trouve un petit livre imprimé qu'on lui attribue (bien qu'en telle matière on fabrique des mensonges plus gros que des montagnes) et intitulé *De auditu kabbalistico*, qui n'est rien d'autre, en fin de compte, qu'un très court sommaire de l'*Ars magna* abrégée sans aucun doute par lui-même en cet autre texte qu'il appelle *Ars brevis*.

Mais, parmi les différents exemples, on pourrait citer Pierre Morestel, qui publie, en 1621, sous le titre de *Artis kabbalisticæ, sive sapientiæ divinæ academia*, un modeste recueil du *De auditu*, sans rien de kabbalistique à part le titre, et l'identification initiale entre *Ars* et Kabbale. Morestel reprend du *De auditu* même la risible étymologie du mot Kabbale : « cum sit nomen compositum ex duabus dictionibus, videlicet abba, et ala. Abba enim arabice idem est quod pater latine, et ala arabice idem est quod Deus meus » (et par conséquent Kabbale signifie « Jésus-Christ »).

Il suffit de feuilleter les travaux sur le kabbalisme chrétien pour retrouver le cliché de Lulle kabbaliste avec des variations minimes. Si bien que lorsque Gabriel Naudé écrit son *Apologie pour tous les grands hommes qui ont esté accuséz de magie* (1625), il doit défendre énergiquement le malheureux mystique catalan de tout soupçon de nécromancie. Mais, d'autre part, comme le fait remarquer French (1972 : 49), à la fin de la Renaissance, les lettres de B à K utilisées dans l'art de Lulle sont facilement associées aux lettres hébraïques, qui signifiaient pour les kabbalistes des noms angéliques et des attributs divins.

Numérologie, géométrie magique, musique, astrologie et lullisme se mêlent de façon inextricable, à la suite de la série des œuvres d'alchimie pseudo-lulliennes qui envahissent la scène. D'autre part, les noms kabbalistiques pouvaient être aussi gravés sur des sceaux, et toute une tradition magique et alchimique avait rendu populaires les sceaux de forme circulaire.

C'est avec Agrippa qu'on entrevoit la première possibilité d'emprunter conjointement à la Kabbale et au lullisme la pure technique combinatoire des lettres, et de s'en servir pour construire une encyclopédie qui soit l'image non pas du cosmos fini médiéval, mais d'un cosmos ouvert et en expansion, ou de divers mondes possibles. Son *In artem brevis R. Lulli* (qui apparaît dans l'*editio princeps* des écrits de Lulle, publiée à Strasbourg en 1598) semble, à première vue, un recueil assez fidèle des principes de l'*Ars magna*, mais il est frappant que dans les tableaux qui devraient rendre compte de la quatrième figure lullienne les combinaisons sont numériquement plus nombreuses, puisque les répétitions ne sont pas évitées. Agrippa semble être attaché à une efficacité inventive et animé par une volonté encyclopédique, et non par la dialectique pure de la preuve comme c'était le cas chez Lulle. Par conséquent, il se propose de faire proliférer indéfiniment les termes de son *Ars*, sujets, prédicats, relations et règles. Les sujets sont multipliés en les distribuant suivant leurs espèces, propriétés et accidents, en les faisant jouer avec d'autres termes semblables, différents, contraires, en les rapportant à leurs causes, actions, passions, relations.

Il suffit de placer au centre du cercle, comme cela a lieu dans la figure A de Lulle, la notion que l'on souhaite considérer, et d'en calculer les rapports avec toutes les autres. Si nous considérons ensuite que, pour Agrippa, on peut former beaucoup d'autres figures avec des termes étrangers à l'art de Lulle, les mélanger entre elles et avec les figures de Lulle, les possibilités combinatoires deviennent « pratiquement illimitées » (Carreras y Artau 1939 : 220-221).

Nous voyons surgir les mêmes inquiétudes dans l'*Opus aureum* de Valerius de Valeriis (1589) pour qui l'*Ars* « enseigne ultérieurement à multiplier jusqu'à l'infini les concepts, les arguments et n'importe quel autre assemblage, *tam pro parte vera quam falsa*, en mêlant les racines avec les racines, les arbres avec les arbres et les règles avec toutes ces choses, et de beaucoup d'autres façons encore » (*De totius operis divisione*).

Ces auteurs semblent pourtant hésiter encore entre une logique de la découverte, et une rhétorique qui, même si elle s'exerce sur un large rayon, sert à organiser un savoir que la combinatoire n'engendre pas. On le voit aussi à partir de la *Clavis universalis artis lullianæ* d'Alsted (1609), un auteur important par l'utopie d'une encyclopédie universelle, qui inspira aussi Comenius, mais qui — tout en étant enclin à voir chez Lulle des éléments kabbalistiques — finit par soumettre la combinatoire à la construction d'un système du savoir rigoureusement articulé, en un entrecroisement de suggestions aristotéliciennes, en même temps que ramistes et lulliennes (voir Carreras y Artau 1939, II : 239-249 ; Tega 1984, I, 1). Pour mettre en mouvement à plein régime les roulettes de Lulle comme des machines pouvant engendrer une ou plusieurs langues parfaites, il fallait éprouver le frisson de l'infinité des mondes et (comme nous le verrons) de toutes les langues possibles, y compris celles qui n'étaient pas encore inventées.

Giordano Bruno : combinatoire et mondes infinis

La vision cosmologique de Giordano Bruno implique un univers infini dont la circonférence (comme le disait déjà Nicolas de Cuse) n'est nulle part et le centre partout — en n'importe quel point d'où l'observateur le contemple dans son infinité et son unité substantielle. Fondamentalement néoplatonicien, le panpsychisme de Giordano Bruno célèbre un seul souffle divin, un seul principe de mouvement, qui envahit l'univers infini et le détermine unitairement dans la variété infinie de ses formes. L'idée force de l'infinité des mondes se compose avec celle que chaque entité du monde peut en même temps servir d'ombre platonicienne pour d'autres aspects idéaux de l'univers, comme signe, renvoi, image, emblème, hiéroglyphe, sceau. Même par contraste, évidemment, parce que l'image de quelque chose peut aussi nous ramener à l'unité à travers son opposé. Comme il le dira dans les *Eroici furori* « pour contempler les choses divines il faut nécessairement les considérer par le moyen de figures, similitudes et autres équivalences que les Péripatéticiens rangent sous le nom de phantasmes ; ou encore, procéder, par l'intermédiaire de l'être, à la spéculation sur l'essence, aller par la voie des effets, à la notion de la cause » (*in Dialoghi italiani*, Florence, Sansoni, 1958, p. 1158[1]).

Ces images que Bruno trouve dans le répertoire de la tradition hermétique, ou qu'il bâtit lui-même avec une imagination brûlante, sont révélatrices du rapport naturellement symbolique qui s'instaure entre elles et la réalité. Et leur fonction n'est pas (ou ne l'est qu'en une moindre mesure), comme dans les mnémotechniques précédentes, celle d'aider à se rappeler, mais bien celle d'aider à comprendre, à imaginer, à découvrir l'essence des choses et leurs relations.

Leur pouvoir révélateur se fonde sur leur origine égyptienne : nos lointains ancêtres adoraient les chats et les crocodiles parce que « une simple divinité qui se trouve dans toutes les choses, une nature féconde, mère conservatrice de l'univers, selon qu'elle se communique différemment, brille en divers sujets et prend des noms différents » (*Lo spaccio della bestia trionfante* [*L'expulsion de la bête triomphante*], *in Dialoghi italiani*, *op. cit.*, p. 780-782).

Mais ces images n'ont pas seulement le pouvoir d'éveiller l'imagination : elles possèdent aussi une capacité magico-opérative, au même sens que les talismans de Ficin. Il est possible aussi que beaucoup des affirmations magiques de Bruno ne soient que des métaphores pour indiquer, selon la sensibilité de son temps, des opérations intellectuelles, ou que les images aient eu, en réalité, la fonction de l'entraî-

1. *Des fureurs héroïques*, texte établi et traduit par Paul-Henri Michel, Paris, Les Belles-Lettres, 1954, p. 420. [N.d.T.]

ner, après une intense concentration, dans des expériences extatiques (voir Yates 1964 : 296), mais nous ne pouvons ignorer que certaines de ses affirmations sur la capacité théurgiquement opérative des sceaux apparaissent précisément dans un texte qui s'intitule *De magia* :

> Et même les écritures ne sont pas toutes de la même utilité que ces caractères qui, par leur tracé même et leur configuration, indiquent les choses elles-mêmes, ce pour quoi il y a des signes inclinés l'un vers l'autre, qui se regardent et s'embrassent réciproquement, et nous contraignent à l'amour ; ou bien des signes qui divergent l'un de l'autre, si démembrés qu'ils induisent à la haine et à la séparation, si durs, incomplets, cassés qu'ils produisent la ruine ; il y a des nœuds pour lier et des caractères dénoués pour dissoudre [...]. Et ceux-ci n'ont pas une forme certaine et définie, mais quiconque, selon sa fureur ou l'élan de son esprit, dans l'accomplissement de son œuvre, qu'il désire ou qu'il exècre quelque chose, en se représentant impétueusement à soi-même, et à la divinité comme si elle était présente, la chose même, expérimente certaines forces, dont il ne pourrait avoir l'expérience par le biais de quelque discours ni d'une élégante allocution ni d'une écriture. Telles étaient les lettres les mieux définies chez les Égyptiens, qui les appelaient hiéroglyphes ou caractères sacrés [...] avec lesquelles ils obtenaient de converser avec les dieux afin d'exécuter des choses admirables [...]. Et de même que, en l'absence d'un idiome commun, les hommes d'une certaine race ne peuvent avoir de conversation ni de contacts avec les hommes d'une autre, sinon par gestes, ainsi entre nous et un certain genre de divinités il ne peut y avoir de rapport sinon par le biais de quelques signes définis, sceaux, figures, caractères, gestes et autres cérémonies. (*Opera latine conscripta*, Florence, Le Monnier, 1891, III : 395 et s.).

Quant au matériel iconologique que Bruno utilise, on trouve des images qui dérivent explicitement de la tradition hermétique, comme les Trente-six Décans du Zodiaque, d'autres tirées de la tradition mythologique, des diagrammes plus ou moins nécromanciens qui rappellent Agrippa ou John Dee, des suggestions lulliennes, des animaux et des plantes, des figures allégoriques communes à tout le répertoire emblématique... Il s'agit d'un répertoire extraordinairement important du point de vue d'une histoire de l'iconologie, où les manières dont un certain sceau peut renvoyer à une idée déterminée sont encore une fois fondées sur des critères rhétoriques. On représente par similitude phonétique (le cheval, *equus*, pour l'homme *æquus*) en mettant le concret pour l'abstrait (un guerrier romain pour Rome), par ressemblance de syllabes initiales (*asinus* pour *asyllum*, et Bruno ne savait certainement pas que ce procédé, comme nous le verrons au chapitre VII, était précisément celui qu'avaient choisi les anciens Égyptiens pour vider de toute naturalité leurs hiéroglyphes !), en remontant de l'antécédent à la conséquence, de l'accident au sujet et vice versa, de l'insigne à celui qui en est décoré ou, encore une fois avec une technique kabbalistique, en utilisant le pouvoir évocateur de l'anagramme ou de la paronomase (*palatio* pour *Latio*, voir Vasoli 1958 : 285-286).

C'est ainsi que cette langue, parfaite quant au but (auquel Bruno aspire), puisqu'elle devrait fournir la clé pour exprimer non seulement ce monde mais tous les infinis dans leur accord mutuel, apparaît cependant très imparfaite quant à sa structure sémiotique : il s'agit d'un lexique immense, aux significations vagues, et dont la syntaxe est tout au plus celle d'une combinatoire hardie. Le déchiffrage a lieu sur la base de courts-circuits associatifs que seul un interprète privilégié peut maîtriser et rendre explicites, grâce à la force d'un style qui se déploie, avec une fureur vraiment héroïque, dans le latin ou dans l'italien que Bruno manie en grand artiste.

Toutefois, si les techniques sont parfois celles de la rhétorique mnémotechnique précédente, le souffle utopique qui les inspire est certainement différent. Comme cela était déjà arrivé pour Raymond Lulle, pour Nicolas de Cuse et pour Guillaume Postel, et comme cela arrivera pour les mouvements mystico-réformateurs du XVIIe siècle (à l'aube duquel Bruno meurt sur le bûcher), la rhétorique hiéroglyphique enflammée de Giordano Bruno se dessine aux fins de produire, à travers un élargissement de la connaissance, une réforme, un renouvellement, peut-être une révolution, du savoir, des coutumes, et même de l'ordre politique de l'Europe — réforme dont Bruno fut un agent et un propagandiste actif à travers ses vagabondages d'une cour à l'autre.

Mais, ce qui nous intéresse ici, c'est de voir dans quel sens et quelles directions Bruno développe le lullisme, et la métaphysique de l'infinité des mondes le pousse certainement à donner un relief plus grand aux propriétés formelles et architectoniques de la proposition lullienne. Le titre de l'un de ses traités mnémotechniques (*De lampade combinatoria lulliana ad infinitas propositiones et media invenienda...*, 1586) prélude, avec l'allusion à l'infinité des propositions engendrables, à ce que le texte confirmera par la suite (I, IX, 1) : « Il faut ici faire très peu attention aux propriétés des termes, mais uniquement au fait qu'il définissent un ordre, une texture, une architecture. »

Dans le *De umbris idearum* (*Des ombres des idées*) (1582), Bruno propose des cercles concentriques mobiles subdivisés en 150 secteurs. Chaque cercle prévoit 30 lettres, c'est-à-dire les 23 de l'alphabet latin, plus 7 caractères hébreux et grecs qui ne sont pas reproductibles dans l'alphabet latin (alors que, par exemple, l'alpha grec et l'aleph hébreu sont représentés par le A). Chaque lettre renvoie à autant d'images et d'actions ou de situations, suivant le cercle, comme on le déduit de l'exemple que Bruno donne dans le *De umbris* 163 :

Cercle 1 (Homines)	**Cercle 2 (Actiones)**	**Cercle 3 (Insignia)**
A Lycas	A in convivium	A cathenatus
B Deucalion	B in lapydes	B vittatus
C Apollo	C in Pythonem	C baltheatus
(et cætera)		

Dans ce que Giordano Bruno appelle la « Prima Praxis », en faisant tourner le deuxième cercle on peut obtenir des combinaisons comme CA (*Apollon au banquet*). En déplaçant aussi le troisième, on peut obtenir des combinaisons comme CAA, *Apollon enchaîné dans un banquet*. Et nous verrons par la suite les raisons pour lesquelles Giordano Bruno ne juge pas indispensable d'ajouter, comme il le fera pour la « Secunda Praxis », un quatrième et un cinquième cercle qui représenteraient respectivement *adstantia* et *circumstantias*.

Dans la « Secunda Praxis », Bruno propose 5 cercles concentriques, chacun de 150 paires alphabétiques, du type AA, AE, AI, AO, AU, BA, BE, BI, BO, BU et ainsi de suite, en unissant chaque lettre de son alphabet avec chacune des 5 voyelles. Ces unions sont répétées de façon égale pour chacun des cinq cercles, mais sur le premier elles signifient des personnages agissants, sur le deuxième des actions, sur le troisième des insignes, sur le quatrième un personnage présent, et sur le cinquième des caractérisations de circonstances.

A travers la combinaison des cercles, on peut obtenir des images composées comme « Une femme à cheval sur un taureau qui peigne ses cheveux en tenant un miroir dans sa main gauche, tandis qu'un adolescent avec un oiseau vert à la main assiste à la scène » (*De umbris* 212, 10). Bruno parle d'images « ad omnes formationes possibiles, adaptabiles » (*De umbris* 80) et de combinaisons infinies, et à vrai dire il devient pratiquement impossible d'écrire le nombre des séquences engendrables en combinant 150 éléments cinq par cinq, surtout si l'on considère aussi les inversions d'ordre (voir *De umbris* 223). Ce qui suffirait à qualifier la combinatoire de Bruno, assoiffée d'infini, de lullienne.

Dans son édition critique du *De umbris*, Sturlese (1991) tente pourtant de lire le mécanisme des cercles d'une manière différente, qui s'oppose à la lecture « magique » soutenue par Yates. L'interprétation de celui-ci (1972) est que les syllabes servent à mémoriser des images, et que celles-ci sont ensuite utilisées dans des buts magiques. L'interprétation de Sturlese est que les images servent à rappeler des syllabes, et que tout l'appareil mnémotechnique sert à rappeler des mots, grâce aux combinaisons successives des images. Le mécanisme de Bruno devrait permettre de mémoriser la multitude infinie des mots grâce à un nombre fixe et relativement limité d'images.

On se rend aussitôt compte que, s'il en était ainsi, nous n'aurions pas affaire à un art où la combinatoire alphabétique renvoie à des images (comme si le mécanisme de Giordano Bruno était fait, dirions-nous aujourd'hui, pour engendrer des scénarios possibles), mais où la combinatoire des images renvoie à des compositions de syllabes, pour pouvoir non seulement se rappeler mais aussi engendrer un très grand nombre de mots, même longs et complexes, comme *incrassatus* ou *permagnus*, et même des termes grecs, hébraïques, chaldéens, persans, arabes (*De umbris* 169), ou bien des termes scientifiques rarement employés, se rapportant à des plantes, des arbres, des minéraux, des graines, des espèces animales (*ibid.* 152), qui ne seraient pas mémorisables autrement. Le dispositif servirait donc à engendrer des langues, du moins du point de vue de leur nomenclature.

En somme, Bruno combine-t-il la séquence CROCITUS pour évoquer l'image de Pilumnus qui avance rapidement à dos d'âne, avec un bandeau au bras et un perroquet sur la tête, ou bien combine-t-il les images que nous venons de décrire pour pouvoir mémoriser CROCITUS ?

Dans la « Prima Praxis » (*De umbris* 168-172), Bruno nous dit qu'il n'est pas indispensable de travailler avec cinq cercles, parce qu'il est rare, dans toutes les langues connues, de trouver des syllabes de quatre ou cinq lettres : et, quand cela arrive (comme dans TRANS-ACTUM ou STU-PRANS), on a recours à un artifice de facilité, qui évite pratiquement le recours au quatrième et au cinquième cercle (raccourci sur lequel nous ne nous étendrons pas, mais qui permet l'économie de quelques milliards de possibilités). Si les séquences devaient exprimer des images complexes, il n'y aurait pas de limites à la longueur des syllabes : mais si les images doivent exprimer des syllabes, on peut en limiter la longueur (non la complexité idéale de leur combinaison en chaîne, parce que, comme Leibniz le rappellera, il existe par exemple en grec un mot de 31 lettres) en suivant les critères d'économie des langues naturelles.

D'autre part, si le critère fondamental d'une mnémotechnique est de se souvenir du moins connu au moyen du plus connu, il semble raisonnable de penser que Bruno considérait comme étant plus connues et évidentes les images « égyptiennes » que la tradition lui livrait, et moins connus les mots de langues exotiques, et que les images servaient donc à se souvenir des lettres et non vice versa. Certains passages du *De umbris* semblent assez évidents : « Lycas in convivium cathenatus presentabat tibi AAA [...]. Medusa, cum insigni Plutoni presentabit AMO [...] » (*ibid.* 167). Les noms des personnages sont au nominatif, et il est donc évident que ce sont les images qui présentent les lettres et non vice versa. Cela semble évident aussi à partir de certains passages du *Cantus Circæus*, où Bruno utilise les images (perceptibles) pour présenter des concepts mathématiques abstraits qui ne seraient ni imaginables ni mémorisables autrement (voir Vasoli 1958 : p. 284 et s.).

On trouve dans les développements ultérieurs du lullisme l'indication de ces idées suggérées par Giordano Bruno à la postérité de Raymond Lulle.

Chants et dictions infinis

Entre les propositions de Lulle et celles de Bruno apparaît le jeu proposé par H.P. Harsdörffer dans *Mathematische und philosophische Erquickstunden* (1651 : 516-519) où l'on dispose sur 5 cercles 264 unités (préfixes, suffixes, lettres et syllabes) pour engendrer à travers la combinatoire 97 209 600 mots allemands, y compris ceux qui n'existent pas et qui pourraient être employés pour des créations poétiques (voir Faust 1981 : 367). Mais si cela a pu être fait pour l'allemand, pourquoi ne pas concevoir une machine capable d'engendrer toutes les langues possibles ?

Le problème de la combinatoire avait été repris par le commentaire *In sphæram Ioannis de Sacro Bosco* de Christophorus Clavius (1607), où — en analysant les combinaisons possibles entre les quatre qualités primaires (Chaud, Froid, Sec et Humide) — l'on s'apercevait que celles-ci pourraient mathématiquement donner lieu à 6 combinaisons. Mais, comme Chaud/Froid et Sec/Humide sont incompatibles entre eux, elles ne produisent que les combinaisons acceptables Terre (froide et sèche), Feu (sec et chaud), Air (chaud et humide) et Eau (froide et humide). C'est le même problème que celui de Lulle : une cosmologie sous-jacente limite les combinaisons valables.

Clavius semble vouloir dépasser ces limites, et il se met à considérer combien de *dictiones*, c'est-à-dire combien de termes pourraient être produits avec les 23 lettres de l'alphabet (à l'époque, il n'existait pas de distinction entre le *u* et le *v*), en les combinant deux par deux, trois par trois et ainsi de suite, jusqu'à prendre en considération des mots de 23 lettres. Il fournit les différentes formules mathématiques nécessaires pour effectuer ce calcul, et il s'arrête à un certain point, devant l'immensité des résultats possibles, surtout si l'on tient compte des répétitions.

En 1622, Paul Guldin avait écrit un *Problema arithmeticum de rerum combinationibus* (voir Fichant 1991 : 136-138), dans lequel il avait calculé toutes les dictions qui pouvaient être engendrées avec 23 lettres, indépendamment du fait qu'elles pouvaient être dotées ou non de sens et prononçables, mais sans calculer les répétitions, et il avait calculé que le nombre de mots (d'une longueur variable entre 2 et 23 lettres) était de plus de soixante-dix mille milliards de milliards (pour les écrire, il aurait fallu plus d'un million de milliards de milliards de lettres). Pour parvenir à imaginer ce nombre, l'on peut envisager d'écrire tous ces mots sur des registres de mille pages, à 100 lignes par pages et 60 caractères par ligne : il faudrait alors 257 millions de milliards de ces registres ; s'il fallait les placer dans une bibliothèque, et Guldin en étudie en détail la disposition, la grandeur, les conditions de circulation, et si l'on disposait de constructions cubiques de 432 pieds de côté, chacune capable d'accueillir 32 millions de volumes, 8 052 122 350 de ces bibliothèques seraient nécessaires. Mais quel royaume pourrait contenir autant d'édifices ? En tenant compte de la surface disponible sur la planète entière, l'on ne pourrait en placer que 7 575 213 799 !

En 1636, le père Marin Mersenne, dans son *Harmonie universelle*, se pose le même problème, en considérant, outre les *dictiones*, les « chants » (c'est-à-dire les séquences musicales) qui pourraient être engendrés. On touche certainement ici le problème d'une langue universelle, telle qu'elle contiendrait potentiellement toutes les langues possibles. Son alphabet comprendrait « plus de millions de vocables qu'il n'y a de grains de sable dans toute la terre, quoyqu'il soit si aysé à apprendre et à retenir que l'on a besoing d'aulcune mémoire, pourveu que l'on ayt un peu de jugement » (Lettre à Peiresc, du 20 avril 1635 ; voir Coumet 1975 ; Marconi 1992).

Dans son *Harmonie*, Mersenne se propose d'engendrer uniquement les paroles *prononçables* en français, en grec, en hébreu, en arabe, en chinois et toute autre langue possible, mais, même avec cette limitation, on perçoit le frisson de l'infini et de l'infinité des mondes possibles, à la manière de Giordano Bruno. Il en est de même pour les chants qui peuvent être engendrés sur une étendue de 3 octaves, et donc 22 sons, sans répétition (c'est là que s'esquisse la première idée de la série dodécaphonique !). Et Mersenne remarque que pour noter tous ces chants il faudrait plus de rames de papier qu'il n'en faut pour combler la distance entre le ciel et la terre, même si chaque feuille contenait 720 chants de 22 notes chacun et que chaque rame fût si comprimée qu'elle ne dépassât pas l'épaisseur d'un pouce : car les chants que l'on peut engendrer avec 22 notes sont 1 124 000 727 777 607 680 000, et en les divisant par les 362 880 chants qui peuvent tenir sur une rame, on obtiendrait tout de même un nombre de 16 chiffres, alors que les pouces qui séparent le centre de la terre des étoiles ne sont que 28 826 640 000 000 (*Harmonie*, « Des chants », II : 108). Et si l'on voulait écrire tous ces chants, mille par jour, il faudrait 22 608 896 103 années et 12 jours.

Nous n'anticipons pas seulement ici, et de beaucoup, les vertiges de la « Bibliothèque de Babel » de Borges (dans *Fictions*). Guldin remarquait que, si les données sont telles, il ne fallait pas s'étonner qu'il existât tant de langues différentes dans le monde. La combinatoire, à présent, effleurant l'impensable, se prête à la justification de Babel, et en fin de compte elle la justifie en ce qu'elle ne parvient pas à poser de limites à la toute-puissance de Dieu.

Y a-t-il plus de noms ou de choses ? Et combien de noms faudrait-il s'il fallait donner plusieurs noms à chaque individu, demande-t-on dans l'*Harmonie* (II : 72) ? Et si Adam avait dû vraiment tout nommer, combien de temps aurait duré son séjour dans l'Éden ? Au fond, les langues que les hommes connaissent se limitent à nommer les idées générales, les espèces, alors que, pour nommer les individus, on a tout au plus recours à un signe du doigt (p. 74). Et « il arrive la même chose au poil de tous les animaux et aux cheveux des hommes, dont chacun désire un nom particulier pour être distingué des autres, de sorte que si un homme a 100 000 cheveux sur la tête et 100 000 autres poils sur le reste du corps, il faut 200 000 noms ou vocables pour les nommer » (p. 72-73).

Pour parvenir à nommer chaque individu, il faudrait donc une langue artificielle capable d'engendrer un nombre adéquat de dictions. Et si Dieu augmentait les individus à l'infini, il suffirait de passer à un alphabet avec un plus grand nombre de lettres, et l'on pourrait engendrer des dictions pour tout nommer (p. 73).

Il y a, dans ce vertige, la conscience de la perfectibilité infinie de la connaissance, ce qui donne à l'homme, nouvel Adam, la possibilité de nommer au cours des siècles tout ce que son premier géniteur n'avait pas eu le temps de baptiser. Mais ainsi cette langue artificielle tend à concourir avec la capacité de connaissance de l'individuel qui n'appartient qu'à Dieu (et dont, comme nous le verrons, Leibniz décrète l'impossibilité). Mersenne s'était battu contre la Kabbale et l'occultisme, mais le vertige kabbalistique l'a évidemment séduit, et on le voit en train de faire tourner les roulettes lulliennes à plein régime, incapable désormais de faire la distinction entre la toute-puissance divine et la toute-puissance possible d'une langue combinatoire parfaite manœuvrée par l'homme, si bien que dans ses *Quæstiones super Genesim* (col. 49 et 52), il voit dans cette présence de l'infini chez l'homme une preuve manifeste de l'existence de Dieu.

Mais cette capacité d'imaginer l'infini de la combinatoire se manifeste aussi parce que Mersenne, comme Clavius, Guldin et d'autres (le thème réapparaît, par exemple, chez Comenius, *Linguarum methodus novissima*, 1648, III, 19) ne sont plus en train de calculer sur des concepts (comme le faisait Lulle), mais bien sur des séquences alphabétiques, purs éléments de l'expression, sans contrôle d'aucune orthodoxie sinon celle du nombre. Sans s'en rendre compte, ces auteurs se rapprochent de cette idée de la pensée aveugle, que nous verrons réalisée avec une plus grande conscience critique par Leibniz.

CHAPITRE VII

La langue parfaite des images

Il y avait déjà chez Platon, comme d'ailleurs avant lui chez Pythagore, une attitude de vénération envers l'ancienne sagesse égyptienne. Aristote se montre plus sceptique à cet égard et au livre I de la *Métaphysique*, où il reconstruit l'histoire du savoir antique, il part directement des Grecs. Le mélange de la pensée d'Aristote avec le christianisme devait susciter au Moyen Age une attitude d'un intérêt modéré pour la tradition égyptienne. Elle ne réapparaissait que dans des œuvres marginales comme les textes alchimiques, du genre *Picatrix*. Mais l'on peut retrouver une mention faite par Isidore de Séville rendant un certain hommage aux Égyptiens et les citant en tant qu'inventeurs de la géométrie ou de l'astronomie ; il nous rappelle que les lettres hébraïques originaires devinrent ensuite les lettres grecques et qu'Isis, reine des Égyptiens, les trouva en Grèce et les importa dans son pays (*Etymologiarum*, I, III, 5).

La Renaissance, en revanche, pourrait être placée sous le signe, selon le titre de Jurgis Baltrušaitis (1967), de la « quête d'Isis », qui devient la représentante d'une Égypte d'où provient toute sagesse originaire, y compris naturellement celle d'une première écriture sacrée, capable d'exprimer la nature insondable de tout ce qui est divin. C'est la tradition néoplatonicienne (dont Ficin sera le plus grand restaurateur) qui redonne la première place à l'Égypte.

Plotin (*Ennéades* V, 8, 5-6) avait écrit que :

> les sages de l'Égypte [...] pour désigner les choses avec sagesse, s'ils n'usent pas de lettres dessinées, qui se développent en discours et en propositions et qui représentent des sons et des paroles ; ils dessinent des images, dont chacune est celle d'une chose distincte ; et ils les gravent dans les temples [...] ; chaque signe gravé est donc une science, une sagesse, une chose réelle, saisie d'un seul coup [...] [1].

Jamblique, dans son *De mysteriis Ægyptiorum*, disait que les Égyptiens, imitant la nature de l'univers et la création des dieux, mettaient en lumière, par des symboles, des intuitions mystiques occultes.

L'introduction du *Corpus hermeticum* (qui sera publié par Ficin précisément avec ces textes néoplatoniciens) est à l'enseigne de l'Égypte, parce que la sagesse égyptienne est celle d'Hermès Trismégiste.

Les *Hieroglyphica* d'Horapollon

En 1419, Cristoforo de' Buondelmonti fait l'acquisition d'un manuscrit grec de l'île d'Andros qui ne manque pas d'intéresser immédiatement des auteurs comme Ficin : il s'agit des *Hieroglyphica* d'Horapollon, ou Horus Apollon, ou Horapollus (*Horapòllonos Neiloùs Hieroglyphikà*), un texte en grec dû à un auteur qui se qualifie comme égyptien (Niliakos) et traduit en grec par un certain Philippe. Bien que l'on ait aussitôt cru que le texte était très ancien, on penche aujourd'hui à le considérer comme une compilation hellénistique tardive, voire du Ve siècle de notre ère. Comme nous le verrons, certains signes permettent de penser que

1. Texte établi et traduit par É. Bréhier, Paris, Les Belles-Lettres, p. 142.

son auteur avait quelques idées précises sur la nature des hiéroglyphes égyptiens, mais, comme à l'époque où ce petit livre a été écrit la connaissance de l'ancienne écriture égyptienne était certainement perdue, c'est donc que l'œuvre prenait son inspiration dans des textes antérieurs tout au plus de quelques siècles.

Les *Hieroglyphica* ne se présentent pas comme un manuscrit illustré (les illustrations apparaissent dans des éditions ultérieures, comme la traduction latine de 1514 illustrée par Dürer, alors que, par exemple, la première traduction italienne de 1547 est encore sans illustration). Il s'agit d'une série de petits chapitres très courts où l'on explique, entre autres, que les Égyptiens signifient l'âge en représentant le soleil et la lune, ou le mois par une palme. Suit une courte explication de la valeur symbolique de la représentation, et parfois la liste des valeurs polysémiques de la même image : par exemple, le vautour signifie la mère, le fait de voir, la fin d'une chose, la connaissance de l'avenir, l'année, le ciel, la miséricorde, Minerve, Junon, ou deux drachmes. Parfois le hiéroglyphe est donné par un chiffre, ainsi le plaisir est exprimé par le chiffre 16, parce que c'est à seize ans que les hommes commencent leur activité sexuelle, et l'étreinte (qui implique un plaisir partagé par deux personnes) est exprimée en répétant deux fois ce chiffre 16.

La réponse du milieu philosophique humaniste fut immédiate : les hiéroglyphes furent considérés comme l'œuvre du divin Hermès Trismégiste et interrogés comme une source inépuisable de sagesse.

Pour comprendre l'impact du texte d'Horapollon, il faut comprendre de quels symboles égyptiens mystérieux il parlait à l'Occident. Il s'agissait de l'écriture hiéroglyphique, dont le dernier exemple connu des égyptologues à cette époque remontait au temps de Théodose, en 394 ap. J.-C. Mais, si ce texte présentait encore des ressemblances avec ceux de trois mille ans auparavant, la langue parlée à cette époque par les Égyptiens s'était radicalement transformée et, lorsque Horapollon écrit, toute connaissance de la clé de lecture des hiéroglyphes avait été perdue.

L'alphabet égyptien

L'écriture hiéroglyphique est composée de signes certainement iconiques, dont certains sont facilement identifiables (le vautour, la chouette, le taureau, le serpent, l'œil, le pied, l'homme assis une coupe à la main), d'autres déjà stylisés (comme la voile déployée, la forme en amande de la bouche, la ligne en dents de scie indiquant l'eau) et d'autres qui, du moins aux yeux d'un profane, n'ont qu'une ressemblance très lointaine avec la chose qu'ils entendent représenter, comme le petit carré qui indique le siège, le signe pour l'étoffe pliée, ou le demi-cercle pour le pain. Ces signes sont, au départ, des *idéogrammes* et se réfèrent à la chose représentée, même s'ils ne le font pas nécessairement par iconisme « pur », mais à travers des mécanismes de substitution rhétorique (la voile gonflée signifie le « vent », l'homme assis avec une coupe signifie « boire », l'oreille de vache signifie « comprendre », le cynocéphale indique le dieu Thot [ou Theuth] et diverses actions associées à Thot telles que « écrire » ou « compter »).

Cependant, comme tout ne peut pas être représenté idéographiquement, les Égyptiens remédiaient à cet inconvénient en utilisant les mêmes images comme de simples signes phonétiques, soit des *phonogrammes*. Cela veut dire que, pour représenter une chose dont le nom commençait par un certain son, ils utilisaient l'image d'un objet dont le nom avait la même initiale, et s'ils voulaient exprimer soit une voyelle, soit une consonne, soit une syllabe d'un mot étranger, ils se servaient d'un signe hiéroglyphique *exprimant* ou *représen-*

tant un objet quelconque dont le nom, dans la langue parlée, contenait en entier ou dans sa première partie le son de la voyelle, de la consonne ou de la syllabe qu'il fallait écrire (par exemple, la bouche, en égyptien *ro*, représentait la consonne grecque P, voir Champollion, *Lettre à M. Dacier*, p. 11-12). Il est étrange qu'ici la chose (ou bien son image) sert à représenter le son du nom, alors que pour la théorie hermétique du langage hiéroglyphique le nom devait représenter la nature de la chose.

Mais, à l'époque où l'Europe s'intéresse aux hiéroglyphes, la connaissance de l'alphabet hiéroglyphique avait été perdue depuis plus de mille ans. Pour que l'on puisse commencer à déchiffrer les hiéroglyphes, il était nécessaire que survienne un événement aussi heureux que la découverte d'un dictionnaire bilingue. Ce n'est pas un dictionnaire bilingue que l'on découvrit, mais, comme tout le monde le sait, un texte trilingue, la célèbre pierre de Rosette (de la ville de Rashid où elle fut trouvée en 1799 par un soldat français, mais elle se retrouva ensuite à Londres à cause de la défaite des troupes napoléoniennes en Égypte), qui portait inscrit le même texte en caractères hiéroglyphiques, en démotique (une écriture cursive qui s'était formée aux environs de l'an 1000 av. J.-C. et utilisée pour des documents administratifs) et en grec. Jean-François Champollion, qui travaillait sur des reproductions de la pierre en 1822, dans sa *Lettre à M. Dacier relative à l'alphabet des hiéroglyphes phonétiques* (17 septembre 1822), posait les bases permettant de déchiffrer l'écriture hiéroglyphique. Il identifie un cartouche qui, en fonction de sa position dans le texte hiéroglyphique, aurait dû correspondre au nom Ptolémée qui apparaissait dans le texte grec, compare deux cartouches qui devraient contenir les noms de Ptolémée et de Cléopâtre (c'est-à-dire ΠΤΟΛΟΜΑΙΟΣ et ΚΛΟΠΑΤΡΑ), identifie les lettres que les deux noms ont en commun (Π, Τ, Ο, Λ, Α) et parvient à relever qu'à celles-ci correspondent les mêmes hiéroglyphes, pourvus évidemment de la même valeur phonétique.

A partir de là, il était possible de connaître aussi la valeur des autres signes apparaissant dans le cartouche.

Cependant, la découverte de Champollion ne rend pas compte d'une série de phénomènes qui nous aident à comprendre la situation d'Horapollon. Les conquérants de l'Égypte, les Grecs d'abord et les Romains ensuite, avaient imposé leurs commerces, leurs techniques, leurs dieux, et la christianisation successive de l'Égypte avait définitivement éloigné le peuple égyptien de ses traditions. L'écriture sacrée était toutefois pratiquée encore par les prêtres dans les enceintes des temples, et c'est là que, à l'écart du reste du monde, ils cultivaient les monuments de leur culture traditionnelle en voie de disparition, en tant qu'unique témoignage d'un savoir et d'une identité perdue.

C'est ainsi qu'ils compliquèrent graduellement leur écriture qui ne servait désormais plus à des fins pratiques, mais était devenue un instrument purement initiatique. Elle permettait désormais certaines possibilités, car elle se développait dans le double registre phonétique et idéographique. Pour écrire, par exemple, le nom du dieu Ptah, on exprimait phonétiquement P, en haut, avec l'idéogramme du ciel (p[t]), H avec l'image du dieu Heh les bras levés (au milieu) et T avec l'idéogramme de la terre (ta). Mais l'image suggérait aussi que Ptah avait séparé à l'origine la terre du ciel. Or, ce système d'évocations visuelles, où le même son pouvait être représenté par des hiéroglyphes différents, poussait de plus en plus vers un jeu inventif et une sorte de combinatoire et de permutation, de genre kabbalistique, qui s'exerçait sur les images, et non pas sur les sons. Autour du terme représenté (qu'il fallait lire phonétiquement), se créait ainsi un halo de connotations, de sens seconds, comme un son de basse obstinée de suggestions qui concourraient à élargir l'aire sémantique du terme. Dans cette atmosphère, la conviction que les textes anciens contenaient des vérités cachées, des secrets perdus, grandissait de plus en plus (Sauneron 1957 : 123-127).

La langue hiéroglyphique apparaissait ainsi aux derniers prêtres d'une civilisation en train de s'éteindre dans l'oubli comme une langue parfaite, mais seulement aux yeux de ceux qui l'interprétaient en la lisant, non à ceux qui par hasard auraient été encore capables de la prononcer (Sauneron 1982 : 55-56).

Nous comprenons à présent ce à quoi pouvait se référer Horapollon : à une tradition sémiotique dont on avait perdu la clé, et dont il saisissait, sans bien parvenir à faire de distinctions, tant les aspects phonétiques qu'idéographiques, mais de façon confuse, par ouï-dire. Souvent Horapollon retient comme étant canonique une solution qui n'avait été pratiquée que par certains scribes en une période historique donnée. Yoyotte (1955 : 87) montre que, lorsqu'il affirmait que les Égyptiens représentaient le père par un scarabée, il pensait certainement au fait que certains scribes d'époque tardive, pour représenter le son *it* (« père »), avaient remplacé le hiéroglyphe habituel pour le *t* par le scarabée, qui dans la cryptographie privée de la XVIIIe dynastie se trouvait à la place du *t* dans le nom ATUM.

L'égyptologie contemporaine discute la question de savoir si Horapollon, lorsqu'il commençait son ouvrage en disant que les Égyptiens représentaient l'éternité à travers les images du soleil et de la lune, pensait aux deux idéogrammes de la Basse Époque qui rendaient le son *r'nb* (« tous les jours ») et *r tr.wi'* (« nuit et jour » et donc « toujours »), ou bien se rapportait au fait que, sur certains bas-reliefs alexandrins, les deux idéogrammes représentaient déjà directement l'éternité (mais dans ce cas le symbole ne serait pas égyptien et viendrait de sources asiatiques, peut-être hébraïques). Dans d'autres cas, Horapollon semble avoir mal interprété des vocables traditionnels. Il dit que, pour indiquer le mot, on peint une langue et un œil injecté de sang. Or, il existe une racine *mdw* (« parler ») dans laquelle apparaît un bâton, et le mot *ḏd* (« dire ») dans lequel apparaît un serpent. Horapollon ou sa source peuvent avoir interprété de façon erronée ces deux données comme une langue. Ou bien, il est dit que la course du soleil au solstice d'hiver est représentée par deux pieds réunis qui s'arrêtent, alors qu'on ne connaît que le signe qui représente deux jambes en marche et qui sert de déterminatif pour les significations de mouvement, accompagnant des mots comme « s'arrêter », « cesser », « interrompre un voyage ». Décider que le signe s'applique à la course du soleil est une interprétation arbitraire d'Horapollon.

On trouve encore, selon Horapollon, que pour signifier l'Égypte on représentait un encensoir ardent au-dessus d'un cœur. Les égyptologues ont identifié dans une épithète royale deux signes qui désignent un cœur ardent, mais il ne s'ensuit pas qu'ils aient jamais été employés pour indiquer l'Égypte. Cependant un brasier surmonté d'un cœur signifie la colère, pour un père de l'Église comme Cyrille d'Alexandrie (voir Van der Walle et Vergote 1943).

Cet indice nous ouvre une autre piste : selon toute probabilité, la deuxième partie des *Hieroglyphica* est l'œuvre du traducteur Philippe, et, dans cette deuxième partie, les références à la tradition hellénistique tardive du *Physiologus* et des autres bestiaires, herbiers et lapidaires qui en découlent, sont très évidentes ; cette tradition plonge ses racines non seulement dans la culture égyptienne, mais dans des traditions asiatiques très anciennes, puis grecques et latines.

Examinons le cas exemplaire de la cigogne. Lorsque les *Hieroglyphica* présentent la cigogne, ils racontent :

> Comment [l'on représente] celui qui aime le père
> Si l'on veut signifier celui qui aime le père, on peint une cigogne. Celle-ci, en effet, nourrie par ses parents, ne se sépare jamais d'eux, mais reste avec eux jusqu'à leur vieillesse, en les gratifiant de sa piété et sa déférence.

Effectivement, dans l'alphabet hiéroglyphique égyptien un animal semblable se trouve (pour des raisons phonétiques) en tant que signe de « fils », mais, dans I, 85, Horapollon attribue le même concept à une huppe (signe qui rassemble syncrétiquement différentes traditions), et la huppe est citée dans le *Physiologus*, et antérieurement encore chez différents auteurs classiques comme Aristophane, Aristote, et chez des pères comme Basile le Grand. Mais revenons à la cigogne.

Les *Emblemata* d'Andrea Alciati (1531) reprennent certainement divers traits saillants des *Hieroglyphica*, et l'on voit la cigogne y faire son apparition, laquelle, explique-t-on, donne à ses petits des nourritures appréciées et porte sur son dos les corps fatigués de ses parents en leur offrant la nourriture de son bec. L'image qui accompagne cet emblème dans l'édition de 1531 est celle d'un oiseau qui vole en portant un autre oiseau sur son dos, mais dans des éditions successives (par exemple, celle de 1621) apparaît en revanche un oiseau qui porte un ver destiné aux petits qui l'attendent dans le nid le bec ouvert.

Les commentaires d'Alciati renvoient au passage des *Hieroglyphica*, mais il est évident que les *Hieroglyphica* ne parlent ni de la nutrition des petits, ni du transport des parents. On y fait allusion, par contre, dans un texte du IVe siècle ap. J.-C., c'est-à-dire dans l'*Hexameron* de Basile le Grand (VIII, 5).

Ce que l'on pouvait donc trouver dans les *Hieroglyphica* était déjà disponible dans la culture européenne. Un voyage à reculons à partir de la Renaissance accompli sur le chemin des cigognes réserve en effet quelques surprises intéressantes. Dans le *Bestiaire de Cambridge* (XIIe siècle), on lit que les cigognes nourrissent une affection exemplaire envers leur progéniture, et qu'« elles la couvent avec tant d'application et d'assiduité qu'elles en perdent leurs plumes à cause de leur position couchée constante. Elles sont ensuite récompensées pour le temps consacré aux soins et au dressage de leur progéniture par celle-ci qui prend soin de ses parents ». L'image reproduit une cigogne qui porte une grenouille dans son bec, évidemment pour son petit. Mais le *Bestiaire de Cam-*

bridge emprunte cette idée à Isidore de Séville (*Etymologiarum* XII : VII) qui s'exprime à peu près dans les mêmes termes. D'où Isidore aurait-il pu prendre cette information ? De Basile le Grand, comme nous l'avons vu, ou de saint Ambroise (*Hexameron* V, 16, 53) ; ou bien de Celse (cité par Origène dans le *Contre Celse* IV, 98), ou de Porphyre (*De abstinentia* III, 23, 1). Et ceux-ci avaient comme source l'*Histoire naturelle* de Pline l'Ancien (X, 32).

Il est vrai que Pline pouvait reprendre une tradition égyptienne puisque Élien (IIe-IIIe siècle ap. J.-C., et sans faire référence à Pline) pouvait affirmer que « les cigognes sont vénérées chez les Égyptiens, parce qu'elles nourrissent et honorent leurs parents quand ils sont vieux » (*De animalium natura* X, 16). Mais, si l'on continue de remonter en arrière, on découvre que cette même référence se trouve chez Plutarque (*De solertia animalium* 4), chez Cicéron (*De finibus bonorum et malorum* II, 110), chez Aristote (*Historia animalium* IX, 7, 612b 35), chez Platon (*Alcibiade* 135 E), chez Aristophane (*Les Oiseaux* 1355), et l'on peut remonter jusqu'à Sophocle (*Électre* 1058). Rien n'empêche de penser que Sophocle rapportait une tradition égyptienne bien plus ancienne, mais de toute manière l'Occident connaissait très bien l'histoire de la cigogne et n'avait aucune raison de s'étonner de la révélation des *Hieroglyphica*. De plus, il semble que le symbolisme de la cigogne soit d'origine sémitique, puisque en hébreu son nom signifie « celle qui a la piété filiale ».

Lu aujourd'hui par qui possède une certaine familiarité avec la culture médiévale et classique, le petit livre d'Horapollon semble donc très peu différer des bestiaires qui circulaient au cours des siècles précédents, sauf qu'il ajoute au zoo traditionnel des animaux égyptiens comme le scarabée ou l'ibis et qu'il néglige les commentaires moralisants ou les références à l'histoire sacrée.

On ne peut pas dire que les hommes de la Renaissance ne se rendaient pas compte qu'ils avaient entre les mains un matériel traditionnel et déjà connu comme tel. Pierio

Valeriano, dans les *Hieroglyphica sive de sacris Ægyptiorum aliarumque gentium literis commentarii*, de 1556, reprenant les hiéroglyphes d'Horapollon, ne perd pas l'occasion d'en confirmer l'autorité, sur la base de larges citations de sources classiques et chrétiennes. Mais, au lieu de lire Horapollon à la lumière de la tradition, il relit la tradition à la lumière d'Horapollon.

Dans le *Delle Imprese* de Giulio Cesare Capaccio, de 1592, où l'on cite continuellement des auteurs grecs et latins, il est évident que l'auteur sait très bien tirer parti de ce que la tradition lui a transmis. Mais il le fait en suivant la vogue égyptienne. On ne peut plus comprendre ces images qui viennent de siècles et de siècles d'histoire occidentale sans les transformer en réservoirs de significations cachées, « ce qui ne peut, en vérité, être fait sans l'observation hiéroglyphique » (feuillet 4r), et cela même à travers la médiation d'un texte contemporain comme la *Monas Hieroglyphica* de « ce John Dee de Londres ».

On a parlé de « relecture » d'un texte (ou d'un enchevêtrement textuel) qui n'avait pas été modifié. Qu'est-ce qui avait donc changé ? Il s'était produit un incident sémiotique qui, paradoxal quant aux effets, est tout à fait explicable dans sa dynamique. Nous nous trouvons en face d'un *énoncé* (le texte d'Horapollon) qui diffère peu d'autres énoncés déjà connus, et que la culture humaniste lit pourtant comme s'il s'agissait d'un énoncé inédit. Ceci a lieu parce que la rumeur publique attribue maintenant cet énoncé *à un sujet différent de l'énonciation*. L'énoncé ne change pas, c'est le sujet auquel il est attribué qui change — et naturellement, *c'est donc sa réception qui change*, la façon dont il est interprété.

Les vieilles images connues, au moment où elles n'apparaissent plus transmises par une tradition chrétienne (ou païenne), mais par les divinités de l'Égypte elles-mêmes, acquièrent un sens différent de celui qu'elles avaient dans les bestiaires moralisés. Les références scripturales, maintenant absentes, sont remplacées par des allusions à une religiosité plus vague et riche de mystérieuses promesses, et le succès du livre naît précisément de cette polysémie. Les hiéroglyphes sont perçus comme des *symboles initiatiques*.

Ce sont des *symboles*, et donc des expressions qui renvoient à un contenu occulte, méconnu, plurivoque et riche de mystère. Pour Kircher, contrairement à la conjecture qui nous permet de remonter d'un symptôme évident à une de ses causes certaines, « le symbole est une *marque significative* de quelque mystère plus caché, c'est-à-dire que la nature du symbole est de conduire notre esprit, grâce à quelque similitude, à la compréhension de quelque chose de très différent des choses qui nous sont offertes par les sens extérieurs ; et dont la propriété est d'être celée ou dissimulée sous le voile d'une expression obscure [...]. Il n'est pas formé de paroles mais s'exprime seulement à travers des marques, des caractères, des figures » (*Obeliscus Pamphilius* II, 5 : 114-120).

Initiatiques, parce que la fascination de la culture égyptienne se fonde sur le fait que le savoir qu'elle promet est enfermé dans le contour insondable et indéchiffrable d'une énigme afin de le soustraire à la curiosité profane de l'homme du commun. Ainsi, Kircher nous rappelle que le hiéroglyphe est le symbole d'une chose sacrée (et, en ce sens, tous les hiéroglyphes sont des symboles, mais la réciproque n'est pas vraie), et sa force réside dans le fait qu'il est hors d'atteinte des profanes.

L'égyptologie de Kircher

Au XVIIe siècle, lorsque Kircher entreprend le déchiffrement des hiéroglyphes, la pierre de Rosette n'était pas encore connue. Il commet l'erreur, tout à fait excusable dans l'état des connaissances de l'époque, de croire que tous les signes hiéroglyphes avaient une valeur idéographique, et sa reconstruction est, par conséquent, totalement erronée. Il devient cependant le père de l'égyptologie, tout comme Ptolémée fut le père de l'astronomie, même si l'hypothèse ptolémaïque était fausse. En effet, dans sa tentative de faire cadrer une idée erronée, Kircher accumule du matériel d'observation, transcrit des documents, attire l'attention du monde scientifique sur l'objet hiéroglyphique. Kircher, cependant, ne travaille pas sur des reconstructions fantaisistes des animaux nommés par Horapollon ; il étudie directement et fait recopier les hiéroglyphes réels. Mais dans cette reconstruction, qui donne lieu à des planches somptueuses et artistiquement fascinantes, sont aussi insérés de nombreux éléments imaginés, et, très souvent, des hiéroglyphes très stylisés sont retraduits visuellement dans de splendides formes baroques. Champollion a étudié lui aussi l'obélisque de la place Navona, en l'absence d'une observation directe, à partir de la reconstruction de Kircher, et, tout en se plaignant de l'imprécision d'un grand nombre de reproductions, il en tire des résultats intéressants et exacts.

Kircher avait déjà en 1636, avec son *Prodromus Coptus sive Ægyptiacus* (qui avait été suivi en 1643 par une *Lingua Ægyptiaca restituta*), identifié les rapports entre la langue copte et l'égyptien d'un côté, et le grec de l'autre, et il évoque la possibilité que toutes les religions orientales, y compris celles de l'Extrême-Orient, ne soient qu'une version plus ou moins dégénérée des mystères hermétiques.

Plus d'une douzaine d'obélisques gisaient en différents endroits de Rome, et dès l'époque de Sixte V on avait entrepris d'en restaurer quelques-uns. En 1644 est élu pape Innocent X, de la famille Pamphili, dont le palais se trouvait sur la place Navona. Le pontife avait confié au Bernin l'édification de la fontaine des quatre fleuves que l'on y voit aujourd'hui, et l'on avait décidé de placer au sommet de la fontaine l'obélisque de Domitien, à la restauration duquel Kircher fut invité.

Pour couronner tous ces travaux, en 1650, Kircher publie l'*Obeliscus Pamphilius*, et, en 1652-1654, les quatre volumes de l'*Œdipus Ægyptiacus*, qui se présente comme une investigation pleine de relief sur l'histoire, la religion, l'art, la politique, la grammaire, la mathématique, la mécanique, la médecine, l'alchimie, la magie, la théologie de l'ancienne Égypte, comparés avec toutes les autres cultures orientales, depuis les idéogrammes chinois jusqu'à la Kabbale hébraïque, et à la langue des Brahmanes indiens, et qui constitue aussi un impressionnant tour de force typographique parce qu'il avait demandé la fabrication de nouveaux caractères pour de nombreux alphabets orientaux. Il s'ouvre, entre autres, avec une série de dédicaces à l'empereur en grec, latin, italien, espagnol, français, portugais, allemand, hongrois, tchèque, illyrien, turc, hébraïque, syrien, arabe, chaldéen, samaritain, copte, éthiopien, arménien, persan, indien et chinois. Mais il ne s'éloigne pas des conclusions tracées dans le livre précédent (et il ne s'en éloignera pas dans *Obelisci Ægyptiaci nuper inter Isæi Romani rudera effosii interpretatio hieroglyphica*, de 1666, ni dans *Sphinx mystagoga*, de 1676).

Kircher, en fait, effleure l'intuition que certains des principaux hiéroglyphes puissent être reliés à des valeurs phonétiques : dans ce sens, il dessine un alphabet, assez fantaisiste, de 21 hiéroglyphes, de la forme desquels il fait dériver, par des abstractions successives, les lettres de l'alphabet grec. En prenant, par exemple, la figure d'un ibis qui plie le cou et introduit sa tête entre ses pattes, Kircher parvient à la déduction que cette forme a engendré l'Alpha grec, sous sa forme majuscule (A). On serait parvenu à cela parce que la signification hiéroglyphique de l'ibis était « Bonus Dæmon », qui devient en grec « Agathos Daimon » ; mais il le devient à travers la médiation du copte, grâce à laquelle la lettre initiale de l'expression vocale s'identifie progressivement avec la forme du hiéroglyphe originaire. De même, les pattes de l'ibis, grandes ouvertes et s'appuyant par terre, devaient exprimer la mer, ou, plutôt, la seule forme sous laquelle les Égyptiens connaissaient la mer, dit Kircher, c'est-à-dire le delta du Nil. Le mot *delta* serait resté inaltéré dans son passage au grec ; voilà la raison pour laquelle la lettre *delta* a, dans la majuscule grecque, la forme d'un triangle.

La conviction que les hiéroglyphes *montrent* quelque chose de naturel empêche Kircher de repérer la voie juste. Il attribue plutôt à des civilisations postérieures ce court-circuit entre hiéroglyphe et son qui avait déjà eu lieu, au contraire, à l'intérieur de l'écriture hiéroglyphique. Enfin, il distingue mal entre le son et la lettre alphabétique qui le représente, si bien que son intuition initiale devient une clé pour expliquer la génération des alphabets phonétiques successifs mais non pour comprendre la nature phonétique des hiéroglyphes.

Cependant, au-delà de cette enquête introductive, Kircher fixe son attention sur la signification mystique des hiéroglyphes, dont, sans hésiter, il attribue l'invention à Hermès Trismégiste. Tout cela avec une volonté exaspérée d'inactualité, parce que, au temps où il écrivait, Isaac Casaubon avait déjà prouvé depuis quelques décennies que le *Corpus hermeticum* tout entier ne pouvait que remonter aux premiers siècles de l'ère vulgaire. Kircher, dont la culture était vraiment extraordinaire, ne pouvait pas ne pas le savoir, mais il l'ignore volontairement, et reste fidèlement attaché à ses présupposés hermétiques, ou, tout au moins, à son goût pour l'extraordinaire et pour le prodigieux.

De là une série de déchiffrements qui font aujourd'hui sourire les égyptologues. A la page 557 de l'*Obeliscus Pamphilius*, par exemple, les images d'un cartouche, numérotées de 20 à 24, sont ainsi lues par Kircher : « A l'origine de toute fécondité et végétation se trouve Osiris, dont le pouvoir de génération conduit du ciel à son royaume le Sacré Mophtha », alors que la même image sera déchiffrée par Champollion (*Lettre à M. Dacier*, p. 29), sur la base même des dessins de Kircher, comme signifiant « AOTKPTΛ [c'est-à-dire Autocrate, empereur] fils du soleil et souverain des couronnes ΚΗΣΡΣ ΤΜΗΤΕΝΣ ΣΒΣΤΣ [César Domitien Auguste] ». La différence est remarquable, surtout si l'on considère que Kircher consacre au mystérieux Mophtha, représenté par un lion, un très grand nombre de pages d'exégèse mystique, en lui attribuant de nombreuses propriétés, alors que pour Champollion le lion (ou la lionne) indique simplement la lettre L.

De même, à la p. 187 du tome III de l'*Œdipus*, l'on trouve une longue analyse d'un cartouche qui apparaît sur l'obélisque du Latran. Kircher y lit une argumentation complexe sur la nécessité d'attirer sur soi les bienfaits du divin Osiris et du Nil à travers des cérémonies sacrées en mettant en action la Chaîne des Génies, liée aux signes du zodiaque. Aujourd'hui, les égyptologues y lisent simplement le nom du pharaon Apries.

Le chinois de Kircher

On a déjà vu, au chapitre V, que certains avaient pensé au chinois comme langue adamique. Kircher vit dans la période où l'expansion vers l'Orient atteint un très haut niveau : les Espagnols, les Portugais, les Anglais, les Hollandais, et plus tard les Français parcourent avec leurs flottes la route des Indes, celles de la Chine et du Japon, les mers autour des îles de la Sonde. Mais, plus encore que les marchands, ce sont les missionnaires jésuites qui circulent, sur les traces du père Matteo Ricci qui, depuis déjà la fin du siècle précédent, en apportant aux Chinois les idées de la culture européenne, avait ramené en Europe des informations approfondies sur la culture chinoise. Dès 1585, Juan González de Mendoza, dans son *Historia de las cosas más notables, ritos y costumbres del gran reino de la China*, avait donné, en les imprimant, la reproduction des caractères chinois :

en 1615 avait paru l'édition de *De christiana expeditione apud Sinas ab Societate Iesu suscepta* du père Matteo Ricci, où il est expliqué qu'il existe dans cette langue autant de caractères qu'il y a de mots, et où l'on insiste sur le caractère international de cette écriture, qui peut être facilement comprise non seulement par les Chinois, mais aussi par les Japonais, les Coréens, les habitants de la Cochinchine et de Formose — et nous verrons combien cette découverte va influencer la recherche d'un « caractère réel » à partir de Bacon. En 1627, en France, Jean Douet publiait une *Proposition présentée au Roy, d'une escriture universelle, admirable pour ses effects, très utile... à tous les hommes de la terre*, dans laquelle il est fait référence au modèle chinois comme exemple de langue internationale.

De même, on recueille des informations sur les écritures, certainement pictographiques, des civilisations amérindiennes. Ce thème est abordé dans plusieurs œuvres même si leur interprétation fait l'objet de tentatives contradictoires, par exemple dans l'*Historia natural y moral de las Indias* de José de Acosta, de 1590, et dans la *Relación de las cosas de Yucatán* de Diego de Landa, écrite au XVIe siècle, mais publiée seulement au XVIIIe siècle, et en 1609 paraissent les *Comentarios reales que tratan del origine de los Yncas*, de Garcilaso de la Vega. Un grand nombre des premiers voyageurs avaient rapporté entre autres que les contacts avec les indigènes s'effectuaient d'abord au moyen des gestes, et cela avait conduit à ce que l'on s'intéresse à l'universalité prétendue d'un langage gestuel. Dans ce sens, l'universalité des gestes s'apparentait à l'idée de l'universalité des images (voir, parmi les premiers traités sur cette question, Giovanni Bonifacio, *L'arte de' cenni*, de 1616, et, sur ce thème en général, Knox 1990).

Kircher disposait, à travers les rapports de ses confrères, d'un matériel ethnographique et linguistique incomparable (voir Simone 1990 pour cette « linguistique des jésuites » ou « du Vatican »). Il s'était vaguement intéressé au chinois dans l'*Œdipus* et il reprend pratiquement les mêmes arguments, sous une forme plus elliptique, dans *China monumentis qua Sacris qua Profanis, nec non variis Naturæ et Artis Spectaculis, aliarum rerum memorabilis argumentis illustrata*, 1667. Mais cette œuvre est plutôt un traité d'ethnographie et d'anthropologie culturelle qui décrit, à travers des illustrations splendides et parfois bien documentées, et en rassemblant tous les rapports qui lui parvenaient des missionnaires de la Compagnie, tous les aspects de la vie, de la culture, de la nature chinoises et qui ne consacre à la littérature et à l'alphabet que la sixième et dernière partie.

Kircher soutient que les mystères de l'écriture hiéroglyphique ont été introduits en Chine par Cham, fils de Noé, et dans l'*Arca Noe*, de 1675 (p. 210 et s.), il identifie Cham avec Zoroastre, inventeur de la magie. Mais les caractères chinois ne constituent pas pour lui un mystère à résoudre comme les hiéroglyphes égyptiens. Il s'agit d'une écriture utilisée encore de son temps, dont la clé avait été largement dévoilée. Comment pouvait-on juger sacrée, et véhicule de mystères occultes, une écriture tout à fait compréhensible ?

Kircher se rend compte que les caractères chinois ont un fondement iconique, mais il s'aperçoit en même temps qu'il s'agit d'un iconisme très stylisé, où la trace de la similitude originaire a presque disparu. Il retrouve, ou bien il reconstruit de manière fantaisiste, des images de poissons et d'oiseaux qui auraient été à l'origine des idéogrammes ordinaires, il se rend compte que les idéogrammes n'expriment pas des lettres ou des syllabes, mais renvoient à des concepts, et il remarque que, si l'on voulait traduire dans leur idiome l'intégralité de notre dictionnaire, il faudrait posséder autant de caractères différents qu'il y a de mots (*Œdipus* III : 11). Et il réfléchit ensuite sur le problème de savoir quelle serait la mémoire nécessaire à un sage chinois pour connaître tous ces caractères et s'en souvenir.

Pourquoi ne s'était-il pas posé le problème de la mémoire à propos des hiéroglyphes égyptiens ? Parce que dans ce cas, justement, le caractère prend toute sa force allégorique et métaphorique en vertu de ce que Kircher pense être un rapport immédiat de révélation : les hiéroglyphes *integros conceptos ideales involvebant*. Mais, en utilisant le mot *involvere*, Kircher entend exactement l'opposé de ce que nous, nous entendrions en pensant à l'immédiateté iconique d'un pictogramme, à la correspondance intuitive entre un caractère (le soleil, par exemple) et la chose correspondante.

Nous nous en rendons compte en voyant combien il considérait comme inférieurs les caractères amérindiens (*Œdipus*, I, Syntagme V) : ils lui apparaissaient comme immédiatement pictographiques, aptes à représenter personnages et événements, simple support mnémonique pour indiquer des entités individuelles, mais incapables de révéler des mystères (*Œdipus*, IV : 28 ; et, sur l'infériorité des caractères amérindiens, voir aussi Brian Walton, *In Biblia polyglotta prolegomena*, 2.23).

Quant à l'idéographie chinoise, elle est certainement supérieure à la pictographie amérindienne parce qu'elle exprime aussi des concepts abstraits, mais, en fin de compte, elle est trop univoquement déchiffrable (même si elle peut engendrer des combinaisons subtiles, voir *Œdipus* III : 13-14). Par contre, les Égyptiens ne voyaient pas l'animal dans le scarabée, mais le Soleil, et non pas le soleil matériel qui éclaire le monde sensible, mais le Soleil archétype du monde intelligible. Au XVIIe siècle, en Angleterre, on trouvera exemplaire l'écriture chinoise, où à chaque élément du plan de l'expression correspond une unité sémantique du plan du contenu, mais c'est précisément pour cela que Kircher la ressent comme privée de mystère. Il semble vouloir dire qu'elle représente des simples concepts, alors que les hiéroglyphes rassemblent des « textes », des portions complexes de contenu qui peuvent être interprétées à l'infini.

Le caractère chinois, c'est ce que Kircher répétera aussi dans *China*, n'a rien d'hiératique, et il ne sert pas à cacher des vérités abyssales aux profanes, mais c'est un instrument ordinaire de commerce communicationnel. Il est utile pour comprendre du point de vue ethnologique un peuple auquel la Compagnie porte beaucoup d'intérêt, mais on ne peut le compter au nombre des langues saintes. Quant aux caractères amérindiens, non seulement ils sont platement référentiels, mais ils révèlent la nature diabolique d'un peuple ayant perdu tout vestige de la sagesse archaïque.

L'Égypte n'existe plus en tant que civilisation (et l'Europe ne parvient pas encore à la penser comme une terre de conquête) : respectée dans son inconsistance géopolitique, elle est élue en tant qu'objet de phantasme hermétique, et en tant que telle elle est englobée par la sagesse chrétienne occidentale comme profondeur de son origine. La Chine est un Autre avec lequel traiter : une puissance politique respectable, une alternative culturelle sérieuse dont les jésuites ont révélé les fondements : « Les Chinois, moraux et vertueux, bien que païens, lorsqu'ils ont eu oublié les vérités révélées dans l'écriture hiéroglyphique, ont converti l'idéographie en un instrument neutre et abstrait de communication, et cela fait penser que leur conversion sera une œuvre facilement réalisable » (Pellerey 1992b : 521). Les Amériques sont au contraire une terre de conquête, et l'on ne traite pas avec les idolâtres, dont l'écriture est assez médiocre : on les convertit, en effaçant toute trace de leur culture originaire, irrémédiablement souillée par des suggestions inspirées par l'idolâtrie. « La démonisation des cultures américaines trouve ici une justification linguistique et théorétique » (*ibid.*).

L'idéologie kirchérienne

Pour en revenir aux hiéroglyphes, on ne peut certainement pas reprocher à Kircher de ne pas avoir compris une structure grammatologique dont personne, à cette époque, n'avait la clé. Mais il faut déterminer l'idéologie qui l'a conduit à grossir ses erreurs. Au fond, « rien ne peut exprimer mieux que la gravure par laquelle s'ouvre l'*Obeliscus Pamphilius* le caractère double de la recherche de Kircher : en elle, cohabitent tant l'image éclairée de la Philomatiá à laquelle Hermès explique tous les mystères, que le geste inquiétant d'Harpocrates qui, caché à l'ombre du cartouche, éloigne les profanes » (Rivosecchi 1982 : 57).

Les configurations hiéroglyphiques deviennent ainsi une sorte de dispositif hallucinatoire dans lequel on peut faire se réunir toutes les interprétations possibles. Valerio Rivosecchi (1982 : 52) suggère que ce tableau permettait à Kircher de discuter une infinité de thèmes brûlants, de l'astrologie à l'alchimie et à la magie, avec la possibilité d'attribuer toutes ces idées à une tradition immémoriale, dans laquelle Kircher repérait en même temps les préfigurations du christianisme. Mais, dans cette boulimie herméneutique, l'esprit délicieusement baroque de Kircher, son goût pour les grands théâtres de miroirs et de lumières, ou pour la collection muséographique surprenante (qui le conduisit à constituer l'extraordinaire *Wunderkammer* qui fut le musée du Collège Romain), jouaient aussi sur son sens du tératologique et de l'incroyable. On ne peut pas expliquer différemment la dédicace à l'empereur Ferdinand III qui apparaît en ouverture du tome III de l'*Œdipus* :

> Je déploie devant tes yeux, ô Très Saint César, le royaume polymorphe de Morphée Hiéroglyphique : je parle d'un théâtre où est disposée une immense variété de monstres, et non pas de simples monstres de la nature, mais si orné des Chimères énigmatiques d'une très ancienne sagesse que je compte que des intellects sagaces parviendront à retrouver des trésors démesurés de science, non sans quelques avantages pour les lettres. Ici, le Chien de Boubastis, le Lion de Saïs, le Bouc Mendès, le Crocodile effrayant avec l'horrible ouverture de sa gueule, découvrent les significations occultes de la divinité, de la nature, de l'esprit de la Sagesse Antique, sous le jeu d'ombres des images. Ici, les Dipsodes assoiffés, les Aspics virulents, les Ichneumons rusés, les Hippopotames

> cruels, les Dragons monstrueux, le crapaud au ventre renflé, l'escargot à la coquille enroulée, les chenilles hirsutes et d'innombrables spectres montrent l'admirable chaîne ordonnée qui se déploie dans les sanctuaires de la nature. Ici se présentent mille espèces exotiques de choses muées en d'autres choses et d'autres images transformées par la métamorphose, transformées en figures humaines et rendues de nouveau à elles-mêmes en un enchevêtrement mutuel, l'animalité avec l'humanité, et celle-ci avec l'artificieuse divinité ; et enfin, la divinité qui, en rappelant ce que disait Porphyre, parcourt l'univers tout entier, ourdit avec toutes les entités une union monstrueuse ; où tantôt, sublime par son visage bariolé, dressant sa tête canine, se montrent le Cynocéphale, et Ibis l'abject, et l'Épervier entouré d'un masque rostral [...] et où encore, alléchant par son aspect virginal, sous l'enveloppe du Scarabée, se cache le dard du Scorpion [... ceci et d'autres choses encore dont la liste continue sur quatre pages] nous [les] contemplons dans ce théâtre panmorphique de la Nature, déployé devant notre regard, sous le voile allégorique d'une signification occulte.

Il y a là un esprit lié encore au goût pour l'encyclopédie et pour les *Libri Monstruorum* médiévaux (qui revient d'ailleurs sous des formes plus « scientifiques » à partir de la Renaissance dans les œuvres de médecine d'Ambroise Paré, dans les œuvres naturalistes d'Ulisse Aldrovandi, dans les recueils de monstres de Fortunio Liceti, dans la *Physica curiosa* du kirchérien Gaspar Schott), compliqué par un sens quasi borrominien des dissymétries vertigineuses, ou par l'idéal esthétique qui préside à la construction des grottes hydrauliques, des rocailles mythologiques de beaucoup de jardins de l'époque.

Mais au-delà de cette composante religieuse et hermétique, Valerio Rivosecchi cerne un autre aspect de l'idéologie kircherienne. Dans un univers placé sous le signe d'une divinité antique, puissante et solaire, le mythe d'Osiris devient l'allégorie de l'épuisante recherche de stabilité qui se manifeste dans un monde qui vient de sortir de la guerre de Trente ans où Kircher s'était trouvé directement impliqué. En ce sens, cette dédicace à Ferdinand III qui se détache au début de chaque tome de l'*Œdipus* doit peut-être être lue de la même manière que nous lisons les appels, au cours du siècle précédent, adressés par Postel à l'intervention d'assainissement de la monarchie française, les appels analogues de Giordano Bruno, la célébration par Campanella d'une monarchie solaire qui prélude au règne de Louis XIV, les appels au Siècle d'or dont nous nous occuperons dans le chapitre sur la langue sainte des Rose-Croix. Comme tous les grands utopistes de l'époque, le jésuite Kircher rêve lui aussi d'une recomposition de l'Europe déchirée sous une monarchie stable, et en bon Allemand, répétant par ailleurs le geste de Dante, il s'adresse à l'empereur germanique. Encore une fois, comme déjà pour Lulle, même si les formes en sont si différentes qu'elles en effacent presque l'analogie, la recherche de la langue parfaite devient l'instrument pour établir une nouvelle concorde, non seulement européenne, mais planétaire. La connaissance des langues exotiques ne vise pas tant à retrouver leur condition de perfection qu'à montrer aux missionnaires de la Compagnie « la façon de reconduire à la doctrine du Christ celui qui en a été détourné par la malice diabolique » (Préface à *China*, mais aussi à *Œdipus* I, I : 396-398).

Il en est de même encore dans la *Turris Babel* (qui est pourtant la dernière des œuvres de Kircher) : l'histoire de la confusion des langues est évoquée uniquement dans la tentative de recomposer « une histoire universelle grandiose qui pourrait accueillir toutes les différences dans un projet unitaire d'*assimilation* à la doctrine chrétienne [...]. Les peuples du monde entier dispersés aux quatre vents sont rappelés par la Tour Jésuite à une nouvelle réunification linguistique et idéologique » (Scolari 1983 : 6).

En effet, bien qu'assoiffé de mystère et sincèrement fasciné par les langues exotiques, Kircher n'avait pas réellement besoin d'une langue parfaite de la concorde pour unifier le monde, parce qu'il pensait qu'au fond son bon latin contre-réformiste pouvait véhiculer le peu de vérité évangélique qui servait à unir les peuples. Il n'a jamais pensé que, sans parler du chinois, les langues sacrées des hiéroglyphes et de la permutation kabbalistique pourraient être de nouveau parlées avec profit. Au cours de sa recherche dans le passé, Kircher a trouvé son bonheur parmi les ruines antiques et vénérées des langues mortes, mais il n'a jamais eu l'idée qu'elles pourraient redevenir des langues vivantes. Tout au plus les a-t-il imaginées comme chiffrements mystiques, accessibles seulement aux initiés, et, pour en divulguer le peu qui suffisait à montrer leur féconde impénétrabilité, il a eu besoin de les accompagner d'un commentaire pléthorique. Mais, baroque parmi les baroques, et comme il le démontre dans chacun de ses livres (où il consacre beaucoup plus de soin à suivre l'exécution des planches qu'à l'écriture souvent bâclée et répétitive des textes), *il ne parvient pas vraiment à penser sinon par images interposées* (voir Rivosecchi 1982 : 114). Et son œuvre la plus actuelle, et certainement la plus populaire, demeure l'*Ars magna lucis et umbræ* de 1646 où, explorant l'univers du visible dans tous ses plis et toutes ses profondeurs, il nous donne non seulement quelques-unes de ses intuitions scientifiques les plus intéressantes, mais aussi une légère anticipation des techniques photographiques et cinématographiques.

La critique postérieure

Environ un siècle plus tard, Giambattista Vico présumera que la première forme de langage s'est faite à travers des hiéroglyphes, c'est-à-dire à travers des figures animées, des métaphores, et il considérera que des espèces de pantomimes, de rébus mis en scène sont autant de manifestations hiéroglyphiques. En fonction de ces pantomimes et rébus, par exemple, Idanthyrse, roi des Scythes, répondra à Darius le Grand, qui lui avait déclaré la guerre, par « cinq mots réels » : une grenouille, un rat, un oiseau, une charrue et un arc.

> La grenouille signifiait qu'il était né sur cette terre de Scythie, [...] tout comme les grenouilles naissent de la terre, après une pluie d'été ; le rat indiquait qu'il s'était établi là où il était né et y avait fondé son peuple ; par l'oiseau il voulait dire qu'il jouissait du droit des auspices, c'est-à-dire, comme on le verra, qu'il n'était soumis à personne d'autre qu'à Dieu ; par la charrue, qu'il avait cultivé ces terres et les avait ainsi conquises ; l'arc enfin symbolisait le pouvoir des armes qu'il détenait et qui l'obligeait, en même temps qu'il lui en donnait la force, de défendre la Scythie, son pays (*Scienza nuova* II, 2.4 : 435 [1]).

Pour Vico, cependant, cette langue hiéroglyphique n'a aucun caractère de perfection, mais elle est marquée par son ancienneté et sa primauté, car elle a été la langue de l'ère des dieux. Elle ne voulait être ni ambiguë ni secrète : « il nous faut ruiner cette fausse opinion selon laquelle les hiéroglyphes auraient été découverts par les philosophes pour y cacher les mystères de quelque profonde sagesse, comme on l'a cru à propos des Égyptiens. Ce fut en effet un besoin naturel commun à tous les peuples, de s'exprimer au moyen des hiéroglyphes » (*ibid.*).

Cette façon de « parler avec les choses » était humaine, naturelle, adaptée à sa fin de compréhension mutuelle. C'était un parler poétique, qui ne pouvait être séparé ni de la langue symbolique des héros ni de la langue épistolaire du commerce des hommes (« Il faut supposer que cette langue est le fruit d'une convention libre car c'est un fait d'observation universelle que le droit du peuple de s'exprimer en un langage et une écriture vulgaires », *ibid.*, p. 439 [2]). Ainsi, la langue hiéroglyphique, « presque muette ou légèrement articulée » (*ibid.*, p. 446 [3]), réduite à

1. *La Science nouvelle*, *op. cit.*, p. 152. [N.d.T.]
2. *Ibid.*, p. 155. [N.d.T.]
3. *Ibid.*, p. 160. [N.d.T.]

n'être que le vestibule de la langue héroïque, faite d'images, de métaphores, de similitudes et de comparaisons « qui, avec l'apparition du langage articulé, devaient faire toute la richesse de la poésie » (*ibid.*, p. 438 [1]), perd son auréole sacrale et initiatique, pour devenir le modèle de ce parler parfait qui est l'utilisation artistique des langages, mais sans plus vouloir se substituer à la langue des hommes.

C'est dans cette direction que d'autres critiques du XVIIIe siècle seront formulées. Nicolas Fréret (*Réflexions sur les principes généraux de l'art d'écrire*, 1718) dira que les hiéroglyphes représentent un artifice archaïque ; et Warburton, dans *The Divine Legation of Moses* (1737-1741), les considérait comme à peine plus développés que les écritures mexicaines. Comme nous l'avons déjà vu à propos de la critique du XVIIIe siècle adressée au monogénétisme, l'on commence maintenant à penser à une série de phases dans le développement des écritures, depuis les pictographies (qui représentent des choses), en passant par les hiéroglyphes (qui représentent des qualités et des passions), jusqu'aux idéogrammes, représentation abstraite et arbitraire d'idées. C'était la distinction déjà faite par Kircher, mais l'ordre de la séquence change, et le hiéroglyphe est relégué à une phase plus primitive.

Rousseau (dans son *Essai sur l'origine des langues*, 1781) dira que : « Plus l'écriture est grossière plus la langue est antique [2] », mais il laisse entendre que plus la langue est antique, plus l'écriture est grossière. Pour représenter les mots et les propositions avec des caractères conventionnels, on doit attendre que la langue se soit formée complètement et qu'un peuple soit tout entier gouverné par des lois communes. L'écriture alphabétique sera inventée par des peuples commerçants qui devaient voyager et parler plusieurs lan-

1. *Ibid.*, p. 154. [N.d.T.]

2. J.-J. Rousseau, *Essai sur l'origine des langues*, texte établi et présenté par J. Starobinski, Paris, Gallimard « Folio », 1990, p. 73. [N.d.T.]

gues. Elle marque un stade supérieur parce que, plus que représenter la parole, elle l'analyse, et il se dessine ici une analogie entre l'équivalent universel qu'est l'argent et l'équivalence universelle des caractères alphabétiques (voir Derrida 1967 : 242; Bora 1989 : 40).

Ces mêmes idées inspireront les rubriques « Écriture », « Symbole », « Hiéroglyphe », « Écriture des Égyptiens », « Écriture chinoise » de l'*Encyclopédie*, confiées au chevalier de Jaucourt. Celui-ci est conscient du fait que l'écriture tout à fait iconique des hiéroglyphes réservait le savoir à une caste restreinte de prêtres, raison pour laquelle l'aspect énigmatique des hiéroglyphes (qui était pour Kircher un titre de gloire) requiert à un certain moment leur transformation dans les formes plus conventionnelles du démotique et du hiératique. Jaucourt essaie de distinguer, mieux que ses prédécesseurs, divers types d'écriture hiéroglyphique, et cela, sur des bases rhétoriques. Le *Traité des tropes* de Du Marsais (1730) où sont délimitées et codifiées les valeurs possibles qu'un terme peut assumer par processus rhétorique, y compris l'analogie, avait été publié quelques années auparavant. Jaucourt, abandonnant toute interprétation hermétique, distingue les écritures emblématiques en fonction de critères rhétoriques (dans le hiéroglyphe curiologique on écrit en utilisant la partie pour le tout, dans le hiéroglyphe tropique on place une chose à la place d'une autre en fonction de critères de similarité), et, donc, une fois que la mécanique hiéroglyphique est réduite à une mécanique rhétorique, on parvient à freiner aussi le glissement infini du sens, dénoncé désormais comme le produit d'une mystification réalisée par la caste des prêtres égyptiens.

La voie égyptienne et la voie chinoise

Bien que l'opinion commune considère encore aujourd'hui les images comme un moyen de communication capable de surmonter les différences linguistiques, une cassure nette entre la « voie égyptienne » et la « voie chinoise » s'est opérée. La voie égyptienne appartient à l'histoire de l'art : nous pensons qu'un tableau ou une séquence cinématographique constituent des « textes », capables souvent de communiquer des sentiments ou des sensations qu'une langue verbale ne parvient pas à traduire de façon adéquate (comme lorsqu'on essaie de décrire la Joconde à quelqu'un qui ne voit pas). Ces textes nous communiquent des significations multiples et ne peuvent pas être ramenés à un code universel, parce que les règles de représentation (et de reconnaissance) d'une peinture murale égyptienne, d'une miniature arabe, d'un tableau de Turner ou d'une bande dessinée ne sont pas les mêmes.

D'autre part, lorsqu'on a essayé d'élaborer un code universel avec les images, on a eu recours à des idéogrammes (par exemple, le signal de sens interdit dans la signalétique de la route) ou à des pictogrammes (les images qui indiquent les arrivées, les départs, les restaurants ou les toilettes dans les aéroports). Ce faisant, le code des images peut se présenter comme simple *sémie de substitution* (signaux « à bras », où une combinaison de pavillons renvoie à une lettre alphabétique) ou comme parasitaire par rapport aux contenus des langues naturelles, comme le drapeau jaune signifiant « épidémie à bord » (voir Prieto 1966). Mais, dans ce sens, les systèmes gestuels des sourds-muets, des moines trappistes, des voleurs, des marchands hindous, des bohémiens sont des langues visuelles, ou encore les langages tambourinés et sifflés utilisés par certaines tribus sont autant de codes substitutifs du code verbal (voir La Barre 1964). Très utiles pour certains secteurs de l'expérience, ces langages ne prétendent pas être des « langues parfaites » (dans lesquelles on pourrait traduire, par exemple, une œuvre de philosophie).

Le problème est qu'un langage par images s'appuie d'habitude sur la conviction qu'une image représente les propriétés de la chose représentée, mais, les propriétés d'une chose étant nombreuses, l'on peut toujours trouver un point de vue sous lequel l'image peut être jugée semblable à quelque chose.

Il faut ici examiner le statut du langage des images dans une forme de système sémiotique (sinon véritablement de langue) qui est demeuré dominant à travers les siècles et a eu un développement particulier au moment où l'Occident se retournait vers des langues visuelles parfaites, c'est-à-dire les mnémotechniques ou arts de la mémoire (Rossi 1960, Yates 1966).

Un système mnémotechnique construit, sur le plan de l'expression, un système *loci* (de véritables lieux, des situations spatiales, comme les chambres d'un édifice ou les immeubles, les rues et les places d'une ville) destiné à recevoir les images qui appartiennent au même domaine iconographique et qui revêtent la fonction d'unités lexicales ; et, sur le plan du contenu, dispose les *res memorandæ*, c'est-à-dire les choses dont il faut se souvenir, organisées, à leur tour, en un système logico-conceptuel. Dans ce sens, un système mnémotechnique est un système sémiotique.

Dans des œuvres comme le *Congestorius artificiosæ memoriæ* (1520) de Johannes Romberch, son adaptation en italien de Ludovico Dolce, le *Dialogo nel quale si ragiona del modo di accrescere e conservar la memoria* (1575, première édition 1562), ou l'*Artificiosæ memoriæ fondamenta* (1619) de Johannes Paepp, par exemple, le système des cas grammaticaux est mis en mémoire en l'associant à des parties du corps humain. Nous avons non seulement un système qui en exprime un autre, mais encore les deux plans sont conformes entre eux : il n'est pas arbitraire que le nominatif soit associé à la tête, l'accusatif à la poitrine qui peut recevoir des coups, le génitif et le datif aux mains qui possèdent et offrent, et ainsi de suite.

Une image mnémotechnique, pour pouvoir facilement renvoyer au contenu correspondant, devrait pouvoir suggérer ce contenu selon quelques critères de similitude. Mais les mnémotechniques ne parviennent pas à trouver un critère unitaire de corrélation, parce que les critères de ressemblance utilisés sont ceux-là mêmes qui établissaient la convenance des signatures à leur *signatum*. Si nous nous référons (voir le chapitre VI) à ce que disait Paracelse à propos du langage d'Adam, le Protoplaste, nous voyons que dans un cas le nom était imposé sur la base d'une ressemblance morphologique (d'où dérivait la vertu), alors que dans un autre cas le nom était imposé sur la base de la vertu, mais la vertu n'était pas du tout exprimée par la forme. Dans d'autres cas, enfin, il ne s'agit ni de ressemblance morphologique ni de rapport de cause à effet, mais de déduction symptomatique, comme dans l'exemple des bois du cerf qui, grâce à leurs ramifications, permettent de déduire l'âge de l'animal.

Toujours à propos de signatures, Della Porta (*Phytognomonica*, 1583, III : 6) disait que les plantes tachetées qui imitent la peau d'animaux mouchetés en possèdent aussi les vertus : par exemple, l'écorce du bouleau dont les taches imitent le plumage de l'étourneau est, « par conséquent », bonne contre l'impétigo, et les plantes qui présentent des écailles comme les serpents sont utiles contre les reptiles (III : 7). La ressemblance morphologique « signe », dans un cas, une alliance et, dans l'autre, une inimitié salutaire entre la plante et l'animal. Taddeus Hageck (*Metoscopicorum libellus unus*, 1584 : 20) recommandait, parmi les plantes qui servent à soigner les poumons, deux sortes de lichen : mais l'un rappelle la forme du poumon sain, alors que l'autre (tacheté et hérissé) rappelle celle du poumon ulcéré ; et encore, une plante parsemée de petites perforations suggère sa capacité à ouvrir les pores de la peau. Il s'agit de trois rapports très différents : ressemblance avec l'organe sain, ressemblance avec l'organe malade, analogie par rapport à l'effet thérapeutique que la plante devrait obtenir.

Pour revenir aux mnémotechniques, Cosma Rosselli, dans son *Thesaurus artificiosæ memoriæ* (1579), se propose, à un certain moment, d'expliquer comment, étant donné les figures, elles peuvent être appliquées aux choses dont il faut se souvenir, et il sait qu'il doit éclaircir « quomodo multis modis, aliqua res alteri sit similis » (*Thesaurus*, p. 107), c'est-à-dire comment chaque chose — d'un certain point de vue — peut être semblable à une autre. Dans le chapitre IX de la deuxième partie de son œuvre, il essaie de systématiser les critères selon lesquels les images peuvent correspondre aux choses :

> par la similitude, qui, à son tour, se subdivise en similitude dans la substance (l'homme comme image microcosmique du macrocosme), dans la quantité (les dix doigts pour les dix commandements), par métonymie et antonomase (Atlas pour les astronomes ou pour l'astronomie, l'ours pour l'homme coléreux, le lion pour l'orgueil, Cicéron pour la rhétorique) ;
> par l'homonymie : le chien animal pour le chien constellation ;
> par l'ironie et le contraste : le fat pour le savant ;
> par la trace : l'empreinte pour le loup, ou le miroir dans lequel Titus s'est admiré pour Titus ;
> par le nom de prononciation différente : sanum pour sane ;
> par la ressemblance de nom : Arista pour Aristote ;
> par le genre et l'espèce : léopard pour animal ;
> par le symbole païen : l'aigle pour Jupiter ;
> par les peuples : les Parthes pour les flèches, les Scythes pour les chevaux, les Phéniciens pour l'alphabet ;
> par les signes zodiacaux : le signe pour la constellation ;
> par le rapport entre l'organe et la fonction ;
> par le caractère commun : le corbeau pour l'Éthiopien ;
> par le hiéroglyphe : la fourmi pour la providence.

Giulio Camillo Delminio (dont l'*Idea del Theatro*, de 1550, a été interprété comme le projet d'un mécanisme parfait pour engendrer des propositions rhétoriques) parle avec aisance de similarité par les traits morphologiques (le centaure pour l'hippique), par l'action (deux serpents qui luttent pour l'art militaire), par la contiguïté mythologique (Vulcain pour les arts du feu), par la cause (les vers à soie pour l'art du vêtement), par l'effet (Marsyas écorché pour l'abattoir), par le rapport de dominant à dominé (Neptune pour les arts nautiques), par le rapport entre l'agent et l'action (Pâris pour le tribunal civil), par l'antonomase (Prométhée pour l'homme « artifex »), par l'iconisme vectoriel (Hercule qui lance la flèche vers le haut pour la science pertinente quant aux choses célestes), par l'inférence (Mercure avec un coq pour le commerce).

La nature rhétorique de ces procédés est facilement reconnaissable, et il n'y a rien de plus conventionnellement réglé qu'une figure rhétorique. En fait, les mnémotechniques (et la doctrine des signatures) ne mettent point en jeu les principes d'une « langue naturelle » des images. Mais le caractère apparemment naturel de ces machineries complexes ne pouvait pas ne pas fasciner les chercheurs d'une langue parfaite des images.

Les recherches sur la gestualité comme mode d'interaction chez les peuples exotiques, unie à l'enthousiasme pour un langage universel des images, ne pouvaient qu'influencer les recherches multiples qui débutent au XVIIe siècle sur l'éducation des sourds et des muets (voir Salmon 1972 : 68-71). En 1620, l'Espagnol Juan Pablo Bonet écrit la *Reducción de las letras y arte para enseñar a ablar los mudos*, et Mersenne, quinze ans plus tard (*Harmonie* 2), relie cette question à celle de la langue universelle. Pour John Bulwer (*Chirologia*, 1644), on échappe à la confusion de Babel par un langage gestuel, parce que tel était le langage originel de l'humanité ; Dalgarno (voir le chapitre XI) affirmera que son projet devrait permettre d'obtenir un moyen facile d'éducation des sourds-muets, et reviendra sur cette question dans le *Didascalocophus* (1680) ; un projet de Wallis donne lieu à un certain nombre de débats de la Royal Society en 1662, et l'on y parle d'arrangement systématique des concepts et donc de caractéristique universelle comme de l'instrument le meilleur.

Le XVIIIe siècle repose, avec des préoccupations sociales et un souci pédagogique plus grands, le même problème (on peut en percevoir les traces jusque dans une œuvre qui a d'autres intentions à vrai dire, comme la *Lettre sur les Sourds et Muets à l'usage de ceux qui entendent et qui parlent* de Diderot, 1751). L'abbé de L'Épée (*Institution des sourds et muets par la voie des signes méthodiques*, 1776) polémique contre la méthode dactylologique, qui, à son époque déjà, de même qu'à la nôtre, remplaçait les lettres de l'alphabet par des signes des mains et des doigts. Que cela servît aux sourds-muets pour communiquer à l'intérieur d'une même langue de référence lui importait assez peu, parce qu'il était séduit, au fond, par l'idée d'une langue parfaite. Il apprenait aux sourds-muets à écrire en français, mais il voulait surtout utiliser un langage visuel pour leur apprendre non des lettres de l'alphabet ou des mots, mais des concepts, si bien qu'il pensait que sa langue pour les sourds-muets pourrait servir, un jour, de langue universelle.

Nous pouvons voir dans le texte suivant, par exemple, comment il entend enseigner le sens de *je crois* (et comment il propose que cette méthode puisse aussi servir pour la compréhension entre des locuteurs de langues différentes).

> Je fais d'abord le signe de la première personne du singulier en me montrant moi-même avec l'index de ma main droite, dont le bout est tourné vers ma poitrine. Je mets ensuite mon doigt sur mon front, dont la partie concave est censée renfermer mon esprit, c'est-à-dire ma faculté de penser, et je fais le signe de *oui*. Après cela je fais le même signe de *oui* en mettant mon doigt sur la partie de moi-même qu'on regarde ordinairement comme le siège de ce que nous appelons notre cœur dans l'ordre spirituel... Je fais ensuite le même signe *oui* sur ma bouche en remuant mes lèvres... Enfin je mets ma main sur mes yeux ; et en faisant le signe de *non* je montre que je ne vois pas. Il ne me reste plus que le signe du présent à faire [l'abbé avait élaboré une série de gestes

> pour indiquer les différents temps du verbe en posant une ou plusieurs fois la main du côté de son épaule par devant ou par derrière] et on écrit *je crois* (p. 80-81).

A la lumière de ce qui vient d'être dit, il est évident que les gestes et les situations visuelles créés par le bon abbé étaient susceptibles de multiples interprétations, si d'autres moyens n'étaient pas intervenus (comme la parole écrite, le support dactylologique) pour *ancrer* la fatale polysémie des images.

On a fait l'observation que la véritable limite des iconogrammes, c'est que les images peuvent exprimer la forme ou la fonction d'une chose, mais qu'elles expriment plus difficilement des actions, des temps verbaux, des adverbes ou des prépositions. Sol Worth (1975) a écrit un essai intitulé *Pictures Can't Say Ain't*, se fondant sur l'argument qu'une image ne peut pas affirmer l'inexistence de la chose représentée. Il est certainement possible d'établir un code visuel avec des opérateurs graphiques signifiant « existence / non-existence », « passé / futur », ou bien « conditionnalité ». Mais, de cette manière, l'univers sémantique d'une langue verbale serait encore parasité, comme cela aura lieu avec les « caractéristiques universelles » que nous examinerons au chapitre X.

Une des limites des langages visuels semble être aussi qu'ils peuvent exprimer en même temps des significations multiples. Comme le faisait remarquer Goodman (1968), par exemple, la représentation picturale d'un homme peut signifier que l'on veut (I) montrer un exemplaire de l'espèce humaine, (II) désigner une personne déterminée avec les traits de son visage, (III) spécifier que cette personne, dans ce contexte et à ce moment précis, est habillée d'une certaine façon, et ainsi de suite. Naturellement, le sens de l'énoncé visuel peut être délimité par le titre, mais encore une fois il faudra avoir recours parasitairement au médium verbal.

De nombreux alphabets visuels ont été proposés à l'époque moderne. Parmi les plus récents, nous citerons la *Sémantographie* de Bliss, le *Safo* d'Eckardt, le *Picto* de Janson, le *LoCoS* d'Yukio Ota. Mais il s'agit (comme le fait observer Nöth 1990 : 277) de simples pasigraphies (que nous examinerons dans un autre chapitre), et non de véritables langues, la plupart du temps dessinées sur le modèle de langues historiquement existantes. Beaucoup d'entre eux ne sont que des codes lexicaux sans une composante grammaticale. Le récent système *Nobel* de Milan Randic prévoit 20 000 lemmes visuels, avec la possibilité de diverses combinaisons intuitives : par exemple une couronne et une flèche avec la pointe tournée vers le côté supérieur manquant d'un carré indique « abdication » — le carré étant mis pour « panier » ; deux jambes signifient « aller » et unies au signe de copule « avec » signifient « accompagner ». Nous sommes en présence d'une forme simplifiée de système hiéroglyphique qui requiert, dans chaque cas, la connaissance d'une série double de conventions, pour attribuer une signification sans ambiguïté l'une aux signes primaires, l'autre aux combinaisons.

Chacun des différents systèmes purement visuels proposés se présente donc comme (I) segment de langue artificielle, (II) dont l'extension est *presque* internationale, (III) apte à des usages sectoriellement limités, (IV) dépourvue de possibilités créatrices, sauf à perdre son pouvoir rigoureusement dénotatif, (V) démunie d'une grammaire capable d'engendrer une séquence indéfinie ou infinie de phrases, (VI) inadéquate à la découverte de la nouveauté parce que à chaque élément de l'expression correspond toujours un contenu préfixé et déjà connu préalablement. Il n'y aurait qu'un système avec une aire très large de diffusion et de compréhension, c'est celui des images cinématographiques et télévisuelles, indubitablement perçues comme un « langage » qui se fait comprendre partout sur le globe. Cependant, il présente lui aussi quelques inconvénients par rapport aux langues naturelles : il demeure incapable d'exprimer la plupart des concepts philosophiques et une large série de raisonnements abstraits ; rien ne dit qu'il soit universellement compréhensible, ne serait-ce que dans ses règles grammaticales de montage, et, enfin, il donnerait lieu à une forme de communication aisée pour la réception, mais très malaisée pour la production. Les avantages de la langue verbale sont dus à la facilité de son exécution. Celui qui, pour désigner une pomme, devrait d'abord la filmer avec une caméra se trouverait dans la même situation que les savants dont parlait Swift, qui, ayant décidé de ne parler qu'en montrant les objets auxquels ils se référaient, étaient contraints de se déplacer en traînant d'énormes sacs.

Images pour les extra-terrestres

Le document le plus décourageant pour l'avenir d'une langue des images est peut-être le rapport établi en 1984 par Thomas A. Sebeok pour l'Office of Nuclear Waste Isolation et pour un groupe d'autres institutions qui avaient été chargées d'élaborer des suggestions à propos d'une question posée par la U.S. Nuclear Regulatory Commission. Le gouvernement américain avait choisi certaines zones désertiques des États-Unis pour enterrer (à plusieurs centaines de mètres de profondeur) des déchets nucléaires. Le problème n'était pas tant de protéger aujourd'hui le site de quelques intrusions imprudentes, mais d'informer que les déchets resteraient radioactifs pendant dix mille ans. Or, nous avons vu la décadence de grands empires et de civilisations florissantes en des laps de temps bien plus courts, nous avons vu comment, quelques siècles après la disparition des derniers pharaons, les hiéroglyphes égyptiens étaient devenus incompréhensibles, et il se pourrait très bien que, dans dix mille ans, la terre ait subi de tels bouleversements qu'elle pourrait non seulement être habitée par des populations revenues à l'état de barbarie, mais encore qu'elle pourrait être visitée par des voyageurs venant d'autres planètes. Comment informer ces visiteurs « extra-terrestres » sur le danger de la zone ?

Sebeok a aussitôt exclu toute communication verbale, les signaux électriques parce qu'ils demanderaient une énergie constante, les messages olfactifs parce qu'ils sont de courte durée, n'importe quelle forme d'idéogramme reconnaissable uniquement sur la base de conventions précises. Mais les langages pictographiques se prêtent, eux aussi, à des doutes sérieux. Même si l'on soutient que n'importe quel peuple peut comprendre un certain nombre de configurations fondamentales (la figure humaine, les croquis des animaux et cætera), certaines images restent plurivoques, comme celle citée par Sebeok, à partir de laquelle il est impossible de décider si les individus représentés sont en train de lutter, de danser, de chasser ou d'accomplir quelque autre activité.

Une solution serait d'établir des segments temporels dont chacun serait commun à trois générations (en calculant que dans n'importe quelle civilisation la langue ne change pas sensiblement entre grand-père et petit-fils) et de fournir des instructions afin qu'à l'échéance de la période les messages soient reformulés en les adaptant aux conventions sémiotiques du moment. Mais cette solution présuppose justement la continuité sociale et territoriale mise en question par la demande posée. Une autre solution est celle de multiplier dans la zone toute sorte de messages, dans toutes les langues et dans tous les systèmes sémiotiques, spéculant sur la possibilité statistique qu'un des systèmes au moins soit compréhensible pour les futurs visiteurs ; même si ne demeurait déchiffrable que le segment d'un seul message, la redondance de l'ensemble représenterait pour les futurs visiteurs une sorte de stèle de Rosette. Pourtant, cette solution aussi présume une certaine continuité culturelle, aussi mince soit-elle.

Il ne resterait plus, alors, qu'à instituer une sorte de caste sacerdotale, formée par des savants des sciences nucléaires, des anthropologues, des linguistes, des psychologues, se perpétuant à travers les siècles par cooptation, et qui maintienne en vie la connaissance du danger, en créant des mythes, des légendes et des superstitions. Ceux-ci se sentiraient engagés à transmettre quelque chose dont ils auraient perdu, avec le temps, la notion exacte, si bien que dans le futur, même dans une société humaine revenue à la barbarie, des tabous imprécis, mais efficaces, pourraient obscurément survivre.

Il est curieux que, dans l'obligation de choisir entre diverses langues universelles possibles, la solution extrême soit de type « narratif » et propose à nouveau ce qui, de fait, est déjà arrivé dans les millénaires passés. Les Égyptiens ayant disparu, de même que les détenteurs d'une langue originaire, parfaite et sainte, il s'en est perpétué le mythe, texte sans code, ou dont le code est désormais perdu, mais ayant le pouvoir de veiller à maintenir notre effort de déchiffrement désespéré.

CHAPITRE VIII

La langue magique

Au XVIIe siècle se développent des aspirations à une réforme universelle du savoir, des mœurs, de la sensibilité religieuse, dans un climat de renouvellement spirituel extraordinaire, dominé par l'idée du début imminent d'un siècle d'or (et l'une des œuvres de Postel s'intitulait déjà *La Doctrine du siècle doré*). Ce climat d'attente envahit, sous des formes différentes, aussi bien les aires catholique que protestante : il se dessine des projets de républiques idéales, de Campanella à Andreae, ou des aspirations à une monarchie universelle (nous avons déjà vu l'utopie de Postel, d'autres penseront à l'Espagne, les protestants à un empire germanique). Il semble que l'Europe, dans la période autour de la guerre de Trente ans, où elle est embrasée par des conflits dans lesquels sont en jeu des aspirations nationalistes, des haines religieuses ainsi que l'affirmation de la moderne raison d'État, produise en même temps une pléiade d'esprits mystiques qui songent à la concorde universelle (voir De Mas 1982).

C'est dans ce climat qu'en 1614 paraît un écrit anonyme (*Allgemeine und general Reformation, der gantzen weiten Welt*) dont la première partie (comme on le découvrira par la suite) est un remaniement de l'œuvre satirique *Ragguagli di Parnaso* de Traiano Boccalini (1612-1613). La dernière partie est un manifeste en allemand, intitulé *Fama Fraternitatis R. C.*, où la mystérieuse confrérie des Rose-Croix manifeste son existence, donne des renseignements sur son histoire et sur son fondateur mythique, Christian Rosencreutz. En 1615 paraîtra un second manifeste, en latin, la *Confessio fraternitatis Rosæ crucis. Ad eruditos Europæ* (trad. fr. *in* Gorceix 1970).

Le premier manifeste souhaite qu'il puisse surgir, en Europe aussi, « une société qui se chargeât également de l'éducation des princes, et qui sût tout ce que Dieu a accordé aux hommes de savoir » (Gorceix 1970 : 7). Les deux manifestes insistent sur le caractère secret de la confrérie et sur le fait que leurs membres ne peuvent pas révéler leur nature. C'est la raison pour laquelle l'appel final de la *Fama* lancé à tous les savants d'Europe pour qu'ils se mettent en contact avec les rédacteurs du manifeste peut apparaître extrêmement ambigu :

> En effet, bien que nous n'ayons actuellement indiqué ni notre nom ni notre assemblée, il est certain que les *avis* de tous, en quelque langue qu'ils soient rédigés, nous parviendront. Et que tous ceux qui indiqueront leur nom ne manqueront pas de s'entretenir de vive voix, ou, s'ils ont des doutes, par écrit, avec chacun d'entre nous [...]. Il faut bien que notre demeure, quand bien même cent mille hommes aient pu la contempler de près, demeure vierge, intacte, inconnue, soigneusement cachée, pour l'éternité, aux yeux du monde impie (Gorceix 1970 :18-19).

Quasi immédiatement, de tous les coins d'Europe, on commence à écrire des appels aux Rose-Croix. Presque personne n'affirme les connaître, personne ne se dit Rose-Croix, tous essaient, en quelque sorte, de faire penser qu'ils se trouvent en harmonie totale avec leur programme. Certains auteurs affichent au contraire une humilité extrême, comme Michael Maier, qui, dans *Themis aurea* (1618), soutient que la confrérie existe réellement, mais qui affirme être trop humble pour en avoir jamais fait partie. Or, comme le fait remarquer Yates (1972), le comportement habituel des écrivains rosicruciens ne consiste pas seulement dans le fait d'affirmer qu'ils ne sont pas rosicruciens, mais aussi qu'ils n'ont jamais rencontré un seul membre de la confrérie.

C'est alors, en 1623, qu'apparaissent à Paris des manifestes — naturellement anonymes — annonçant l'arrivée des Rose-Croix dans la ville. Cette annonce déchaîne des polémiques féroces, et l'opinion commune soutient qu'ils adorent Satan. Descartes, qui au cours d'un voyage en Allemagne avait tenté — disait-on — de les approcher (évidemment sans succès), est soupçonné, dès son retour à Paris, d'appartenir à la confrérie, et il se tire d'embarras par un coup de maître : comme la légende commune voulait que les Rose-Croix fussent invisibles, il se montre dans un grand nombre de circonstances publiques, et démystifie ainsi les racontars le concernant (voir A. Baillet, *Vie de Monsieur Descartes*, 1693). Un certain Neuhaus publie en 1693, d'abord en latin, puis en français, un *Advertissement pieux et très utile des frères de la Rose-Croix* où il est demandé s'il en existe, qui ils sont, d'où ils ont pris leur nom, et conclut avec l'argument extraordinaire « car en ce qu'ils changent & transposent leurs noms, en ce qu'ils déguisent leurs années, en ce que, par leur confession même, ils viennent sans se faire cognoistre, il n'y a Logicien qui puisse nier que nécessairement il faut qu'ils soient en nature » (p. 5).

Il serait trop long de dresser la liste de cette série de livres et d'opuscules qui se contredisent réciproquement, et où l'on pense parfois qu'un même auteur, sous deux pseudonymes différents, a écrit pour et contre les Rose-Croix (voir Arnold 1955 ; Edighoffer 1982). Mais cela nous apprend qu'il suffisait d'un appel à la réforme spirituelle de l'humanité, à vrai dire assez obscur et ambigu, pour déchaîner les réactions les plus paradoxales, comme si chacun était en attente d'un événement décisif et d'un point de référence qui ne fût pas celui des Églises officielles — d'un côté comme de l'autre. Et bien que les jésuites fussent parmi les adversaires les plus acharnés des Rose-Croix, il s'en trouva certains qui étaient prêts à soutenir que les Rose-Croix étaient une invention des jésuites qui voulaient insinuer des éléments de spiritualité catholique à l'intérieur du monde protestant (voir *Rosa jesuitica*, 1620).

Enfin — et c'est le dernier aspect paradoxal de cette histoire, et aussi le plus significatif —, Johann Valentin Andreae et tous ses amis du cercle de Tübingen qui furent immédiatement soupçonnés d'être les auteurs des manifestes s'employèrent constamment à nier le fait ou à le minimiser comme s'il s'agissait d'un simple jeu littéraire.

Il est naturel que, si l'on s'adresse aux hommes de tous les pays pour leur proposer une science nouvelle, il faille aussi leur proposer, selon l'esprit de l'époque, l'adoption d'une langue parfaite. Or, dans les manifestes, on parle de cette langue, mais sa perfection coïncide avec son caractère secret (*Fama*, Gorceix 1970 : 8). Dans la *Confessio*, il est dit que les quatre premiers fondateurs de la confrérie « créèrent la langue et l'écriture magiques », et on ajoute :

> Quand résonnera publiquement le timbre clair, haut et fort de notre trompette. Quand les prédictions murmurées déjà par bribes d'un avenir que l'on présage à l'aide de dessins et symboles secrets empliront la terre entière [...]. *Signes* vigoureux de grands et importants événements, ils témoignent, ils publient aux yeux de tous que Dieu apporte à toutes les inventions humaines l'appui de ses écritures et de ses *caractères* mystérieusement cachés, afin que le grand livre de la nature soit certes ouvert aux yeux de tout homme [...]. Ces *caractères*, et ces lettres, que Dieu n'a cessé d'incorporer à la sainte Bible, il les a également imprimés en toute netteté dans la merveilleuse créature que sont les cieux et la terre, et tous les animaux [...]. Nous avons emprunté à ces lettres nos écritures magiques, et elles ont servi de base à l'élaboration d'une langue nouvelle qui nous permet d'exprimer et d'expliquer la nature de toutes choses simultanément. Aussi notre peu de subtilité dans la connaissance des autres langues ne doit-elle surprendre personne : nous les savons ne plus pouvoir souffrir la comparaison avec la langue de notre premier Père, Adam, guère plus qu'avec celle d'Énoch, toutes enfouies qu'elles sont sous la confusion babylonienne (Gorceix, 1970 : 30).

Quelques hypothèses

Selon Ormsby-Lennon (1988) — qui entend par « linguistique rosicrucienne » une atmosphère qui se répand dans le monde allemand et anglo-saxon du XVIIe siècle, et dont nous pouvons retrouver les échos jusque dans les propos des inventeurs des langues scientifiques comme Dalgarno et Wilkins —, la doctrine rosicrucienne de la langue magique est redevable à la théorie des signatures telle qu'elle apparaît chez Jakob Böhme, un mystique qui a largement influencé la culture européenne ultérieure, qui était certainement connu dans le milieu rosicrucien allemand, et dont l'œuvre a pénétré ensuite dans le milieu théosophique anglo-saxon, à travers une série de traductions qui s'est prolongée jusqu'au XVIIIe siècle. Webster, dans l'*Academiarum examen* de 1654, rappelle que les idées de Böhme étaient « reconnues et prises en charge par la très éclairée confrérie des Rose-Croix » (p. 26-27).

Pour Böhme (qui emprunte le concept de signature à Paracelse), chaque élément dans la nature contient dans sa forme une référence évidente à ses propres qualités secrètes. Dans la forme et dans l'aspect de chaque chose est marqué son pouvoir, et les qualités d'un homme sont révélées par la forme de son visage (avec un renvoi évident à la tradition physiognomonique). Rien de créé n'existe dans la nature qui ne manifeste extérieurement sa forme intérieure parce que cette force travaille, pour ainsi dire, à l'intérieur pour se manifester à l'extérieur. Ainsi, l'homme pourra parvenir à connaître l'Essence des Essences. C'est « le Langage de la Nature, où chaque chose parle de ses propriétés » (*Signatura rerum* I, 1622).

Il semblerait que chez Böhme, cependant, le thème de la signature s'éloigne des chemins traditionnels de la magie naturelle pour devenir plutôt la métaphore d'une vision, exaltée par la tension mystique, en train de chercher partout les vestiges d'une force divine qui envahit les choses. Son mysticisme prend toujours la forme d'un contact avec des éléments du monde matériel qui s'embrasent à un moment donné et s'ouvrent à une épiphanie révélatrice de l'invisible : l'expérience mystique qui a décidé, lorsqu'il était jeune, de son destin, a été la vision d'un vase en étain sur lequel tombaient les rayons du soleil, et cette vision a été pour lui comme un « Aleph » borgésien, un point privilégié par lequel il a eu la vision de la lumière de Dieu en toute chose.

Böhme parle de langage de la nature, de *Natursprache*, même dans le *Mysterium Magnum* (1623), mais comme d'un « langage sensuel » (*sensualische Sprache*), « naturel » et « essentiel », qui est le langage de la création tout entière, celui avec lequel Adam a nommé les choses.

> Lorsque tous les peuples parlaient une seule langue, alors ils s'entendaient, mais lorsqu'ils ne voulurent plus employer la langue sensuelle, c'est alors qu'ils perdirent le droit intellect, puisqu'ils transportèrent les esprits de la langue sensuelle dans une forme extérieure grossière [...]. A présent, aucun peuple ne comprend plus le langage sensuel, tandis que les oiseaux de l'air et les animaux des forêts s'entendent précisément selon leurs qualités. Que les hommes se rendent donc compte de ce dont ils ont été privés et de ce qu'ils acquerront lorsqu'ils renaîtront, non pas sur cette terre, mais dans un autre monde spirituel. Les esprits parlent tous entre eux un langage sensuel, ils n'ont besoin d'aucun autre langage, parce que leur Langage est celui de la Nature (*Sämmtliche Werke*, Leipzig, 1922, V : 261-262).

Mais, lorsqu'il évoque ce langage, Böhme ne semble pas du tout se référer au langage des signatures. Ce n'est certainement pas à la forme des choses naturelles que se rapporteront les esprits dans un autre monde et ce n'est pas au langage des signatures que Böhme peut penser lorsqu'il affirme que le langage sensuel, grâce auquel Adam a pu nommer les choses, est celui-là même que le Saint-Esprit a permis aux apôtres de parler le jour de la Pentecôte, lorsque leur « langue sensuelle ouverte » parlait en une langue toutes les langues. C'est cette capacité qui a été perdue avec la confusion de Babel, mais c'est à celle-ci qu'il faudra revenir lorsque le temps sera venu où nous verrons Dieu dans la plénitude du langage sensuel. L'on entend parler ici la langue de l'enthousiasme glossolalique.

La langue sensuelle de Böhme, qui fut celle d'Adam autrefois, paraît bien plus ressembler à cette langue adamique à laquelle faisait allusion Reuchlin dans le *De verbo mirifico* (II : 6) où se manifeste un « simplex sermo purus, incorruptus, sanctus, brevis et constans [...] in quo Deus cum homine, et homines cum angelis locuti perhibentur coram, *et non per interpretem* [c'est nous qui soulignons], facie ad faciem [...] sicut solet amicus cum amico ». Ou bien à cette langue des oiseaux à travers laquelle Adam a conversé avec (et a nommé) les oiseaux de l'air et tous les animaux des champs. Après la Chute, le langage des oiseaux fut de nouveau révélé à Salomon, qui l'avait communiqué à la reine de Saba, et à Apollonios de Tyane (voir Ormsby-Lennon, 1988 : 322-323).

Nous retrouvons une référence à la Langue des Oiseaux dans les *Empires du Soleil* de Cyrano de Bergerac (au chapitre « Histoire des oiseaux » ; sur Cyrano et les langues, voir Erba 1959 : 23-25), où le voyageur rencontre un oiseau merveilleux (la queue verte, le ventre d'un bleu émaillé, la tête couleur pourpre surmontée d'une couronne dorée) qui se met à « parler en chantant », de telle sorte que le voyageur peut parfaitement comprendre tout ce qu'il lui dit, comme s'il parlait dans sa langue. Et, devant l'étonnement du voyageur, l'oiseau lui explique :

> Cependant de mesme qu'entre vous autres il s'en est trouvé de si éclairez qu'ils ont entendu et parlé nostre Langue comme Apollonius Tianeus, Anaximander, Ésope, et plusieurs dont je vous

tais les noms, pour ce qu'ils ne sont jamais venus à vostre connoissance ; de mesme parmy nous il s'en trouve qui entendent et parlent la vostre. Quelques-uns à la vérité ne sçavent que celle d'une Nation : Mais tout ainsi qu'il se rencontre des Oiseaux qui ne disent mot, quelques-uns qui gazoüillent, d'autres qui parlent, il s'en rencontre encor de plus parfaits qui sçavent user de toute sorte d'idiomes.

Était-ce à des pratiques de glossolalie que les manifestes rosicruciens appelaient les savants d'Europe ? Pourquoi, alors, font-ils allusion à une « écriture secrète » et « exprimée symboliquement par des nombres et des dessins » ? Pourquoi employer des termes comme « lettres et caractères », qui renvoient, à cette époque, à d'autres discussions, à l'intérieur d'une recherche de caractères alphabétiques capables d'exprimer la nature des choses ?

La langue magique de Dee

Fludd, dans son *Apologia compendiaria*, rappelle que les frères Rose-Croix pratiquaient la magie kabbalistique qui apprend à invoquer les anges, et cela nous rappelle aussi bien la stéganographie de Trithème que les pratiques plus ou moins nécromanciennes de John Dee, dont plusieurs auteurs pensent qu'il est le véritable inspirateur de la spiritualité rosicrucienne.

Au cours de ses évocations des anges, rapportées dans *A True and Faithful Relation of what Passed for Many Yeers between Dr. John Dee... and Some Spirits* (1659 : 92), Dee se trouve, à un moment donné, devant une révélation de l'archange Gabriel au sujet d'une langue sainte, et Gabriel semble répondre avec les notions désormais hyperconnues sur la primauté de l'hébreu adamique (où « every word signifieth the quiddity of the substance »). Le texte continue sur des pages entières à exprimer des relations entre des noms d'anges, des nombres et des secrets de l'univers, et tout le livre est un exemple de la façon dont on peut se servir de formules pseudo-hébraïques pour pratiquer des arts magiques.

Mais cette *Relation* est due à Méric Casaubon, qui fut accusé d'avoir réactualisé (de façon incomplète) ces documents pour diffamer Dee. L'on ne s'étonnera certainement pas qu'un magicien de la Renaissance soit tenté de s'adonner à des pratiques évocatoires, mais il est certain que lorsque Dee nous offre un exemple de langage chiffré, c'est-à-dire de langue mystique, il utilise d'autres moyens.

Dans l'œuvre qui l'a rendu le plus célèbre, la *Monas Hieroglyphica* (1564), il semble élaborer un alphabet à caractère géométrico-visuel qui n'a aucune connexion avec l'hébreu. Cela a été plutôt mis en relation avec le fait que Dee possédait dans sa bibliothèque extraordinaire des manuscrits de Lulle : un grand nombre de ses expériences kabbalisantes avec des lettres hébraïques rappellent l'utilisation des lettres dans la combinatoire lullienne (French 1972 : 49 et s.).

La *Monas* a été communément considérée comme une œuvre d'alchimie. Cependant, même si elle est parcourue de références alchimiques, elle apparaît plutôt comme une manière d'expliquer les rapports cosmiques en partant de la contemplation et de l'explication de son propre symbole fondamental basé sur le cercle et sur la ligne droite, en tant qu'engendrés tous les deux par le point. Dans cette image (voir Figure 8.1) le soleil est le cercle qui tourne autour du point, la terre, tandis qu'un demi-cercle qui coupe le trajet du soleil représente la lune. Le soleil et la lune sont placés sur une croix renversée qui représente le principe ternaire (deux lignes droites connectées au point de leur intersection) et quaternaire (les quatre angles droits engendrés à l'intersection des lignes). Avec quelques efforts, Dee y perçoit aussi un principe octonaire, et, à partir du ternaire et du quaternaire joints, il parvient à extraire une manifestation ouverte du principe septénaire. Si l'on additionne les quatre premiers nombres, on obtient aussi le principe dénaire, et ainsi de suite, dans une sorte de vertige génératif de toute entité arithmétique. A partir de chacun de ces principes, on peut ensuite faire aisément dériver les quatre éléments composés (chaud, froid, humide et sec), ainsi que d'autres révélations astrologiques.

Procédant ainsi, avec 24 théorèmes, Dee fait accomplir à sa figure initiale une série de rotations, de décompositions, d'inversions et de permutations, comme s'il était en train de mettre en anagrammes une série de lettres hébraïques. Il accomplit en même temps des analyses numérologiques et considère des aspects initiaux ou finaux de sa figure. Il agit ainsi sur elle en mettant en œuvre les trois techniques fondamentales de la Kabbale : le *notariqon*, la *gématrie* et la *témourah*. La Monade permet ainsi, comme dans n'importe quelle spéculation numérologique, la révélation de n'importe quel mystère cosmique.

La Monade permet aussi d'engendrer des lettres alphabétiques, et, sur ce point précis, Dee s'étend longuement dans sa lettre de dédicace, en introduction, où il fait appel aux « grammairiens » afin qu'ils reconnaissent que dans son

Figure 8.1

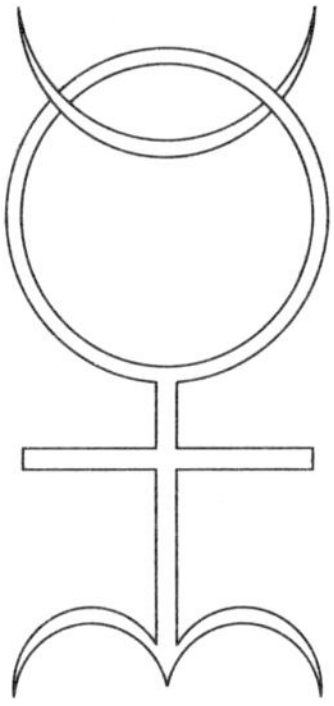

œuvre « vont être données les raisons de la forme des lettres, de leur place et de leur situation dans l'ordre de l'Alphabet, de leurs divers liens, de leur valeur numérique et de beaucoup d'autres choses (qui doivent être considérées dans l'Alphabet primaire des trois langues) ». L'évocation des trois langues nous renvoie naturellement à Postel (qui eut des rapports avec Dee) et à ce Collège des Trois Langues auquel il avait été appelé. Dans le *De originibus*, de 1533, Postel, pour prouver la primauté de l'hébreu, rappelait que toutes les « démonstrations » du monde viennent du point, de la ligne et du triangle, et que non seulement les lettres, mais aussi les sons peuvent être réduits à des figures géométriques ; et dans le *De Fœnicum literis*, il soutenait la presque contemporanéité entre l'apprentissage linguistique et l'invention de l'alphabet (cette idée, d'ailleurs répandue, est reprise, par exemple, par un glossogoniste kabbalisant comme Thomas Bang dans son *Cœlum orientis*, 1657 : 10).

Dee semble mener le propos à ses conséquences extrêmes. Toujours dans sa lettre d'introduction, il annonce que « cette littérature alphabétique contient de grands mystères » et que « les premières lettres Mystiques des Hébreux, des Grecs et des Romains, formées par un seul Dieu, ont été transmises aux mortels [...] de telle manière que tous les signes qui les représentent soient produits par des points, des lignes droites et des périmètres de circonférences, disposés selon un art merveilleux et très savant ». Et si, devant son éloge de la géométrie fondamentale du *Yod* hébraïque, on ne peut s'empêcher de penser au « I » de Dante, il est difficile de ne pas évoquer la tradition lullienne, dont on a parlé dans le chapitre VI, avec sa recherche d'une matrice générative de toutes les langues possibles ; ceci est renforcé par le fait que Dee célèbre sa machine génératrice de lettres comme « Kabbale réelle [...] plus divine que la grammaire ».

Clulee (1988 : 77-116) a développé ces points en démontrant que la *Monas* se propose comme l'énonciation d'un système d'écriture, doté de règles précises, où chaque caractère se rapporte à une chose. Dans ce sens, le langage de la *Monas* serait aussi supérieur aux préceptes de la Kabbale, car cette dernière aide à analyser les choses *telles qu'elles sont dites* (ou écrites), alors que la Monade permet de signifier les choses *telles qu'elles sont*. Grâce à sa possibilité d'utilisation universelle, elle invente ou retrouve le langage d'Adam. Pour Clulee, en employant des points, des lignes et des cercles, Dee semble se référer à la construction graphique de lettres alphabétiques faite par les artistes de la Renaissance, en utilisant, précisément, l'équerre et le compas. A travers un dispositif unique on peut donc engendrer non seulement toutes les significations, mais aussi tous les alphabets du monde entier. Les grammairiens traditionnels et les kabbalistes hébreux eux-mêmes n'étaient pas parvenus à expliquer la forme des lettres, leur position et leur ordre dans l'alphabet, ils ne connaissaient pas les véritables origines des signes et des caractères : c'est pour cette raison qu'ils n'ont pas découvert la Grammaire Universelle qui se trouvait à la base tant de l'hébreu que du grec et du latin. « Ce que Dee semblait avoir trouvé [...] était un concept du langage en tant que vaste système symbolique et des techniques exégétiques avec lesquelles engendrer des significations à travers la manipulation de symboles » (Clulee 1988 : 95).

Cette interprétation semble confirmée par un auteur absent de toutes les bibliographies (pour ce qu'il nous est donné d'en savoir, seul Leibniz le cite, avec une certaine ampleur, dans *Epistolica de historia etymologica dissertatio*, 1712, voir Gensini 1991). Il s'agit de Johannes Petrus Ericus, qui publie en 1697 une *Anthropoglottogonia sive linguæ humanæ genesis*, dans laquelle il soutient la dérivation de toutes les langues du grec, y compris l'hébreu. Mais, en 1686, il avait publié aussi un *Principium philologicum, in quo vocum, signorum et punctorum tum et literarum massime ac numerorum origo*, dans lequel il s'inspire directement de la *Monas Hieroglyphica* de Dee, pour déduire de cette matrice, et en donnant toujours la prééminence au grec, tous les alphabets et tous les systèmes de numération existant dans toutes les langues. A travers un procédé extrêmement complexe, il part des premiers signes zodiacaux, il les recompose dans la Monade, discute sur la façon dont Adam a assigné aux animaux un nom adéquat afin de reproduire le son qu'ils émettent, et il élabore une phonologie suffisamment digne de foi, en faisant la distinction entre les lettres *per sibilatione per dentes*, celles *per tremulatione linguæ*, celles *per contractione palati*, celles *per compressione labrorum*, et *per respiratione per nares*. De là, il conclut qu'Adam a utilisé des sons vocaliques pour nommer les volatiles, des semi-voyelles pour les animaux terrestres, des muettes pour les poissons. Il déduit, à partir de cette phonétique élémentaire, les tons musicaux et les 7 lettres qui les désignent traditionnellement, d'où dérive la figure de la *Monas Hieroglyphica*. Il montre donc comment, en faisant tourner (et, finalement, en faisant des anagrammes visuels) les signes de la Monade, on obtient toutes les lettres des alphabets connus.

La permanence de cette tradition de Postel à Ericus nous dit que si les Rose-Croix s'inspiraient du magistère de Dee (mystère destiné à rester insondable, étant donné que, comme le constatent explicitement leurs défenseurs, personne n'a jamais vu de Rose-Croix), la langue magique de ces derniers pouvait être une matrice générative (du moins sur le plan alphabétique) de toutes les langues — et donc de toute la science — du monde.

S'il en était ainsi, l'on pourrait rêver, au-delà de toute idée de grammaire universelle, non seulement d'une grammaire sans structures syntaxiques, mais aussi (comme le fait remarquer Demonet 1992 : 404) d'une « grammaire sans paroles », d'une communication silencieuse, semblable à la communication angélique, très proche de l'idée du symbole hiéroglyphique tel que l'entendait Kircher. Encore une fois, donc, une langue parfaite, mais uniquement en ce qu'elle est fondée sur le court-circuit d'une révélation, une langue secrète et initiatique.

Perfection et secret

Il peut nous sembler pathétique que la recherche d'une langue parfaite en tant qu'universelle conduise à la conception de langues réservées à un milieu extrêmement restreint. Mais c'est une de nos illusions « démocratiques » que de penser que la perfection avance parallèlement avec l'universalité.

Pour situer dans leur cadre exact des expériences comme l'égyptologie kirchérienne ou les langues saintes d'empreinte rosicrucienne, il faut toujours se souvenir que, pour la tradition hermétique, la vérité ne se définit pas en raison de sa compréhensibilité universelle, mais que l'on peut raisonnablement soupçonner que ce qui est vrai est ignoré du plus grand nombre et réservé à quelques-uns (voir Eco 1990).

C'est ici que se dessine la différence fondamentale entre le monde hermético-platonico-gnostique à la fin de l'époque classique (et ensuite au moment de l'hermétisme de la Renaissance) que nous avons vu survivre même dans le catholicisme de la Contre-Réforme de Kircher, et le message chrétien qui avait triomphé sans obstacles le long des siècles du Moyen Age. Le christianisme médiéval parle d'un salut, promis tout particulièrement aux humbles, qui ne requiert pas de connaissance difficile ; tout le monde peut comprendre l'essentiel nécessaire pour la rédemption. La didactique médiévale diminue le quota de mystère et d'incompréhensibilité qui accompagne la révélation, réduite à un formulaire, à une parabole, à une image compréhensible pour tous. La vérité est, par conséquent, *effable*, et donc publique. Par contre, la pensée hermétique évoque un drame cosmique qui ne peut être compris que par une aristocratie du savoir capable de déchiffrer les hiéroglyphes de l'univers. La vérité se manifeste précisément en ce qu'elle est ineffable, complexe, ambiguë, qu'elle vit de la coïncidence des contraires, et qu'elle ne peut être exprimée qu'à travers des révélations initiatiques.

Pour quelle raison, alors, dans cette atmosphère culturelle, le critère de perfection d'une langue doit-il être sa « publicité » ? Si l'on ne comprend pas cela, l'on ne comprend non plus pourquoi les cryptographes dédiaient leurs œuvres à des grands-ducs engagés dans des campagnes militaires et dans des machinations politiques, tout en cherchant à conférer à leurs techniques de codage une aura de religiosité. Il est possible que tout cela n'ait été rien d'autre qu'une nouvelle manifestation de l'hypocrisie naturelle du siècle, envahi par cette tendance à la simulation, à la tromperie, au masque qui constitue un aspect si intéressant de la civilisation baroque.

On ne sait pas si ce célèbre petit livre que fut le *Breviarium politicorum secundum rubricas Mazarinicas* (1684) rassemble véritablement des pensées de Mazarin ou si ce n'est que le fruit d'une invention diffamatoire, mais il réfléchit certainement l'image de l'homme politique du XVIIe siècle. Dans le chapitre consacré précisément à « lire et écrire », il recommande ceci :

> S'il t'est nécessaire d'écrire dans un lieu fréquenté par beaucoup de monde, appuie sur un lutrin quelque feuille de papier déjà écrite, comme si tu devais la recopier. Et qu'elle soit bien en évidence : mais le papier, sur lequel tu écris réellement, doit être lui aussi étalé sur la table, et tellement protégé, qu'il n'apparaisse pas, exclusion faite de la seule ligne de la transcription, qui pourrait être lue par ceux qui s'approchent. Mais ce que tu as écrit, mets-le à l'abri avec quelque livre, ou un autre morceau de papier, ou bien avec une autre feuille de papier soutenue, comme la première, mais plus près de celle qui est écrite [...]. N'hésite pas à adapter ta plume à des matières secrètes, et ta main aussi (même si tu ne te sers pas de chiffres) et que celles-ci soient telles qu'elles puissent être lues et retenues par tout un chacun, comme, justement, Trithème le spécifie dans sa *Polygraphie*. Et celles-ci cachent davantage les significations si elles sont écrites par la main d'autrui. Autrement, si les chiffres sont imperceptibles, ils éveillent les soupçons, et les interceptions ; et aussi s'ils ne sont pas faits comme ils doivent être faits.

Il arrive donc que le mystique écrive sur les langues parfaites et saintes, mais qu'il fasse un clin d'œil à l'homme politique qui s'en servira comme de langues secrètes ; et, par contre, le cryptographe a tendance à vendre à l'homme politique comme livres de chiffrement — et donc comme instruments de pouvoir et de domination — des codes que lui-même, penseur hermétique, pense être un instrument pour accéder à des réalités surnaturelles.

Celui qui longtemps (et très souvent aujourd'hui encore) fut soupçonné d'être, sinon le rédacteur, du moins l'inspirateur des manifestes rosicruciens, c'est-à-dire Johann Valentin Andreae, mystique luthérien, auteur d'utopies à la manière de Bacon et de Campanella comme *Christianopolis* (1619), multiplie dans ses œuvres les expressions chiffrées. Edighoffer (1982 : 175 et s.) fait observer que certaines œuvres dont l'attribution à Andreae est indubitable, comme les *Noces chymiques*, contiennent de nombreuses expressions codées, en hommage aussi au principe que « Arcana publicata vilescunt », selon lequel il ne faut pas donner de perles aux cochons. Andreae utilise abondamment des expressions codées dans la correspondance qu'il entretient pendant dix ans avec son protecteur, le duc Auguste de Brunswick. Edighoffer observe que cela n'a rien d'étonnant si l'on considère que ces lettres furent envoyées pendant la guerre de Trente ans et qu'elles contiennent aussi des observations de caractère politique ; et, même pour celles qui avaient un caractère religieux, la différence, à cette époque, pouvait être minime et le risque égal.

A la lumière de ces pratiques que nous pourrions définir comme étant « privées », les affirmations publiques des rosicruciens quant à la nécessité d'une langue secrète afin d'instaurer une réforme universelle semblent encore plus ambiguës. A tel point qu'il est naturel de soupçonner ce que non seulement l'historiographie moderne a insinué, mais que les auteurs présumés eux-mêmes des manifestes s'obstinaient à dire : qu'il s'agissait d'une plaisanterie, d'un jeu, d'un pastiche littéraire, où l'on rassemblait, presque par esprit farceur, des sollicitations divergentes, pour contrefaire divers discours qui circulaient à l'époque : la recherche de la langue adamique, le rêve d'une langue sensuelle, la vague aspiration glossolalique, les cryptographies, les langues kabbalistiques... En somme, tout. Et puisqu'il y avait tout — comme cela arrive souvent dans les milieux fascinés par le mystère —, ces manifestes rosicruciens ont fait l'objet de lectures passionnelles et paranoïaques, dans lesquelles chacun trouvait ce qu'il savait déjà, ou cherchait ou voulait trouver.

CHAPITRE IX

Les polygraphies

Les stéganographies servaient à coder des messages et offraient donc des garanties de secret. Mais un appareil pour *mettre en code* peut aussi devenir un appareil pour *décoder* des messages chiffrés. A partir de là, il n'y a qu'un pas pour parvenir à une autre conclusion : si une bonne stéganographie apprend à transcrire en clair un message secret, elle devrait aussi permettre d'apprendre une langue que l'on ne connaît pas.

Lorsque Trithème écrit la *Polygraphia*, dont ce n'est pas un hasard si elle est publiée avant la *Steganographia* et si elle ne jouit pas de la sinistre renommée de cette dernière, il sait très bien qu'avec son système une personne qui ne connaît pas le latin peut apprendre en très peu de temps à composer dans cette langue secrète (livre VI, p. 38 de l'éd. de Strasbourg 1660). Et Mersenne (*Quæstiones celeberrimæ in Genesim*, 1623 : 471) remarquait, justement à propos de la *Polygraphia* de Trithème, que « le troisième livre contient un art avec lequel même un profane qui ne connaîtrait que sa langue maternelle peut apprendre en deux heures à lire, à écrire et comprendre le latin ». La stéganographie se présente ainsi comme instrument pour coder les messages conçus dans une langue connue et comme clé pour déchiffrer les langues inconnues.

En règle générale, un message codé remplace, en fonction d'une clé constante, les lettres d'un message « en clair » (écrit précédemment dans une langue connue aussi du destinataire) par d'autres lettres prescrites par ce code. Il suffit donc, par exemple, d'observer quelle est la lettre du texte codé qui revient avec la plus grande fréquence statistique et il est alors facile de conjecturer qu'elle représente la lettre la plus fréquente dans une langue donnée. Il s'agit de trouver l'hypothèse exacte ou d'essayer sur plusieurs langues, et le jeu est fait. Évidemment, le problème devient plus complexe si, à chaque nouveau mot du message, on change la règle de transcription. Par exemple, étant donné un tableau du genre :

ABCDEFGHILMNOPQRSTUVZ
BCDEFGHILMNOPQRSTUVZA
CDEFGHILMNOPQRSTUVZAB
DEFGHILMNOPQRSTUVZABC
EFGHILMNOPQRSTUVZABCD
FGHILMNOPQRSTUVZABCDE
GHILMNOPQRSTUVZABCDEF
HILMNOPQRSTUVZABCDEFG
ILMNOPQRSTUVZABCDEFGH et ainsi de suite

et lorsqu'on connaît la clé (par exemple CEDO) on sait que : pour le premier mot l'on utilise le troisième alphabet qui permet de remplacer le A par le C, le B par le D, le C par le E et ainsi de suite ; pour le deuxième mot, le cinquième alphabet dans lequel le A est remplacé par le E et ainsi de suite ; pour le troisième mot, le quatrième alphabet qui remplace le A par le D ; et ainsi de suite. Mais dans ces cas-là aussi, si l'on possède à portée de la main un tableau d'alphabets vingt et une fois décalés, ou à l'envers, ou à lettres alternées, et cætera, ce n'est qu'une question de temps.

Heinrich Hiller, dans *Mysterium artis steganographicæ novissimum* (1682), se propose d'enseigner et d'apprendre à déchiffrer tout message non seulement codé, mais aussi en latin, allemand, italien et français, en déterminant justement les occurrences statistiques des lettres et des diphtongues dans les différentes langues. En 1685, John Falconer écrit une *Cryptomensys Patefacta : or the Art of the Secret Information Disclosed without a Key*, c'est-à-dire un art de révéler l'information secrète sans aucune clé : « Si l'on comprend une fois pour toutes les Règles de Déchiffrement dans un Langage, on peut réellement comprendre en quelques heures, et sans aucune réserve, suffisamment de chaque Langue pour pouvoir la chiffrer autant qu'il est nécessaire » (A7V).

La polygraphie kirchérienne

La *Polygraphia nova et universalis ex combinatoria arte detecta* (1663) de Kircher est postérieure à ses œuvres d'égyptologie, mais le père Athanase s'était appliqué à ce genre de langue universelle auparavant, et il est donc évident qu'il arpentait avec une passion égale, et en même temps, aussi bien la voie des mystères hiéroglyphiques que celle de la divulgation polygraphique. Il est en effet significatif que, dans le même volume, Kircher décrive d'abord une polygraphie, c'est-à-dire une langue internationale ouverte à tous, puis, sur l'exemple de Trithème, une stéganographie, c'est-à-dire une langue secrète pour chiffrer des messages. Ce qui nous était paru comme un nœud paradoxal est au contraire pour Kircher un lien presque naturel entre les deux procédés. Il cite au début un proverbe arabe, *si secretum tibi sit, tege illud, vel revela* : si tu as un secret, cache-le, sinon révèle-le. Le choix n'était pas, après tout, si évident, si l'on songe que Kircher lui-même, dans ses œuvres égyptologiques, avait, au contraire, justement choisi la voie médiane, à savoir dire en cachant, faire allusion sans rendre évident. Entre autres, la deuxième partie du titre révèle que Kircher avait aussi présent à l'esprit la combinatoire de Lulle (contrairement à l'opinion de Knowlson 1975 : 107-108).

Dans la préface enthousiaste que l'auteur adresse à l'empereur Ferdinand III, la polygraphie est célébrée comme une *linguarum omnium ad unam reductio*. A travers elle, « n'importe qui, même s'il ne connaît d'autre langue que sa propre langue vulgaire, pourra correspondre en échangeant des lettres avec n'importe qui d'autre, de n'importe quelle nationalité ». La polygraphie se présente donc comme une *pasigraphie*, à savoir le projet d'une langue écrite, ou d'un alphabet international, dont l'exécution verbale n'est pas prévue.

A première vue, son projet pourrait être confondu avec un double dictionnaire pentaglotte, A et B. Kircher pensait (p. 7) qu'il eût été opportun de le concevoir pour l'hébreu, le grec, le latin, l'italien, le français, l'espagnol, l'allemand, le bohémien, le polonais, le lituanien, le hongrois, le hollandais, l'anglais, l'irlandais (*linguæ doctrinales omnibus communes*), et ausssi pour le nubien, l'éthiopien, l'égyptien, le congolais, l'angolais, le chaldéen, l'arabe, l'arménien, le persan, le turc, le tartare, le chinois, le mexicain, le péruvien, le brésilien, le canadien. Il n'avait pas, évidemment, la force d'affronter une entreprise aussi gigantesque ou, peut-être, entrevoyait-il la possibilité que l'expansion missionnaire d'abord, et la colonisation ensuite, simplifieraient son problème en réduisant un grand nombre de ces langues exotiques à un simple répertoire pour les anthropologues, en imposant l'espagnol aux Mexicains, le français aux Canadiens, le portugais aux Brésiliens et divers *pidgin* et autres *lingua franca* à un grand nombre d'idolâtres sauvés. L'absence de l'anglais, qui n'était pas considéré encore comme une langue véhiculaire importante, est significative : plus restrictif encore, Becher, dans son *Character*, soutenait que le français était suffisant pour l'Italie, l'Espagne, l'Angleterre et le Portugal.

Les deux dictionnaires dressent la liste de 1 228 termes, et leur choix est inspiré par des critères empiriques (Kircher a choisi les mots dont l'usage lui paraissait le plus ordinaire).

Le Dictionnaire A, qui sert à coder, suit un premier ordre alphabétique pour les noms communs et les verbes, puis il reprend de nouveau l'ordre alphabétique pour rassembler les noms propres de régions, de villes, de personnes, ainsi que les adverbes et les prépositions, et, ensuite, il dresse à part les conjugaisons d'*être* et *avoir*. Chacune des colonnes, consacrée à l'une des cinq langues choisies, suit l'ordre alphabétique propre de cette langue. Il n'y a donc pas de correspondance sémantique entre les cinq termes placés sur une même ligne horizontale. A côté de chaque mot latin apparaît, dans l'ordre ordinal et cardinal croissant, un chiffre. Le chiffre romain se réfère au tableau du dictionnaire B, le chiffre arabe au terme spécifique. Une paire de nombres du même genre apparaît aussi à côté des termes des autres langues, mais sans ordre.

Considérons les deux premières lignes du premier tableau :

latin	*italien*	*espagnol*	*français*	*allemand*
abalienare I.1	astenere I.4	abstener I.4	abstenir I.4	abhalten I.4
abdere I.2	abbracciare II.10	abbraçar II.10	abayer XII.35	abschneiden I.5

Le latin est la langue paramètre : les chiffres situés à côté des termes en d'autres langues renvoient au numéro que, pour des raisons d'ordre alphabétique, prend le synonyme latin. En bref, si l'on veut coder le terme latin *abdere* on écrira *I.2*. Pour coder le terme français *abstenir*, on écrira *I.4* (et *I.4* dans la colonne latine sera *abstinere*).

Le destinataire du message aura recours au Dictionnaire B. Celui-ci est divisé en 32 tableaux marqués par des chiffres romains. Les chiffres arabes sont placés, pour chaque colonne, par ordre croissant. La division en 32 tableaux n'implique aucune division en classes logiques. Seule la colonne du latin se déroule en suivant à la fois l'ordre alphabétique et la progression numérique. Les colonnes des autres langues ne suivent pas l'ordre alphabétique, mais respectent l'ordre numérique. Par conséquent, les lignes mettent côte à côte des synonymes, et les termes synonymes sont marqués par le même chiffre arabe. Par exemple :

abalienare 1	alienare 1	estrañar 1	estranger 1	entfremden 1
abdere 2	nascondere 2	esconder 2	musser 2	verbergen 2

Si, donc, un locuteur allemand reçoit le message *I.2*, il va chercher dans le dictionnaire B le terme 2 dans le tableau I, dans la colonne de l'allemand, et apprend que l'expéditeur voulait lui dire *verbergen*. S'il veut aussi savoir comment ce terme se traduit en espagnol, il trouvera *esconder*.

Cependant, un simple lexique ne suffit pas, et Kircher fixe 44 signes (*notæ*) pour indiquer le temps, le mode, et le nombre verbal, et 12 pour les flexions (nominatif, génitif, datif et cætera, au singulier et au pluriel). Pour comprendre l'exemple qui suit, disons que le nominatif est marqué avec une sorte de N et la troisième personne du singulier du passé simple sera notée par nous (pour des raisons de commodité) avec un D. Voilà donc un exemple de codage : XXVII.36N (*Petrus*) XXX.21N (*noster*) II.5N (*amicus*) XXIII.8D (*venit*) XXVIII.10 (*ad*) XXX.20 (*nos*).

Kircher s'étend sur les vertus de son invention : en ne se servant que du dictionnaire de codage, on peut s'exprimer dans n'importe quelle langue même si l'on ne connaît que sa langue maternelle, et, avec le dictionnaire de décodage, on peut comprendre avec les mots de sa propre langue un texte conçu dans les termes d'une autre langue inconnue. Mais ce système offre aussi un autre avantage : si l'on reçoit un texte écrit en clair dans une langue que l'on ne connaît pas, l'on peut identifier dans le dictionnaire A les chiffres correspondant aux termes inconnus, l'on passe au dictionnaire B et l'on trouve les termes correspondants dans notre langue.

Mis à part sa complication, le système présume que chaque langue puisse être réduite à la grammaire de la langue latine ; d'autre part, un message codé suivant la syntaxe allemande donne des résultats assez curieux s'il est traduit mot à mot en français.

Kircher ne se pose pas le problème de savoir si, en suivant cette traduction de terme à terme selon l'ordre syntaxique de la langue de départ, la traduction dans la langue d'arrivée paraît correcte. Il fait confiance, dirions-nous, à la bonne volonté interprétative de celui qui reçoit le message. Ainsi, après avoir lu la *Polygraphia*, Juan Caramuel y Lobkowitz écrit à Kircher en août 1663 une lettre en code pour le féliciter de sa belle invention (mss. Chigiani f. 59v, Bibliothèque Apostolique Vaticane, voir Casciato, Ianniello et Vitale éd., 1986, tab. 5). Caramuel ne trouve pas Athanasius dans le dictionnaire des noms propres et, adoptant le principe selon lequel, à défaut d'un terme, il faut choisir le plus analogue, il s'adresse à son Dominus et Amicus (avec la marque du vocatif) en employant le prénom d'*Anastasia*. La lettre, dans certains endroits, semble lisible, ailleurs on peut penser que Caramuel s'est trompé en consultant le dictionnaire parce qu'il y apparaît des passages où, si l'on voulait transcrire le message en latin, on se trouverait devant quelque chose de ce genre : « Dominus + vocatif Amicus + vocatif multum sal + vocatif Anastasia a me + accusatif ars + accusatif ex illius + ablatif discere posse + première personne pluriel futur actif, non est loqui vel scribere sub lingua + ablatif communis + ablatif », ce qui donnerait un message en ce que l'on appelle *me-Tarzan-you-Jane-language*, c'est-à-dire quelque chose comme : « Ô seigneur ami, beaucoup sel, Anastasia. Par moi l'art par lui (?) apprendre pourrez, ce n'est pas parler ou écrire sous une langue commune. »

Beck et Becher

The Universal Character, by which all the nations of the world may understand one another's conceptions, reading out of one common writing their own mother tongues de Cave Beck, de 1657, ne semble pas être très différent. Il suffit de considérer ce codage :

	Honore	ton	père	et	ta	mère
leb	2314	p	2477	&	pf	2477

où *leb* indique l'impératif pluriel, où l'on précise la différence de genre entre *ton* et *ta*, ce qui permet d'utiliser le même terme (« géniteur ») pour père et mère. Beck essaie d'ajouter à sa pasigraphie une *pasilalie*, c'est-à-dire des règles de prononciation, si bien que le commandement que nous venons de citer sonnerait comme *leb totreónfo pee tofosénsen and pif tofosénsen*. Mais, pour pouvoir prononcer la phrase, il faut se rappeler des chiffres par cœur.

Deux ans avant la *Polygraphia* (mais, comme nous le verrons, les idées de Kircher circulaient déjà sous forme manuscrite), Joachim Becher avait publié son *Character pro notitia linguarum universali*, de 1661 (à cause d'un intitulé différent dans le faux titre, l'œuvre est parfois citée comme *Clavis convenientiæ linguarum*). Le projet de Becher n'est pas radicalement différent de celui de Kircher, sauf que, d'une part, Becher élabore un dictionnaire latin presque dix fois plus étendu (dix mille termes) et que, d'autre part, il n'élabore pas les dictionnaires des autres langues et en confie l'exécution à la bonne volonté du lecteur. Comme chez Kircher, les noms, les verbes, les adjectifs sont placés ensemble, avec des appendices pour les noms propres de personne et de lieu.

Chaque terme est suivi d'un nombre arabe (pour écrire *Zurich* il faut le chiffre 10 283). Un second nombre arabe renvoie soit à un tableau des conjugaisons (qui comprend aussi des chiffres pour les comparatifs, les superlatifs et les adverbialisations) et un troisième à un tableau des flexions. La dédicace initiale (« Inventum Eminentissimo Principi, et cætera ») s'écrit *4442. 2770:169: 3. 6753 :3* et doit être lue comme « Inventum eminens (+ superlatif + datif singulier) princeps (+ datif singulier) ».

Le problème est que Becher est saisi d'un doute : tous les peuples ne savent pas lire les chiffres arabes et, pour les représenter, il imagine un système visuel d'une complexité effrayante et d'une illisibilité totale. Certains auteurs l'ont hâtivement qualifié de proche des idéogrammes chinois, ce qui n'est pas juste. En réalité, nous avons simplement un système pour noter des chiffres au moyen de petits points et de petites lignes placés dans des zones différentes de la structure. Les valeurs numériques placées sur la droite et au centre de l'image renvoient à l'*item* lexical ; celles placées dans la zone à gauche renvoient à la liste des morphèmes grammaticaux. Rien d'autre. Sauf qu'une notation comme celle dont nous venons de donner l'exemple est relatée dans la figure par quatre tableaux de ce genre :

Figure 9.1

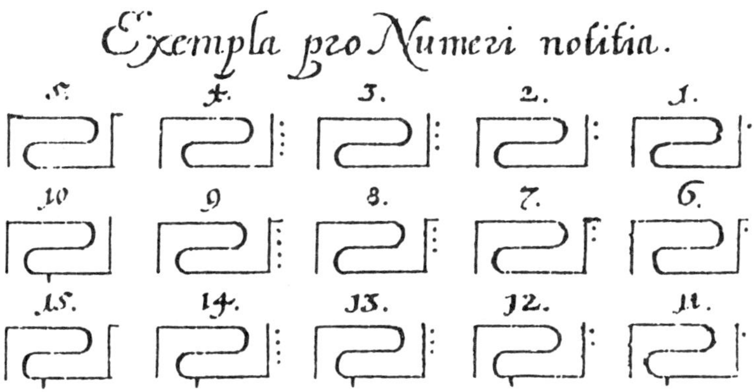

Gaspar Schott, dans le chapitre « Mirabilia graphica » de son ouvrage *Technica curiosa* (1664), a essayé d'améliorer le système de Becher, en simplifiant la représentation visuelle des chiffres et en ajoutant aussi des lexiques partiels en d'autres langues. Schott propose un tableau divisé en 8 cases, où les lignes horizontales représentent les unités, les dizaines, les centaines et les milliers, celles de droite se rapportant à des morphèmes grammaticaux et celles de gauche aux unités lexicales. Un point signifie une unité, une ligne 5 unités. Par conséquent le signe dans la Figure 9.2 doit être lu *23.1 15.15. 35.4 = le cheval mange l'avoine.*

Figure 9.2

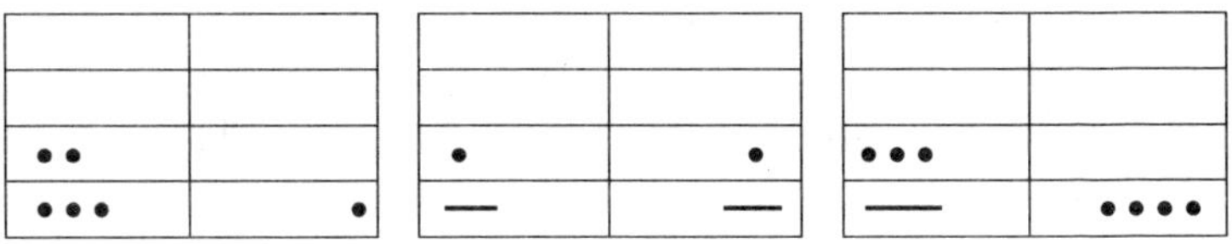

Impraticable, tel qu'il apparaît, pour des êtres humains, le système est pourtant le prélude de pratiques de traduction par ordinateur, comme l'ont suggéré Heilmann (1963) et De Mauro (1963). Les pseudo-idéogrammes de Becher font penser à des instructions se référant à des circuits électroniques, qui prescrivent à la machine quel parcours elle doit faire dans la mémoire pour individualiser et imprimer le mot équivalent. Nous avons là un dispositif pour traduire entre deux langues, terme à terme (avec tous les inconvénients, cela va de soi, d'un procédé aussi mécanique).

Premières esquisses d'une organisation du contenu

En 1660, probablement, Kircher avait écrit un *Novum hoc inventum quo omnia mundi idiomata ad unum reducuntur*, que l'on ne trouve que sous forme de manuscrit (mss. Chigiani I, VI, 225, Bibliothèque Apostolique Vaticane ; voir Marrone 1986). Schott affirme que Kircher dut garder son projet secret sur invitation de l'empereur qui lui avait demandé de le réserver exclusivement à son usage personnel.

Le *Novum inventum* semble encore assez incomplet et prévoit une grammaire très élémentaire et un dictionnaire de 1 620 mots. Ce qui le rend plus intéressant que la *Polygraphia*, c'est la tentative d'établir une liste de 54 catégories fondamentales pouvant être notées grâce à des iconogrammes, qui font penser à ceux employés aujourd'hui dans les aéroports et dans les gares — ils rappellent parfois un objet, comme un petit calice, parfois ils sont purement géométriques (rectangle, triangle, cercle), et certains d'entre eux sont superficiellement inspirés des hiéroglyphes égyptiens. Pour le reste, le critère est le même que celui de la polygraphie : l'iconogramme prend la valeur du chiffre romain, alors qu'un chiffre arabe spécifie le terme particulier. Ainsi, par exemple, le carré des éléments avec le numéro 4 signifie l'eau en tant qu'élément, mais l'eau entendue comme liquide potable est exprimée par l'iconogramme du calice (classe des boissons) suivi du numéro 3.

Le projet présente deux aspects intéressants. Le premier, c'est que, grâce à ce système, on essaie de fondre la polygraphie avec un lexique hiéroglyphique, de sorte que, théoriquement, ce langage pourrait être utilisé sans être traduit dans une langue naturelle. En lisant « carré + 4 », le lecteur sait que la chose ainsi nommée est un élément, et en lisant « calice + 3 », il sait qu'il s'agit de quelque chose à boire. Dans un certain sens, aussi bien la polygraphie kirchérienne que le *Character* béchérien permettraient de traduire même sans connaître la signification des mots, alors que le *Novum inventum* prévoit une connaissance philosophique qui n'est pas du tout mécanique : pour pouvoir coder le mot *eau*, il faut déjà savoir qu'il s'agit d'un élément — et le terme de la langue naturelle de départ ne révèle pas cette information.

Sir Thomas Urquhart, qui avait publié deux œuvres sur une sorte de polygraphie (*Ekskubalauron*, 1652, et *Logopandecteision*, 1653), faisait remarquer que l'ordre alphabétique était dû au hasard, mais que la mise en ordre par catégories rendait difficile de repérer le terme souhaité.

Le second aspect intéressant du projet kirchérien est sa tentative d'élaborer un tableau de concepts fondamentaux indépendants de chacune des langues. Mais les 54 catégories du *Novum inventum* constituent une liste remarquablement incongrue, comprenant des entités divines, angéliques et célestes, des éléments, des êtres humains, des animaux, des végétaux, des minéraux, les dignités et d'autres concepts abstraits de l'*ars* de Lulle, des boissons, des vêtements, des poids, des nombres, des heures, des villes, des nourritures, la famille, des actions comme voir ou donner, des adjectifs, des adverbes, des mois de l'année. Peut-être la difficulté de construire un système par catégories cohérentes a-t-elle convaincu Kircher d'abandonner cette idée et de passer à la technique plus modeste de la *Polygraphia*.

Pour ce qui est du côté incongru de la classification, il y avait de toute façon un précédent. Schott considère Kircher comme le pionnier de la polygraphie, et c'est pourtant lui-même qui nous a donné d'importantes informations sur une œuvre antérieure, c'est-à-dire de 1653. Il s'agit du projet d'un autre jésuite espagnol « dont j'ai oublié le nom » (p. 483), qui aurait présenté à Rome une sorte de feuille unique : sur celle-ci était élaboré un *Artificium* ou bien un *Arith-*

meticus Nomenclator, mundi omnes nationes ad linguarum et sermonis unitatem invitans. Authore linguæ (quod mirere) Hispano quodam, vere, ut dicitur, muto. L'Anonyme Espagnol a dû écrire avant Kircher, parce que le *Novum inventum* est dédié au pape Alexandre VII qui n'est monté sur le trône pontifical qu'en 1655. Sur l'auteur anonyme, lequel aurait écrit une pasigraphie parce qu'il aurait été réellement muet, Schott donne d'importantes informations dans *Technica curiosa*, aussi bien que dans *Joco-Seriorum Naturæ et Artis sive Magiæ naturalis centuriæ tres*, de 1655. En réalité, l'auteur anonyme serait un certain Pedro Bermudo, et par conséquent les derniers mots du titre de son œuvre constitueraient un jeu de mots, compte tenu qu'en castillan Bermudo se prononce presque comme *Ver-mudo* (Ceñal 1946).

Le doute subsiste quant à la fidélité de la description de Schott, parce que, même lorsqu'il décrit le système de Becher, il le perfectionne et y ajoute des développements inspirés par l'œuvre de Kircher. Ce qui est certain, selon Schott, c'est que l'*Artificium* réduisait la liste des mots de chaque langue à 44 classes fondamentales, dont chacune contenait entre 20 et 30 termes numérotés. Là aussi, dans le procédé de codage, un chiffre romain marquait la classe, et un chiffre arabe le terme. Schott rappelle que le projet admettait aussi l'utilisation d'autres caractères à la place des chiffres, mais il pense que le choix des chiffres était le mieux adapté parce que n'importe quel individu d'une nation peut les apprendre facilement.

Pour les morphèmes grammaticaux (nombre, temps verbaux, flexions), étaient utilisées, même dans ce cas, des notes tout aussi compliquées que celles de Becher, car, par exemple, le chiffre arabe suivi d'un accent aigu signifie le pluriel, suivi d'un accent grave il signifie « nota possessionis », avec un point superposé il signifie un verbe au présent, suivi d'un point il signifie le génitif, et pour indiquer la différence entre le vocatif et le datif il faut reconnaître dans un cas cinq et dans l'autre six points sur une succession linéaire. Pour *crocodile*, donc, il faudrait écrire *XVI.2* (classe des animaux + crocodile), mais pour invoquer certains crocodiles (*Ô crocodiles !*) XVI.2'•••••. Entre les points devant, au-dessus et derrière, les accents et d'autres signes d'orthographe, le système semble inutilisable. Mais, ce qui paraît intéressant, c'est, ici aussi, la série des 44 classes. Il vaut la peine d'en dresser la liste complète, en donnant entre parenthèses uniquement quelques exemples d'*item* :

> 1. Éléments (feu, vent, fumée, cendre, enfer, purgatoire et centre de la terre). 2. Entités célestes (astres, foudres, arc-en-ciel...). 3. Entités intellectuelles (Dieu, Jésus, discours, opinion, soupçon, âme, stratagème ou spectre). 4. États séculiers (empereur, barons, plébéiens). 5. États ecclésiastiques. 6. Artisans (peintre ou marin). 7. Instruments. 8. Affects (amour, justice, luxure). 9. Religion. 10. Confession sacramentelle. 11. Tribunal. 12. Armée. 13. Médecine (médecin, faim, clystère). 14. Animaux brutaux. 15. Oiseaux. 16. Reptiles et poissons. 17. Parties des animaux. 18. Ustensiles. 19. Nourritures. 20. Boissons et liquides (vin, bière, eau, beurre, cire, résine). 21. Vêtements. 22.Tissus de soie. 23. Laines. 24. Toiles et autres tissages. 25. Art nautique et aromates (bateau, cannelle, ancre, chocolat). 26. Métaux et monnaies. 27. Artefacts divers. 28. Pierres. 29. Bijoux. 30. Arbres et fruits. 31. Lieux publics. 32. Poids et mesures. 33. Numéraux. 34. Temps. 35-42. Noms, adjectifs, verbes, etc. 43. Personnes (pronoms, appellatifs comme Son Éminence le Cardinal). 44. Réseau routier (foin, route, larron).

Leibniz, dans une œuvre de jeunesse, *Dissertatio de arte combinatoria* (1666), s'arrêtera sur le caractère inadéquat de cette disposition par classes.

Cette incohérence fatale de toute liste possible sera le mal secret qui affectera aussi les projets, philosophiquement les plus avisés, de langue philosophique *a priori* dont nous parlerons dans les prochains chapitres. Et Jorge Luis Borges en fera l'observation lorsqu'il relira, dans d'*Otras inquisiciones*, « la langue analytique de John Wilkins » (de seconde main, selon ce qu'il a admis). Le caractère illogique des divisions lui sautera aux yeux (il discute explicitement sur la subdivision des pierres), et c'est précisément dans ce petit texte qu'il va inventer la classification chinoise que Michel Foucault place dans *Les Mots et les Choses* (1966, préface, p. 7). Dans une certaine encyclopédie chinoise intitulée *Marché céleste des connaissances bénévoles*, il est écrit que « les animaux se divisent en : (a) appartenant à l'Empereur, (b) embaumés, (c) apprivoisés, (d) cochons de lait, (e) sirènes, (f) fabuleux, (g) chiens en liberté, (h) inclus dans la présente classification, (i) qui s'agitent comme des fous, (j) innombrables, (k) dessinés avec un pinceau très fin en poils de chameau, (l) et cætera, (m) qui viennent de casser la cruche, (n) qui de loin semblent des mouches ».

La conclusion de Borges est qu'il n'existe pas de classification de l'univers qui ne soit pas arbitraire et conjecturale. Nous verrons à la fin de notre panorama sur les langues philosophiques que Leibniz sera obligé de se rendre, à la fin, à cette dramatique constatation.

CHAPITRE X

Les langues philosophiques *a priori*

Avec les langues philosophiques *a priori* nous nous trouvons devant un changement de paradigme (pas au sens chronologique, mais théorique). Si, pour les auteurs que nous avons considérés jusqu'alors, la recherche de la langue parfaite était inspirée par de profondes tensions religieuses, pour ceux que nous allons maintenant considérer, il faudra plutôt parler d'une langue philosophique servant à éliminer toutes ces *idola* qui ont obscurci l'esprit de l'humanité et l'ont tenue éloignée du progrès scientifique.

Ce n'est pas un hasard si la plupart des appels à une langue universelle proviennent justement, en ces années-là, des îles Britanniques. Il ne s'agit pas simplement d'un symptôme des tendances expansionnistes de l'Angleterre ; il existe aussi une motivation religieuse, à savoir le refus du latin (qui demeure fatalement encore la langue véhiculaire des savants), trop identifié avec la langue de l'Église catholique ; mis à part la très grande difficulté que les savants anglais trouvaient dans l'usage d'une langue si différente de la leur. Charles Hoole relève « les sarcasmes fréquents des étrangers, qui rient en observant cette incapacité générale des Anglais (qui étaient autrefois d'assez bons savants) à parler latin » (voir Salmon 1972 : 56).

Il existait aussi des motivations commerciales (y compris celle de faciliter les échanges à la Foire internationale de

Francfort) et des motivations pédagogiques (que l'on pense aux difficultés de l'orthographe anglaise, en une période, surtout, où elle était plus irrégulière qu'aujourd'hui, *ibid.* : 51-69). C'est à cette époque que surgissent les premières expériences pour l'enseignement du langage aux sourds-muets, et un certain nombre d'expérimentations de Dalgarno seront consacrées à cet aspect. Cave Beck (*The Universal Character*, 1657) dira que la recherche d'une langue universelle avantagerait l'humanité dans le commerce et permettrait de faire d'importantes économies si l'on pouvait éviter d'engager des interprètes. Il est vrai aussi qu'il ajoute, presque par devoir, qu'elle servirait aussi à la propagation de l'Évangile. Mais, du moment que l'on a parlé de commerce, il semble évident que même la propagation de l'Évangile apparaît comme une des formes de l'expansion des nations européennes sur les nouveaux territoires de conquête, et l'un des thèmes qui obsèdent Beck ainsi que d'autres théoriciens de l'époque est cette langue gestuelle avec laquelle les explorateurs ont eu leurs premiers échanges de communication avec des habitants de terres lointaines. Dès 1527, Alvaro Nuñez Cabeza de Vaca, en racontant ses voyages d'exploration aux Amériques, avait remarqué la difficulté de traiter avec des populations qui parlaient des milliers de dialectes différents, et raconté comment l'explorateur avait pu se tirer d'embarras seulement en utilisant un langage gestuel. Le frontispice de l'œuvre de Beck montre un Européen en train de remettre son projet à un Hindou, à un Africain et à un Indien d'Amérique, en s'exprimant par un geste de la main.

Dans le domaine scientifique s'impose l'exigence inévitable de trouver des nomenclatures adéquates pour de nouvelles découvertes tant dans le domaine des sciences physiques que des sciences naturelles, afin de réagir aux incertitudes symbolico-allégoriques du langage alchimique précédent. Dalgarno, dans son *Ars signorum* (1661 : *To the Reader*), affronte tout de suite la nécessité d'une langue qui parvienne à réduire les redondances, les anomalies, les équivoques et les ambiguïtés, et précise que cela ne pourra que favoriser la communication entre les peuples et guérir la philosophie de la maladie des sophismes et des logomachies. L'on est en train de percevoir comme une limite ce qui pour les langues sacrées était considéré comme une force, à savoir leur côté vague et leur densité symbolique.

Bacon

Le rénovateur de la méthode scientifique, Francis Bacon, ne s'intéresse que marginalement à la langue parfaite, mais ses observations revêtent un relief philosophique remarquable. Un des pivots de la philosophie baconienne est la destruction des *idola*, c'est-à-dire de ces fausses idées qui arrivent jusqu'à nous provenant soit de notre nature humaine, spécifique et individuelle, soit des dogmes philosophiques transmis par la tradition, soit encore — et nous en sommes aux *idola fori* qui nous concernent de plus près — de la manière dont nous nous servons de la langue. Les discours « qu'ils imposent se règlent sur l'appréhension du commun. De là, ces dénominations pernicieuses et impropres, qui assiègent l'entendement humain de manière si surprenante » (*Novum organum*, I : 43 [1]). Les *idola* qui s'imposent par le biais des paroles « ou ce sont des noms de choses qui n'existent pas [...] ou ce sont des noms de choses qui existent, mais des noms confus, mal déterminés, abstraits des choses à la légère ou irrégulièrement » (*Novum organum* I : 60 [2]). Un cas de notion confuse, par exemple, est celui de l'humide qui signifie plusieurs choses différentes : ce qui se répand facilement

1. *Novum organum*, Introduction, trad. et notes par M. Malherbe et J.-M. Pousseur, Paris, PUF, 1986, p. 112. [N.d.T.]
2. *Ibid.*, p. 120. [N.d.T.]

autour d'un autre corps, ce qui n'a pas de consistance ni de cohésion, ce qui cède sans difficulté dans toutes les directions, ce qui se divise et se disperse, ou qui se réunit et rassemble facilement, ce qui se met en mouvement avec facilité, ce qui adhère avec facilité à un autre corps et le mouille, ce qui passe facilement à l'état liquide et se dissout. Il faut donc, si l'on veut parler scientifiquement, procéder à une thérapie du langage.

Cette idée d'une thérapie linguistique deviendra centrale particulièrement dans la philosophie anglo-saxonne. Hobbes dans *Le Léviathan* (1651, IV) rappelle qu'aux utilisations du langage correspondent autant d'abus, lorsque les hommes enregistrent de façon erronée leurs pensées à travers l'inconstance des significations des mots, quand ils utilisent les mots métaphoriquement, c'est-à-dire de façon différente de leur signification ordinaire, quand avec les mots ils déclarent vouloir ce qu'ils ne veulent pas, et quand ils utilisent les mots pour se faire souffrir réciproquement. Locke (dans le livre III de son *Essay Concerning Human Understanding*, 1690, IX), à propos de l'imperfection des mots, dira que :

> les sons sont des signes arbitraires et indifférens de quelque idée que ce soit, un Homme peut employer tels mots qu'il veut pour exprimer à soi-même ses propres idées ; et ces mots n'auront jamais aucune imperfection, s'il se sert toujours du même signe pour désigner la même idée [...]. La principale fin du langage dans la communication que les Hommes font de leurs pensées les uns les autres, étant d'être entendu, les mots ne sauroient bien servir à cette fin [...] lorsqu'un mot n'excite pas, dans l'esprit de celui qui écoute, la même idée qu'il signifie dans l'esprit de celui qui parle [1].

Les signes, pour Bacon, peuvent être de deux sortes : *ex congruo* (nous dirions iconiques, motivés) comme les hiéroglyphes, les gestes et les emblèmes qui reproduisent en quel-

1. Locke, *Essai philosophique concernant l'entendement humain*, trad. Pierre Coste, Paris, Vrin, 1972, p. 385-386 (réimpression en fac-similé de l'édition de 1755). [N.d.T.]

que manière les propriétés de la chose signifiée ; ou *ad placitum*, et donc arbitraires et conventionnels. Cependant, un signe conventionnel peut être défini comme un « caractère réel » s'il peut se rapporter, tout seul, non à un son équivalent, *mais directement à la chose ou au concept correspondant* : « Characteres quidam Reales, non Nominales ; qui scilicet nec literas, nec verba, sed res et notiones exprimunt » (*De augmentis*, VI, 1). Dans ce sens, les signes des Chinois sont des caractères réels, car ils représentent justement des concepts, sans présenter, par ailleurs, aucune ressemblance avec l'objet. Comme on le voit, Bacon, à la différence de Kircher, ne se rendait pas compte du vague iconisme des idéogrammes chinois, mais cette insensibilité lui est commune avec d'autres auteurs. Wilkins notera que, au-delà des difficultés et des perplexités engendrées par ces caractères, ils ne semblent montrer aucune analogie entre leur forme et les choses qu'ils représentent (*Essay*, p. 451). Une raison probable de ces différences d'évaluation est peut-être due au fait que Kircher recevait des informations de première main de ses confrères de Chine et saisissait donc au sujet des idéogrammes chinois plus de choses que ne pouvaient le faire les savants anglais, qui n'en avaient connaissance qu'à travers des rapports indirects.

Pour Bacon, ces idéogrammes sont des signes qui se rapportent directement à une notion sans passer à travers la médiation d'une langue verbale : les Chinois et les Japonais parlent des langues différentes et nomment donc les choses avec des noms différents, mais ils reconnaissent les mêmes idéogrammes et par conséquent, quand ils écrivent, ils peuvent se comprendre réciproquement.

Comme le dira Lodwick, si l'on décidait d'employer, ne serait-ce que conventionnellement, O pour « ciel », ce caractère *réel* différerait d'un caractère *vocal*

> parce qu'il ne signifie pas le son ou le mot « ciel », mais ce que nous appelons ciel, et les Latins *cælum*, etc., si bien qu'un tel caractère, une fois accepté, sera lu « ciel » sans que l'on se demande comment les Latins appellent la même chose [...]. Nous avons un

> exemple analogue avec les caractères numériques 1, 2, 3, qui ne signifient pas les sons nombreux avec lesquels les différents peuples les expriment dans leurs nombreux langages, mais la notion commune sur laquelle ces peuples différents s'accordent (Ms. Sloane 897 f 32r, cité *in* Salmon 1972).

Bacon ne pense pas à un caractère qui donnerait l'image ou révélerait la nature de la chose elle-même ; son caractère est un signe conventionnel qui se rapporte pourtant à une notion précise. Son problème est de constituer un alphabet des notions fondamentales, et l'*Abecedarium novum Naturæ*, composé en 1622 et qui devait se trouver en appendice à l'*Historia naturalis et experimentalis*, représente une tentative d'indexation du savoir qui n'a rien à voir avec le projet d'une langue parfaite (voir Blasi 1992, Pellerey 1992a). Et pourtant, le fait qu'il décide, par exemple, d'associer des lettres de l'alphabet grec à un index du savoir, en fonction de quoi α signifiait « dense et rare », ε « de volatile et fixo », εεεε « de naturali et monstruoso » et ooooo « de auditu et sono », allait être une source d'inspiration pour les chercheurs à venir.

Comenius

Dans ce milieu intellectuel s'interpose l'influence de Comenius, Jan Amos Komensky. C'est une influence étrange, parce que Comenius, qui appartient à la confrérie des Frères bohêmes, une branche mystique de la réforme hussite, évoluait — même si c'était conflictuellement — à l'intérieur de la spiritualité rosicrucienne (comme en témoigne son *Labyrinthe du monde*, écrit en tchèque en 1623) et était mû par une ferveur religieuse qui semblerait avoir peu de chose en commun avec les intérêts scientifiques du milieu anglais. Mais Yates (1972 ; 1979) a parlé suffisamment de ces échanges culturels ; nous nous trouvons une fois de plus devant une géographie culturelle complexe et curieuse, dont l'histoire de la langue parfaite n'est qu'un des nombreux chapitres (voir Rossi 1960, Bonerba 1992, Pellerey 1992a : 41-49).

Les aspirations de Comenius se situent dans la mouvance de la tradition pansophique, mais l'aspiration à la pansophie avait un objectif pédagogique. Dans la *Didactica magna* de 1657, Comenius lutte en faveur d'une réforme de l'enseignement, puisque l'éducation des jeunes se présentait à ses yeux comme le premier pas vers une réforme politique, sociale et religieuse. L'enseignant devait fournir aux élèves des images qui pouvaient s'imprimer fortement sur leurs sens et leur faculté imaginative, et il fallait, par conséquent, mettre des choses visibles devant la vue, des choses sonores devant l'ouïe, des odeurs devant l'odorat, des saveurs devant le goût, des choses tangibles devant le toucher.

Dans *Janua linguarum* de 1631, un manuel pour l'enseignement du latin, Comenius se préoccupait du fait que l'élève eût une appréhension immédiatement visuelle des choses dont on parle et il essayait en même temps de regrouper les notions élémentaires auxquelles renvoient les mots selon une certaine logique des idées (création du monde, éléments, règnes minéral, végétal et animal — et dans la *Didactica magna* étaient présentes des références à l'entreprise baconienne d'organisation du savoir). De même, dans l'*Orbis sensualium pictus quadrilinguis* de 1658, il essaiera de tracer une nomenclature figurée de toutes les choses fondamentales du monde et des actions humaines, et il alla jusqu'à retarder la publication de l'œuvre afin d'obtenir des gravures satisfaisantes (et non pas seulement d'ordre décoratif, comme cela pouvait arriver pour un grand nombre d'œuvres de l'époque), en rapport iconique évident avec les choses représentées, dont les noms verbaux ne devaient apparaître qu'en tant que titres, explications, compléments ; si bien qu'il fait précéder le manuel d'un Alphabet dans lequel chaque lettre est associée à l'image de l'animal dont la voix rappelle le son de la lettre, avec un sens du rapport onomatopéique entre la langue et le cri animal qui rappelle de près les fantaisies de Harsdörffer sur la langue allemande. Par conséquent, « Die Krähe krächzet, cornix cornicatur, la cornacchia gracchia, la Corneille gazoüille », ou bien « Die Schlange zischet, Serpens sibilat, il Serpe fsschia (*sic*), le Serpent siffle ».

Comenius développe une critique serrée des défauts des langues naturelles dans son *Pansophiæ Christianæ liber* III (1639-1640), où il fait appel à une réforme linguistique qui élimine les embellissements artificiels et rhétoriques, source d'ambiguïté, et qui fixe clairement le sens des mots en utilisant un seul nom pour chaque chose, en rendant aux termes leur sens originaire. Des prescriptions pour une langue universelle artificielle se trouvent dans la *Via lucis* de 1668, où la pansophie n'est plus seulement une méthode pédagogique, mais se dessine comme une vision utopique dans laquelle un Concile du monde doit inspirer un état parfait, où l'on parlera une langue philosophique, la Panglossie. Or, cette œuvre avait été écrite avant 1641, lorsque Comenius, en exil à travers l'Europe au cours de la guerre de Trente ans, arrivait à Londres, et elle circulait certainement sous forme manuscrite dans le milieu intellectuel anglais (voir, par exemple, Cram 1989).

Ici, Comenius fait allusion à une langue universelle (qu'il ne construira, par ailleurs, jamais *in extenso*) capable de dépasser les limites politiques et structurelles du latin. Cette nouvelle langue devra se présenter ainsi : « le lexique qui la compose réfléchit la composition du réel, les mots ont une signification définie et univoque, chaque contenu a son expression et vice versa, les contenus ne sont pas des créations mais les choses qui existent réellement et pas une de plus » (Pellerey 1992a : 48).

Tel est donc le paradoxe : un utopiste d'inspiration rosicrucienne à la recherche d'une pansophie où toutes les choses seraient reliées entre elles selon l'harmonie d'une « vérité immobile », de telle sorte qu'elles induisent à une recherche inépuisable de Dieu. Mais, ne croyant pas pouvoir retrouver une langue parfaite originaire, et cherchant pour des raisons pédagogiques une méthode artificielle efficace, il trace pour cette recherche quelques lignes fondamentales d'une langue philosophique qui va être l'œuvre d'utopistes anglais à l'inspiration bien plus laïque.

Descartes et Mersenne

En même temps, ou presque, le problème d'un caractère réel est discuté, mais avec scepticisme, dans le milieu français. En 1629, le père Marin Mersenne envoie à Descartes le projet d'une « nouvelle langue » d'un certain des Vallées. Tallemant des Réaux (*Historiettes*, 1657, 2, « Le cardinal de Richelieu ») nous dit que des Vallées était un avocat, très doué pour les langues, et qu'il prétendait avoir trouvé « une langue matrice qui luy faisoit entendre toutes les autres ». Le cardinal de Richelieu lui avait demandé d'imprimer son projet, mais il avait répondu que, s'il lui fallait divulguer un si grand secret, il prétendait recevoir une pension. « Le Cardinal le négligea, et le secret a esté enterré avec des Vallées. »

Dans une lettre à Mersenne du 20 novembre 1629, Descartes communique ses impressions au sujet de cette proposition de Des Vallées. Pour chaque langue, dit-il, il faut apprendre la signification des mots et une grammaire. Pour la signification des mots, il suffirait d'avoir un bon dictionnaire, mais la grammaire est difficile à apprendre. Cependant, en élaborant une grammaire ne contenant pas les irrégularités des langues naturelles, corrompues par l'usage, le problème pourrait être résolu. Simplifiée de la sorte, cette langue semblerait primitive par rapport aux autres, qui en apparaîtraient comme autant de dialectes. Et, après avoir fixé des noms primitifs d'actions (où les noms des autres langues seraient synonymes, comme *aimer* et *phileìn*), il suffirait d'ajouter des affixes pour obtenir, par exemple, le substantif correspondant. Par conséquent, on pourrait en tirer un système d'écriture universelle, en enregistrant avec un chiffre chaque terme primitif — et ce chiffre renverrait à ses synonymes dans les différentes langues.

Il resterait cependant le problème du son à choisir pour ces termes, puisque certaines sonorités sont agréables et faciles pour un peuple et désagréables pour un autre. Ces sons seraient ensuite difficiles à apprendre : si, pour les termes primitifs, on se sert des synonymes dans sa propre langue, alors on ne sera plus entendu par d'autres peuples, sinon par écrit ; et s'il fallait, enfin, apprendre le lexique entier, ce serait alors extrêmement pénible, et l'on ne voit pas pour quelle raison on n'utiliserait pas une langue internationale déjà très connue comme le latin.

Mais c'est alors que Descartes se rend compte du fait que le nœud de la question est autre. Pour pouvoir non seulement apprendre, mais aussi retenir les noms primitifs, il faudrait qu'ils puissent correspondre à un ordre des idées ou bien des pensées, ordre qui devrait avoir la même logique que l'ordre des chiffres (qu'il n'est pas nécessaire d'apprendre tous, mais que l'on apprend à engendrer par succession). Cependant, le problème coïncide avec celui d'une Vraie Philosophie capable de définir un système des idées claires et distinctes. Si quelqu'un était capable de chiffrer toutes les idées simples d'où s'engendrent ensuite toutes les idées que nous sommes capables de penser, et d'assigner à chacune un caractère, nous pourrions par la suite articuler cette sorte de mathématique de la pensée, de même que nous le faisons pour les chiffres — alors que les mots de nos langues renvoient à des idées confuses.

> Or, je tiens que cette langue est possible, et qu'on peut trouver la science de qui elle dépend, par le moyen de laquelle les paysans pourraient mieux juger de la vérité des choses, que ne font maintenant les philosophes. Mais n'espérez pas de la voir jamais en usage ; cela présuppose de grands changements en l'ordre des choses, et il faudrait que tout le monde ne fût qu'un paradis terrestre, ce qui n'est bon à proposer que dans le pays des romans [1].

Comme on le voit, Descartes posait les mêmes problèmes que Bacon, sauf qu'il n'entendait pas aborder de front cette question. Ses observations sont empruntées au bon sens et, bien qu'au moment où il écrit il n'ait pas encore mené sa recherche sur les idées claires et distinctes, comme cela aura lieu dans le *Discours de la méthode*, nous savons qu'il n'a jamais pensé, même par la suite, élaborer un système, une grammaire des idées, tel que l'on pût fonder sur lui une langue parfaite. Il est vrai que dans les *Principia Philosophiæ* (I, XLVIII) Descartes donne une liste des notions primitives, et ce sont des substances permanentes (l'ordre, le nombre, le temps, et cætera) : mais il n'y a aucun indice suivant lequel on pourrait extraire de cette liste un système des idées (voir Pellerey 1992a : 25-41, et Marconi 1992).

Le débat anglais sur le caractère et les traits

En 1654, John Webster écrit son *Academiarum examen*, une attaque contre le monde académique, où il regrettait que celui-ci ne consacrât pas suffisamment d'attention au problème d'une langue universelle.

1. *Œuvres et lettres*, textes présentés par A. Bridoux, Paris, Gallimard, 1953, p. 915. [N.d.T.]

Lui aussi, comme beaucoup d'autres dans l'Angleterre de cette période, avait été influencé par la prédication de Comenius et par son appel à une langue universelle. Webster souhaite donc la naissance d'« un enseignement Hiéroglyphique, Emblématique, Symbolique et Cryptographique » et se réfère à l'utilité des caractères algébriques et mathématiques en général : « Les notes numériques, que nous appelons figures et nombres, les Caractères Planétaires, les signes pour les minéraux, et tant d'autres choses en chimie, bien qu'elles soient toujours les mêmes et ne varient pas, sont cependant comprises par tous les peuples d'Europe, et, quand elles sont lues, chacun les prononce dans le langage ou dans le dialecte de son pays » (p. 24-25).

Webster semble répéter ce que sont en train d'exprimer divers auteurs dans le sillage des premières propositions baconiennes (voir, par exemple, la profession de foi et d'espoir en un caractère universel exprimée par Gerhard Vossius dans le *De arte grammatica*, 1635, 1.41). Mais certaines personnalités évoluant dans le milieu scientifique, qui donnera par la suite son origine à la Royal Society, y voient un appel aux langues hiéroglyphiques dont le champion était le père Kircher : en effet, Webster est en train de penser à « un langage de la nature opposé au langage institutionnel des hommes » (voir Formigari 1970 : 37).

Seth Ward, en 1654, répond en défendant le monde académique avec son *Vindiciæ academiarum* (auquel Wilkins ajoute une introduction) et dénonce les penchants mystiques de son adversaire (voir Slaughter 1982 : 138 et s.). Il ne se déclare certes pas hostile à la recherche d'un caractère réel et admet qu'il doit être construit sur le modèle de l'algèbre proposée par Viète (XVIe siècle) et par Descartes, où les lettres de l'alphabet ont la valeur de symboles de grandeurs en général. Mais il est évident que le Caractère auquel pense Ward n'est pas celui que Webster semble souhaiter.

Ward précise que le caractère réel dont il parle devrait réaliser ce que les kabbalistes et les Rose-Croix ont vainement cherché dans la langue hébraïque et dans les noms des choses assignés par Adam. Wilkins, dans son introduction, renchérit en accusant Webster d'être crédule et fanatique et, lorsqu'il écrira son *Essay*, dont nous parlerons longuement plus loin, il lancera des flèches dédaigneuses contre Webster, tout en ne le nommant pas, dans la lettre d'introduction au lecteur.

Entre la recherche des mystiques et les recherches des « savants » il y avait certainement des caractères communs ; en ce siècle, les jeux d'influences réciproques sont extrêmement complexes, même entre auteurs qui se battent à partir de rivages opposés, et l'on a souvent relevé les rapports entre langues philosophiques, néolullisme et rosicrucianisme (voir Ormsby-Lennon 1988, Knowlson 1975 : 876, et naturellement Yates et Rossi). Mais une position comme celle de Ward, avec le renfort que lui offre Wilkins, se définit comme laïque par rapport à toutes les recherches précédentes d'une langue adamique. Il est nécessaire de le répéter : ce n'est plus ici, désormais, la recherche d'une langue originaire disparue, mais l'effort de création d'une langue nouvelle, artificielle, inspirée par des principes philosophiques, et capable de résoudre avec des moyens rationnels ce que les langues saintes de tout genre, toujours cherchées et jamais retrouvées, n'étaient pas en mesure de fournir. Nous avons relevé dans toutes les langues saintes et primordiales, du moins dans la façon dont elles étaient proposées, un excès de contenu, que l'on ne pouvait jamais tout à fait circonscrire, par rapport à l'expression. A présent, par contre, on recherche une langue scientifique (ou philosophique) dans laquelle se réalise, en fonction d'un acte inédit d'*impositio nominum*, un accord total entre expression et contenu.

Des hommes comme Ward et Wilkins se portent candidats pour représenter une sorte de nouvel Adam, en concurrence directe avec les spéculations des mystiques, sinon on expliquerait mal la raison pour laquelle Wilkins, dans sa lettre au lecteur par laquelle s'ouvre l'*Essay*, soulignait clairement que sa langue philosophique pourrait contribuer « à éclaircir quelques-unes de nos modernes différences en religion, en démasquant beaucoup d'erreurs sauvages qui se cachent sous des expressions affectées ; erreurs qui, une fois qu'elles sont philosophiquement expliquées et exprimées selon l'importance naturelle et véritable des mots, se révéleront comme autant d'inconsistances et de contradictions » (B1r).

Il s'agit bien d'une déclaration de guerre contre la tradition, la promesse d'une thérapie différente contre les crampes du langage, un premier manifeste de ce courant sceptico-analytique, aux caractéristiques typiquement britanniques, qui fera de l'analyse linguistique, au XXe siècle, un instrument pour la réfutation d'un grand nombre de concepts métaphysiques.

Malgré les diverses influences lulliennes, il est indubitable que dans ce milieu on tient compte du système de classification d'Aristote, et la proposition de Ward se situe aussitôt dans l'orientation dessinée dans les paragraphes précédents : la nouvelle langue caractéristique devra se prévaloir de caractères réels, mais aussi d'un critère de composition par éléments primitifs, où « les mots signifiant des notions simples ou pouvant être ramenées à des notions simples, il est évident que si l'on repérait tous les types de notions simples et, si on leur assignait des Symboles, ces derniers seraient extrêmement peu nombreux en comparaison [...] le critère de leur composition serait connu facilement, et même les plus composés seraient immédiatement compris, et mettraient précisément sous les yeux tous les éléments qui les composent, en rendant ainsi manifeste la nature des choses » (*Vindiciæ*, p. 21).

Éléments primitifs et organisation du contenu

Pour pouvoir construire des caractères qui renvoient directement à des notions (sinon aux choses que ces notions reflètent), il faut deux conditions : (I) la détermination de notions *primitives* ; (II) l'organisation de ces notions primitives en système, et ce système représente un modèle d'organisation du contenu. On comprend maintenant pour quelle raison ces langues ont été définies *philosophiques* et *a priori*. Il est nécessaire de déterminer et d'organiser une sorte de « grammaire des idées » indépendante des langues naturelles et qui doit donc être postulée *a priori*. C'est seulement après avoir dessiné cette organisation du contenu que l'on pourra construire des caractères capables de l'exprimer. Par conséquent, comme Dalgarno le dira par la suite, *le travail du philosophe doit précéder celui du linguiste.*

Pour inventer des codes qui expriment des mots — comme le font les polygraphies —, il suffit de se rapporter à la liste déjà existante des mots dans une langue. Cependant, inventer des caractères qui se réfèrent à des choses ou à des notions est une tâche différente : il faut avoir une liste des choses et des notions. Et puisque les mots d'une langue naturelle sont en nombre fini, alors que les choses (parmi celles qui existent physiquement pour les entités de raison, et pour les accidents de tout ordre et degré) sont potentiellement infinies, se poser le problème d'un caractère réel signifie non seulement se poser le double problème d'un inventaire qui serait *universel* mais aussi, en quelque sorte, *limité*. Il s'agit d'établir quelles sont les choses ou les notions les plus universellement communes, puis de commencer à définir toutes les notions dérivées selon un principe de *possibilité de composition au moyen d'éléments primitifs*. Tous les contenus possibles exprimés par une langue doivent être définis comme une série d'agrégations « moléculaires » réductibles à des compositions d'*atomes* ou de *traits* sémantiques.

Par exemple, en articulant des traits sémantiques comme ANIMAL, CANIN, FÉLIN, voilà comment, avec 3 traits seulement, on peut analyser les contenus de 4 expressions :

Figure 10.1

	ANIMAL	CANIN	FÉLIN
chien	+	+	–
loup	+	+	–
tigre	+	–	+
chat	+	–	+

Mais les traits qui analysent le contenu devraient être des entités étrangères à la langue analysée : le trait CANIN ne devrait pas s'identifier avec le mot *canin*. Les traits devraient être des entités translinguistiques, en quelque sorte innés. Ou bien, ils doivent être *postulés* en tant que tels, comme dans le cas où l'on fournit à un ordinateur un dictionnaire où chaque terme d'une langue est réductible à des traits *posés* par le programmateur. Cependant, le problème est de savoir comment déterminer ces traits et comment en limiter le nombre. Si l'on entend les éléments primitifs comme des concepts « simples », il est malheureusement très difficile de définir un concept simple. Pour un locuteur ordinaire, le concept d'« homme » est plus simple, au sens que cela est plus facilement compréhensible, que celui de « mammifère », alors que « mammifère » devrait constituer un trait composant le concept d'homme ; et on a remarqué que, pour un dictionnaire, il est beaucoup plus facile de définir des termes comme *infarctus* que des verbes comme *faire* (voir Rey-Debove 1971 : 194 et s.).

On pourrait décider que les éléments primitifs dépendent de notre expérience du monde, c'est-à-dire (comme le suggère Russell 1940) que ce sont des « mots-objet » dont nous apprenons la signification par ostension, de même qu'un enfant apprend la signification du mot *rouge* en le voyant associé aux différentes occurrences du phénomène « rouge ». Par contre, il existerait des « mots de dictionnaire » qui peuvent être définis à travers d'autres mots de dictionnaire, comme, par exemple, *Antarctique* ou *incontournable*. Russell est, par ailleurs, le premier qui repère l'imprécision du critère, parce qu'il admet que le terme musical *portée* est, pour la plupart des locuteurs, un mot de dictionnaire, alors qu'il s'agirait d'un mot-objet pour un enfant qui aurait grandi dans une chambre dont la tapisserie aurait reproduit des portées comme motif de décoration.

On pourrait dire aussi que les éléments primitifs sont des idées innées selon le modèle platonicien. La position serait philosophiquement inattaquable, hormis le fait que même Platon n'est pas parvenu à établir de manière satisfaisante la qualité et la quantité des idées universelles innées. Soit il y a une idée pour chaque genre naturel (et alors, s'il existe la « chevalinité », il devrait exister l'« ornithorynquité »), soit il y a peu d'idées beaucoup plus abstraites (comme l'Un et la Pluralité, le Bien, les concepts mathématiques), mais au moyen de la composition de traits si abstraits on ne peut définir ni un cheval ni un ornithorynque.

Supposons alors que l'on puisse établir un système d'éléments primitifs organisé par disjonctions dichotomiques ou binaires tel que, en vertu de la relation systématique entre ses termes, il ne puisse qu'être fini et nous permette de définir tout autre terme ou concept correspondant. Un bon exemple de ce système nous est donné par l'emboîtement réciproque entre hyponymes et hyperonymes tel qu'il nous est proposé par les lexicographes. Il est organisé hiérarchiquement en forme d'*arbre à disjonctions binaires* de sorte qu'à chaque paire d'hyponymes corresponde un seul hyperonyme, et que chaque couple d'hyperonymes constitue à son tour le niveau hyponymique d'un seul hyperonyme supérieur, et ainsi de suite. A la fin, quelle que soit la quantité de termes à emboîter, l'arbre ne peut que présenter un retrécissement vers le haut jusqu'à l'hyperonyme père de tous les autres.

L'exemple précédent produirait cet arbre :

Figure 10.2

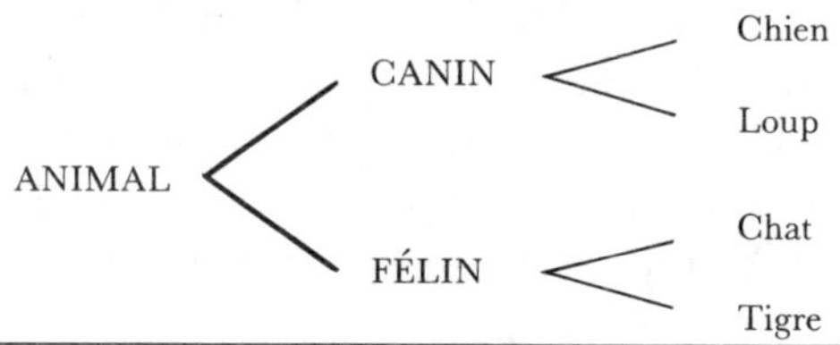

Une structure du genre serait en mesure d'expliquer certains phénomènes sémantiques qui, selon beaucoup d'auteurs contemporains, dérivent d'une définition du contenu en termes de *dictionnaire* et non d'*encyclopédie*, au sens où le contenu est analysé sur la base d'éléments primitifs métalinguistiques et non de données de connaissance du monde (comme il arriverait, au contraire, si l'on disait que les tigres sont des chats jaunes avec certaines rayures sur le pelage). Les traits seraient *analytiques*, c'est-à-dire tels qu'ils deviendraient une condition nécessaire pour la définition du contenu (un chat serait nécessairement un félin et un animal, et il serait contradictoire d'affirmer qu'*un chat n'est pas un animal*, parce qu'ANIMAL ferait analytiquement partie de la définition de *chat*) ; et il serait possible de différencier les jugements analytiques et synthétiques ou factuels, lesquels se réfèrent à des connaissances extralinguistiques ou encyclopédiques : des expressions comme *les tigres mangent les hommes* dépendraient de la connaissance du monde parce qu'elles ne seraient pas autorisées par la structure du dictionnaire.

Cette structure, toutefois, non seulement ne permettrait pas de définir la différence entre un chat et un tigre, mais non plus même celle entre canin et félin. Il est donc nécessaire d'insérer des *différences* dans la classification. Aristote, dans ses travaux sur la définition, dont dépend par ailleurs ce qui dans la tradition médiévale sera connu sous le nom d'Arbre de Porphyre (parce qu'il trouve son origine dans l'*Isagoge* du néoplatonicien Porphyre, IIe-IIIe siècle ap. J.-C., et survivait encore comme modèle irremplaçable, dans la culture des élaborateurs anglais de projets d'un caractère réel), pensait que l'on avait une bonne définition lorsque, pour caractériser l'essence de quelque chose, on choisissait des attributs tels que, à la fin, et bien que chacun de ces attributs pris isolément eût une extension plus grande que le sujet, tous ensemble ils eussent la même extension que le sujet (*An. Sec.* II 96a, 35). Chaque genre était divisé par deux différences qui constituaient une paire d'opposés. Chaque genre, plus une de ses différences *divisionnelles*, venait constituer l'espèce située au-dessous, qui se définissait par le genre le plus proche et par sa différence *constitutive*.

Par conséquent, dans notre exemple, l'Arbre de Porphyre aurait défini la différence entre homme et dieu (pris comme force naturelle), et entre homme et animaux, comme dans la Figure 10.3, où les lettres majuscules représentent des genres et des espèces, tandis que les lettres minuscules représentent des *différences*, c'est-à-dire des accidents particuliers qui arrivent uniquement dans une seule espèce. Comme on le voit, l'arbre permet de définir l'Homme comme « animal rationnel mortel », et cette définition est considérée comme satisfaisante parce qu'il ne peut y avoir d'animal rationnel mortel qui ne soit pas homme et inversement.

Dans cette division, malheureusement, il ne serait pas encore possible de dire dans quel sens « cheval », « chien » et « loup », « chat » et « tigre » diffèrent, sans insérer de nouvelles différences. Il faut souligner, en outre, que si les différences adviennent dans une seule espèce certaines différences, dans cet arbre, comme « mortel / immortel », se

Figure 10.3

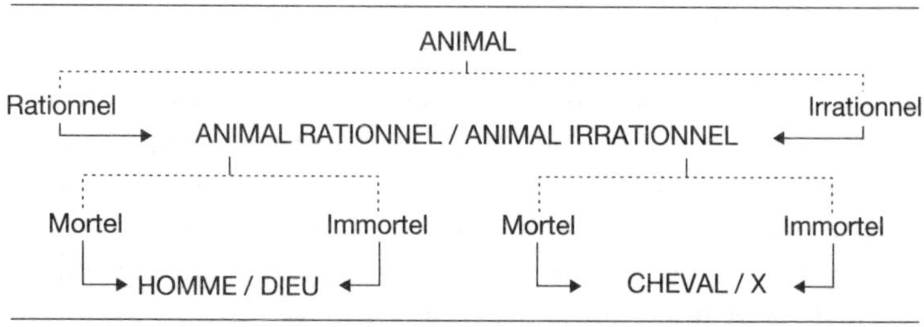

présentent sous deux espèces, et il est alors difficile d'établir si elles vont se reproduire ultérieurement dans l'arbre, si jamais l'on voulait différencier non seulement chien et chat, mais aussi violet et rose, diamant et saphir, anges et démons.

Figure 10.4

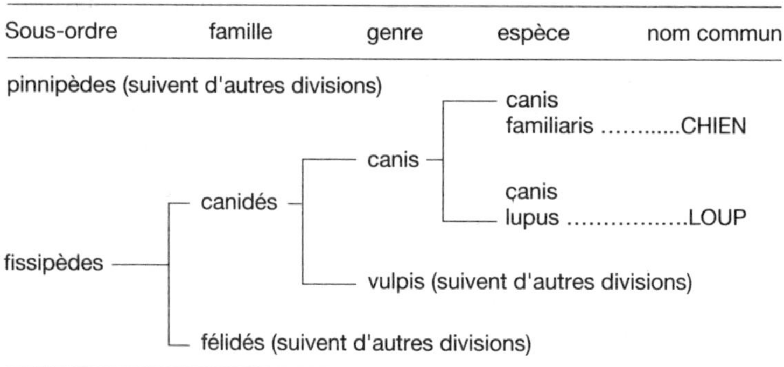

La zoologie moderne procède par division dichotomique. En effet, elle différencie chien et loup, chat et tigre, à travers une dichotomisation par entités taxinomiques, c'est-à-dire des *taxa* (Figure 10.4).

Mais le zoologue d'aujourd'hui sait très bien que sa taxinomie *classifie*, mais ne *définit* pas, et qu'elle n'exprime pas la nature des choses : elle présente un système d'inclusion de classes où les nœuds inférieurs sont liés par implicitation aux nœuds supérieurs (si quelque chose est un *canis familiaris*, ce ne peut être qu'un *canis*, un canidé, un fissipède). Mais « canidé » ou « fissipède » fonctionnent comme des éléments primitifs à l'intérieur de la classification, sans qu'ils soient primitifs du point de vue sémantique. Le zoologue sait qu'à partir du nœud « canidés » il doit faire la liste d'une série de propriétés communes à la famille, et à partir du nœud « carnivores » une série de propriétés communes à l'ordre, de même qu'il sait que la signification du terme non primitif *mammifère* est à peu près celle d'« animal vivipare qui nourrit sa progéniture au moyen de lait sécrété par des glandes mammaires ».

Ce n'est pas la même chose pour un nom de substance d'être désignatif (c'est-à-dire d'indiquer le genre auquel appartient la substance) et d'être diagnostique, c'est-à-dire transparent, autodéfinitionnel. Dans les classifications de Linné (*Species plantarum*, 1753), étant donné les deux espèces *Arundo calamogrostis / Arundo arenaria*, qui appartiennent au même genre, les noms désignatifs en montrent l'appartenance commune et signifient une différence ; mais leurs propriétés sont ensuite éclaircies de façon diagnostique, en précisant que l'*Arundo calamogrostis* est « calycibus unifloris, culmo ramoso », alors que l'*Arundo arenaria* est « calycibus unifloris, foliis involutis, mucronato-pungentibus » (voir Slaughter 1982 : 80). Mais les termes employés pour cette description ne sont plus pseudo-primitifs comme ceux du métalangage des *taxa* : ce sont des termes du langage ordinaire employés à des fins diagnostiques.

Par contre, pour les élaborateurs de projets de langues *a priori*, chaque élément de l'expression aurait dû exprimer sans possibilité d'erreur toutes les propriétés de la chose désignée. C'est cette contradiction qui marquera les projets que nous analyserons dans les chapitres suivants.

CHAPITRE XI

George Dalgarno

Il est difficile de donner une analyse critique minutieuse de l'*Ars signorum* de George Dalgarno (1661). Les tableaux de Dalgarno, à la différence de ceux de Wilkins, sont sommaires, et le texte, dans la partie qui présente des exemples, est très codé, parfois contradictoire et sillonné d'allusions éclair. Son œuvre est pleine d'erreurs d'impression précisément là où sont donnés des exemples de caractères réels — et, dans ce genre de langues, si l'on fausse une lettre, c'est le sens du caractère qui change (remarquons que cette facilité à tomber dans des erreurs d'impression témoigne de la difficulté dans le maniement de ces langues, y compris de la part de leurs créateurs).

Dalgarno était un maître d'école écossais qui passa la plus grande partie de sa vie à Oxford à enseigner dans une école de grammaire. Il était en contact avec tous les savants oxoniens de l'époque, et la table des remerciements au début de son livre cite des personnalités telles que Ward, Lodwick ou Boyle, et même Wilkins. Ce dernier — alors qu'il préparait l'*Essay* (qui paraîtra sept ans plus tard) — avait certainement été en contact avec Dalgarno et lui avait fait connaître les projets de ses tableaux. Mais Dalgarno les avait trouvés trop minutieux et avait choisi une autre voie qui lui paraissait plus simple. Lorsque pourtant Wilkins fit mieux connaître son projet, Dalgarno exprima le soupçon d'avoir été plagié. L'accusation était injuste parce que Wilkins a réalisé en fait ce que Dalgarno n'avait fait que promettre, et que, d'autre part, divers autres auteurs avaient déjà anticipé, au cours des années qui avaient précédé, le projet de Dalgarno. Mais Wilkins en fut vexé et dans l'*Essay*, alors qu'il adresse des remerciements et reconnaît être redevable à ceux qui l'avaient inspiré et avaient collaboré avec lui, il ne nomme pas Dalgarno (sinon indirectement, comme « another person » dans b2r).

C'est un fait que le milieu oxonien prit plus au sérieux le projet de Wilkins : en mai 1668, la Royal Society constitua une commission pour en étudier les applications possibles, et Robert Hooke, Robert Boyle, Christopher Wren et John Wallis en firent partie. Il est vrai que l'on ne connaît pas les résultats concrets de cette discussion, mais dans la tradition ultérieure, de Locke aux auteurs de l'*Encyclopédie*, Wilkins est toujours cité comme l'auteur du projet le plus digne de foi. Le seul qui consacre une attention plus respectueuse à Dalgarno est peut-être Leibniz, qui, dans une de ses esquisses d'encyclopédie, reproduit presque littéralement la liste des entités de Dalgarno (voir Rossi 1960 : 272).

D'autre part, Dalgarno n'était pas membre de l'Université, alors que Wilkins était parfaitement inséré dans le milieu de la Royal Society, dont il était le secrétaire, jouissant, par conséquent, de collaborations, de conseils, d'une attention et d'appuis plus importants.

Dalgarno comprend qu'une langue universelle doit envisager deux aspects bien distincts : une classification du savoir, qui est l'œuvre du philosophe (plan du contenu) et une grammaire qui organise les caractères de telle sorte qu'ils se réfèrent à des choses et des notions établies par cette classification (plan de l'expression). Comme il est grammairien, c'est à peine s'il esquisse les principes de la classification en souhaitant que d'autres la conduisent à son terme.

En tant que grammairien, il se pose tout de suite le problème d'une langue qui ne serait pas seulement écrite, mais aussi parlée. Il a à l'esprit les réserves formulées par Descartes quant à la possibilité de concevoir un système acceptable pour des locuteurs dont les prononciations sont différentes : il fait donc précéder son livre d'une analyse phonétique dans laquelle il détermine les sons qui lui semblent les plus adéquats à l'appareil de phonation humain. Les lettres qu'il utilisera pour le caractère, dont le choix semble arbitraire et démuni de critère, sont en effet celles qu'il considère comme prononçables le plus facilement par tous. Même dans la syntagmatique de ses caractères, il a le souci de leur prononçabilité et prend garde qu'y soit toujours respectée l'alternance entre une consonne et une voyelle, et en insérant des diphtongues de liaison dont la fonction est purement euphonique — ce qui facilite certainement la prononciation, mais rend encore plus difficile l'individualisation du caractère.

Dalgarno se pose ensuite le problème des éléments primitifs. Il pense qu'ils peuvent être déduits en termes de genre, d'espèce et de différence, et il s'appuie sur le fait qu'une division dichotomique représente une aide importante pour la mémoire (p. 29). Sa division ne prévoit pas de différences négatives (pour des raisons logico-philosophiques qu'il explique p. 30 et s.), mais uniquement des divisions positives.

L'aspect ambitieux du projet de Dalgarno (comme d'ailleurs aussi de celui de Wilkins) est que la classification doit considérer non seulement les genres naturels, jusqu'aux moindres variétés de plantes et d'animaux, mais aussi les artefacts et les accidents, et cela n'avait jamais été tenté par la tradition aristotélicienne (voir Shumaker 1982 : 149).

En choisissant son propre critère permettant la composition, Dalgarno soutient une vision assez hardie, selon laquelle chaque substance n'est rien d'autre qu'un agrégat d'accidents (p. 44). Il a été montré qu'il s'agit là d'une conséquence presque fatale de la classification de Porphyre, mais la tradition aristotélicienne avait cherché désespérément à ignorer cette conséquence (voir Eco 1984, 2.4.3). Dalgarno aborde cette question, mais il constate que les accidents sont infinis. D'autre part, il se rend compte que même les espèces les plus petites sont trop nombreuses (selon son évaluation, leur nombre se situe entre 4 000 et 10 000), et c'est probablement la raison pour laquelle il a refusé les conseils de Wilkins, qui, au contraire, parviendra à classer plus de 2 000 espèces. Dalgarno craint qu'avec un procédé de ce genre on risque ce qu'il arriverait en disséquant un cadavre en des parties très menues : il serait impossible de faire la distinction entre Pierre et Jacques (p. 33).

Dans sa tentative de limiter le nombre des éléments primitifs, Dalgarno décide donc de concevoir des tableaux où l'on considérera des *genres fondamentaux*, qu'il réduit à 17, des *genres intermédiaires* et des *espèces*. Les tableaux, pour parvenir à préciser ces trois niveaux, introduisent d'autres disjonctions intermédiaires, et la langue réussit à les nommer (par exemple, les animaux sanguins seront désignés comme *NeiPTeik* et les quadrupèdes comme *Neik*), mais les noms courants ne tiennent compte que des lettres pour le genre, le genre intermédiaire et l'espèce (on remarquera que les entités mathématiques apparaissent parmi les corps concrets, parce que l'on suppose que des entités comme le point et la ligne sont, en fin de compte, des formes).

Dans la Figure 11.1 on voit une reconstruction *partielle* des tableaux (on a suivi jusqu'au terme de leur ramification *seulement deux* subdivisions, les animaux à sabot entier et les passions principales). Les 17 genres fondamentaux sont en majuscules grasses, marqués par 17 lettres majuscules. Les mêmes lettres sont utilisées en minuscules pour marquer les genres intermédiaires et les espèces. Dalgarno se sert aussi de trois lettres « subalternes », le *R* qui signifie opposition (si *pon* est l'amour, *pron* sera la haine), le *V* qui fait lire comme chiffres les lettres qu'il précède, et le *L* pour indiquer le moyen entre deux extrêmes.

Du Concret Corporel Physique (*N*) procèdent les Animaux qui, à travers des subdivisions qui ne sont ni des genres ni

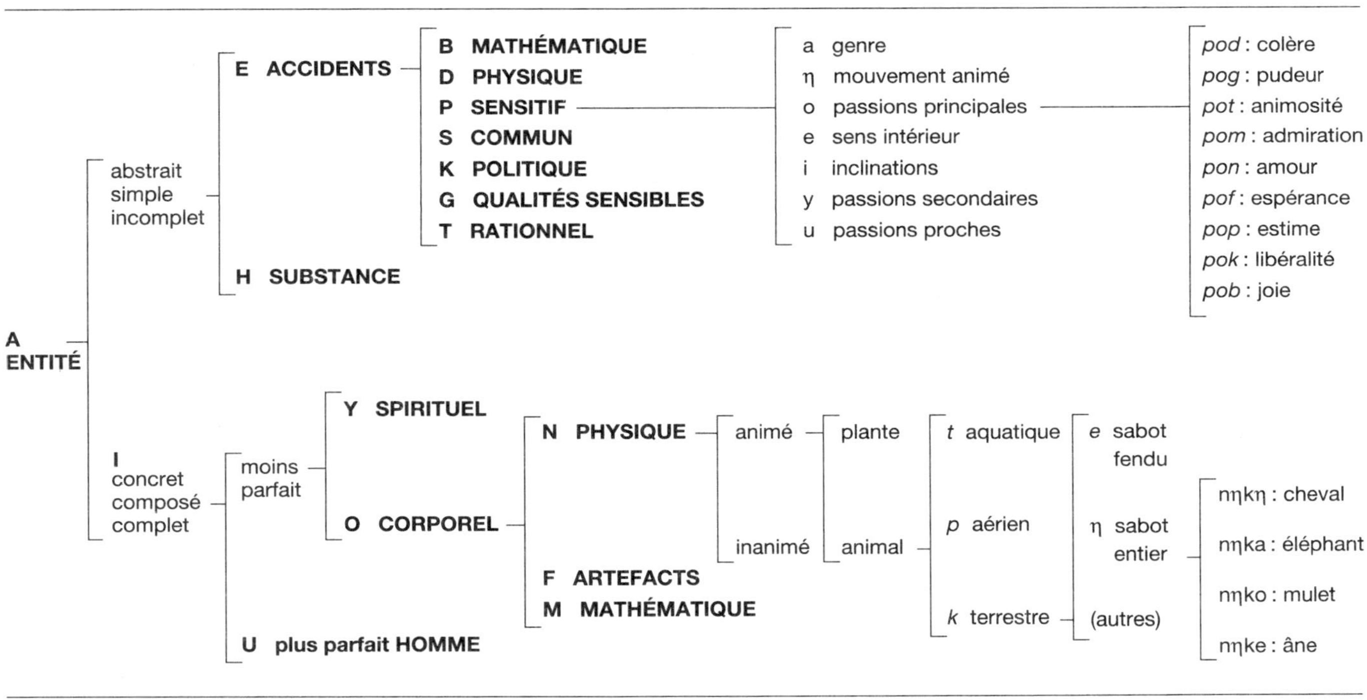
A
ENTITÉ
abstrait
simple
incomplet
E ACCIDENTS
B MATHÉMATIQUE
D PHYSIQUE
P SENSITIF
S COMMUN
K POLITIQUE
G QUALITÉS SENSIBLES
T RATIONNEL
a genre
η mouvement animé
o passions principales
e sens intérieur
i inclinations
y passions secondaires
u passions proches
pod : colère
pog : pudeur
pot : animosité
pom : admiration
pon : amour
pof : espérance
pop : estime
pok : libéralité
pob : joie
H SUBSTANCE
I
concret
composé
complet
moins
parfait
Y SPIRITUEL
O CORPOREL
N PHYSIQUE
animé
inanimé
plante
animal
t aquatique
p aérien
k terrestre
e sabot
fendu
η sabot
entier
(autres)
nηkη : cheval
nηka : éléphant
nηko : mulet
nηke : âne
F ARTEFACTS
M MATHÉMATIQUE
U plus parfait HOMME

Figure 11.1

des espèces, et qui ne sont donc marqués par aucun caractère, se divisent en trois : aériens, aquatiques et terrestres. Parmi les animaux terrestres (*k*) apparaissent ceux à sabot entier (η), disons les périssodactyles. Par conséquent, *N*η*k* est le caractère qui se retrouve pour tous les périssodactyles. C'est là que Dalgarno inscrit des sous-espèces qui ne naissent pas de divisions ultérieures (et il considère le cheval, l'éléphant, le mulet et l'âne).

Parmi les accidents (*E*), le Sensitif (*P*) considère entre autres les Passions Principales (*o*). Après quoi, nous avons une liste non dichotomique : l'admiration, *pom*, est ainsi caractérisée parce que *p* se réfère au genre, *o* au genre intermédiaire et *m* se trouve comme numéro d'ordre dans la liste de ces passions.

Il est étrange que, pour les animaux, le genre intermédiaire soit donné par la troisième lettre, et l'espèce par la deuxième voyelle, alors que pour les accidents c'est le contraire. Dalgarno perçoit cette bizarrerie, sans l'expliquer (p. 52) ; cela semble nécessaire pour l'euphonie, même si est obscure la raison pour laquelle les genres intermédiaires des êtres concrets ne sont pas nommés aussi par le biais des voyelles, et les espèces par le biais des consonnes, ce qui aurait permis de conserver un critère homogène.

Mais le problème est ailleurs. Que les périssodactyles soient appelés *N*η*k*, cela est motivé par la division ; que l'éléphant soit au contraire *a*, cela dépend d'une décision arbitraire. Mais ce n'est pas le caractère arbitraire du choix qui pose des problèmes, mais le fait suivant : alors que le *k* signifie « cet être terrestre qui est animal parce qu'il est animé, lequel est un concret physique » — et donc la division classifie et explique en quelque sorte la nature de la chose —, le *a* final qui indique l'éléphant dans *N*η*ka* signifie uniquement « cette chose qui porte le numéro *a* dans la liste des périssodactyles et qui s'appelle *éléphant* ». De même, le *m* final qui se trouve dans le *pom* d'admiration signifie uniquement « cette passion qui porte le numéro *m* dans la liste de ces passions principales qui sont des accidents sensitifs, et qui s'appelle *admiration*». En n'appliquant pas la dichotomisation aux espèces extrêmes, Dalgarno est obligé de placer dans le simple ordre alphabétique (ou presque) toutes les espèces extrêmes dont le dictionnaire lui parle.

Dalgarno (p. 42) perçoit que ce procédé purement énumératif n'est qu'un simple artifice mnémonique pour qui ne veut pas se souvenir du nom qui définit. En effet, à la fin du livre, il existe un Lexique Latino-Philosophique où sont formulés les caractères philosophiques d'un grand nombre de termes latins et où, en particulier, il y a, à la fin, une section spéciale consacrée aux concrets physiques. A partir de là, il est possible de déduire qu'une définition des espèces extrêmes est prévue. Mais, le lexique servant purement d'exemple, pour un très grand nombre d'espèces ce sera au locuteur d'inventer le nom approprié, en le déduisant des tableaux.

L'exemple semble parfois taxinomiquement approprié. Il en est ainsi, par exemple, pour l'ail (donné comme *nebghnagbana*), que Slaughter (1982 : 150) analyse de la façon suivante : n = *concretum physicum*, e = *in radice*, b = *vesca*, g = *qualitas sensibilis*, h = *sabor*, n = *pingue*, a = *partes annuæ*, g = *folium*, b = *accidens mathematicum*, a = *affect. prima*, n = *longum*. Mais, de cette façon, commente Slaughter (1982 : 152), «les tableaux ne classifient et ne nomment que jusqu'à un certain point ; le lexique pourvoit au reste des définitions, mais non des classifications». Dalgarno a pensé qu'il n'était pas indispensable d'arriver jusqu'à la classification minutieuse des êtres complexes ; or, pour donner une définition, une classification est nécessaire. Le résultat est que la décision sur la façon de classer, et donc de nommer les êtres complexes, est pour ainsi dire laissée à l'initiative de l'utilisateur de la langue.

Il semble donc qu'une langue pensée pour permettre des définitions univoques s'abandonne, au contraire, à la créativité linguistique de ses utilisateurs. Voilà, par exemple (l'on sépare les radicaux avec une barre pour rendre le nom plus déchiffrable), quelques suggestions de Dalgarno lui-même :

cheval = *N*ηk/pot = animal à sabot entier + fougueux (pourquoi ne s'applique-t-il pas aussi à l'éléphant ?).
mulet = *N*ηk/sof/pad = animal à sabot entier + privatif + sexe.
chameau = *nek/braf/pfar* = quadrupède avec sabot fendu + bossu + dos.
palais royal = *fan/kan* = maison + roi.
abstème = *sof/praf/emp* = privatif + boire + adjectival.
bègue = *grug/shaf/tin* = maladie (contraire de *gug*, santé) + empêchement + parler.
évangile = *tib/s*ηb = enseigner + mode d'existence.

Dalgarno, en outre, admet que pour une même notion, vue de différents points de vue, il peut y avoir différents noms. Ainsi, l'éléphant peut être tant *N*ηksyf (sabot entier + superlatif de grandeur) que *N*ηkbeisap (sabot entier + accident mathématique + métaphore architectonique pour trompe).

Le problème de la mémorisation de termes aussi ardus se pose ensuite, car il est évident qu'il est plus difficile de se souvenir de la différence lexicale entre *N*η*ke* et *N*η*ko* qu'entre *âne* et *mulet*. Dalgarno suggère d'utiliser de vieux artifices mnémotechniques : par exemple, puisque la table se dit *fran*, et la charrue *flan*, il suffit d'associer à la table le mot *FRANce* et à la charrue le mot *FLANders*. Ainsi, le locuteur est obligé d'apprendre aussi bien le code mnémotechnique que la langue philosophique.

Si le lexique et la composition des termes semblent être d'une difficulté transcendantale, en revanche, Dalgarno propose une grammaire et une syntaxe d'une grande simplicité. Il se limite à ne garder que le nom, parmi les catégories grammaticales classiques. Ne restent aussi que quelques caractères pour les pronoms (je = *lal*, tu = *lêl*, il = *lel*...) et, pour le reste, les adjectifs, les adverbes, les comparatifs et même quelques formes verbales sont dérivés des noms à travers des suffixes. Si *sim* signifie « bon », *simam* signifiera « très bon » et *simab* « meilleur ». A partir de *pon*, qui signifie « amour », on obtient *pone*, « amant », *pono*, « aimé », et *ponomp*, « aimable ». Pour les verbes, Dalgarno pense que seule la copule peut résoudre n'importe quel problème de prédication : *nous aimons* peut être réduit à quatre éléments primitifs, « nous + temps présent + copule + amants » (p. 65). Il faut souligner que l'idée que chaque verbe peut être réduit à la copule plus l'adjectif circulait déjà parmi les modistes, qu'elle avait été soutenue par Campanella dans la *Philosophia rationalis* (1638), et qu'elle sera fondamentalement acceptée aussi par Wilkins et reprise ensuite par Leibniz.

Pour ce qui est de la syntaxe (voir Pellerey 1992c), Dalgarno a le mérite de liquider les déclinaisons qui survivaient encore dans d'autres langues philosophiques qui gardaient le modèle latin. Dans la langue de Dalgarno seul compte l'ordre des mots : le sujet doit précéder le verbe qui doit être suivi de l'objet, l'ablatif absolu se transforme en une périphrase impliquant des particules temporelles comme *cum*, *post*, *dum*, le génitif est remplacé soit par une forme adjectivale, soit par une formule d'appartenance (*S*ηf, *pertinere*). Shumaker (1982 : 155) rappelle que des formes semblables existent dans le *pidgin english*, où l'on ne dit pas *la main du maître*, *master's hand*, mais *hand-belong-master*.

Simplifiée ainsi, la langue présente une apparence grossière par certains aspects, mais il y a chez Dalgarno une méfiance profonde à l'égard de la rhétorique, et la conviction que la structure logique confère à l'énoncé son élégance sévère. D'autre part, il réserve à la technique de composition des noms les caractéristiques de beauté, d'élégance, de clarté qui lui font comparer sa langue avec le grec, langue philosophique par excellence.

Il faut relever un trait qui est présent chez Dalgarno, ainsi que chez Lodwick et chez Wilkins, et qui a été particulièrement souligné par Frank (1979 : 65 et s.). En réservant aux particules, comme les suffixes ou les préfixes, la fonction de transformer les noms en d'autres catégories grammaticales et donc d'en changer la signification, en insérant cependant des prépositions comme *per*, *trans*, *præter*, *supra*, *in*, *a* entre les accidents mathématiques — et donc entre les noms de plein droit —, Dalgarno tend « à postuler une sémantique omnicompréhensive qui englobe tout, ou presque tout ce que la tradition assignait à la sphère grammaticale ». Autrement dit, on voit disparaître la division classique entre termes *catégorématiques*, dotés de signification autonome, et *syncatégorématiques*, dont la signification dépend du contexte syntaxique (c'est-à-dire la distinction logique entre variables, qui peuvent être ancrées à des significations, et connectifs). C'est une tendance qui semble aller à l'encontre de ce qu'a soutenu la pensée logique moderne, mais qui se rapproche de certaines tendances actuelles de la sémantique.

CHAPITRE XII

John Wilkins

Wilkins avait commencé à dessiner son projet dans le *Mercury* (1641), où cependant il se limitait, plus particulièrement, à l'étude des écritures secrètes. En 1668, il propose, avec son *Essay towards a Real Character, and a Philosophical Language*, le système le plus complet parmi ceux qui apparaissent au cours de ce siècle permettant de créer une langue artificielle philosophique d'usage universel.

« The variety of Letters is an appendix to the Curse of Babel » (p. 13). Après avoir rendu l'hommage obligatoire à la langue hébraïque et avoir tracé une histoire de l'évolution des langues après Babel (p. 4 il fait même allusion à l'hypothèse celto-scythique que nous avons déjà examinée au cinquième chapitre de ce livre), après avoir reconnu les mérites de ses prédécesseurs et des collaborateurs qui l'ont aidé à formuler les classifications et le dictionnaire final, Wilkins présente son projet de construction d'une langue fondée sur des caractères réels, « lisible par n'importe quel peuple dans sa propre langue » (p. 13).

Wilkins rappelle que la plupart des projets précédents essayaient de faire dériver la liste des caractères du dictionnaire d'une langue particulière, au lieu de se référer à la nature des choses et à ces notions communes sur lesquelles l'humanité tout entière pourrait être en accord. Son projet, par conséquent, ne peut qu'être précédé d'une sorte de compte rendu gigantesque du savoir, pour préciser les notions élémentaires communes à tout être rationnel.

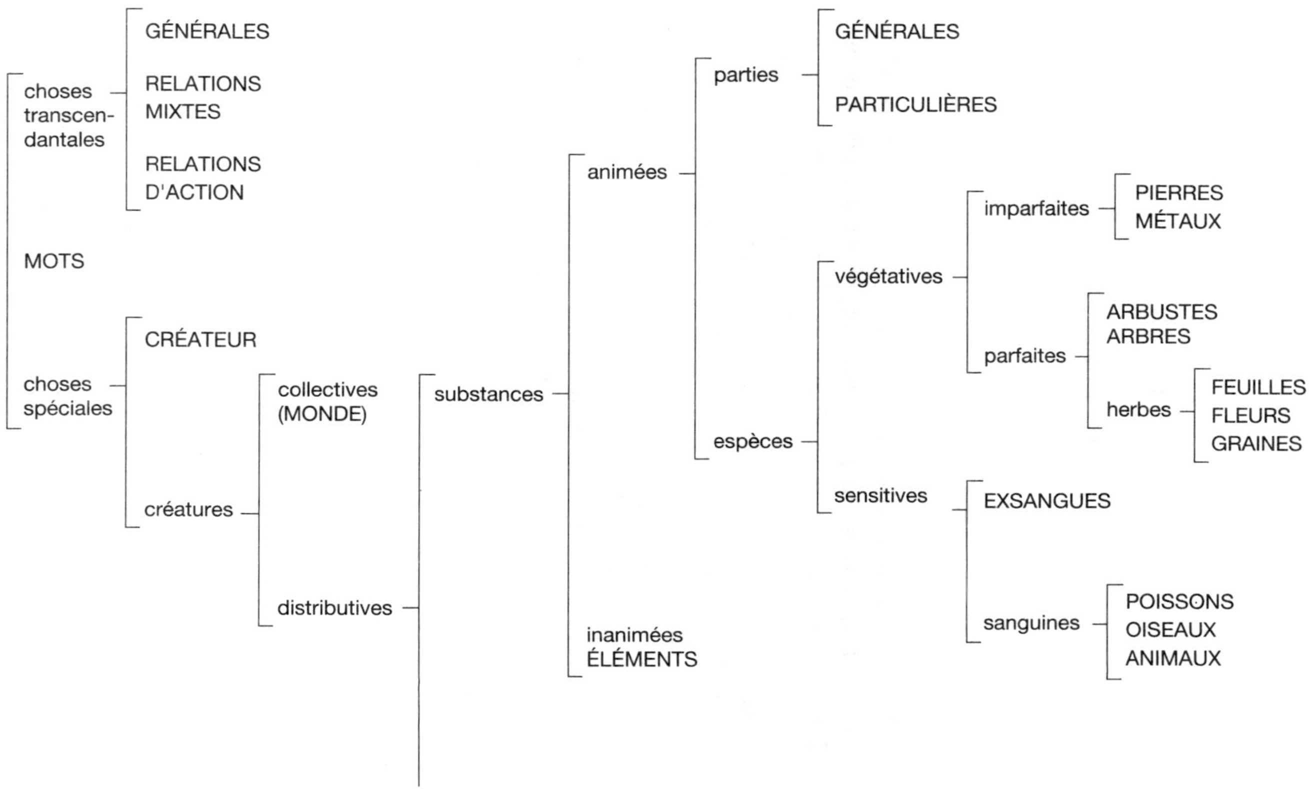
MOTS
choses transcen-dantales
GÉNÉRALES
RELATIONS MIXTES
RELATIONS D'ACTION
choses spéciales
CRÉATEUR
créatures
collectives (MONDE)
distributives
substances
animées
parties
GÉNÉRALES
PARTICULIÈRES
espèces
végétatives
imparfaites
PIERRES
MÉTAUX
parfaites
ARBUSTES
ARBRES
herbes
FEUILLES
FLEURS
GRAINES
sensitives
EXSANGUES
sanguines
POISSONS
OISEAUX
ANIMAUX
inanimées ÉLÉMENTS

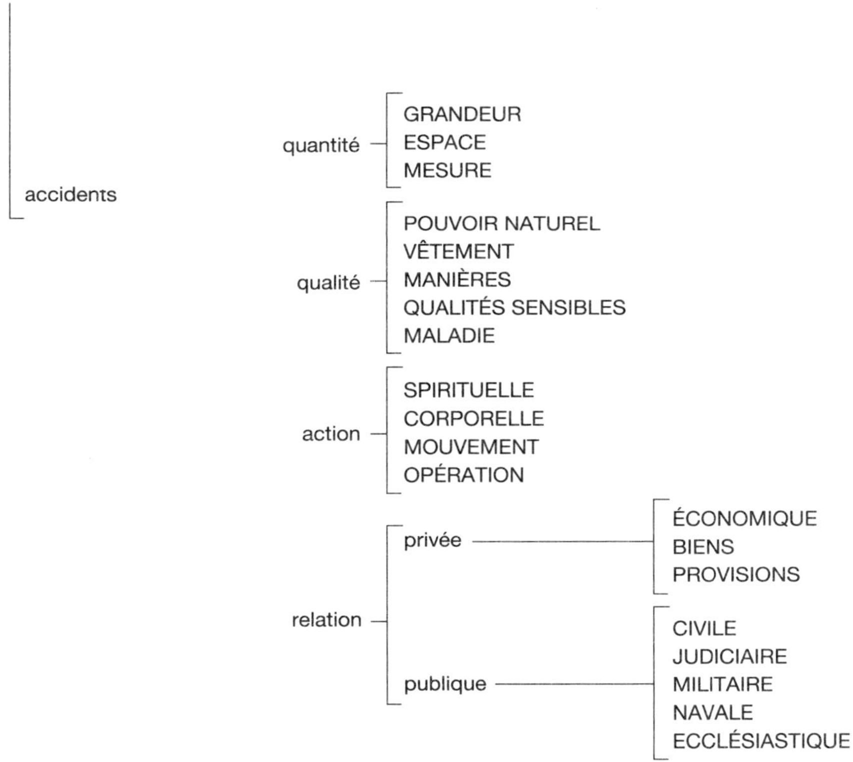

Figure 12.1. Notions générales

Mais, dans ce projet, il n'y a rien de platonicien, au sens des « dignités » lulliennes : Wilkins réalise un compte rendu tant des idées générales que du savoir empirique, car il pense que, s'il existe un accord universel sur l'idée de Dieu, il devrait en être de même pour la classification botanique que son collègue John Ray lui a fournie.

L'image de l'univers qu'il propose correspond au savoir oxonien de son époque, et il ne se demande pas si des peuples d'une autre culture (qui devront pourtant utiliser sa langue universelle) pourraient avoir organisé l'univers autrement.

Les tableaux et la grammaire

Le procédé choisi par Wilkins est apparemment semblable à celui de la tradition aristotélicienne et de l'arbre de Porphyre. Il se propose d'établir un tableau de 40 Genres majeurs (voir Figure 12.1 dans les pages précédentes), puis de les subdiviser en 251 Différences particulières pour en faire dériver ensuite 2 030 Espèces (qui se présentent par paires). Dans la Figure 12.2 est présenté, en guise d'exemple, et sans en développer de nombreux embranchements, comment à partir du genre Animaux, après les avoir différenciés en vivipares et ovipares, et les vivipares entre animaux à sabot entier, à sabot fendu et possédant des pattes, il parvient à la classification du Chien et du Loup.

Pour situer le caractère sommaire de ces exemples, soulignons que l'ensemble des tableaux de Wilkins occupe 270 pages de son volumineux in-folio.

Wilkins fait suivre ces tableaux, qui dessinent l'univers du dicible, d'une Grammaire Naturelle (ou philosophique) sur la base de laquelle il établira par la suite les morphèmes et les marques pour les termes dérivés. Ces derniers per-

Figure 12.2. Animaux vivipares possédant des pattes

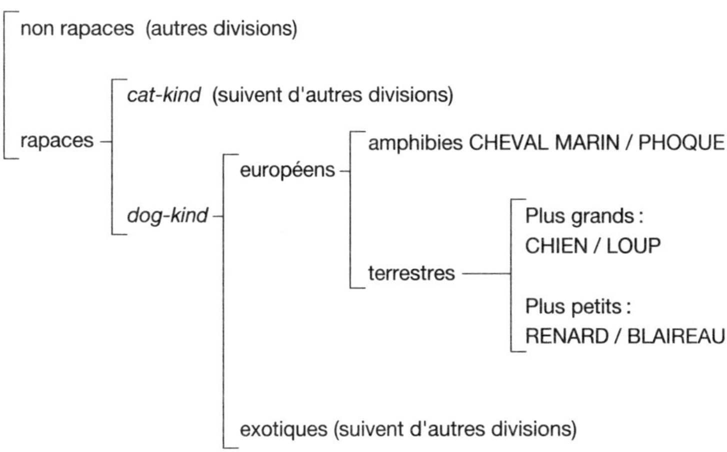

mettent de passer ensuite des éléments primitifs aux déclinaisons, aux conjugaisons, aux suffixes et à d'autres notations qui rendent possible la dérivation non seulement des différentes articulations du discours, mais aussi des périphrases à travers lesquelles on peut définir, en utilisant toujours et uniquement les éléments primitifs, d'autres termes du dictionnaire d'une langue naturelle.

C'est alors que Wilkins est en mesure de proposer sa propre langue fondée sur des caractères réels. En réalité, elle se scinde en deux langues : (I) l'une écrite, grâce à des idéogrammes à l'aspect vaguement chinois, mais imprononçables ; (II) l'autre destinée à la prononciation. Il faut parler de deux langues parce que la notation alphabétique destinée à la prononciation, tout en suivant les mêmes critères combinatoires que la langue idéographique, est tellement différente qu'elle requiert un nouvel apprentissage. De fait, la langue phonétique est aussi plus claire en tant qu'écriture en caractères réels.

Figure 12.3

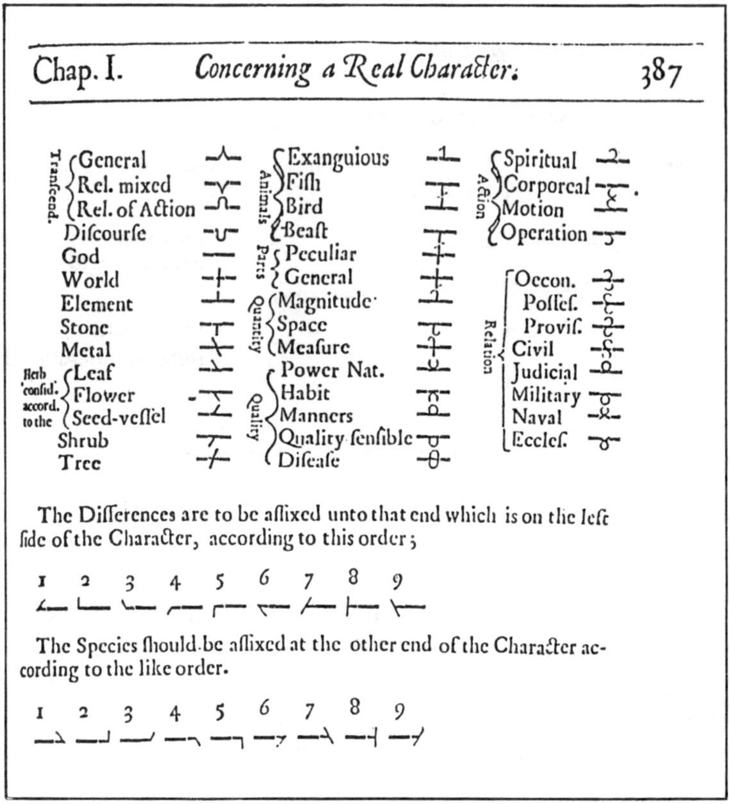
Chap. I. *Concerning a Real Character.* 387

Transcend. General; Rel. mixed; Rel. of Action
Discourse
God
World
Element
Stone
Metal
Herb consid. accord. to the: Leaf; Flower; Seed-vessel
Shrub
Tree
Animals: Exanguious; Fish; Bird; Beast
Parts: Peculiar; General
Quantity: Magnitude; Space; Measure
Quality: Power Nat.; Habit; Manners; Quality sensible; Disease
Action: Spiritual; Corporeal; Motion; Operation
Relation: Occon.; Possess.; Provis.; Civil; Judicial; Military; Naval; Eccles.

The Differences are to be affixed unto that end which is on the left side of the Character, according to this order;

1 2 3 4 5 6 7 8 9

The Species should be affixed at the other end of the Character according to the like order.

1 2 3 4 5 6 7 8 9

Les caractères réels

Dans la Figure 12.3, ont été reproduits les signes caractéristiques que Wilkins assigne aux 40 Genres, ainsi que les signes distinctifs qui servent à indiquer les Différences et les Espèces. Comme on le voit, les différences et les espèces sont

Figure 12.4

Chap. III. *Concerning a Real Character.* 415

That which at preſent ſeems moſt convenient to me, is this;

Tranſcend.	General	Bα	Animals	Exanguious	Zα	Action	Spiritual	Cα
	Rel. mixed	Ba		Fiſh	Za		Corporeal	Ca
	Rel. of Action	Be		Bird	Ze		Motion	Ce
	Diſcourſe	Bi		Beaſt	Zi		Operation	Ci
	God	Dα	Parts	Peculiar	Pα			
	World	Da		General	Pa	Relation	Occon.	Co
	Element	De	Quantity	Magnitude	Pe		Poſſeſ.	Cy
	Stone	Di		Space	Pi		Proviſ.	Sα
	Metal	Do		Meaſure	Po		Civil	Sa
Herb conſid. accord. to the	Leaf	Gα	Quality	Power Nat.	Tα		Judicial	Se
	Flower	Ga		Habit	Ta		Military	Si
	Seed-veſſel	Ge		Manners	Te		Naval	So
	Shrub	Gi		Quality ſenſible	Ti		Eccleſ.	Sy
	Tree	Go		Diſeaſe	To			

The *Differences* under each of theſe *Genus*'s, may be expreſſed by theſe Conſonants { B, D, G, P, T, C, Z, S, N.
in this order; { 1 2 3 4 5 6 7. 8 9.

The *Species* may be expreſſed by putting one of the ſeven Vowels after the Conſonant, for the Difference; to which may be added (to make up the number) two of the Dipthongs, according to this order

{ α, a, e, i, o, ȣ, y, yi, yȣ.
{ 1 2 3 4 5 6 7 8 9.

représentées par de petites barres qui créent des angles aux extrémités des lignes horizontales qui se trouvent à la base de chaque caractère. D'autres signes, d'une lecture bien plus difficile, marquent des oppositions, des formes grammaticales, la copule, des adverbes, des prépositions, des conjonctions, et cætera, comme nous l'avons déjà vu dans d'autres systèmes analogues. Comme on l'a dit, le système prévoit aussi une prononciation des caractères. Examinons donc dans la Figure 12.4 comment des sigles pour les genres sont déterminés, les différences étant exprimées par les consonnes B, D, G, P, T, C, Z, S, N et les espèces en ajoutant une des 7 voyelles (plus 2 diphtongues) à la consonne. L'exemple donné par Wilkins est le suivant :

> Si (De) signifie Élément, alors (Deb) doit signifier la première différence ; laquelle (selon les Tableaux) est le Feu : et (Debα) dénotera la première Espèce, qui est la Flamme. (Det) sera la cinquième différence sous le Genre, qui est le Météore qui Apparaît ; (Detα) la première espèce, c'est-à-dire l'Arc-en-ciel ; (Deta) la deuxième, c'est-à-dire le Halo.

Voici comment apparaît la première ligne du *Pater Noster*, en signes caractéristiques :

Figure 12.5

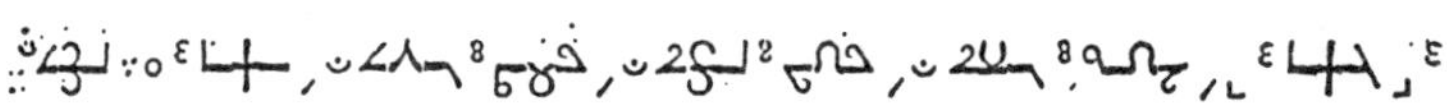

Le signe 1 représente le pronom possessif, à la première personne du pluriel, le signe 2 est donné par le caractère des Relations Économiques, la petite barre à gauche renvoie à la première différence (relations de consanguinité) et la petite barre à droite à la seconde espèce, Ascendant Direct. Les deux premiers signes se lisent donc *Notre père*, et se prononcent *Hai coba*.

Le dictionnaire : synonymes, périphrases, métaphores

La langue prévoit une liste de 2 030 éléments primitifs, c'est-à-dire des noms d'espèces. Ces espèces ne comprennent pas seulement des substantifs pour des genres naturels ou artefacts, mais aussi pour des relations et des actions, et c'est d'eux que dérivent les verbes dans la forme de copule + adjectif (comme, chez Dalgarno, *j'aime* est traduit comme *je suis aimant*). En outre, les particules grammaticales permettent d'exprimer les modes et les temps verbaux pour *être* et *avoir*, les pronoms, les articles, les exclamations, les prépositions, les conjonctions, alors que les différences accidentelles expriment le nombre, le cas, le genre et les comparatifs.

Mais un nombre aussi réduit d'éléments primitifs est insuffisant pour traduire n'importe quel discours possible. Wilkins fournit, à la fin de l'*Essay*, un dictionnaire de la langue anglaise pour environ 15 000 termes. Pour les termes qui ne correspondent pas à des éléments primitifs sont indiquées les modalités d'expression.

Le premier critère est le *synonyme*. Le dictionnaire contient, pour tous les termes pour lesquels il n'existe pas d'espèce dans les tableaux, un ou plusieurs synonymes possibles. Pour *Result*, par exemple, l'on propose *Event*, *Summe* et *Illation*, sans pourtant suggérer dans quel contexte on doit utiliser le synonyme le plus approprié. Dans d'autres cas, par exemple *Corruption*, la liste des synonymes possibles est très compliquée, parce que, suivant le contexte, il peut s'agir de Mal, Destruction, Vicier, Infection, Déchéance, Putréfaction. Parfois, la façon dont le dictionnaire (ou le tableau des espèces lui-même) établit des listes de synonymes conduit à des résultats comiques, comme lorsque est créée la séquence synonymique « Boîte-commode-arche-armoire-cercueil-table ».

Le deuxième critère est la *périphrase*. Le dictionnaire enregistre *Abbaye*, mais, puisqu'il n'existe pas de caractère (ni d'espèce) correspondant, alors qu'il existe *Collège* et *Moine*, *Abbaye* sera rendu par *Colledge of Monks*.

Le troisième critère est donné par ce qu'il appelle *Transcendental Particles*. Fidèle à son projet d'analyse sémantique componentielle par éléments primitifs, Wilkins pense qu'un caractère pour *veau* n'est pas nécessaire puisqu'on peut en obtenir le concept par composition de « bœuf + jeune », ni un élément primitif *lionne* puisqu'on peut l'obtenir en ajoutant une marque de féminin à *lion*. Par conséquent, il élabore dans la Grammaire (et il transforme ensuite en système de marques dans la partie destinée à l'écriture et à la prononciation des caractères) un système de Particules Transcendantales destinées à amplifier ou à changer la signification du caractère auquel elles sont apposées. La liste prévoit 8 classes pour un total de 48 particules, mais le critère qui les rapproche est très peu systématique. Wilkins s'inspire de la grammaire latine qui dispose de terminaisons (qui permettent de créer des termes comme *lucesco, aquosus, homunculus*), de « séparatifs » comme *tim* et *genus* (qui permettent de créer *gradatim* ou *multigenus* à partir d'un radical), de déterminations de lieu (d'où *vestiarium*) ou d'agent (d'où *arator*). Quelques-unes de ces particules sont certainement de nature grammaticale (par exemple celles, déjà citées, qui transforment le masculin en féminin et l'adulte en jeune). Mais Wilkins s'inspire aussi des critères de la rhétorique, en citant la métaphore, la synecdoque et la métonymie, et les particules de la catégorie Metaphorical-Like ne sont en effet que des marques d'interprétation rhétorique. Ainsi, en ajoutant cette particule à *racine* on obtient *original*, en l'ajoutant à *lumière* on obtient *évident*. Enfin, d'autres particules semblent se référer à la relation cause-effet, contenant-contenu, fonction-activité, dont voilà quelques exemples :

Like + pied = piédestal.
Like + sang = cramoisi.
Lieu + métal = mine.
Officier + marine = amiral.
Artiste + étoile = astronome.
Voix + lion = rugir / rugissement.

Quant à la précision de la langue, c'est la partie la plus faible du projet. En effet, Wilkins, qui fournit une longue liste d'exemples pour l'application correcte de ces particules, souligne qu'il s'agit justement d'exemples. La liste est par conséquent ouverte, et son enrichissement dépend de la capacité d'invention du locuteur (p. 318).

Mais l'on ne voit pas comment l'ambiguïté pourrait être évitée, puisque l'utilisateur est libre d'apposer ces particules à n'importe quel terme. Il faut cependant remarquer que, si la présence des particules transcendantales constitue un risque d'ambiguïté, leur absence établit que l'expression doit être entendue dans sa signification littérale sans aucune possibilité d'équivoque. Dans ce sens, la langue de Wilkins est certainement plus rigoureuse que celle de Dalgarno, précisément parce que dans cette dernière chaque expression devrait être lue comme si elle était marquée par une particule transcendantale.

Wilkins manifeste ici une coupure entre son rôle d'auteur d'une *grammaire philosophique* et celui d'auteur d'une *langue philosophique caractéristique* a priori. Il faut louer le fait que, dans sa grammaire philosophique, il tienne compte de l'aspect figuratif et rhétorique du discours : le fait que cet aspect s'insère dans la langue caractéristique a une incidence négative sur sa précision et sur sa capacité de réduire les ambiguïtés du langage ordinaire — puisque Wilkins décide même d'éliminer aussi bien des tableaux que du dictionnaire des êtres mythologiques comme les Sirènes, le Phénix, le Griffon, les Harpies, parce qu'ils n'existent pas, et peuvent tout au plus être utilisés comme noms propres d'individus et être écrits, par conséquent, en langue naturelle (sur l'analogie avec des préoccupations analogues chez des auteurs comme Russell, voir Frank 1979 : 160).

D'autre part, Wilkins reconnaît que sa langue apparaît inadaptée pour nommer, par exemple, de petites variétés de nourritures et de boissons, comme certaines espèces de raisin, de confitures, de thé, de café et chocolat. Il soutient naturellement que l'on doit résoudre la difficulté en employant des périphrases, mais cela présente le même risque que dans ces documents pontificaux en latin qui, se trouvant dans la nécessité de parler de nouveautés technologiques que la civilisation latine ne connaissait pas, doivent nommer les vidéocassettes comme *sonorarum visualiumque tæniarum cistellulæ* et les publicitaires comme *laudativis nuntiis vulgatores*. Mais, si l'on voulait, au prix peut-être de quelques inélégances, le latin permettrait tout de même l'invention des néologismes *videocapsulæ* et *publicitarii* (voir Bettini 1992), alors que la langue philosophique de Wilkins semble fermée aux néologismes. A moins que la liste des éléments primitifs ne soit *ouverte*.

Une classification ouverte ?

La classification *doit* être ouverte parce que Wilkins (suivant une suggestion de Comenius dans *Via lucis*) admet que, pour la rendre vraiment adéquate, le travail d'un collège de savants pendant une très longue période est nécessaire, et il sollicite à ce propos une collaboration de la part de la Royal Society. Il sait donc qu'il n'a tenté qu'une première ébauche, largement susceptible d'être revue, et il ne prétend pas avoir dessiné un système *fini*.

A en juger par les caractères, il n'y a que 9 signes ou lettres pour indiquer tant les espèces que les différences, si bien qu'il ne doit y avoir, semble-t-il, que 9 espèces pour chaque genre. Mais Wilkins a apparemment limité le nombre des espèces pour des raisons d'efficacité mnémonique, non pour des raisons ontologiques. Wilkins avertit que le nombre des espèces n'est pas définitivement limité, et il est évident par exemple, à partir des tableaux, que les espèces d'Ombellifères sont, par exemple, au nombre de 10 et celles de Verticillées Non Frutescentes vont jusqu'à 17 (tandis que d'autres genres n'ont que 6 espèces).

Wilkins explique donc que dans ces cas, pour exprimer un chiffre supérieur à 9, on a recours à des artifices graphiques. Pour simplifier, nous dirons que dans la langue parlée il s'agit d'ajouter les lettres L ou R après la première consonne pour indiquer que l'on est en train de parler de la deuxième ou troisième ennéade. Par exemple, *Gαpe* est Tulipe (troisième espèce de la quatrième différence du genre « Herbes classées selon les feuilles ») et par conséquent *Glαpe* sera l'Ail sauvage, parce que, en ajoutant le L en deuxième position, le *e* final ne signifie plus 3 mais 12.

Il nous faut maintenant justifier un curieux incident. Dans l'exemple que nous venons de fournir, nous avons dû corriger le texte de Wilkins (p. 45), lequel parle, en bon anglais, de tulipe et d'ail, mais les désigne, en langue caractéristique comme *Gαde* et *Glαde*. Il s'agit évidemment d'une faute d'impression parce que *Gαde* (si l'on contrôle sur les tableaux) désigne le malt. Or, le problème réel est que, alors que dans la langue naturelle il est facile de faire la distinction phonétiquement entre *tulipe* (*tulip*) et *malt* (*malted barley*), dans la langue philosophique ils se confondent tant graphiquement que phonétiquement, et, sans un contrôle précis sur les tableaux, tout incident typographique ou phonétique produira inexorablement une équivoque sémantique. *C'est que dans une langue caractéristique l'on est obligé de trouver un contenu pour chaque élément de l'expression*. N'étant pas fondée sur la double articulation propre aux langues naturelles (où des sons qui n'ont pas de signification se combinent pour produire des syntagmes dotés de signification), la langue caractéristique fait en sorte que la moindre variation de son ou de caractère impose un changement de sens.

Le handicap vient de ce qui devait constituer la ligne de force du système, c'est-à-dire le critère de *possibilité de composition par traits atomiques*, d'où dérive un *isomorphisme* total entre expression et contenu.

La flamme est *Debα* parce que *α* désigne une espèce de l'élément Feu, mais si l'on remplace l'*α* par *a*, et que l'on obtienne *Deba*, la nouvelle composition signifie Comète. Les caractères sont choisis arbitrairement, mais leur composition réfléchit la composition même de la chose, de telle sorte que, « en apprenant le caractère et le nom des choses, nous serons également instruits quant à leur nature » (p. 21).

De là naît un problème : comment nommer quelque chose d'inédit. Selon Frank (1979 : 80), le système de Wilkins, dominé par la notion de Grande Chaîne de l'Être, déjà et définitivement préétablie, refuserait une vision dynamique du langage, parce que la langue peut, bien entendu, nommer des espèces encore inconnues, mais seulement à l'intérieur du système de caractères qu'on lui assigne. On peut objecter qu'il suffirait de modifier les tableaux en y insérant une nouvelle espèce, mais il faut présupposer l'existence d'une autorité linguistique qui nous autorise à « penser » quelque chose de nouveau. Dans la langue de Wilkins, le néologisme n'est pas impossible, mais il est certainement plus difficile à réaliser que dans les langues naturelles (Knowlson 1975 : 101).

En revanche, l'on pourrait faire l'hypothèse que la langue de Wilkins permet des procédures de découverte, ou, du moins, d'encouragement à la découverte. En effet, si l'on transforme par exemple *Detα* (arc-en-ciel) en *Denα*, on découvre que cette séquence de caractères renvoie à la première espèce de la neuvième différence du genre Élément, et que cette neuvième différence n'est pas inscrite sur les tableaux. L'interprétation métaphorique serait ici impossible parce qu'elle ne serait autorisée que par une particule transcendantale : la formule devrait désigner ici, sans possibilité d'équivoque, une espèce se trouvant, même si on ne la trouve pas, à un point précis de la classification.

A quel endroit ? Nous le saurions si les tableaux donnaient une représentation similaire au système périodique des éléments en chimie, où même les places vides pourront un jour être remplies. Mais le langage de la chimie, rigoureusement quantitatif, nous dit quel poids et quel numéro atomique doit avoir l'élément inconnu. La formule de Wilkins, au contraire, nous dit que l'espèce devrait se trouver à un point donné de la classification, mais elle ne nous dit pas quelles seraient ses caractéristiques, ni pour quelles raisons elle devrait se trouver précisément à ce point-là.

La langue ne permet donc pas de procédures de découverte, parce qu'elle manque d'un système classificatoire rigoureux.

Les limites de la classification

Les tableaux de Wilkins partent de la classification de 40 Genres et, à travers 251 Différences, arrivent à définir 2 030 Espèces. Si la division devait procéder dichotomiquement comme dans la classification aristotélicienne — chaque genre comportant deux différences divisionnelles qui vont constituer ensuite deux espèces se trouvant au-dessous, mais de telle sorte que ce qui est espèce pour le genre situé au-dessus devient genre pour l'espèce se trouvant au-dessous —, on devrait obtenir au moins 2 048 espèces (plus un genre au sommet et 1 025 genres intermédiaires) et autant de différences. Si le compte ne tombe pas juste, il est évident que, en reconstruisant un arbre général à partir des 41 arbres particuliers représentés dans les tableaux, on n'obtiendra pas une structure dichotomique constante.

Et on ne l'obtient pas parce que Wilkins classe ensemble substances et accidents, et, les accidents étant infinis (comme l'avait déjà dit Dalgarno), ils ne peuvent pas être agencés hiérarchiquement. Wilkins est obligé de classer ensemble des notions fondamentales, sur le modèle platonicien, comme Dieu, monde et arbre, avec des boissons comme la bière, des rôles politiques, des notions militaires et ecclésiastiques, c'est-à-dire l'intégralité de l'univers notionnel d'un citoyen anglais du XVIIe siècle.

Il suffit de revoir la Figure 12.1 pour se rendre compte du fait que les accidents se subdivisent en cinq sous-catégories dont chacune comporte de trois à cinq genres. Il y a trois subdivisions des Herbes, trois des Choses Transcendantales. Une structure dichotomique permet de contrôler le nombre des entités en jeu, du moins après avoir établi le niveau maximal d'emboîtement, tandis qu'après avoir admis trois subdivisions pour un seul nœud il n'y a aucune raison pour que leur nombre ne soit pas infini. Le système est potentiellement ouvert à de nouvelles découvertes, mais il ne pose pas de limites au nombre des éléments primitifs.

Quand Wilkins parvient aux dernières différences, il les articule par paires. Mais il est le premier à percevoir que ces paires s'établissent selon des critères qui ressemblent plus à ceux des mnémotechniques (« for the better helping of the memory », p. 22) qu'à un critère d'opposition rigoureux. Il nous dit que les paires qui ont des opposés sont accouplées par opposition simple ou double ; mais celles qui n'ont pas d'opposés sont accouplées par affinité. Et Wilkins se rend compte que ces choix sont extrêmement critiquables et qu'il a souvent accouplé les différences de façon discutable, « because I knew not to provide for them better » (p. 22).

Dans le premier genre, par exemple, le Transcendantal Général, la troisième différence, c'est-à-dire la Diversité, engendre comme deuxième espèce la Bonté et son opposé, la Méchanceté ; mais la deuxième différence, la Cause, engendre comme troisième espèce l'Exemplaire, qui se disjoint du Type, sans qu'il apparaisse un rapport clair entre ces deux concepts : il ne s'agit certes pas d'opposés ou de contraires, mais, même en lisant cette disjonction en termes d'affinité, le critère semble faible et *ad hoc*.

Parmi les accidents de relation privée, nous trouvons sous l'espèce Relation Économique aussi bien des rapports de parenté dans lesquels apparaissent des disjonctions dissemblables par critère, comme Géniteur/Descendant, Frère/Demi-Frère ou Célibataire/Vierge (sauf que Célibataire inclut tant le masculin que le féminin, alors que Vierge semble ne se référer qu'à une condition féminine), que des actions qui se réfèrent à des rapports intersubjectifs, comme Diriger/Séduire ou Défendre/Déserter. Parmi les relations économiques, apparaissent aussi les Provisions, où nous trouvons Beurre/Fromage mais aussi Abattre/Cuire et Boîte/Corbeille.

En définitive, comme l'observe aussi Frank, on dirait que Wilkins considérait comme fondamentalement équivalents différents types d'opposition que l'on peut retrouver dans les langues naturelles, où nous avons des oppositions par antinomie (bien/mal), par complémentarité (mari/femme), par convergence (vendre/acheter), par relativité (dessus/dessous, plus grand/plus petit), par graduation (lundi/mardi/mercredi...), par graduation avec hiérarchie (centimètre/mètre/kilomètre), par antipodes (sud/nord), par orthogonalité (ouest/est), par convergence vectorielle (partir/arriver).

Ce n'est pas un hasard si Wilkins s'est appuyé, de façon répétée, sur les avantages mnémotechniques de sa langue. Non seulement il a réalisé certains effets des mnémotechniques traditionnelles, mais il leur a aussi emprunté quelques mécanismes. Il accouple par opposition, par métonymie, par synecdoque, en fonction de ce qui lui semble le mieux répondre à ses habitudes mnémotechniques. Rossi (1960 : 252) parle d'une plainte de John Ray qui, après avoir réalisé pour Wilkins les tableaux botaniques, rappelait qu'il avait été obligé de suivre non pas les commandements de la nature mais les exigences de régularité quasi « scénographique » — dirions-nous — plus semblables à celles des grands théâtres mnémotechniques qu'à celles des taxinomies scientifiques actuelles.

Par ailleurs, les subdivisions qui dans l'arbre des genres (Figure 12.1) apparaissent en caractères minuscules ne sont pas déterminées clairement. Ce ne devraient pas être des différences, puisque celles-ci n'interviennent que dans les tableaux successifs, pour établir, à l'intérieur de chacun des 40 genres, la façon dont les diverses espèces en dépendent.

Elles pourraient être des sortes de super-genres : mais, comme on le voit, certaines d'entre elles apparaissent sous une forme adjectivale et rappellent de près ce qu'étaient des différences dans la tradition aristotélicienne, comme, par exemple, animé/inanimé. Acceptons-les comme des pseudo-différences. Mais si la séquence Substances + inanimées = ÉLÉMENTS répond au critère aristotélicien, cela se passe différemment à l'autre extrémité de la disjonction, où les substances animées se subdivisent ultérieurement en parties et en espèces, les espèces en végétatives et sensitives, les végétatives en parfaites et imparfaites, et ce n'est qu'à la fin de ces disjonctions que les genres sont précisés. Autre remarque : étant donné une paire (par exemple, CRÉATEUR/créatures), on trouve d'un côté un genre à part, l'autre fonctionne comme pseudo-différence pour parvenir à sélectionner d'autres genres, à la suite de diverses disjonctions. Et, dans la triade ARBUSTES, ARBRES, HERBES, il apparaît que le troisième terme, à la différence des deux premiers, n'est pas un genre, mais encore une fois un super-genre (ou une pseudo-différence) qui sert ensuite à diviser trois genres sous-jacents.

Wilkins avoue (p. 289) qu'il aurait été mieux que chaque différence puisse avoir sa Dénomination Transcendantale, mais il constate que la langue n'offre pas suffisamment de termes. Il admet aussi qu'une différence bien repérée serait en mesure d'exprimer vraiment la forme immédiate que l'essence donne à chaque chose. Mais les formes sont encore à peu près inconnues, et il est nécessaire de se limiter à fournir des définitions de propriété et de circonstance.

Essayons de mieux comprendre ce qui se passe. Si l'on veut faire la distinction entre le chien et le loup sur la base du signe caractéristique, on sait seulement que le chien, *Zitα*, est le « premier membre de la première paire spécifique de la cinquième différence du genre Animaux », et que le loup, *Zitαs*, est son opposé dans la paire (le *s* indique le signe d'opposition spécifique). Mais ainsi, le caractère nous dit quelle est la position donnée au chien dans un système universel des animaux (qui, avec les oiseaux et les poissons, appartiennent aux substances animées sensitives sanguines, voir Figure 12.1). Celui-ci ne nous dit rien des caractéristiques physiques du chien, et il ne nous donne pas les informations nécessaires pour reconnaître un chien et le distinguer d'un loup.

Ce n'est qu'en se mettant à lire les tableaux que l'on apprend que : (1) les vivipares avec des pattes ont des pieds avec des doigts ; (2) les carnivores ont d'habitude six incisives pointues ainsi que deux longs crocs pour retenir leur proie ; (3) les canidés (*dog-kind*) ont la tête ronde et en cela ils se différencient des félidés (*cat-kind*) qui l'ont, au contraire, plus oblongue ; (4) les plus grands parmi les canidés se subdivisent en « domestico-dociles » et « sauvages-hostiles aux moutons » : ce n'est que de cette manière que l'on saisit la différence entre chien et loup.

Les genres, les différences et les espèces, donc, « taxinomisent », mais ne définissent pas les propriétés qui nous servent à reconnaître l'objet, et c'est pourquoi il faut avoir recours aux commentaires annexes. Pour la tradition aristotélicienne il était suffisant de définir l'homme comme animal rationnel mortel. Cela ne suffit pas à Wilkins, qui vit à une époque où l'on cherche à découvrir la nature physicobiologique des choses ; il a besoin de savoir quelles sont les caractéristiques morphologiques et comportementales du chien. Mais son organisation en tableaux ne lui permet pas de l'exprimer sinon par des propriétés et des circonstances additionnelles. Or, ces propriétés et ces circonstances doivent être exprimées en langue naturelle, parce que la langue caractéristique ne possède pas de formules pour les rendre évidentes. La langue de Wilkins est mise en défaut justement au moment de réaliser le programme qu'elle s'était fixé, selon lequel, « en apprenant le caractère et le nom des choses, nous serions également instruits quant à leur nature » (p. 21).

Si l'on observe enfin que Wilkins s'est limité, presque à la manière d'un pionnier, à construire des taxinomies modernes comme celles dont l'exemple se trouve dans la Figure 10.4, alors il faut rappeler, comme cela a été relevé par Slaughter, qu'il mélange des tentatives de taxinomie préscientifique avec des aspects de taxinomie populaire (*folk taxonomy*). Par exemple, le fait que nous classions aujourd'hui l'ail et l'oignon parmi les légumes et les comestibles, et les lis parmi les fleurs, alors que du point de vue de la botanique ce sont tous des liliacées, appartient au domaine de la taxinomie populaire. De même, Wilkins parvient aux canidés en suivant d'abord un critère morphologique, puis un critère fonctionnel, et il procède enfin selon un critère géographique.

Qu'est-ce alors ce *Zitα* qui nous en dit si peu sur la nature du chien et qui nous oblige, pour en savoir plus, à aller compulser les tableaux ? Pour nous exprimer en termes d'ordinateur, il fonctionne comme un *pointeur* permettant l'accès à des informations contenues dans la mémoire — informations que le caractère ne laisse pas transparaître. L'utilisateur qui voudrait se servir de la langue comme d'un idiome naturel devrait avoir déjà mémorisé toutes ces informations pour comprendre le caractère. Mais c'est exactement ce que l'on demande à qui, au lieu de *Zitα*, dit *cane, dog, chien, Hund* ou *perro*.

Par conséquent, la masse d'information encyclopédique, sous-jacente à l'organisation des tableaux par éléments supposés primitifs, nie au fond le caractère compositionnel par traits qui avait semblé se réaliser dans la langue caractéristique de Wilkins. Ces éléments primitifs ne sont pas primitifs. Les espèces de Wilkins non seulement naissent de la composition de genres et de différences, mais ce sont en outre des *noms* auxquels accrocher des descriptions encyclopédiques. Mais les genres et les différences ne sont pas non plus des éléments primitifs, puisque, eux non plus, ne peuvent être déterminés qu'à travers des descriptions encyclopédiques. Ce ne sont certainement pas des notions innées, ou que l'on puisse immédiatement apprendre par intuition, car si l'on peut penser que telles sont l'idée de Dieu ou celle du Monde, on ne peut pas dire la même chose de Relation Navale ou Ecclésiastique. Ce ne sont pas des éléments primitifs parce que, s'ils étaient tels, ils devraient être par nature indéfinissables et indéfinis, et ils ne le sont pas parce que l'ensemble des tableaux ne fait rien d'autre que les définir à travers des expressions de la langue naturelle.

Si l'arbre classificatoire de Wilkins avait une consistance logique, il faudrait que, sans ambiguïté, l'on puisse assumer comme analytiquement vrai que le Genre des Animaux contient implicitement la Substance Animée, et que la Substance Animée contient implicitement les Créatures Distributives. Or, ces rapports ne se réalisent pas toujours. Par exemple, l'opposition « végétatif/sensitif » dans le tableau des genres sert à déterminer PIERRES et ARBRES (et possède un statut incertain), mais réapparaît dans le tableau du Monde, et y réapparaît au moins *deux fois* (voir nos caractères gras).

Selon la logique de Wilkins, l'on devrait dire que ce qui est végétatif, sur la base de la Figure 12.1, est nécessairement créature animée, mais, sur la base de la Figure 12.6, ce qui est végétatif est aussi nécessairement un élément tant du monde spirituel que du monde terrestre corporel.

Il est évident que ces entités diverses (qu'il s'agisse de genres ou d'espèces ou de quelque chose d'autre), chaque fois qu'elles réapparaissent dans un tableau, sont perçues sous un profil différent. Mais, dans ce cas, nous ne nous trouvons pas face à une organisation de l'univers en fonction de laquelle chaque entité est, sans équivoque possible, définie par le lieu qu'elle occupe dans l'arbre général des choses ; au contraire, les subdivisions sont comme les chapitres d'une grande encyclopédie capable de reconsidérer la même chose à partir de points de vue différents.

Si l'on consulte le tableau des Relations Économiques, l'on voit que — parmi ses espèces — la Défense s'oppose

Figure 12.6. Extrait du tableau du Monde

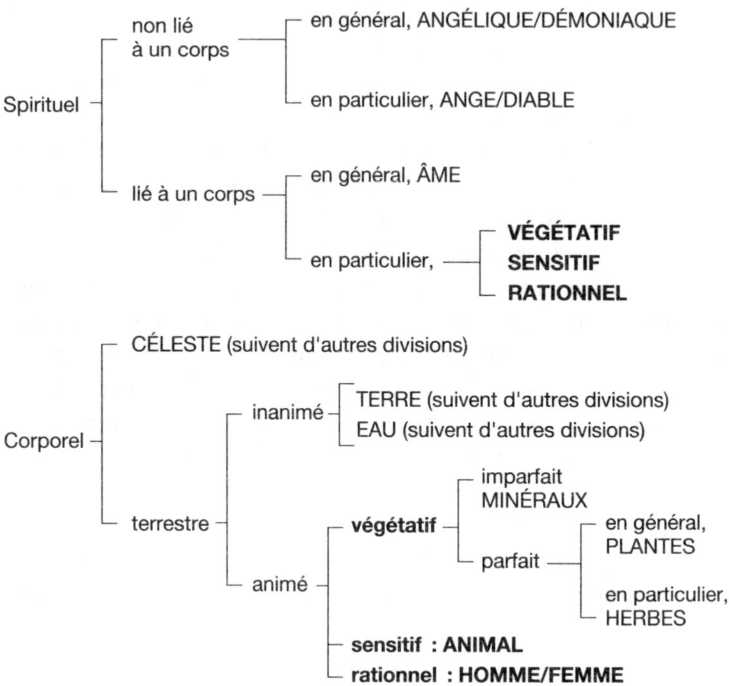

à la Désertion. Mais, si l'on consulte le tableau des Relations Militaires, cette même espèce Défense s'oppose opportunément à l'Offensive. Il est vrai que la défense en tant que relation économique (opposée à désertion) sera désignée comme *Coco*, alors que comme action militaire (opposée à offensive) elle sera désignée comme *Siba*. Par conséquent, deux caractères différents indiquent deux choses différentes. Mais s'agit-il vraiment de deux choses différentes, ou de deux *façons de tenir compte* de deux aspects d'une même chose ? Défense comme relation économique et Défense comme relation militaire ont pourtant quelque chose en commun. Il s'agit toujours d'une action guerrière, la même dans les deux cas, bien qu'une fois elle soit perçue comme devoir envers la patrie, et la seconde fois comme réponse à l'ennemi. Il s'établit donc comme un lien transversal entre nœuds distants de la même pseudo-dichotomie. Mais alors l'arbre n'en est plus un, c'est plutôt un *réseau*, où il y a des connexions multiples, non des rapports de hiérarchie.

Joseph-Marie Degérando, dans *Des signes* (1800), a accusé Wilkins d'avoir continuellement confondu classification et division :

> La division diffère de la classification, en ce que celle-ci se fonde sur les propriétés intimes des objets qu'elle cherche de distribuer, et celle-là se règle par certaines fins auxquelles ces objets sont rapportés par nous. La classification les répartit en genres, en espèces, en familles ; la division les partage en régions plus ou moins étendues. Les méthodes de Botanique sont des classifications ; la Géographie est enseignée par des divisions ; et si l'on veut un exemple plus sensible, lorsque une armée est rangée en bataille, chaque brigade sous un chef, chaque bataillon sous un commandant, chaque compagnie sous un capitaine, c'est l'image d'une division ; lorsque l'état de cette armée est porté sur un rôle qui renferme d'abord l'énumération des officiers de chaque grade, puis celle des sous-officiers, puis celle des soldats, c'est l'image d'une classification (IV : 399-400).

Degérando pense indubitablement au concept de bibliothèque idéale chez Leibniz et à la structure de l'*Encyclopédie* (dont nous parlerons plus loin), c'est-à-dire à un critère de subdivision des matières selon l'importance qu'elles ont pour nous. Mais une division en fonction des usages pratiques suit des critères qui ne peuvent pas être ceux conduisant à la recherche d'un système métaphysiquement fondé d'éléments primitifs.

L'hypertexte de Wilkins

Et si le défaut du système montrait sa vertu prophétique ? On dirait presque que Wilkins aspirait obscurément à une chose à laquelle seulement, aujourd'hui, nous pouvons donner un nom. Peut-être Wilkins voulait-il construire un *hypertexte*.

Un hypertexte est un programme d'ordinateur qui relie chaque *nœud* ou élément de son répertoire, à travers une multiplicité de renvois internes, à de multiples autres nœuds. On peut concevoir un hypertexte sur les animaux qui à partir de « chien » pointe sur une classification générale des mammifères et insère le chien dans un arbre de *taxa* contenant aussi le chat, le bœuf et le loup. Mais, à partir de ce même nœud, on peut être renvoyé à un répertoire d'informations sur les propriétés du chien, sur ses habitudes. En sélectionnant un autre ordre de connexions on peut accéder à une liste des divers rôles du chien à différentes époques historiques (le chien au cours du Néolithique, le chien à l'époque féodale...), ou bien à une liste des images du chien dans l'histoire de l'art. C'est peut-être cela, au fond, ce que voulait Wilkins, lorsqu'il pensait qu'il était possible de considérer la Défense aussi bien par rapport aux devoirs du citoyen que par rapport à la stratégie militaire.

S'il en était ainsi, un grand nombre des contradictions de ses tableaux et de son système n'apparaîtraient plus comme telles, et Wilkins serait le pionnier d'une organisation flexible et multiple du savoir qui s'imposera au cours du siècle suivant et dans les siècles à venir. Mais, si cela eût été son projet, nous ne pourrions plus parler de langue parfaite, mais de modalités à partir desquelles articuler sous de multiples aspects ce que les langues naturelles nous permettent de dire.

CHAPITRE XIII

Francis Lodwick

Lodwick, l'auteur qui a le premier publié un essai de langage fondé sur un caractère universel (Salmon 1972 : 3), se situe avant Dalgarno et Wilkins, qui ont connu son œuvre. *A Common Writing* est de 1647 et *The Groundwork or Foundation Laid (or so Intended) for the Framing of a New Perfect Language and a Universal or Common Writing* est de 1652.

Lodwick était un marchand et non un savant, comme il l'avoue lui-même modestement, et Dalgarno, avec hauteur, dans son *Ars signorum* (p. 79), loue sa tentative, mais ajoute : « Il est vrai cependant qu'il n'avait pas les forces convenant à ce sujet, parce qu'il était un homme des Arts, né en dehors des Écoles. » Il était à la recherche d'une langue capable à la fois de favoriser les échanges et de permettre un apprentissage facile de l'anglais, mais ses tentatives sont inégales. Il fait des propositions différentes à des moments différents et ne formule jamais un système complet. Pourtant, la proposition qui apparaît dans la plus originale de ses œuvres (*A Common Writing*, une trentaine de pages à peine) contient quelques aspects singuliers, qui le différencient des autres auteurs et le placent dans la situation de précurseur de certaines orientations de la sémantique lexicale contemporaine.

Son projet envisage, au moins en théorie, une série de trois index numérotés, dont la fonction devrait être de renvoyer des mots de la langue anglaise aux caractères, et de ceux-ci aux mots. Mais, ce qui différencie ce projet des polygraphies, c'est la nature du Lexique des caractères. Il doit en effet réduire le nombre des termes de l'index en reconduisant plusieurs termes au même Radical. Si l'on examine la Figure 13.1, l'on voit comment Lodwick identifie un radical qui exprime l'action *to drink*, lui assigne un caractère conventionnel, et établit ensuite une série de notes grammaticales qui expriment l'Acteur (celui qui boit), l'Acte, l'Objet (la boisson), l'Inclination (l'ivrogne), l'Abstrait, le Lieu (la taverne).

Figure 13.1

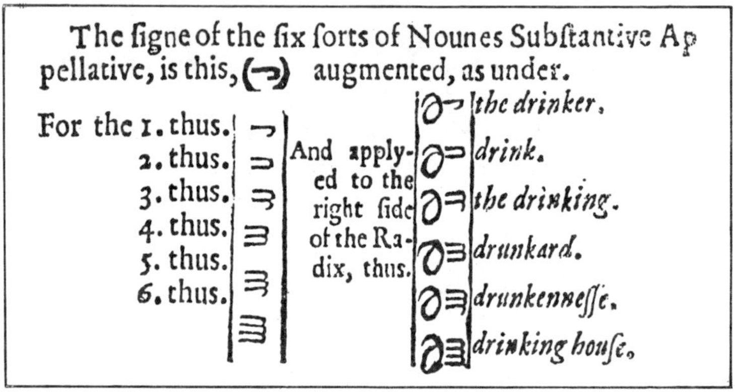

Lodwick trouve donc une idée originale, celle de ne pas partir de substantifs (noms d'individus ou de genres, comme cela se faisait traditionnellement depuis Aristote jusqu'à son époque), mais à partir de schémas d'action, et il peuple ces schémas d'action avec des acteurs, ou bien avec ce que nous appellerions aujourd'hui des Actants, c'est-à-dire avec des rôles abstraits qui peuvent être ensuite reliés à des noms de personnes, de choses, de lieux, comme un Agent, un Contre-Agent, un Objet de l'action, et ainsi de suite.

Lodwick a souvent recours à des critères mnémotechniques pour dessiner ses caractères et essaie de choisir des signes qui rappellent l'initiale du mot en anglais (pour *drink* ce sera une sorte de delta, pour *love* une sorte de l), tandis qu'il se sert d'artifices de ponctuation et de notes additionnelles qui rappellent vaguement l'hébreu, et enfin, comme le suggère Salmon, il emprunte probablement aux algébristes de son époque l'idée de remplacer les nombres par des lettres.

Pour fixer son lot réduit de radicaux, Lodwick commence par préciser les contours d'une grammaire philosophique, dans laquelle même les catégories grammaticales expriment des rapports sémantiques. Dérivatifs et morphèmes deviennent ainsi, au même titre, des critères d'économie servant à réduire chaque catégorie grammaticale à un composant de l'action.

Le lexique des caractères se présenterait ainsi comme très réduit par rapport à un index des mots d'une langue naturelle enregistrés dans un Dictionnaire, et Lodwick s'ingénie à le réduire ultérieurement, en faisant dériver des verbes les adjectifs et les adverbes, en utilisant la racine *love* pour produire la personne aimée (*the beloved*) et le mode (*lovingly*), alors qu'il fait dériver du verbe *to kleanse* (nettoyer) l'adjectif *nettoyé* à travers un signe de déclaration (on affirme que l'action désignée par le radical verbal a été exercée sur l'objet).

Lodwick se rend compte qu'il ne peut pas réduire à des actions beaucoup d'adverbes, ainsi que les prépositions, les interjections et les conjonctions, qui seront représentés par des notations apposées aux radicaux. Il conseille d'écrire les noms propres en langue naturelle. Un problème particulier lui est posé par ces noms que nous appellerions aujourd'hui de « genres naturels », dont il faudrait se résigner à composer une liste à part ; et cela met certainement en question l'espoir de réduire le lexique à une liste très restreinte de radicaux. Mais Lodwick essaie de diminuer cette liste de genres naturels. Il pense, par exemple, que des termes comme *hand*, *foot* et *land* peuvent être réduits à *to handle*, *to foot* et *to land*. Dans un autre passage, il a recours à l'étymologie, et il réduit *king* à la racine verbale archaïque *to kan*, qui devrait signifier aussi bien « connaître » que « avoir le pouvoir d'agir », il fait remarquer qu'en latin aussi on peut faire dériver *rex* de *regere*, et suggère qu'à l'aide d'un seul terme on pourrait exprimer le roi (anglais) et l'empereur (allemand), en notant simplement, près du radical K, le nom du pays.

Dans les cas où il ne trouve pas de radicaux verbaux, il essaie au moins de réduire des noms différents à un radical unique, comme il le propose pour *child*, *calfe*, *puppy* et *chikin*, qui indiquent la progéniture d'animaux différents (Wilkins avait mené la même opération, mais en utilisant l'appareil lourd et ambigu des particules transcendantales), et il pense que la réduction à un seul radical pourrait avoir lieu même à travers des schémas d'action qui ont un rapport analogique (comme *to see* et *to know*), de synonymie (comme *to lament* et *to bemoane*), de contradiction (comme *to curse* et *to blesse*) ou par rapport à la substance (dans le sens que *to moisten*, *to wet*, *to wash* et même *to baptize* peuvent être ramenés à un schéma d'action qui prévoit l'humidification d'un corps). Toutes ces dérivations seront représentées par des notations appropriées.

Le projet est esquissé approximativement, le système de notation est pénible, mais Lodwick, avec une liste d'à peine 16 radicaux (*to be, to make, to speake, to drinke, to love, to kleanse, to come, to begin, to create, to light, to shine, to live, to darken, to comprehend, to send, to name*) parvient à transcrire le début de l'évangile de saint Jean (« Au commencement était le Verbe, et le Verbe était auprès de Dieu... ») en dérivant le Commencement de *to begin*, Dieu de *to be*, le Verbe de *to speak* et le concept de toutes les choses de *to create*.

Une des limites de son entreprise consiste dans le fait qu'il présume l'universalité de l'anglais comme d'autres polygraphes le faisaient pour la grammaire latine, et que, par ailleurs, il philosophise la grammaire anglaise sur la base de catégories grammaticales qui sentent encore leur latin. Mais il contourne l'embarrassant modèle aristotélicien qui lui aurait imposé, à lui aussi, de construire une représentation ordonnée des genres et des espèces, parce que aucune tradition antérieure n'établissait que la série des verbes devait être hiérarchisée comme la série des entités.

Figure 13.2

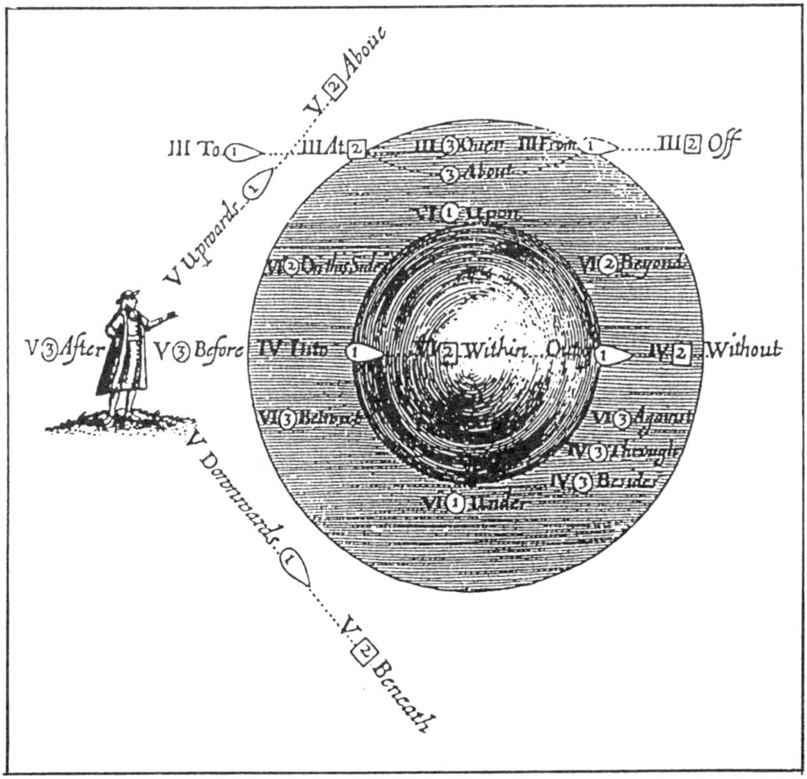

Wilkins est proche de la théorie de Lodwick dans un tableau de la page 311 de l'*Essay*, consacré aux prépositions de mouvement, où il réduit l'ensemble des prépositions à une série de positions (et d'actions possibles) d'un corps dans un espace tridimensionnel *non hiérarchisé* (Figure 13.2), mais il n'aura pas le courage d'étendre le principe à tout le système du contenu.

Malheureusement, même les éléments primitifs d'action de Lodwick ne sont pas nécessairement des éléments primitifs. On peut certainement identifier quelques positions de notre corps dans l'espace, intuitivement et universellement compréhensibles, comme « se lever » ou « se coucher », mais les 16 radicaux de Lodwick ne sont pas du tout de cette nature, et il serait possible, par conséquent, de lui opposer ce que Degérando objectera à Wilkins : on ne peut même pas juger comme primitive une idée intuitive telle que celle de *marcher*. Elle peut être définie en termes de *mouvement*, mais l'idée de mouvement ne requiert pas seulement comme composantes les idées de *lieu*, d'*existence dans ce lieu donné*, d'une *substance mobile* qui occupe ce lieu, d'*instant* qui marque le passage ; il faut aussi dans un mouvement présupposer au moins le *départ*, le *passage* et l'*arrivée* ; de plus, il faut y ajouter l'idée d'un *principe d'action* placé dans la substance qui bouge, et prendre en compte l'idée de certains *membres* qui soutiennent le corps, « car glisser, ramper, etc., ne sont pas la même chose que marcher » (*Des signes* IV : 395), et il faut supposer que le mouvement se déroule sur la *surface terrestre* ; sinon, au lieu de marcher, nous aurions à nager ou à voler. Et il faudrait alors décomposer ultérieurement les mêmes idées de surface ou de membres.

A moins que les éléments primitifs d'action ne soient choisis *ad hoc*, comme des constructions interlinguistiques servant de paramètres pour les traductions automatiques. Par exemple, Schank et Abelson (1977) ont élaboré un langage sur ordinateur fondé sur des actions primitives comme PROPEL, MOVER, INGEST, ATRANS, EXPEL et à travers lesquelles sont analysées des actions plus complexes comme « manger » (on analyse ainsi des expressions telles que *John mange une grenouille*, mais où, comme chez Lodwick, l'idée de « grenouille » n'est pas décomposable en un schéma d'actions).

De même, dans certaines sémantiques contemporaines, on ne cherche pas tellement à définir l'acte d'acheter à partir de la définition d'*acheteur*, mais on dessine plutôt une séquence type d'actions définissant les relations qui passent entre un sujet A qui donne de l'Argent et un sujet B qui en reçoit en échange d'une marchandise : il est évident que, à partir de cette séquence, l'on peut définir non seulement l'Acheteur, mais aussi le Vendeur, l'acte de vendre et d'acheter, les notions de vente et de prix, et ainsi de suite. Cette séquence type en Intelligence Artificielle est appelée un *frame*, et permet à un ordinateur de faire des déductions à partir d'informations préliminaires (si A est un acheteur, il va faire alors telles actions et telles autres, si A accomplit ces actions il est alors un acheteur, si A reçoit de B une marchandise mais ne donne pas d'argent en échange, alors il ne l'achète pas, et cætera).

Selon d'autres chercheurs contemporains, le verbe *to kill* devrait être représenté comme *Xs cause (Xd change en (- vivant Xd)) + (Animé Xd)* & *(violent Xs)*. Si un sujet *s* agit, avec des moyens ou des instruments violents, de façon à causer chez un sujet *d*, être animé, un changement d'état de la vie à la mort, alors il tue. Mais si l'on devait représenter le verbe *to assassinate*, il faudrait ajouter à *Xd*, outre la marque d'être animé, celle aussi de « personnage politique ».

Il est significatif que le Dictionnaire de Wilkins prévoie *assassin*, le renvoie au synonyme *murther* (en le désignant par erreur comme quatrième espèce de la troisième différence du genre des Relations Judiciaires, alors qu'il s'agit de la cinquième espèce), mais qu'il s'empresse d'en établir une limitation périphrastique (« specially, under pretence of Religion »). La langue philosophique *a priori* n'est pas en mesure de suivre toutes les subtilités de la langue naturelle.

Le projet de Lodwick, dûment intégré, pourrait employer le caractère prévu pour *tuer*, et y placer une notation de milieu et de circonstance, renvoyant ainsi à une action de meurtre se déroulant dans le domaine du monde politique ou religieux.

La langue de Lodwick nous rappelle celle qu'a décrite Borges dans « Tlön Ubqar Orbis Tertius » (dans *Fictions*), où l'on ne procède pas par agglutinations de radicaux substantifs, mais où l'on n'exprime que des flux temporels, raison pour laquelle existe le verbe *lunescer* ou *luner*, mais non le mot *lune*. Borges connaissait certainement Wilkins, au moins de seconde main, mais il ne connaissait probablement pas Lodwick. Cependant, il pensait assurément, et il n'est pas exclu que Lodwick y pensait aussi, au *Cratyle* (396b), où Platon, pour soutenir la théorie de l'origine motivée des noms, donne des exemples concernant la manière dont les mots représentent non pas une chose mais l'origine ou le résultat d'une action. Par exemple, l'étrange différence entre le nominatif et le génitif du nom *Zeus-Dios* est due au fait que le nom originel était un syntagme qui exprimait l'action habituelle du roi des dieux : *di' hoòn zen*, « celui à travers lequel est donnée la vie ».

C'est précisément pour parer aux ratés d'une définition de type dictionnaire par genre, différence et espèce, qu'un grand nombre de théories sémantiques actuelles essaient d'établir la signification d'un terme à travers une série d'*instructions* ou de procédures par lesquelles l'on vérifie les possibilités d'application. Mais déjà, dans un de ses passages les plus caractéristiques, Charles Sanders Peirce (*Collected Papers*, 2.330) avait fourni une explication longue et complexe du terme *lithium*. Cette substance y est définie non seulement par une position dans le tableau périodique des éléments et par un numéro atomique, mais aussi par la description des opérations à exécuter pour en produire un spécimen.

Lodwick n'est pas arrivé jusque-là, mais son projet allait hardiment contre une tradition dure à mourir, et qui ne mourra pas encore au cours des siècles à venir, celle selon laquelle, dans le processus glossogonique, les noms devaient précéder les verbes (d'autre part, toute la discussion aristotélico-scolastique transmettait l'idée de la primauté des substances, exprimées justement par des noms, dont on n'annonçait des actions que successivement).

On doit garder à l'esprit ce qui a été dit au chapitre V à propos de la tendance de tous les théoriciens d'une langue parfaite à se fonder tout d'abord sur une nomenclature. Au XVIIIe siècle encore, Vico (*Scienza nuova seconda*, II, 2.4) dira que le fait que « les noms sont nés avant les verbes » est prouvé non seulement par la structure de la proposition mais par le fait que les enfants s'expriment d'abord par les noms, et par des interjections, et n'expriment des verbes que plus tard ; et Condillac (*Essai sur l'origine des connaissances humaines*, IX : 83) affirmera que « la langue fut longtemps sans avoir d'autres mots que les noms qu'on avait donnés aux objets sensibles ». Stankiewicz (1974) a relevé la formation d'une orientation différente d'abord dans l'*Hermes* de Harris (1751, III), puis chez Monboddo (*Of the Origins and Progress of Language*, 1773-1792), et puis, en passant par divers auteurs, chez Herder qui rappelle, dans *Vom Geist der ebräischen Poesie* (1787), que le nom se rapporte aux choses de façon morte, alors que le verbe place la chose en action, et que celle-ci stimule la sensation. Sans suivre les différents moments de cette linguistique du verbe rapportés par Stankiewicz, c'est sous le signe d'une réévaluation de celui-ci que se place la grammaire comparative des partisans de l'hypothèse indo-européenne, et « en cela ils ont suivi la tradition des grammairiens sanscrits [...] qui faisaient dériver les mots de radicaux verbaux » (1974 : 176). Terminons avec une protestation de De Sanctis qui, discutant des prétentions des grammaires philosophiques, critiquait les tentatives traditionnelles (dont on a déjà parlé au sujet de Dalgarno et de Wilkins) de réduire les verbes aux noms et aux adjectifs : « ''j'aime'' n'est pas la même chose que ''je suis aimant'' [...]. Les auteurs de grammaires philosophiques, en réduisant la grammaire à la logique, ne voyaient pas l'aspect volitif de la pensée » (F. De Sanctis, *Teoria e storia della letteratura*, éd. par B. Croce, Bari, Laterza, 1926, p. 1, 39-40).

C'est ainsi que l'utopie de Lodwick se manifeste comme une première timide allusion, qui n'a pas été entendue, à quelques problèmes qui allaient se trouver au centre des discussions linguistiques successives.

CHAPITRE XIV

De Leibniz à l'*Encyclopédie*

Leibniz avait écrit en 1678 la *Lingua generalis* (in Couturat 1903) dans laquelle, après avoir décomposé le savoir humain en idées simples et avoir assigné à ces idées primitives un nombre, il proposait de transcrire les nombres avec des consonnes, et les unités décimales avec des voyelles, de la façon suivante :

1	2	3	4	5	6	7	8	9
b	c	d	f	g	h	l	m	n
unités	dizaines	centaines	milliers	dizaines de milliers				
a	e	i	o	u				

Pour exprimer, par exemple, le chiffre 81 374, on écrit *Mubodilefa*. Mais, puisque la voyelle ajoutée au nombre en spécifie immédiatement le rang, l'ordre ne compte pas, et le même chiffre peut être exprimé comme *Bodifalemu*.

Cela conduit à croire que Leibniz pensait à une langue dans laquelle les personnes dialogueraient à base de *bodifalemu* ou de *gifeha* (546), de même que les locuteurs de Dalgarno ou de Wilkins auraient dû communiquer à base de *Nekpot* ou de *Deta*.

Par ailleurs, Leibniz s'était particulièrement appliqué à trouver une autre forme de langue pouvant être parlée, plus ou moins semblable au *latino sine flexione* inventé à l'aube de ce siècle par Peano. Il prévoyait une régularisation et une simplification draconienne de la grammaire, avec une seule déclinaison et une seule conjugaison, l'abolition des genres et du nombre, l'identification entre adjectif et adverbe, la réduction des verbes à la copule + l'adjectif.

Si l'on devait dessiner le projet que Leibniz a caressé tout le long de sa vie, on devrait parler d'un immense édifice philosophico-linguistique prévoyant quatre moments fondamentaux : (I) la détermination d'un système d'éléments primitifs, organisés dans un alphabet de la pensée, ou encyclopédie générale ; (II) l'élaboration d'une grammaire idéale, dont son latin simplifié était un exemple, qui lui avait probablement été inspiré par les simplifications grammaticales proposées par Dalgarno ; (III) éventuellement, une série de règles pour rendre les caractères prononçables ; (IV) l'élaboration d'un lexique de caractères réels, sur lesquels il fût possible de faire un calcul capable de conduire le locuteur à formuler automatiquement de vraies propositions.

A vrai dire, il semblerait que la véritable contribution de Leibniz se trouve dans le quatrième point du projet, et dans le fait d'avoir abandonné, à la fin, toute tentative de réaliser les trois autres. Leibniz était modérément intéressé par une langue universelle à la manière de Wilkins et de Dalgarno (même s'il avait été fortement impressionné par leurs livres) et il l'explique à plusieurs reprises ; par exemple, dans la lettre à Oldenburg (Gerhardt, *Der Briefwechsel von G. W. Leibniz mit Mathematikern*, 1899 : 11-15), il répète que l'idée qu'il a de sa caractéristique est profondément différente de l'idée de ceux qui ont voulu fonder une écriture universelle sur le modèle des Chinois, et de ceux qui ont construit une langue philosophique privée d'ambiguïté.

D'autre part, Leibniz avait toujours été fasciné par la richesse et la pluralité des langues naturelles, aux engendrements et aux filiations desquelles il avait consacré tant de recherches et, comme il ne pensait pas du tout qu'il fût possible de déterminer une langue adamique et encore moins d'y revenir, il avait célébré comme positive justement cette *confusio linguarum* que d'autres auteurs cherchaient au contraire à éliminer (voir Gensini éd., 1990 et 1991).

Enfin, Leibniz pensait que tout individu avait une perspective particulière sur l'univers (ainsi que le voulait sa monadologie), comme si une même ville était représentée en fonction des positions de celui qui la regarde. Il semble vraiment difficile, pour quelqu'un qui soutient cette position philosophique, de vouloir inciter tous les hommes à voir l'univers figé dans une grille d'espèces et de genres construits une fois pour toutes, qui ne tienne pas compte des particularités, des points de vue, du génie de chaque langue.

Une seule chose aurait pu amener Leibniz à chercher une forme de communication universelle, et c'est la passion irénique qui l'unit à Raymond Lulle, à Nicolas de Cuse, à Guillaume Postel. A l'époque où ses prédécesseurs et ses correspondants anglais pensent à une langue universelle destinée tout d'abord aux commerces et aux voyages, ainsi qu'aux échanges scientifiques, nous retrouvons au contraire chez Leibniz un souffle religieux qui était absent chez des ecclésiastiques comme l'évêque Wilkins : Leibniz — dont la profession principale ne fut pas celle d'académicien mais celle de diplomate, conseiller de cour, et, en définitive, de personnalité politique — était favorable à une réunification des Églises (bien que cela soit dans la perspective d'un blocus politique antifrançais comprenant tant l'Espagne et la papauté que le Saint Empire romain et les princes allemands), réunification qui répondait à un sentiment religieux sincère, à une idée de christianisme universel et de pacification de l'Europe.

Mais la manière de parvenir à cette entente des esprits ne passait pas pour lui par la langue universelle : elle passait plutôt à travers la création d'un langage scientifique qui fût un instrument de découverte de la vérité.

La caractéristique et le calcul

Le thème de la découverte et de la logique inventive nous ramène à une des sources de la pensée leibnizienne, l'*ars combinatoria* de Lulle. Leibniz écrit à vingt ans (1666) une *Dissertatio de arte combinatoria* (Gerhardt éd., 1875 : IV, 27-102) ouvertement inspirée de l'œuvre de Lulle ; mais le fantôme de la combinatoire l'obsédera pendant toute sa vie.

En quelques pages intitulées *De l'horizon de la doctrine humaine* (*in* Fichant 1991), Leibniz se pose un problème qui avait déjà fasciné le père Mersenne : quel est le nombre maximal d'énoncés, vrais, faux et même insensés, que l'on peut formuler en utilisant un alphabet fixé à 24 lettres ? Le problème est de s'en tenir aux vérités énonçables, ainsi qu'aux énonciations qui peuvent être mises par écrit. Étant donné 24 lettres, on peut même former, avec celles-ci, des mots de 31 lettres (dont Leibniz trouve des exemples en grec et en latin), et avec tout l'alphabet il est possible de produire 24^{32} mots de 31 lettres. Mais quelle longueur peut avoir un énoncé ? Puisqu'il est possible d'imaginer des énoncés aussi longs qu'un livre, la somme des énoncés, vrais ou faux, qu'un homme peut lire en cent ans de vie, en comptant qu'il lit 100 feuillets par jour et que chaque feuillet est de 1 000 lettres, se monte à 3 650 000 000. Accordons même à cet homme de vivre mille ans, puisque la légende veut que cela soit arrivé à l'alchimiste Artéphius. « La plus grande période énonçable, ou bien le plus grand livre qu'un homme puisse achever de lire, sera de 3 650 000 000 000 lettres, et le nombre de toutes les vérités, faussetés ou périodes énonçables ou plustôt lisibles, prononçables ou non prononçables, signifiantes ou non signifiantes, sera $24^{3\,650\,000\,000\,001} - 24/23$ [lettres] » (*in* Fichant 1991 : 51).

Nous pouvons aussi prendre un nombre encore plus grand : si nous considérons qu'il est possible d'utiliser

100 lettres de l'alphabet, nous aurons un nombre de lettres qui peut être exprimé par un 1 suivi de 7 300 000 000 000 de zéros et, rien que pour écrire ce nombre, il faudrait mille copistes qui travailleraient pendant trente-sept ans environ.

L'argument de Leibniz, dans ce domaine, est que — même si nous considérons un ensemble aussi astronomique d'énoncés (et l'on peut, si l'on veut, continuer à en augmenter le nombre *ad libitum*) — ils ne pourraient pas être pensés et compris par l'humanité et ils excéderaient, en tout cas, le nombre des énoncés vrais ou faux que l'humanité est en mesure de produire et de comprendre. C'est la raison pour laquelle, paradoxalement, le nombre des énoncés formulables serait tout de même fini, et le moment viendrait où l'humanité recommencerait à produire les mêmes énoncés, ce qui permet à Leibniz d'effleurer le thème de l'*apocatastase*, c'est-à-dire d'une réintégration universelle (d'un éternel retour, pourrions-nous dire).

Il est impossible de suivre ici la série d'influences mystiques qui conduisent Leibniz vers ces errances. Ce qui est évident, c'est d'une part l'inspiration kabbalistique et lullienne, de l'autre le fait que Lulle n'aurait jamais osé penser à la possibilité de produire autant d'énoncés, puisqu'il n'était intéressé que par ceux qu'il pensait être vrais et irréfutables. Leibniz est fasciné, au contraire, par le vertige de la découverte, c'est-à-dire par les énoncés indéfinis qu'un simple calcul mathématique lui permet de concevoir.

Dans la *Dissertatio*, Leibniz avait déjà argumenté (paragraphe 8) sur la façon de trouver toutes les combinaisons possibles entre m objets, en faisant varier n de 1 à m, en déterminant la formule $C_m = 2^m - 1$.

Le jeune Leibniz, à l'époque de la *Dissertatio*, connaissait les polygraphies de Kircher, de l'Anonyme Espagnol, de Becher et de Schott (il déclarait qu'il attendait encore l'*Ars magna sciendi* de l'« immortel Kircher », promis depuis longtemps), mais il n'avait pas lu Dalgarno, et Wilkins n'avait pas encore publié son œuvre majeure. Par ailleurs, il existe une lettre de Kircher à Leibniz en 1670 dans laquelle le jésuite avoue qu'il ne connaît pas encore la *Dissertatio*.

Leibniz élabore la méthode qu'il appelle des « complexions » (étant donné *n* éléments, combien de leurs groupes *t* à *t* peut-on composer sans tenir compte de l'ordre) et il l'applique à la combinatoire syllogistique, puis (paragraphe 56) met les thèses de Lulle en discussion. Avant de formuler un certain nombre de critiques à propos du nombre réduit des termes, il présente l'observation évidente que Lulle n'exploite pas toutes les possibilités de l'art combinatoire, et il demande ce qu'il arriverait avec les dispositions, c'est-à-dire avec les variations d'ordre, dont le nombre est évidemment plus grand. Nous connaissons la réponse. Non seulement Lulle avait limité le nombre des termes, mais il était aussi porté à refuser beaucoup de combinaisons qui auraient produit de fausses propositions, pour des raisons théologico-rhétoriques. Ce qui, en revanche, intéresse Leibniz, c'est une *logique inventive* (paragraphe 62), où le jeu combinatoire pourrait produire des propositions encore inconnues.

Dans le paragraphe 64 de la *Dissertatio*, Leibniz commence à esquisser le premier noyau théorique de la caractéristique universelle. Il faut d'abord réduire n'importe quel terme donné dans ses parties formelles, c'est-à-dire dans les parties explicitées par la définition, puis ces parties de nouveau en d'autres parties jusqu'à ce que l'on parvienne à des termes indéfinissables (c'est-à-dire primitifs). L'on place parmi les termes premiers non seulement des choses mais aussi des modes et des relations. Puis, étant donné un terme dérivé de termes premiers, on l'appelle com2naison s'il est composé de deux termes premiers, com3naison s'il est composé de trois, et ainsi de suite, en constituant une hiérarchie de classes par complexité croissante.

Dans les *Elementa characteristicæ universalis*, écrits environ douze ans plus tard, Leibniz proposera des exemples plus accessibles. On décompose le concept d'homme, suivant la tradition, en animal rationnel, et l'on considère les composants comme des termes premiers. L'on assigne, par exemple, à animal le numéro 2 et à rationnel le numéro 3. Le concept d'homme pourra être exprimé comme 2*3, c'est-à-dire comme 6.

Pour qu'une proposition soit vraie, il faut que, si l'on exprime par une mesure fractionnelle le rapport sujet-prédicat (S/P), en remplaçant les nombres qui avaient été assignés aux éléments primitifs et aux composés, le nombre du sujet doit être exactement divisible par le nombre du prédicat. Étant donné, par exemple, la proposition *tous les hommes sont des animaux*, on la réduit à la fraction 6/2 et l'on remarque que le résultat, 3, est un nombre entier. La proposition est donc vraie. Par contre, si le numéro caractéristique de singe est 10, il est évident que « la notion de singe ne contient pas la notion d'homme, et que, vice versa, cette dernière ne contient pas non plus la première, car ni 10 ne peut être divisé exactement par 6, ni 6 par 10 ». Et si l'on veut savoir si l'or est un métal, il s'agit alors de voir « si le nombre caractéristique de l'or peut être divisé par le nombre caractéristique du métal » (*Elementa*, *in* Couturat 1903 : 42-92). Mais la *Dissertatio* contenait déjà ces principes.

Le problème des éléments primitifs

Qu'y a-t-il en commun entre cet art de la combinatoire et du calcul mental, et les projets de langues universelles ? C'est que Leibniz s'est posé longtemps la question de savoir comment fournir une liste des termes premiers et donc un alphabet des pensées ou une encyclopédie. Dans *Initia et specimina scientiæ generalis* (Gerhardt éd., 1875, VII : 57-60), il parle d'une encyclopédie comme inventaire de la connaissance humaine afin de fournir du contenu à l'art combinatoire. Dans le *De organo sive arte magna cogitandi* (Couturat

1903 : 429-432), il dit que « le plus grand remède pour l'esprit consiste dans la possibilité de découvrir un petit nombre de pensées d'où jaillissent en ordre d'autres pensées infinies, de la même façon que de peu de nombres [pris de 1 jusqu'à 10] on peut faire dériver dans l'ordre tous les autres nombres », et c'est dans ce domaine qu'il fait allusion aux possibilités combinatoires du système de la numération binaire.

Dans le *Consilium de Encyclopædia nova conscribenda methodo inventoria* (Gensini éd., 1990 : 110-120), il dessine un système des connaissances qu'il faut réaliser en style mathématique, par le biais de propositions soigneusement conçues, et il trace pratiquement un système des sciences et des connaissances qu'elles impliquent : Grammaire, Logique, Mnémonique, Topique, et ainsi de suite jusqu'à la Morale et à la science des choses incorporelles. Dans un texte plus tardif sur les *Termini simpliciores* de 1680-1684 (Grua éd., 1948 : 2, 542) il se rabat sur une liste de termes élémentaires comme entité, substance, attribut, une liste qui rappelle encore les catégories aristotéliciennes, en y ajoutant des relations comme antérieur et postérieur.

Dans l'*Historia et commendatio linguæ characteristicæ* (Gerhardt éd., 1875, VII : 184-189), il évoque le temps où il souhaitait « un alphabet des pensées humaines » tel que « de la combinaison des lettres de cet alphabet et de l'analyse des vocables formés par ces lettres l'on puisse découvrir et juger toutes les choses », et il affirme que, de cette façon seulement, l'humanité aurait un nouveau genre d'organe qui pourrait augmenter la puissance de l'esprit beaucoup plus que les télescopes et les microscopes n'ont aidé à voir. Et, s'enflammant pour les possibilités du calcul, il termine par une invocation à la conversion du genre humain tout entier, persuadé, tout comme Lulle, du fait que les missionnaires aussi peuvent faire raisonner les idolâtres sur la base de la caractéristique, de façon à leur montrer combien nos vérités de la foi concordent avec les vérités de la raison.

Mais c'est précisément après cette envolée presque mystique que Leibniz, se rendant compte que l'alphabet n'a pas encore été formulé, fait allusion à un *artifice élégant* : « Je feins donc que ces nombres caractéristiques si admirables soient déjà donnés, et ayant observé qu'ils ont une certaine propriété générale, je prends pendant ce temps des nombres quelconques adaptés à cette propriété, et grâce à leur utilisation j'essaie toutes les règles logiques avec un ordre admirable, et je démontre comment l'on peut reconnaître si certaines argumentations sont valables par leur forme. »

Les éléments primitifs sont donc *postulés* comme tels pour la commodité du calcul, sans que l'on prétende qu'ils soient vraiment ultimes, atomiques et non analysables.

Il y a, par ailleurs, d'autres et plus profondes raisons philosophiques en fonction desquelles Leibniz ne peut pas penser trouver vraiment un alphabet d'éléments primitifs. Du simple point de vue du bon sens, il n'y a aucune certitude que les termes auxquels l'on parvient à travers la décomposition analytique ne soient ultérieurement décomposables. Mais cette conviction devait être plus forte encore chez le penseur qui avait inventé le calcul infinitésimal : « *Il n'y a pas d'atome*, et au contraire aucun corps n'est si petit qu'il ne puisse pas être subdivisé en acte [...]. Il s'ensuit que *dans chaque parcelle de l'univers est contenu un monde de créatures infinies* [...]. Il n'y a aucune figure déterminée dans les choses, parce qu'aucune figure ne peut satisfaire aux impressions infinies » (*Primæ veritates*, essai sans titre *in* Couturat 1903 : 518-523).

Leibniz tranche ainsi : il faut utiliser les concepts qui sont pour nous les plus généraux et que nous pouvons considérer comme « premiers » dans le domaine du calcul que nous voulons faire. La langue caractéristique se dissocie de la recherche nécessaire de l'alphabet définitif de la pensée. C'est précisément en commentant la lettre de Descartes à Mersenne, sur la difficulté d'un alphabet de la pensée, comme rêve qui ne se réalise que dans les romans, que Leibniz note :

> Cependant, quoyque cette langue dépende de la vraye philosophie, elle ne dépend pas de sa perfection. C'est-à-dire cette langue peut estre établie quoyque la philosophie ne soit pas parfaite : et à mesure que la science des hommes croistra, cette langue croistra aussi. En attendant elle sera d'un secours merveilleux et pour se servir de ce que nous sçavons et pour voir ce qui nous manque, et pour inventer les moyens d'y arriver, mais surtout pour exterminer les controverses dans les matières qui dépendent du raisonnement. Car alors, raisonner et calculer sera la même chose (Couturat 1903 : 28).

Mais il ne s'agit pas seulement de prendre une décision, pour ainsi dire, conventionnelle. La détermination des éléments primitifs ne peut pas précéder la langue caractéristique, parce que celle-ci n'est pas un instrument docile d'expression de la pensée, mais un *appareil de calcul pour trouver des pensées*.

L'encyclopédie et l'alphabet de la pensée

L'idée d'une encyclopédie universelle n'abandonnera jamais Leibniz qui, longtemps bibliothécaire par profession, et érudit, ne pouvait pas ne pas suivre l'aspiration pansophique du XVIIe siècle finissant ni ne pas être sensible aux germes encyclopédiques qui allaient donner leurs fruits au XVIIIe siècle. Mais cette idée se présente de plus en plus à lui, non tant comme la recherche d'un alphabet d'éléments primitifs que comme un instrument pratique et souple permettant à tous de contrôler l'immense édifice du savoir. En 1703 il écrit les *Nouveaux Essais sur l'entendement humain*, où il polémique avec Locke (le livre ne paraîtra qu'après sa mort en 1765), et il les achève par une fresque monumentale de l'encyclopédie à venir. Au début, il refuse la tripartition du savoir, proposée par Locke, en physique, éthique et logique (ou sémiotique). Même une classification aussi simple est insoutenable, parce que ces trois provinces du savoir se disputeraient continuellement leurs sujets respectifs : la doctrine des esprits peut entrer dans la logique, mais aussi dans la morale, et tout pourrait entrer dans la philosophie pratique dans la mesure où elle sert notre bonheur. Une histoire mémorable peut être placée dans les annales de l'histoire universelle ou dans l'histoire particulière d'un pays et même d'un individu. Qui organise une bibliothèque souvent ne sait pas dans quelle section cataloguer un livre (voir Serres 1968 : 22-23).

Il ne resterait donc plus qu'à tenter de faire une encyclopédie que nous appellerions polydimensionnelle et mixte, une encyclopédie — comme le fait remarquer Gensini (éd., 1990 : 19) — bâtie selon des « parcours » plutôt que des matières, un modèle de savoir théorico-pratique qui suggère des utilisations « transversales » : dans le sens théorique selon l'ordre des preuves, comme le font les mathématiciens, dans le sens, d'autre part, analytique et pratique, qui tienne compte des finalités humaines ; il faudrait y ajouter ensuite un répertoire permettant de retrouver les divers arguments et un même argument sous différents aspects, traité en des lieux différents (IV, 21, *De la division des sciences*). Il semblerait presque que l'on célèbre comme une *felix culpa* l'incongruité, l'absence de dichotomie de l'encyclopédie de Wilkins. C'est comme si l'on apercevait, par anticipation, le projet qui sera théorisé ensuite par d'Alembert au début de l'*Encyclopédie*. Leibniz pense vraiment à cet *hypertexte* que le projet de Wilkins ne laissait qu'entrevoir.

La pensée aveugle

Nous avons dit que Leibniz doute que l'on puisse vraiment constituer un alphabet exact et définitif, et il pense que la véritable force du calcul caractéristique réside dans ses règles combinatoires : il s'intéresse davantage à la *forme* des propositions qu'il peut engendrer avec le calcul qu'aux significations des nombres. A plusieurs occasions il compare la caractéristique et l'algèbre, même s'il ne considère l'algèbre que comme une des formes de calcul possibles et il continue à penser à un calcul qui puisse s'exercer, avec une rigueur quantitative, sur des notions qualitatives.

Une des idées qui parcourt sa pensée, c'est que la caractéristique, comme l'algèbre, est une forme de *pensée aveugle, cogitatio cæca* (voir, par exemple, *De cognitione, veritate et idea*, *in* Gerhardt éd., 1875, IV : 422-426). Par pensée aveugle l'on entend la possibilité de conduire des calculs, parvenant à des résultats exacts, sur des symboles dont on ne connaît pas nécessairement la signification, ou de la signification desquels on ne parvient pas à avoir une idée claire et distincte.

Dans un texte où précisément il définit le calcul caractéristique comme l'unique véritable exemple de « langue adamique », Leibniz éclaircit bien ce qu'il entend :

> Tout raisonnement humain se réalise au moyen de certains signes ou caractères. Non seulement les choses elles-mêmes, en effet, mais aussi les idées des choses ne peuvent pas toujours, ni ne doivent, être distinctement observées, et par conséquent, à leur place, pour des raisons de brièveté, on utilise des signes. Si, en effet, le géomètre, chaque fois qu'il nomme l'hyperbole ou la spirale ou la quadrature au cours de la démonstration, était obligé d'imaginer exactement leurs définitions ou leurs engendrements et puis à nouveau les définitions des termes qui entrent dans les premières, il parviendrait très tard à ses découvertes [...]. De là vient le fait que l'on a assigné des noms aux contrats, aux figures et aux di-

férentes espèces de choses, des signes aux nombres de l'arithmétique et aux grandeurs de l'algèbre [...]. Dans l'énumération des signes, donc, j'inclus les mots, les lettres, les figures chimiques, astronomiques, chinoises, hiéroglyphiques, les notes musicales, les signes stéganographiques, arithmétiques, algébriques et tous les autres dont nous nous servons à la place des choses dans nos raisonnements. Les signes écrits, ou dessinés, ou gravés s'appellent caractères [...]. Les langues ordinaires, bien qu'elles servent au raisonnement, sont cependant sujettes à d'innombrables équivoques, et ne peuvent être employées pour le calcul, c'est-à-dire de façon à ce que l'on puisse découvrir les erreurs de raisonnement en remontant à la formation et à la construction des mots, comme s'il s'agissait de solécismes ou de barbarismes. Cet avantage très admirable n'est donné pour le moment que par les signes employés par les arithméticiens et les algébristes, chez lesquels tout raisonnement consiste dans l'utilisation de caractères, et toute erreur mentale est la même chose qu'une erreur de calcul. En méditant profondément sur cet argument, il m'est apparu aussitôt clair que toutes les pensées humaines pouvaient se transformer entièrement en quelques pensées qu'il fallait considérer comme primitives. Si ensuite l'on assigne à ces dernières des caractères, on peut former, à partir de là, les caractères des notions dérivées, d'où il est toujours possible d'extraire leurs réquisits et les notions primitives qui y entrent, pour dire la chose en un mot, les définitions et les valeurs, et donc aussi leurs modifications que l'on peut faire dériver des définitions. Après avoir fait cela, celui qui se servirait des caractères ainsi décrits en raisonnant et en écrivant, soit ne commettrait jamais d'erreurs, soit il les reconnaîtrait toujours tout seul, qu'elles soient les siennes ou celles des autres, par le truchement d'examens très faciles (*De scientia universali seu calculo philosophico*, *in* Gerhardt éd., 1875, VII : 198-203).

Cette idée de la pensée aveugle sera par la suite transformée dans le principe fondamental d'une sémiotique générale par Johann Heinrich Lambert, *Neues Organon* (1762) dans la section « Sémiotique » (voir Tagliagambe 1980).

Comme il est dit dans l'*Accessio ad arithmeticam infinitorum* de 1672 (*Sämtliche Schriften und Briefen*, III/1 : 17), lorsqu'une personne dit un million, elle n'imagine pas mentalement toutes les unités de ce nombre. Et pourtant les calculs qu'elle sait faire sur la base de ce nombre peuvent et doivent être exacts. La pensée aveugle manipule des signes sans être obligée d'évoquer les idées correspondantes. C'est pourquoi elle ne nous impose pas une fatigue excessive, pour augmenter la portée de notre esprit, de la même manière que le télescope augmente la portée de notre vue. Par conséquent, « après avoir fait cela, lorsqu'il surgira des controverses, il n'y aura pas plus besoin de discussion entre deux philosophes qu'il n'y en a entre deux calculateurs. Il suffira, en effet, qu'ils prennent leur plume, qu'ils s'assoient à une table, et qu'il se disent réciproquement (après avoir appelé, s'ils le souhaitent, un ami) : calculons » (Gerhardt éd., 1875, VII : 198 et s.).

L'intention de Leibniz était de créer un langage logique qui, comme l'algèbre, pourrait nous amener du connu vers l'inconnu à travers la simple application de règles d'opérations aux symboles utilisés. Dans ce langage il n'est pas nécessaire de savoir à chaque pas ce à quoi se rapporte le symbole, pas plus qu'il ne nous intéresse de savoir quelle quantité représente une lettre alphabétique pendant la solution d'une équation. Pour Leibniz, les symboles du langage logique ne se trouvent pas à la place d'une idée mais *ils se substituent à* elle. La caractéristique universelle « n'aide pas seulement le raisonnement, mais elle le remplace » (Couturat 1901 : 101).

Dascal (1978 : 213) objecte que la caractéristique n'est pas conçue par Leibniz comme un calcul purement formel parce que les symboles du calcul ont toujours une interprétation. Le calcul algébrique manipule des lettres alphabétiques sans les lier à des valeurs arithmétiques ; en revanche, nous l'avons vu, la caractéristique utilise des nombres pour ainsi dire « découpés » sur des concepts « pleins » comme homme ou animal, et il est évident que, pour obtenir un résultat qui prouve qu'homme ne contient pas singe et vice versa, il faut avoir assigné des valeurs numériques adéquates à une préinterprétation sémantique des valeurs numériques elles-mêmes. Les nombres proposés par Leibniz seraient donc des systèmes formalisés mais *interprétés*, et par conséquent non purement formels.

Il existe certainement une postérité leibnizienne qui essaie de construire des systèmes « interprétés ». Par exemple, le projet de Luigi Richer (*Algebræ philosophicæ in usum artis inveniendi specimen primum*, « Mélanges de philosophie et de mathématique de la Société royale de Turin », 1761, II/3). Dans ce texte, extrêmement abrupt, d'une quinzaine de pages, afin d'appliquer une méthode algébrique à la philosophie, on trace une *tabula characteristica* contenant une série de concepts généraux comme « Possibile », « Impossibile », « Aliquid », « Nihil », « Contingens », « Mutabile », dont chacun est caractérisé par un signe conventionnel. Un système de demi-cercles différemment orientés rend les caractères difficilement discernables entre eux, mais le système permet des combinaisons philosophiques du genre « Ce Possible ne peut pas être Contradictoire ». La langue reste limitée au raisonnement philosophique abstrait, et Richer, comme Lulle, ne tire pas tout le parti qu'il pourrait des possibilités combinatoires prévues, parce qu'il rejette toutes les combinaisons inutiles à la science (p. 55).

Vers la fin du XVIIIe siècle, Condorcet, dans un manuscrit de 1793-1794 (voir Granger 1954), rêve d'une langue universelle qui est en réalité une ébauche de logique mathématique, une « langue des calculs » qui identifierait et distinguerait les processus intellectuels, en exprimant des objets réels dont on énonce les rapports, rapports entre objets et opérations réalisées par l'intellect dans la découverte et l'énonciation des rapports. Mais le manuscrit s'interrompt juste au moment où il s'agit d'identifier les idées premières et montre que l'héritage des langues parfaites est en train de se transférer définitivement sur le calcul logico-mathématique, où personne ne songera plus à tracer une liste des contenus idéaux, mais seulement à prescrire des règles syntaxiques (Pellerey 1992a : 193 et s.).

Or, la caractéristique, à partir de laquelle Leibniz essaie de tirer des vérités métaphysiques, oscille entre un point de vue ontologique et métaphysique, et le fait de n'être qu'un simple instrument pour la construction de systèmes particuliers de déduction (voir Barone 1964 : 24). De plus, elle oscille entre l'anticipation de certaines sémantiques contemporaines, y compris celles qui sont utilisées en Intelligence Artificielle (règles syntaxiques de type mathématique par entités sémantiques interprétées) et une logique mathématique pure qui manipule des variables non liées.

Mais les nouvelles sémantiques n'ont pas trouvé leur origine chez Leibniz et ses efforts inachevés par rapport à un calcul d'entités sémantiques « pleines », bien qu'il soit certain qu'à partir de lui sont nés différents courants de logique symbolique.

L'intuition fondamentale qui se trouve à la base de la caractéristique est que, même si les caractères sont choisis arbitrairement, et même s'il n'est pas certain que les éléments primitifs choisis par amour du raisonnement soient vraiment des éléments primitifs, la garantie de vérité est donnée par le fait que la *forme de la proposition reflète une vérité objective*.

Il existe, pour Leibniz, une analogie entre l'ordre du monde, ou de la vérité, et l'ordre grammatical des symboles dans le langage. Nombreux sont ceux qui ont identifié dans cette position la *picture theory of language* du premier Wittgenstein, en fonction de quoi la proposition doit assumer une forme semblable aux faits qu'elle reflète (*Tractatus* 2.2 et 4.121). Leibniz est certainement le premier à reconnaître que la valeur de son langage philosophique aurait dû être une fonction de sa structure formelle et non de ses termes, et que la syntaxe, celle qu'il appelait *habitudo* ou structure de la proposition, était plus importante que la sémantique (Land 1974 : 139).

> Tu vois donc que, bien que les caractères soient choisis arbitrairement, tous les résultats correspondent toujours entre eux, à condition que l'on observe un certain ordre et une certaine règle dans

leur utilisation (*Dialogus*, *in* Gerhardt éd., 1875, VII : 190-193). On appelle expression d'une chose ce en quoi subsistent les structures (*habitudines*) qui correspondent aux structures de la chose qu'il faut exprimer [...]. Nous pouvons parvenir à la connaissance des propriétés correspondantes de la chose à exprimer uniquement en considérant les structures de l'expression [...] pourvu que l'on observe une certaine analogie entre les structures relatives (*Quid sit idea*, *in* Gerhardt éd., 1875, VII : 263-264).

Disons, pour finir, que le philosophe de l'harmonie préétablie ne pouvait penser autrement.

Le *Yi King* et la numération binaire

Le fait que Leibniz lui-même était enclin à diriger la caractéristique vers un calcul vraiment aveugle, en anticipant la logique de Boole, nous est révélé par la façon avec laquelle il a réagi à la découverte de l'ouvrage chinois, le *Livre des Changements*, c'est-à-dire le *Yi King*.

L'intérêt de Leibniz pour la langue et la culture chinoises est largement attesté, surtout dans les dernières décennies de sa vie. En 1697 il avait publié les *Novissima sinica* (Dutens 1768, IV, 1), un recueil de lettres et d'essais des missionnaires jésuites en Chine. Cette œuvre fut lue par le père Joachim Bouvet qui revenait de Chine, et celui-ci lui écrivit au sujet de l'ancienne philosophie chinoise qu'il voyait représentée dans les 64 hexagrammes du *Yi King*.

L'on a cru, pendant des siècles, que l'origine de ce *Livre des Changements* était millénaire, alors que des recherches plus récentes le font remonter au IIIe siècle av. J.-C., mais suivant l'opinion courante de son époque Leibniz l'attribuait au mythique Fou-Hi. Ses fonctions étaient magico-oraculaires, et Bouvet avait vu avec justesse dans ces hexagrammes les principes fondamentaux de la tradition chinoise.

Mais, lorsque Leibniz lui décrit ses recherches sur l'arithmétique binaire, à savoir le calcul par 1 et par 0 (dont il commentait aussi les implications métaphysiques et le pouvoir de représenter le rapport entre Dieu et le Néant), Bouvet comprend que l'arithmétique binaire explique admirablement la structure des hexagrammes chinois. Il adresse une lettre à Leibniz en 1701 (mais Leibniz ne la reçoit qu'en 1703) à laquelle il joint une gravure sur bois de la disposition des hexagrammes.

Figure 14.1

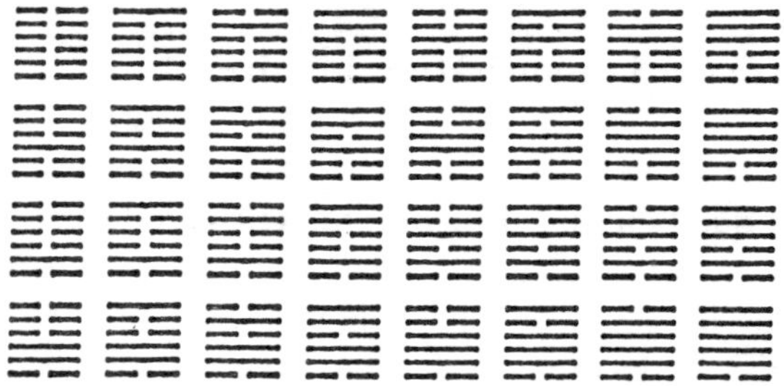

La gravure représentait la disposition des hexagrammes de façon différente du *Yi King*, mais cette erreur permit à Leibniz de voir en eux une séquence significative qu'il commentera dans l'*Explication de l'arithmétique binaire* (1703).

Voir, dans la Figure 14.1, les diagrammes consultés par Leibniz, où la structure centrale part de 6 lignes brisées et continue en augmentant successivement le nombre des lignes entières.

Cela permet à Leibniz de percevoir dans ces hexagrammes la représentation parfaite de la progression des nombres binaires qui, en effet, s'écrivent selon la séquence 000, 001, 010, 110, 101, 011, 111...

Au fond, et encore une fois, Leibniz vide les symboles chinois des significations que d'autres interprétations leur

Figure 14.2

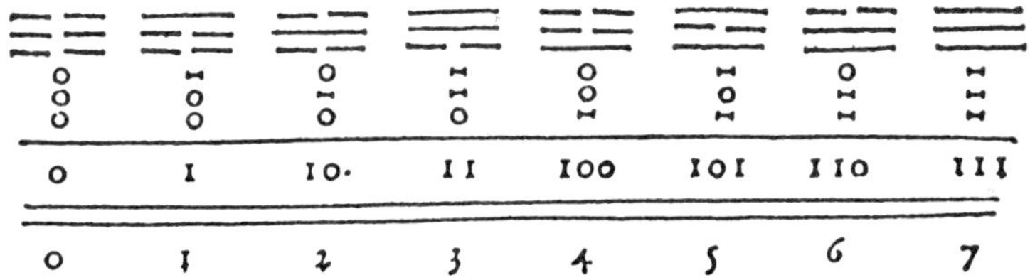

avaient assignées, pour ne considérer que leur forme et leur capacité combinatoire. Nous nous trouvons, à nouveau, devant une célébration de la pensée aveugle, une reconnaissance de la forme syntaxique comme véhicule de vérité. Ces 1 et ces 0 sont vraiment des symboles aveugles, et leur syntaxe fonctionne et permet des découvertes, avant qu'aucune signification possible ne puisse être assignée aux séquences qu'elle produit. Leibniz anticipe certainement, et d'un siècle et demi, la logique mathématique de George Boole ; mais il anticipe aussi le véritable langage des ordinateurs, à savoir non pas celui que nous parlons — à l'intérieur d'un programme — en tapant des doigts sur le clavier et en lisant sur l'écran les réponses de la machine, mais le langage par lequel le programmeur fournit des instructions à l'ordinateur et celui sur la base duquel l'ordinateur « pense », sans « savoir » ce que signifient les instructions qu'il reçoit et qu'il élabore en des termes purement binaires.

Le fait que Leibniz se soit trompé parce que « les *kua* furent interprétés par les Chinois de toutes les façons, sauf dans le sens mathématique », ne compte pas (Losano 1971). Leibniz y voit une structure formelle, qui existe certainement, et c'est cette structure qui lui apparaît comme ésotériquement admirable, au point qu'il n'hésite pas (dans une lettre au père Bouvet) à identifier leur auteur avec Hermès Trismégiste (et non sans justesse, puisque Fou-Hi était considéré comme le représentant de l'ère de la chasse, de la pêche et de l'invention de la cuisson, et donc comme une sorte de père des inventions).

Effets collatéraux

Tout le génie dépensé pour construire une langue philosophique *a priori* aura servi à Leibniz pour inventer une autre langue philosophique, certainement *a priori*, mais démunie de toute finalité pratique sociale, et destinée au calcul logique. Sa langue, dans ce sens, qui est, par ailleurs, celle de la logique symbolique contemporaine, était une langue scientifique, mais, comme toutes les langues scientifiques, elle ne pouvait pas parler de la totalité de l'univers, mais simplement de quelques *vérités de raison*. Cette langue ne pouvait pas être une langue universelle, parce qu'elle n'était pas apte à exprimer ce qu'expriment les langues naturelles, c'est-à-dire des *vérités de fait*, des descriptions d'événements empiriques. Pour faire cela, il faudrait « construire un concept qui possède un nombre incalculable de déterminations », alors que le concept complet d'un individu implique « des déterminations spatio-temporelles qui impliquent à leur tour d'autres successions spatio-temporelles et des événements historiques dont la maîtrise échappe à l'œil humain, à la possibilité de contrôle de chaque homme » (Mugnai 1976 : 91).

Et pourtant, en tant que prélude à ce que va être la langue des ordinateurs, le projet leibnizien a permis aussi d'élaborer des langages informatiques qui se prêtent au catalogage d'entités individuelles, et même à établir l'heure à laquelle M. X a réservé un vol de Y à Z — si bien que l'on commence à craindre que l'œil informatique ne puisse intervenir trop en profondeur en réduisant notre *privacy*, en enregistrant jusqu'au jour et l'heure à laquelle un individu donné a passé la nuit dans un hôtel donné d'une ville donnée. C'est un autre effet collatéral d'une recherche qui s'était engagée pour permettre de parler sur un univers qui n'était encore que pure construction théorique, système d'éléments pouvant comprendre Dieu et les Anges, l'entité, la substance, l'accident et « tous les éléphants ».

Dalgarno n'aurait jamais soupçonné que, passant à travers le filtre mathématique de Leibniz, la langue philosophique *a priori*, renonçant à toute sémantique et se réduisant à une pure syntaxe, irait jusqu'à pouvoir désigner un éléphant individuel.

La « bibliothèque » leibnizienne et l'*Encyclopédie*

Avec le siècle des Lumières se dessinent les présupposés d'une critique possible vis-à-vis de n'importe quelle tentative de fonder un système *a priori* des idées, et cette critique bénéficie en grande partie des suggestions de Leibniz. La crise des langues philosophiques *a priori* est ratifiée dans le discours d'introduction à l'*Encyclopédie*, dû à d'Alembert, en des termes qui rappellent de très près la notion leibnizienne de « bibliothèque ».

Étant donné la nécessité pratique d'organiser une encyclopédie, et d'en justifier les divisions, le système des sciences est à présent perçu comme un labyrinthe, un chemin tortueux qui met en question n'importe quelle représentation en forme d'arbre. Il est composé de différentes branches « [...] dont plusieurs ont un même point de réunion ; et comme en partant de ce point il n'est pas possible de s'engager à la fois dans toutes les routes, c'est la nature des différents esprits qui détermine le choix » (*Encyclopédie*, « Discours préliminaire», p. XV). Le philosophe est celui qui sait découvrir les connexions secrètes de ce labyrinthe, ses embranchements provisoires, les dépendances réciproques qui composent ce réseau comme une mappemonde. C'est pourquoi les auteurs de l'*Encyclopédie* avaient décidé que chaque article devait paraître comme une carte particulière qui ne rendrait qu'en mesure réduite la mappemonde globale :

> Mais comme dans les Cartes générales du globe que nous habitons, les objets sont plus ou moins rapprochés et présentent un coup d'œil différent selon le point de vue où l'œil est placé par le géographe [...]. On peut donc imaginer autant de systèmes différents de la connaissance humaine, que de Mappemondes de différentes projections [...]. Mais souvent tel objet, qui par une ou plusieurs de ses propriétés a été placé dans une classe, tient à une autre classe par d'autres propriétés [...] (*ibid.*, p. XV).

Ce qui semble préoccuper l'époque du siècle des Lumières, ce n'est pas tant la recherche d'une langue parfaite qu'une thérapie des langues existantes, dans le sillage de la suggestion de Locke. Après avoir dénoncé les limites des langues naturelles, Locke (*Essay* X) commençait par analyser l'abus de mots qui a lieu lorsque les termes ne se réfèrent pas à des idées claires et distinctes, lorsqu'on les utilise de façon inconstante, lorsqu'on affecte l'obscurité, lorsque l'on prend les mots pour des choses, lorsqu'on les utilise pour des choses qu'ils ne signifient pas, lorsque l'on pense que l'autre doit associer nécessairement aux mots que nous employons les mêmes idées qu'ils suscitent en nous. Locke fixe des normes pour combattre ces abus, et celles-ci n'ont rien à voir avec la thématique des langues philosophiques, parce que Locke ne se soucie pas tant de proposer de nouvelles structures lexicales et syntaxiques que de conseiller plutôt une sorte de bon sens philosophique, de contrôle constant du langage naturel. Il ne pense pas à une réforme du système de la langue, mais à un contrôle vigilant du processus de la communication.

C'est sur cette ligne que se placent les Lumières encyclopédiques et toutes les recherches qui s'en inspirent.

L'attaque envers les langues philosophiques *a priori* se manifeste principalement dans la rubrique « Caractère », qui est le résultat de la collaboration de plusieurs auteurs. Du Marsais distingue d'abord entre caractères numéraux, caractères d'abréviation et caractères littéraux, et subdivise ces derniers en caractères emblématiques (nous en sommes encore à l'idée du hiéroglyphe) et caractères nominaux (dont les caractères alphabétiques sont le modèle). D'Alembert accepte les critiques traditionnelles quant à l'imperfection des caractères que les langues naturelles emploient ordinairement et discute les propositions d'un caractère réel, en montrant qu'il connaît bien tous les projets du siècle précédent. Dans ces discussions se manifeste souvent une confusion entre un caractère ontologiquement réel, qui exprimerait directement l'essence des choses, et un caractère logiquement réel, capable d'exprimer de façon non équivoque une seule idée, et fixé par convention. Mais la critique encyclopédiste touche les deux projets sans faire trop de distinctions.

Le fait est que la culture du XVIIIe siècle a déplacé, par rapport à celle du siècle précédent, le foyer de l'attention portée au langage. On soutient désormais que la pensée et le langage s'influencent mutuellement et avancent d'un pas égal, ou bien qu'en croissant le langage modifie la pensée. S'il en est ainsi, on ne peut plus soutenir l'hypothèse rationaliste d'une grammaire de la pensée, universelle et stable, réfléchie de quelque manière par les divers langages. Aucun système des idées, postulé sur la base d'une raison abstraite, ne peut devenir un paramètre et un critère pour la construction d'une langue parfaite : la langue ne reflète pas un univers conceptuel platoniquement préconstitué, mais elle contribue à sa formation.

La sémiotique des Idéologues montrera qu'il est impossible de postuler une pensée universelle et indépendante d'un appareil de signes, et sur la base de laquelle celui-ci pourrait déterminer ses propres critères de perfection. Pour Destutt de Tracy (*Éléments d'idéologie* I : 346) il n'est pas possible de conférer à toutes les langues les propriétés d'une langue algébrique. Dans les langues naturelles

> nous sommes réduits le plus souvent à des conjectures, à des inductions, à des approximations [...] ; nous n'avons presque jamais la certitude parfaite que cette idée que nous nous sommes faite sous ce signe par ces moyens, soit exactement et en tout la même que celle à laquelle attachent ce même signe, celui qui nous l'a appris et les autres hommes qui s'en servent. De là vient souvent que des mots prennent insensiblement des significations différentes, suivant les temps et les lieux, sans que personne se soit aperçu du changement : ainsi il est vrai de dire que tout signe est parfait pour celui qui l'invente, mais qu'il a toujours quelque chose de vague et d'incertain pour celui qui le reçoit [...]. Il y a plus : je viens d'accorder que tout signe est parfait pour celui qui l'invente, mais cela n'est rigoureusement vrai que dans le moment où il l'invente, car quand il se sert de ce même signe dans un autre temps de sa vie, ou dans une autre disposition de son esprit, il n'est point du tout sûr que lui-même réunisse exactement sous ce signe la même collection d'idées que la première fois [...] (*ibid.*, p. 383-384).

Destutt de Tracy détermine comme condition idéale d'une langue philosophique l'univocité absolue de ses caractères. Mais c'est précisément à travers l'examen de systèmes comme ceux du XVIIe siècle anglais qu'il conclut qu' « il est impossible que le même signe ait exactement la même valeur pour tous ceux qui l'emploient [...]. Nous devons donc renoncer à la perfection » (*Éléments d'idéologie* II : 378-379).

C'était là un thème courant de la philosophie empiriste qui inspire les Idéologues, et Locke avait déjà rappelé que bien que les mots *gloire* et *gratitude* soient les mêmes dans la bouche de chacun, dans l'ensemble d'un pays,

> cependant, l'idée complexe que chacun a dans l'esprit, ou qu'il prétend signifier par l'un de ces noms est apparemment fort différente dans l'usage qu'en font bien des gens qui parlent cette

même langue [...]. En effet, quoique dans la substance que nous nommons *Or*, l'un se contente d'y comprendre la couleur et la pesanteur, un autre se figure que la capacité d'être dissous dans l'*Eau Régale* doit être aussi nécessairement jointe à cette couleur, dans l'idée qu'il a de l'Or, qu'un troisième croit être en droit d'y faire entrer la fusibilité ; parce que la capacité d'être dissous dans l'*Eau Régale* est une qualité aussi constamment unie à la couleur et à la pesanteur de l'Or que la fusibilité ou quelque autre qualité que ce soit. D'autres y mettent la *ductilité* et la *fixité*, et cætera, selon qu'ils ont appris par tradition ou par expérience que ces propriétés se rencontrent dans cette substance. Qui de tous ceux-là a établi la vraie signification du mot *Or*[1] ?

Parmi les Idéologues, dans son *Des signes et de l'art de penser considérés dans leurs rapports mutuels* (1800), Joseph-Marie Degérando (dont nous avons déjà vu les critiques adressées à Wilkins) rappelle que le mot *homme* représente un faisceau d'idées bien plus grand dans l'esprit d'un philosophe que dans l'esprit d'un travailleur, et que l'idée associée au mot *liberté* n'était pas la même à Sparte et à Athènes (I : 222-223).

L'impossibilité d'élaborer une langue philosophique est due précisément au fait que la genèse du langage suit des phases que les Idéologues ont dessinées avec beaucoup de précision, et qu'il reste à décider à laquelle de ces phases une langue parfaite devrait remonter. Il est clair que, en s'ancrant à une phase spécifique, une langue philosophique ne pourrait que réfléchir un seul des états génétiques du langage, et qu'elle conserverait les limites de cet état — ces mêmes limites qui ont au contraire conduit l'humanité à développer un état successif et plus structuré. Si l'on décide que la pensée et le langage ont une genèse qui se dévide dans le temps (non seulement dans le temps reculé et préhistorique dont parle toute théorie de la naissance du langage, mais aussi dans le temps en devenir de notre histoire présente), toute tentative de penser à une langue philosophique est condamnée à l'échec.

1. Locke, *Essay Concerning Human Understanding*, trad. Coste, éd. E. Naert, Paris, Vrin, 1972, III, chap. IX, p. 391-392. [N.d.T.]

CHAPITRE XV

Les langues philosophiques des Lumières à nos jours

Les projets du XVIIIe siècle

Le rêve d'une langue parfaite a pourtant la vie dure et, au cours du XVIIIe siècle, les projets achevés de langues universelles ne sont pas rares. En 1720 paraît anonymement un « Dialogue sur la facilité qu'il y auroit d'établir un Caractère Universel qui seroit commun à toutes les Langues de l'Europe, & intelligible à diferens Peuples, qui le liroient chacun dans sa propre Langue » (dans le *Journal littéraire de l'année 1720*). Comme le suggère le titre, il s'agit encore une fois d'une polygraphie au sens kirchérien du terme : on y observe, tout au plus comme digne d'intérêt, une tentative de contraction de la grammaire, en vue de développements futurs. Cependant, ce qui caractérise la proposition de l'auteur anonyme, c'est l'appel lancé à une commission qui développe le projet et à un prince qui en impose l'adoption, appel qui « ne peut que nous renvoyer à la possibilité qu'il a dû entrevoir aux environs de l'an 1720 avec l'ouverture d'une phase politiquement stable pour l'Europe, et la disponibilité éventuelle des souverains européens pour la protection des expérimentations linguistiques ou intellectuelles » (voir Pellerey 1992a : 11).

Dans l'*Encyclopédie*, un champion du rationalisme comme Beauzée, à la rubrique « Langue », reconnaît que, étant donné les difficultés rencontrées pour se mettre d'accord sur une langue nouvelle, et puisqu'une langue internationale est nécessaire, le latin demeure encore un candidat raisonnable. Mais même le courant empiriste des Encyclopédistes ne se soustrait pas au devoir de reproposer une langue universelle. C'est ce que fait (à la fin de l'article « Langue ») Joachim Faiguet, qui présente un projet de « langue nouvelle » en quatre pages. Couturat et Leau (1903 : 237) vont le considérer comme une première tentative de dépasser le problème des langues *a priori* et comme une première esquisse de ces langues *a posteriori* dont on parlera dans le chapitre suivant.

Faiguet prend pour modèle une langue naturelle, en formant son lexique à partir de radicaux français, et vise à réaliser plutôt une grammaire régularisée et simplifiée, c'est-à-dire une « grammaire laconique ». En reprenant certaines solutions des auteurs du XVIIe siècle, Faiguet supprime certaines parties du discours qui lui semblent redondantes, comme les articles, il remplace les flexions par des prépositions (uniquement *bi* pour le génitif, *bu* pour le datif, *de* et *po* pour l'ablatif), il transforme les adjectifs, désormais indéclinables, par le biais de formes adverbiales, il régularise l'emploi du pluriel qui doit être toujours rendu par le même suffixe *-s*. Il réduit les conjugaisons verbales, rendant les verbes invariables en personne et en nombre, et détermine les temps et les modes avec des terminaisons fixes (« je donne, tu donnes, il donne » devienne *Jo dona, To dona, Lo dona*), le subjonctif est obtenu avec le suffixe *-r* (« que je donne » = *Jo donar*), le passif se forme avec l'indicatif plus l'auxiliaire *sas*, qui signifie « être » (« être donné » = *sas dona*).

La langue de Faiguet est caractérisée par son uniformité et son absence d'exceptions, puisque, régulièrement, chaque lettre ou syllabe de désinence y exprime une valeur grammaticale précise. Mais elle est doublement parasite de la langue modèle, parce qu'elle « laconise » le plan de l'expression du français et qu'elle emprunte automatiquement au français le plan du contenu, si bien qu'il n'en résulte guère plus qu'un code morse, encore moins maniable (Bernardelli 1992).

Les principaux systèmes *a priori* du XVIIIe siècle sont celui de Jean Delormel (*Projet d'une langue universelle*, présenté à la Convention nationale en 1795), celui de Zalkind Hourwitz (*Polygraphie, ou l'Art de correspondre, à l'aide d'un dictionnaire, dans toutes les langues, même dans celles dont on ne possède pas seulement les lettres alphabétiques*, 1800) et celui de Joseph de Maimieux (*Pasigraphie*, 1797). Celui de Maimieux se présente en réalité comme une polygraphie, c'est-à-dire comme une langue destinée uniquement à la communication écrite. Mais, puisque le même auteur, en 1799, élabore aussi une pasilalie, c'est-à-dire des règles pour rendre sa langue prononçable, elle est de tout point de vue une langue *a priori*. La langue d'Hourwitz est elle aussi une polygraphie (mais celui-ci ne semble pas savoir que sa tentative n'est pas la première), même si sa structure est celle d'une langue *a priori*.

Tous ces projets sont structurés selon les principes fondamentaux des langues *a priori* du XVIIe siècle, mais ils s'en distinguent sur trois aspects fondamentaux : leurs motivations, la détermination des éléments primitifs et la grammaire.

Delormel présente son projet à la Convention, Maimieux publie la *Pasigraphie* sous le Directoire, et Hourwitz écrit sous le Consulat. Les motivations de type religieux, par conséquent, disparaissent. Maimieux parle de communications possibles entre Européens et entre l'Europe et l'Afrique, d'un contrôle international des traductions, d'une plus grande rapidité dans les opérations diplomatiques, civiles et militaires, et même d'une nouvelle source de revenu pour les enseignants, les écrivains et les imprimeurs, qui devront « pasigrapher » les livres écrits en d'autres langues. Hourwitz ajoute quelques motivations singulièrement pragmatiques, comme l'avantage qu'en tireraient les rapports entre médecin et patient ou les débats dans les procès, et — symptôme d'une atmosphère désormais laïque — Hourwitz, pour donner un exemple de traduction possible, n'a plus recours au *Notre Père*, mais au début des *Aventures de Télémaque* de Fénelon, une œuvre de littérature mondaine qui, malgré son inspiration moraliste, mettait en scène des héros et des divinités païennes.

Le climat révolutionnaire impose ou encourage un élan de rénovation, à l'enseigne de la *fraternité*, et Delormel affirme que :

> Dans ce moment de révolution, où l'esprit humain se régénère chez les Français, et s'élance avec tant d'énergie, ne peut-on pas espérer de rendre publique une langue nouvelle qui facilite les découvertes en rapprochant les savans de différentes nations, et même un terme commun entre toutes les langues, facile à saisir par les hommes les moins susceptibles d'instruction, et qui ne fasse bientôt de tous les peuples une grande famille... Les lumières rapprochent et concilient les hommes de toutes les manières, et cette langue, en facilitant les communications, propagera les lumières (p. 49-50).

Dans tous ces projets, les perplexités exprimées par l'*Encyclopédie* ont été entendues, et la construction *a priori* tend à proposer un ordre encyclopédique maniable et approprié au savoir de l'époque. Le grand souffle pansophique qui animait les encyclopédies baroques est absent, et c'est plutôt le critère leibnizien qui prévaut : l'on se comporte comme on le ferait pour organiser une bonne bibliothèque de façon qu'elle soit le mieux consultable possible, sans se soucier de savoir si elle représente encore un Théâtre du Monde. De même est absente la recherche d'éléments primitifs « absolus », et les catégories fondamentales sont de grandes divisions du savoir, desquelles l'on fait dépendre les notions qui leur appartiennent.

Delormel, par exemple, assigne à différentes lettres de l'alphabet quelques classes encyclopédiques qui rappellent à l'esprit, plus que Wilkins, l'Anonyme Espagnol (Grammaire, Art de la parole, États de choses, Corrélatifs, Utile, Agréable, Morale, Sensations, Perception et jugement, Passions, Mathématique, Géographie, Chronologie, Physique, Astronomie, Minéraux, et cætera).

Si les éléments primitifs ne sont pas tels, il reste un critère de possibilité de composition : par exemple, étant donné la lettre *a*, qui renvoie à Grammaire, en première position, l'on place en deuxième position des lettres qui ont des valeurs purement distinctives et renvoient à une sous-catégorie de la grammaire, et en position finale une troisième lettre qui indique une spécification morphologique ou une dérivation, et l'on obtient une liste de termes comme *Ava* (grammaire), *ave* (lettre), *alve* (voyelle), *adve* (consonne), et ainsi de suite. Le système fonctionne comme les formules chimiques, parce que l'expression révèle synthétiquement la composition intérieure du contenu, et comme les formules mathématiques, parce que l'expression attribue à chaque lettre une valeur déterminée suivant sa position. Mais cette clarté théorique est contrebalancée négativement, en pratique, par la monotonie obsédante du lexique.

De même, la *Pasigraphie* de Maimieux institue un code graphique de 12 caractères qui peuvent être combinés de façon régulière. Chaque caractère exprime un contenu ou concept défini (le modèle est celui de l'idéographie chinoise). D'autres caractères placés à l'extérieur du « corps » du mot exprimeront des modifications de l'idée centrale. Le corps des mots peut être de 3, 4 ou 5 caractères : avec 3 caractères, on signifie des termes « pathétiques » et de connexion entre les parties du discours (et ils sont classés dans un *Indicule*), les mots de 4 caractères concernent les idées de la vie pratique (amitié, parenté, affaires, et ils sont classés dans un *Petit Nomenclateur*), les mots de 5 caractères se rapportent à la catégorie de l'art, de la religion, de la morale, des sciences et de la politique (et ils sont classés dans un *Grand Nomenclateur*).

Ces catégories non plus ne sont pas primitives, et elles sont déterminées à la lumière d'un bon sens pragmatique, comme des subdivisions maniables du savoir courant. D'ailleurs, Maimieux admet avoir cherché non un ordre absolu, mais un ordre quelconque, «fût-il mauvais» (p. 21).

Le système, malheureusement, n'élimine pas les synonymies, mais s'efforce de permettre la distinction entre les synonymes, qui sont constitutionnels. En effet, chaque mot pasigraphique ne correspond pas à un seul contenu, mais à trois ou quatre, et les différentes significations se distinguent selon que les caractères sont tous écrits à la même hauteur, ou que quelques-uns d'entre eux sont écrits sous la forme d'exposants, au-dessus de la ligne. C'est un effort important pour celui qui doit déchiffrer, lequel, par ailleurs — les caractères n'ayant aucune ressemblance iconique avec l'idée qu'ils représentent —, pour connaître la signification du syntagme, devra se référer à l'*Indicule* si le mot comporte 3 lettres, au *Petit* ou au *Grand Nomenclateur* s'il comporte 4 ou 5 lettres.

Par conséquent, s'il tombe par exemple sur un syntagme de 5 caractères, le lecteur cherchera dans le *Grand Nomenclateur* «la classe qui commence avec le premier caractère. A l'intérieur de cette classe il cherche le tableau avec le deuxième caractère du terme. A l'intérieur du tableau il cherche la colonne avec le troisième caractère du terme. A l'intérieur de la colonne il cherche la section (*tranche*) avec le quatrième caractère du terme. Enfin, il cherche dans cette section la ligne qui correspond au cinquième caractère. A cette étape, le lecteur aura trouvé comme signification une ligne avec quatre mots verbaux : il devra alors observer quel est le caractère graphiquement le plus haut dans le terme pasigraphique pour déterminer le mot correspondant parmi les quatre possibles» (Pellerey 1992a : 104). Un effort ingrat, qui n'a pourtant pas empêché de nombreux engouements pour ce projet, à commencer par l'abbé Sicard et jusqu'à de nombreux critiques de l'époque qui s'étaient proposés de contribuer à la diffusion du système, et à Maimieux lui-même qui voulut correspondre avec certains disciples, à l'aide de poésies pasigraphiques.

Maimieux parle de sa pasigraphie comme d'un instrument pour contrôler les traductions. En effet, un grand nombre de théories de la traduction comme rapport d'équivalence entre texte-source et texte-destination se fondent sur le présupposé qu'il existe une « langue moyenne » qui sert de paramètre pour le jugement d'équivalence. C'est ce que fait, au fond, Maimieux, en présentant un métalangage, un système qui se prétend neutre, pour contrôler la traduction à partir des expressions d'un système A en expressions d'un système B. L'organisation du contenu propre aux langues indo-européennes, et plus particulièrement au français, n'est pas mise en question. Nous avons, comme conséquence, « l'immense drame de l'idéographie : elle ne peut identifier et décrire ses contenus, qui devraient être les idées et les notions elles-mêmes, qu'en les nommant avec des mots de la langue naturelle, suprême contradiction d'un projet précisément créé pour éliminer la langue verbale » (Pellerey 1992a : 114). Comme on le voit, tant dans la technique que dans l'idéologie sous-jacente, peu de choses ont changé depuis l'époque de Wilkins.

Ce genre d'ingénuité est porté à son comble dans le *Palais de soixante-quatre fenêtres [...] ou l'Art d'écrire toutes les langues du monde comme on les parle* (1787), du Suisse J.P. De Ria. Malgré ce titre pompeux, ce n'est qu'un simple manuel d'écriture phonétique ou, si l'on veut, de réforme de l'orthographe du français, écrit dans un style nerveux et aux allures mystiques. L'on ne voit pas du tout comment il pourrait être appliqué à toutes les langues du monde (il serait inapplicable, par exemple, à la phonétique anglaise), mais l'auteur ne se pose même pas la question.

Pour revenir à Maimieux, dans la flexibilité avec laquelle il choisit ses pseudo-éléments primitifs, il semble s'appuyer sur la ligne empiriste de l'*Encyclopédie*, mais, dans la confiance et la présomption qu'il manifeste de bien les avoir trouvés et pouvoir les imposer à tous, il suit encore une voie typiquement rationaliste. Tout au plus, il est intéressant d'observer comment il essaie de sauver aussi les possibilités oratoires et rhétoriques de sa langue : nous sommes dans une période de grandes allocutions passionnées d'où peut dépendre la vie ou la mort des membres d'une faction révolutionnaire.

C'est à propos de la grammaire, inspirée du projet de la grammaire « laconique » envisagé dans l'*Encyclopédie*, que les glossologues *a priori* du XVIIIe siècle sont extrêmement critiques à l'égard de leurs prédécesseurs. La grammaire de Maimieux élargit le nombre des catégories, alors que celle de Delormel apparaît d'un tel laconisme que Couturat et Leau (1903 : 312), qui consacrent pourtant de longs chapitres à d'autres systèmes, la liquident en une page et demie (Pellerey 1992a : 125, est plus attentif et généreux).

Hourwitz (dont le projet, du point de vue sémantique, est semblable aux polygraphies du XVIIe siècle) est peut-être le plus laconique de tous : il réduit la grammaire à une seule déclinaison et à une seule conjugaison verbale, tous les verbes sont exprimés à l'infinitif avec un petit nombre de signes qui en précisent le temps et le mode, et les temps sont réduits à trois degrés de distance du présent (récent, simple et lointain). Ainsi, si *A 1200* signifie « je danse », *A*\1200 signifiera « j'ai dansé » et *A 1220*\ « je danserai ».

De même que la grammaire est laconique, de même la syntaxe doit être simplifiée au maximum, et, pour celle-ci, Hourwitz propose l'ordre direct français. A ce propos, le comte Antoine de Rivarol, avec son discours *De l'universalité de la langue française* (1784), entre de plein droit dans notre histoire. Il n'y a aucun besoin de langues universelles parce qu'il existe déjà une langue parfaite, et c'est le français. A part sa perfection intrinsèque, le français est déjà devenu, de toute manière, la langue internationale la plus répandue, à tel point que l'on pourrait désormais parler de « monde français » comme autrefois on pouvait parler de « monde romain » (p. 1).

Le français a un système phonétique qui en garantit la douceur et l'harmonie, il a une littérature incomparable par sa richesse et sa grandeur, il est parlé dans la capitale qui est devenue le « foyer des étincelles répandues chez tous les peuples » (p. 21), alors que l'allemand est trop guttural, l'italien trop mou, l'espagnol trop redondant et l'anglais trop obscur. Rivarol soutient que la rationalité de la langue française est due au fait qu'en elle seulement se réalise l'ordre syntaxique direct : d'abord le sujet, puis le verbe et enfin l'objet. Il s'agit d'une logique naturelle qui correspond aux exigences du sens commun. Mais il s'agit d'un sens commun qui a déjà beaucoup à voir avec les activités intellectuelles supérieures, parce que, si l'on devait avoir recours à l'ordre des sensations, on nommerait au contraire en premier l'objet qui frappe nos sens.

Polémiquant manifestement avec le sensualisme, Rivarol affirme que, si les hommes, dans les différentes langues, ont abandonné l'ordre direct, c'est parce qu'ils ont laissé prévaloir les passions sur la raison (p. 25-26). C'est l'inversion syntaxique qui a provoqué les confusions et les ambiguïtés propres des langues naturelles, et, évidemment, celles qui suppléent à l'ordre direct par les déclinaisons sont parmi les plus confuses.

Il ne faut pas oublier que Rivarol, bien que fréquentant les milieux des Lumières lorsqu'il écrit son *Discours,* révélera pleinement ses penchants conservateurs et légitimistes après l'achèvement de la Révolution. Pour un homme fondamentalement lié à l'*Ancien Régime*, la linguistique et la philosophie sensualistes du langage apparaissent (à juste titre) comme les prodromes d'une révolution intellectuelle qui mettra en relief la puissance et le caractère fondamental des passions. Par conséquent, « l'ordre direct acquiert la valeur d'un instrument de protection [...] contre le style enflammé des orateurs publics qui seront, dans peu de temps, des révolutionnaires et des agitateurs publics » (Pellerey 1992a : 147).

Ce qui différencie pourtant le débat du XVIIIe siècle, ce n'est pas tellement l'intention de simplifier la grammaire, mais celle de montrer qu'il existe une grammaire normale et naturelle de la langue, grammaire qui est universellement présente dans toutes les langues humaines. Cette grammaire n'est pas évidente et doit être découverte au-dessous de la surface des langues humaines, qui s'en sont détournées. Comme on le voit, c'est encore l'idéal de la grammaire universelle, sauf qu'à présent l'on essaie de la déterminer en réduisant les grammaires existantes à leur forme la plus *laconique*.

Nous allons toujours à la chasse des effets collatéraux des différentes utopies dont parle ce livre ; sans ces tentatives de langue grammaticalement originelle, nous ne pourrions même pas concevoir les grammaires génératives et transformationnelles actuelles, même en les faisant remonter, quant à leur lointaine inspiration, au cartésianisme de Port-Royal.

L'arrière-saison des langues philosophiques

Et pourtant, les tentatives pour créer une langue philosophique continuent. En 1772 avait paru le projet de Georg Kalmar (*Præcepta grammatica atque specimina linguæ philosophicæ sive universalis, ad omne vitæ genus adcomodatæ*) qui donne son origine au débat peut-être le plus significatif qui ait eu lieu en langue italienne sur ce sujet.

Dans ses *Riflesssioni intorno alla costituzione di una lingua universale* (1774), le père Francesco Soave — un Suisse italien, qui a diffusé dans notre péninsule le sensualisme des Lumières — développe une critique qui anticipe partiellement celle des Idéologues (sur Francesco Soave, voir Gensini 1984, Nicoletti 1989, Pellerey 1992a). Montrant une excellente connaissance des projets précédents, de Descartes à Wilkins et de Kircher à Leibniz, Soave fait les observations traditionnelles sur l'impossibilité de trouver suffisamment de caractères pour tous les concepts fondamentaux, mais il critique aussi la tentative de Kalmar qui a essayé d'en réduire le nombre à 400, en acceptant ainsi de conférer aux caractères des sens différents suivant le contexte. Soit il faut suivre les Chinois, et on ne parvient pas alors à maîtriser le nombre des caractères nécessaires, soit on ne peut pas éviter les équivoques.

Malheureusement, Soave ne peut s'empêcher de présenter lui aussi un projet de remplacement, qu'il esquisse seulement dans ses principes essentiels. Le système semble s'inspirer des critères de la classification wilkinsienne, et, comme à l'accoutumée, l'on essaie de rationaliser et de simplifier la grammaire, mais en prétendant, en même temps, augmenter les possibilités expressives du système par l'introduction de nouvelles marques morphologiques comme le duel et le neutre. Soave prête davantage d'attention à la grammaire qu'au lexique, mais, en définitive, il a plutôt le souci des usages littéraires des langues et c'est de là que vient son scepticisme radical par rapport aux langues universelles : même si l'on pouvait introduire une langue universelle, se demande-t-il, quel commerce littéraire aurions-nous avec les Tartares, les Abyssins et les Hurons ?

Au début du siècle suivant, nous trouvons en Giacomo Leopardi, influencé par le père Soave, un élève d'exception des Idéologues : dans son *Zibaldone*, il met longuement en discussion les langues universelles, tout comme les débats français encore récents entre rationalistes et sensualistes (voir Gensini 1984 et Pellerey 1992a). En ce qui concerne les langues *a priori*, Leopardi, dans le même ouvrage, s'irrite contre l'excès de caractères proches de l'algèbre et trouve que les différents systèmes sont insuffisants pour exprimer toutes les subtilités connotatives dont est capable un langage naturel.

> Une langue strictement universelle, quelle qu'elle fût, devrait certainement être une langue du besoin et, par sa nature, la langue la plus esclave, pauvre, timide, monotone, uniforme, sèche et laide, la plus incapable de n'importe quel genre de beauté, la plus impropre à l'imagination, et la moins dépendante de celle-ci, et même la plus détachée d'elle par tous ses aspects, la plus exsangue, inanimée et morte que l'on puisse jamais concevoir ; un squelette, une ombre de langue [...] sans vie, même si elle était écrite par tous et entendue universellement, et même plus morte que n'importe quelle autre langue qui ne serait plus ni parlée et écrite (23 août 1823, *in* G. Leopardi, *Tutte le opere*, Florence, Sansoni, 1969, II : 814).

Cependant, de telles humeurs ne suffisent pas à freiner l'élan des apôtres des langues *a priori*.

Au début du XIXe siècle, Anne-Pierre-Jacques de Vismes, avec sa *Pasilogie, ou de la musique considérée comme langue universelle* (1806), présente une langue qui devrait être la copie du langage angélique et, de plus, puisque les sons dérivent des affections de l'âme, servir comme langage direct des affects. Lorsque Genèse 11, 1-2 dit « erat terra labii unius » (qui se traduit d'habitude par « la terre entière n'avait qu'une langue »), il ne dit pas *langue* mais *lèvre* parce qu'il veut signifier que les hommes primitifs s'exprimaient en émettant des sons avec les lèvres sans avoir besoin de les articuler avec la langue. La musique n'est pas une institution humaine (p. 1-20), la preuve en est qu'elle est mieux comprise par les animaux que le langage verbal : il n'y a qu'à voir les chevaux qui sont excités par le son de la trompette ou les chiens par le sifflet. Enfin, des personnes de nations différentes, placées devant une partition de musique, l'exécutent de la même façon.

De Vismes établit donc des gammes enharmoniques sur une seule octave et fait correspondre les 21 sons qu'il obtient aux 21 lettres de l'alphabet. N'étant pas lié par les lois du tempérament moderne, il fait en sorte que le dièse de la note inférieure soit un son différent du bémol de la note supérieure, et de même pour le bécarre correspondant. D'autre part, s'agissant d'une polygraphie et non d'une langue parlée, ces différences sont exactement marquées sur la portée.

Avec un calcul combinatoire serré, s'inspirant peut-être, indirectement, des spéculations de Mersenne, il démontre comment l'on peut composer avec 21 sons, par des séquences doubles, triples ou quadruples, et cætera, plus de syntagmes qu'avec les langues verbales, et, « s'il fallait écrire toutes les combinaisons qui peuvent résulter des 7 gammes enharmoniques combinées l'une par l'autre, il faudrait presque toute l'éternité pour espérer d'en venir à bout » (p. 78). De Vismes consacre aux possibilités réelles de remplacer les sons verbaux par des notes musicales uniquement les six dernières pages de son petit traité, ce qui est assurément peu.

L'auteur ne semble pas effleuré par le soupçon que, si l'on remplace les lettres alphabétiques par les notes, on aura parfaitement transcrit un texte français en langage musical, mais ce n'est pas pour autant qu'on l'aura rendu compréhensible pour le locuteur d'une autre langue. De Vismes semble penser à un univers exclusivement francophone, au point d'affirmer que son système n'utilise pas les trois lettres K X Z parce qu' « elles ne sont presque pas en usage dans les langues » (p. 106).

D'autre part, il n'est pas le seul à tomber dans cette ingénuité. Le père Giovan Giuseppe Matraja publie en 1831 une *Genigrafia italiana*, qui n'est autre chose qu'une polygraphie avec cinq dictionnaires (de l'italien), pour les substantifs, les verbes, les adjectifs, les interjections et les adverbes. Comme l'ensemble des listes ne lui permet de présenter que 15 000 termes, il l'enrichit d'un dictionnaire de 6 000 synonymes environ. La méthode est hasardeuse et pénible : il divise les termes en séries de classes numérotées contenant chacune 26 termes, marquées par les lettres de l'alphabet. Ainsi A1 signifie « accetta » [hache], A2 « anacoreta » [anachorète], A1000 « crostatura » [gratin] et A360 « renajuolo » [sablonnier]. Tout en ayant été missionnaire en Amérique du Sud, l'auteur se déclare convaincu (p. 3-4) que toutes les langues du monde ont le même système de notions ; que le modèle des langues occidentales, qu'il juge toutes fondées sur la grammaire latine, peut être appliqué à n'importe quelle autre langue ; que tout le monde parle avec les mêmes structures syntaxiques, grâce à une science infuse naturelle, et en particulier les nations amérindiennes (et il s'empresse de transcrire génigraphiquement le *Notre Père*, en le comparant à 12 langues parmi lesquelles le mexicain, le chilien et le quechua).

En 1817, François Sudre invente le *Solresol* (*Langue musicale universelle*, 1866). Il pense lui aussi que les 7 notes musicales représentent un alphabet compréhensible par tous les peuples (on peut les écrire de façon identique pour chaque langue, les chanter, les inscrire sur une portée, les représenter avec des signes sténographiques particuliers, les transcrire avec les 7 premiers chiffres arabes, avec les 7 couleurs du spectre ou même en touchant avec l'index de la main droite les quatre doigts de la main gauche, et ils sont donc même à la disposition des aveugles et des sourds-muets). Il n'est pas nécessaire qu'elles se rapportent à une classification logique des idées. Avec une note on peut exprimer des termes comme « oui » (*si* musical) ou « non » (*do*), avec deux notes des formes pronominales comme « mon » (*redo*) et « ton » (*remi*), avec trois notes des mots d'usage ordinaire comme « temps » (*doredo*) ou « jour » (*doremi*), où la note initiale exprime une classe encyclopédique. Mais Sudre décide ensuite d'exprimer les contraires par inversion (en termes dodécaphoniques on devrait dire : par cancérisation de la série), de sorte que si *domisol*, accord parfait, est Dieu, son contraire *solmido* sera Satan (mais dans ce cas on rend inopérante la règle selon laquelle la première note doit se référer à une division encyclopédique donnée, puisque le *do* initial devrait se référer aux qualités physiques et morales, alors que le *sol* initial renvoie aux arts et aux sciences, auxquels il semble difficile — ou excessivement moraliste — d'associer le démon). Le système ajoute aux difficultés évidentes de toute langue *a priori* la nécessité, pour les locuteurs, d'avoir une bonne oreille. C'est, en quelque sorte, la langue mythique des oiseaux chère au XVIIe siècle qui revient, mais avec un caractère glossolalique beaucoup moins vague, et un codage bien plus tatillon.

Couturat et Leau (1903 : 37) jugent le *Solresol* comme « la plus pauvre, la plus artificielle et la plus impraticable de toutes les langues *a priori* ». Même la numération est inaccessible, parce qu'elle procède avec un critère hexadécimal et parvient, au détriment de l'universalité, à laisser tomber (pour des raisons qui concernent seulement la langue française) les noms musicaux pour *soixante-dix* et *quatre-vingt-dix* (mais non pour *quatre-vingts*, voir p. 103). Cependant Sudre, qui travailla pendant quarante-cinq ans à perfectionner sa langue, obtint à plusieurs reprises l'approbation de l'Institut de France, celle de musiciens comme Cherubini, celle de Victor Hugo, de Lamartine et d'Alexandre von Humboldt, il fut entendu par Napoléon III, reçut un prix de dix mille francs à l'Exposition universelle de Paris de 1855 et une médaille d'honneur à l'Exposition de Londres de 1862.

Laissons de côté, pour des raisons de brièveté, le *Système de langue universelle* de Grosselin (1836), la *Langue universelle et analytique* de Vidal (1844), le *Cours complet de langue universelle* de Letellier (1852-55), le *Blaia Zimandal* de Meriggi (1884), les projets du philosophe Renouvier (1885), la *Lingualumina* de Dyer (1875), la *Langue internationale étymologique* de Reimann (1877), la *Langue naturelle* de Maldant (1887), le *Spokil* du Dr Nicolas (1900), la *Zahlensprache* de Hilbe (1901), la *Völkerverkehrssprache* de Dietrich (1902), le *Perio* de Talundberg (1904) ; il suffit d'analyser en quelques mots le *Projet d'une langue universelle* de Sotos Ochando (1855, traduit de l'espagnol par l'abbé Touzé). Suffisamment motivé et raisonné sur le plan théorique, absolument simple et régulier sur le plan logique, le système se propose comme à l'accoutumée d'établir une correspondance parfaite entre l'ordre des choses signifiées et l'ordre alphabétique des mots qui les expriment. Malheureusement — encore une fois —, la division a lieu par voie empirique, en fonction de quoi A se réfère aux choses matérielles inorganiques, B aux arts libéraux, C aux arts mécaniques, D à la société politique, E aux corps vivants et ainsi de suite. Étant donné les règles morphologiques, l'on a comme résultat, pour proposer des exemples dans le règne minéral, les significations suivantes : *Ababa* = oxygène, *Ababe* = hydrogène, *Ababi* = azote, *Ababo* = soufre.

Si l'on considère que les nombres de 1 à 10 sont exprimés par *siba, sibe, sibi, sibo, sibu, sibra, sibre, sibri, sibro, sibru* (et il est prévu dans cette langue que l'on ne mémorise pas les tableaux), on voit que chaque mot ressemble aux autres de signification analogue, rendant pratiquement impossible toute discrimination entre concepts, même si, en principe, il existe un critère semblable à celui des formules chimiques, et que les différentes lettres expriment les composantes du concept.

L'auteur affirme que l'on peut apprendre en moins d'une heure les significations de plus de six millions de mots, mais, comme le font remarquer Couturat et Leau (1903 : 69), le système apprend à produire six millions de mots en une heure, mais non pas à en retenir — ou simplement à en reconnaître — la signification.

Cette liste pourrait continuer ; cependant, vers la fin du XIXe siècle, les auteurs se fondant sur une recherche *a priori* apparaissent de plus en plus dans des recensions consacrées aux excentriques, que ce soit *Les Fous littéraires* de Brunet (1880) ou *Les Fous littéraires* de Blavier (1982). La création de langues *a priori*, territoire privilégié des visionnaires de tous les pays, demeure alors soit comme l'exercice d'un jeu (voir Bausani 1970 et sa langue *Markuska*) soit en tant qu'invention littéraire (voir Yaguello 1984, et Giovannoli 1990 pour les langues imaginaires dans la *science-fiction*).

Les langages spatiaux

Aux marges presque de la *science-fiction*, mais indiscutablement intéressant comme projet scientifique, est le projet du *Lincos*, une langue élaborée par un mathématicien hollandais, Hans A. Freudenthal (1960), pour pouvoir interagir avec les habitants éventuels d'autres galaxies (voir Bassi 1992). Le *Lincos* n'est pas une langue qui aspire à être parlée : il constitue plutôt un modèle afin de trouver comment il est possible d'inventer une langue en l'apprenant en même temps à des êtres ayant vraisemblablement une histoire (très reculée) et une biologie différentes des nôtres.

Freudenthal suppose que l'on puisse lancer dans l'espace des signaux dont ce n'est pas la substance de l'expression qui compte (par commodité on suppose qu'il s'agit d'ondes radio de durée et de longueur différentes), mais la forme tant de l'expression que du contenu. En cherchant à comprendre la logique qui guide la forme de l'expression qui leur est transmise, les extra-terrestres devraient être en mesure d'en extrapoler une forme du contenu qui, d'une certaine manière, ne devrait pas leur être étrangère.

Le message, dans une première phase, présente des séquences de sons réguliers qui devraient être interprétés quantitativement et, une fois admis que les êtres spatiaux ont compris que quatre impulsions signifient le numéro 4, il introduit de nouveaux signaux qui devraient être perçus comme des opérateurs arithmétiques :

•••<••••
•••• = ••••
•••• + •• = ••••••

Après avoir familiarisé les extra-terrestres avec une numération binaire qui remplace les séquences de signaux (du type

●●●● = 100, ●●●●● = 101, ●●●●●● = 110), il sera possible de communiquer, toujours par affichage et répétition, quelques-unes des principales opérations mathématiques.

Plus complexe apparaît, en revanche, l'enseignement des concepts de temps, mais l'on suppose que, recevant constamment un signal d'une même durée, toujours en corrélation avec le numéro trois, les êtres de l'espace pourront commencer à calculer les durées en secondes. Suivent les règles d'interaction conversationnelles, où il faudrait familiariser les interlocuteurs avec des séquences traduisibles comme « Ha dit à Hb : Quel est le x tel que 2 x = 5 ? ».

Dans un certain sens, l'apprentissage a lieu comme quand on dresse un animal en le soumettant de façon répétée à un stimulus et en lui fournissant un signe d'approbation lorsque la réponse est adéquate, bien que l'animal reconnaisse immédiatement l'approbation (par exemple, par de la nourriture), alors que les êtres de l'espace doivent être conduits à reconnaître la signification d'un « OK » par des exemples successifs et répétés. De la même manière, le projet suppose que l'on peut communiquer aussi des significations comme « pourquoi », « comment », « si », « savoir », « vouloir » et même « jouer ».

Mais le *Lincos* tient pour prévisible que les êtres de l'espace possèdent une technologie qui les rend capables de recevoir et de décodifier des longueurs d'ondes et qu'ils suivent certains critères logiques et mathématiques semblables aux nôtres. L'on ne présuppose pas seulement les principes élémentaires d'identité ou non-contradiction, mais aussi l'habitude de considérer comme constante la règle que l'on a déduite en partant d'une multiplicité de cas. Le *Lincos* ne peut être appris qu'à celui qui, ayant conjecturé que pour l'émissaire mystérieux 2*2 = 4, adopte l'idée que cette règle est constamment valable même dans le futur. Ce n'est pas une prémisse de peu d'importance, parce que rien n'exclut qu'il puisse exister des extra-terrestres qui « pensent » selon des règles variables en fonction du temps et du contexte.

Freudenthal pense explicitement à une véritable *characteristica universalis*, mais, dans le *Lincos* seules quelques règles syntaxiques inédites sont explicitement fondées et présentées au début, alors que pour d'autres opérations (par exemple, les modèles d'interaction avec question et réponse) le projet assume implicitement les règles d'un langage naturel, et même son caractère pragmatique. Imaginons une communauté d'êtres qui auraient des pouvoirs télépathiques développés (le modèle pourrait être celui des anges, dont chacun lit dans l'esprit des autres, et qui tous apprennent les mêmes vérités en les lisant dans l'esprit de Dieu) : pour des êtres de ce genre, la structure interactionnelle avec question et réponse n'aurait aucun sens. Le *Lincos* souffre du fait que, tout en ayant une structure formelle, il est conçu comme un langage de communication « naturelle » et doit donc rester ouvert à des moments d'incertitude, d'imprécision — en d'autres termes, il ne doit pas être aussi tautologique qu'un langage formalisé.

Le projet est probablement plus intéressant du point de vue pédagogique (comment enseigner une langue sans avoir recours à la présentation sensible d'objet physique) que du point de vue glossogonique. En ce sens, il présente une situation idéale très différente de celle qu'imaginent toujours les philosophes du langage quand ils présentent un explorateur européen qui interagit avec un sauvage, où tous les deux montrent du doigt une certaine tranche de l'espace-temps, mais toujours en se demandant si la parole que l'un ou l'autre prononce se réfère à un objet spécifique dans cette tranche spatio-temporelle, à l'événement, à la tranche même dans son ensemble, ou si elle n'exprime pas, en fin de compte, le refus de l'interlocuteur de répondre (voir Quine 1960).

L'Intelligence Artificielle

Le *Lincos* offre, par conséquent, l'image d'un langage presque exclusivement « mental » (le support expressif se réduit à des phénomènes électromagnétiques) et nous amène à réfléchir sur une autre descendance de l'ancienne recherche sur les langues parfaites : les langues que nous parlons avec les ordinateurs sont en effet des langues *a priori*, si l'on pense à la syntaxe du *Basic* ou du *Pascal*. Il s'agit de systèmes qui ne parviennent pas à la dignité d'une langue parce qu'ils présentent à peine une syntaxe, simple mais rigoureuse, et qu'ils demeurent des parasites d'autres langues pour les significations assignées à leurs symboles vides, ou bien à leurs variables non liées, constituées, en grande partie, de connecteurs logiques comme *if... then*. Et ce sont, cependant, des systèmes universels, également compréhensibles par des locuteurs parlant des langues différentes, et parfaits au sens où ils ne permettent pas d'erreurs ou d'ambiguïtés. Ils sont *a priori*, au sens où ils se fondent sur des règles qui ne sont pas celles de la construction superficielle des langues naturelles, mais expriment tout au plus une grammaire profonde, présumée, commune à toutes les langues. Ils sont philosophiques, parce qu'ils supposent aussi que cette grammaire profonde, qui remonte aux lois de la logique, est la grammaire d'une pensée commune aux hommes comme aux machines. Tous deux rencontrent les limites fondamentales des langues philosophiques *a priori* : (I) ils construisent leurs règles sur la base de la logique élaborée par la civilisation occidentale, qui, selon une opinion répandue, enfonce ses racines dans la structure des langues indo-européennes et (II) ils sont effables de façon limitée et ne permettent pas d'exprimer tout ce que peut exprimer une langue naturelle.

Le rêve d'une langue parfaite où l'on puisse définir toutes les significations des termes d'un langage naturel, qui permette des dialogues interactifs « sensés » entre l'homme et la machine, ou qui donne aux machines la possibilité d'élaborer des déductions propres aux langages naturels, revient dans les recherches contemporaines d'Intelligence Artificielle. L'on essaie, par exemple, de fournir à la machine des règles de déduction sur la base desquelles elle puisse « juger » de la cohérence d'une histoire, ou telle qu'elle soit en mesure de conclure, à partir du fait qu'un sujet est malade, qu'il a besoin de soins, et ainsi de suite. La littérature à ce sujet est très vaste, les système multiples, depuis ceux qui supposent encore la possibilité d'une sémantique à composantes élémentaires, ou à éléments primitifs, jusqu'à ceux qui fournissent à la machine des schémas d'action, ou même de situations (*frames, scripts, goals*).

Tous les projets d'Intelligence Artificielle héritent en quelque sorte de la problématique des langues philosophiques *a priori*, et parviennent à résoudre certains de leurs problèmes uniquement avec des solutions *ad hoc* et pour des tranches extrêmement localisées de l'espace d'action total d'une langue naturelle.

Quelques fantômes de la langue parfaite

Les effets collatéraux ont souvent été évoqués dans ce livre. Sans vouloir suggérer à tout prix des analogies, on pourrait inviter le lecteur informé à relire divers chapitres de l'histoire de la philosophie, de la logique et de la linguistique contemporaine, en se posant la question suivante : aurait-il été possible d'élaborer cette théorie s'il n'y avait pas eu l'élaboration séculaire de la recherche d'une langue parfaite, et plus particulièrement d'une langue philosophique *a priori* ?

En 1854, George Boole publiait son *Investigation of the Laws of Thought* et soulignait que le but de son traité était d'enquêter sur les lois fondamentales de ces opérations mentales grâce auxquelles le raisonnement s'effectue ; et il relevait que nous n'aurions pas pu comprendre facilement comment les langues innombrables de la terre ont pu garder à travers les siècles tant de caractéristiques communes si elles n'avaient pas été toutes enracinées dans les lois mêmes de l'esprit (II, 1). Frege, dans son *Begriffsschrift* ou *Idéographie. Langue de la pensée pure conçue à l'image des formules de l'arithmétique* (1879), commençait par une référence à la caractéristique universelle leibnizienne. Russell (*The Philosophy of Logical Atomism*, 1918-1919) rappelait que dans un langage logiquement parfait les mots d'un énoncé devraient correspondre un à un aux composants du fait correspondant (hormis les connectifs). Le langage des *Principia mathematica*, qu'il avait écrits avec Whitehead, ne possédait qu'une syntaxe, mais, soulignait Russell, avec l'adjonction d'un vocabulaire, il eût été un langage logiquement parfait (tout en admettant que ce langage, si on eût pu le construire, eût été intolérablement prolixe). Wittgenstein, dans le *Tractatus logico-philosophicus* (1921-1922), regrettait, à la suite de Bacon, l'ambiguïté des langages naturels et souhaitait un langage dans lequel chaque signe soit utilisé de façon univoque (3.325 et s.) et dans lequel la proposition montre la forme logique de la réalité (4.121). Carnap (*Der logische Aufbau der Welt*, 1922-1925) se proposait de construire un système logique d'objets et de concepts tel que tous les concepts dériveraient d'un noyau fondamental d'idées premières. Et l'idéal du positivisme logique, ainsi que sa polémique contre le caractère vague du langage métaphysique, créateur de pseudo-problèmes, était encore lié à celui de Bacon (voir Recanati 1979).

Les auteurs que nous venons de citer cherchaient à construire une langue de la science, parfaite dans son propre domaine, et d'usage universel, sans prétendre, par ailleurs, qu'elle remplace une langue naturelle. Le rêve a changé de signe, c'est-à-dire qu'il s'est réorganisé : à partir de ce moment-là, la philosophie essaiera de ne prendre de la recherche séculaire de la langue d'Adam que certaines suggestions. C'est pourquoi l'on ne peut parler que d'effets collatéraux.

Mais tout au long des siècles au cours desquels s'est déroulée notre histoire, une autre histoire s'était dévidée, dont nous avions dit, dès l'introduction, que nous ne nous occuperions pas : la recherche d'une grammaire générale ou universelle. Nous ne devions pas nous en occuper parce que, disions-nous, chercher sous toutes les langues un système de règles commun à toutes ne signifie pas proposer une langue nouvelle, ni revenir à une Langue Mère. Cependant, il existe deux façons de chercher des constantes universelles de toutes les langues.

L'une est de caractère empirico-comparatif, et requiert le répertoire de toutes les langues existantes (voir Greenberg éd., 1963). Mais, au temps déjà où Dante attribuait à Adam le don d'une *forma locutionis*, qu'il fût ou non familier de la pensée des modistes, ceux-ci déduisaient les lois universelles de chaque langue et de la pensée uniquement à partir du modèle linguistique qu'ils connaissaient, le latin scolastique. Et la *Minerva, seu de causis linguæ latinæ* de Francisco Sanchez Brocense (1587) ne procédait pas différemment. La nouveauté de la *Grammaire générale et raisonnée* de Port-Royal (1660) a été de choisir comme langue modèle une langue moderne, le français. Mais le problème ne change pas.

Pour procéder de la sorte, il ne faut pas être un seul instant ne serait-ce qu'effleuré par l'idée qu'une langue donnée réfléchisse une façon *donnée* de penser et voir le monde, non une Pensée Universelle ; c'est-à-dire qu'il faut que ce qu'on a appelé le « génie » d'une langue soit relégué parmi les modalités d'usage superficiel qui n'affectent pas la structure profonde égale pour toutes les langues. De cette façon seulement il est possible d'assumer comme universelles les structures que nous identifions dans la seule langue au sein de laquelle nous avons l'habitude de penser, parce que ces structures correspondent à la seule logique possible.

Il serait différent d'affirmer que, bien sûr, les diverses langues se différencient superficiellement, qu'elles sont souvent corrompues par l'usage, ou agitées par leur propre génie, mais que si les lois existent, elles resplendiront à la lumière de la saine raison, entre les mailles de la langue-prétexte, quelle qu'elle soit (parce que, comme le dira Beauzée à la rubrique « Grammaire » de l'*Encyclopédie*, « la parole est une sorte de tableau dont la pensée est l'original »). L'idée serait acceptable, mais pour mettre ces lois en lumière, un métalangage applicable ensuite à toutes les langues est nécessaire. Et si le métalangage s'identifie avec la langue objet, la situation redevient circulaire — et l'on ne sort pas du cercle.

En effet, la visée des grammairiens de Port-Royal, comme l'écrit Simone (1969 : XXXIII),

> est donc, malgré les apparences de rigueur méthodologique, de prescription et d'évaluation, dans la mesure même où elle est rationaliste. Son but n'est pas d'interpréter de la façon la plus adéquate et cohérente l'usage que les diverses langues peuvent permettre (si c'était le cas, la théorie linguistique devrait coïncider avec tous les usages possibles d'une langue, elle devrait aussi rendre compte de ce que les locuteurs reconnaissent comme des « erreurs »), mais celui de corriger la variété des usages en s'efforçant de les rendre conformes à la Raison.

La raison pour laquelle le chapitre des grammaires générales intéresse notre histoire est celle-ci : comme l'a remarqué Canto (1979), pour s'insérer dans ce cercle vicieux, il faut avoir assumé le fait qu'il existe une langue parfaite, celle dans laquelle on parle. Il n'y aura plus alors de difficultés à l'utiliser comme métalangage. Port-Royal anticipe Rivarol.

Le problème continue à se poser pour tous ceux qui tentent actuellement de parvenir à démontrer la présence d'« universaux » syntaxiques et sémantiques en les déduisant d'une langue naturelle utilisée en même temps comme métalangue et comme langue objet. Il n'est pas question de prouver ici que ce projet est désespéré : on suggère simplement qu'il représente une énième conséquence des recherches d'une langue philosophique *a priori*, parce qu'un idéal philosophique de grammaire préside à la lecture d'une langue naturelle.

De même — comme l'a montré Cosenza 1993 —, ce courant qui en appelle délibérément à un « langage de la pensée » est l'héritier des projets de langues philosophiques *a priori*. Ce « parler mental » refléterait la structure de l'esprit, il serait un calcul purement formel et syntaxique (semblable à la pensée aveugle qui nous renvoie à Leibniz), il utiliserait des symboles sans ambiguïté et serait fondé sur des éléments primitifs innés, communs à toute l'espèce (mais il est cependant déduit en termes de « folk psychology », fatalement à l'intérieur d'une culture donnée).

Sur un autre versant, d'autres, qui sont en quelque sorte des héritiers lointains de notre histoire, cherchent à fonder la langue de l'esprit non sur des abstractions de genre platonicien, mais sur les structures neurophysiologiques (le langage de l'esprit est aussi le langage du cerveau, à savoir un *software* fondé sur un *hardware*). La tentative est nouvelle parce que les « ancêtres » de notre histoire n'étaient pas arrivés à cela, pour la raison que pendant longtemps il n'a pas été courant de penser que la *res cogitans* se trouvait dans le cerveau, et non pas dans le foie ou dans le cœur. Mais une belle gravure sur les localisations cérébrales rapportées au langage et aux autres facultés de l'âme (imagination, jugement et mémoire) se trouve déjà dans la *Margarita philosophica* de Gregor Reysch (XVe siècle).

Bien que les différences soient souvent plus importantes que les identités ou les analogies, il ne serait peut-être pas inutile que les chercheurs les plus avancés dans les sciences cognitives d'aujourd'hui revisitent eux aussi de temps en temps leurs ancêtres. Il n'est pas vrai, comme on l'affirme dans certains départements de philosophie des États-Unis, que pour philosopher il n'est pas nécessaire de reparcourir l'histoire de la philosophie. Ce serait comme si l'on disait que l'on peut devenir peintre sans avoir jamais vu un tableau de Raphaël, ou écrivain sans avoir jamais lu les classiques. Cela est théoriquement possible, mais l'artiste « primitif », condamné à l'ignorance du passé, est toujours reconnaissable comme tel, et à juste titre appelé *naïf*. C'est précisément lorsque l'on revisite d'anciens projets qui se sont montrés utopiques et qui ont échoué, que l'on peut prévoir les limites ou les faillites possibles de chaque entreprise qui prétend être un début dans le vide. Relire ce qu'ont fait nos ancêtres n'est pas un simple divertissement archéologique, mais une précaution immunologique.

CHAPITRE XVI

Les langues internationales auxiliaires

A l'aube du XXe siècle, nous nous trouvons face à un développement important des communications et des transports : il sera désormais possible — disent Couturat et Leau (1903) — de faire le tour du monde en quarante jours (nous sommes à trente ans à peine des fatidiques quatre-vingts jours de Jules Verne !), et le téléphone et la télégraphie sans fil unissent instantanément Paris à Londres, Turin à Berlin. La facilité des communications a produit une croissance correspondante des relations économiques, le marché européen s'étend sur toute la terre, les grandes nations possèdent des colonies jusqu'aux antipodes, et leur politique désormais devient mondiale. Pour ces raisons et d'autres encore, les nations sont obligées de s'unir et de collaborer à propos d'une infinité de problèmes, citons la convention de Bruxelles sur le régime des sucres ou la convention internationale relative à la traite des Blanches. Sur le plan scientifique, parmi les entités supranationales, le Bureau des poids et mesures comprend 16 États, et l'Association géodésique internationale en comprend 18. En 1900 a été fondée une Association internationale des Académies scientifiques. L'énorme production scientifique qui est en train de se développer à l'aube du nouveau siècle doit être coordonnée, « sous peine de revenir à la tour de Babel ».

Y a-t-il des solutions ? Couturat et Leau jugent utopique de rendre internationale une des langues existantes, et également difficile de revenir à une langue morte et neutre, comme le latin. Ce dernier présente même une quantité incroyable d'homonymes (*liber* qui peut signifier « livre » ou « libre »), des confusions créées par les flexions (*avi* peut être le datif ou l'ablatif d'*avis* ou le nominatif pluriel d'*avus*), des difficultés pour distinguer les noms des verbes (*amor*, est-ce « amour » ou « je suis aimé » ?), le manque de l'article indéfini, pour ne rien dire des irrégularités innombrables de la syntaxe... Il ne reste que la création d'une langue artificielle analogue aux langues naturelles, mais qui puisse être appréhendée comme neutre par tous les utilisateurs.

Les critères de cette langue sont tout d'abord la simplification et la rationalisation de la grammaire (comme cela avait déjà été tenté par les langues *a priori*), mais en se conformant aux modèles des langues naturelles, et la création, ensuite, d'un lexique qui rappelle tous les termes existants dans les langues naturelles et en soit le plus proche possible. Dans ce sens, une Langue Internationale Auxiliaire (dorénavant LIA) serait *a posteriori*, en ce qu'elle naîtrait d'une comparaison, d'une synthèse équilibrée entre les langues naturelles existantes.

Couturat et Leau sont assez réalistes pour savoir qu'il n'existe pas de critère scientifique pour établir si un projet *a posteriori* est plus flexible et acceptable qu'un autre (ce serait comme si l'on voulait décider sur des bases objectives et abstraites si l'espagnol est plus ou moins adapté que le portugais, soit pour la création poétique soit pour les échanges commerciaux). Un projet ne peut s'imposer que si un organisme international l'accepte et en fait la promotion. En d'autres termes, le succès d'une langue auxiliaire ne pourra qu'être décrété par un acte de bonne volonté politique internationale.

Mais Couturat et Leau, en 1903, se trouvent devant une nouvelle Babel de langues internationales, produites au cours du XIXe siècle. En les comptant, entre systèmes *a posteriori* et systèmes mixtes, ils en enregistrent et en exposent 38, et ils en examinent quelques-unes de plus dans *Les Nouvelles Langues internationales* qu'ils publient en 1907.

Chacun des projets, avec une plus ou moins grande force de cohésion, a essayé de réaliser ses propres assises internationales. A quelle autorité faut-il assigner la décision ? Couturat et Leau avaient fondé une Délégation pour l'adoption d'une langue auxiliaire internationale (1901) et visaient à promouvoir une décision internationale en la déléguant à l'Association des Académies scientifiques du monde entier. A l'époque où ils écrivent, ils supposent évidemment qu'un organisme international de ce genre peut prendre une décision œcuménique sur le projet le mieux réalisable et l'imposer au consensus des nations.

Les systèmes mixtes

Le Volapük a peut-être été le premier système auxiliaire à devenir une affaire internationale. Inventé par Johann Martin Schleyer (1831-1912) en 1879, il devait devenir, dans les intentions de son inventeur, qui était un prélat catholique allemand, un instrument pour l'union et pour la fraternité des peuples. Dès qu'il fut rendu public, le projet se répandit dans l'Allemagne méridionale et en France, où il fut promu par Auguste Kerckhoffs. A partir de ce moment, il se diffuse rapidement dans tout le reste du monde, tant et si bien qu'en 1889 on comptait 283 clubs volapükistes, de l'Europe aux Amériques et à l'Australie, avec des cours, des diplômes, des revues. A ce stade, cependant, le projet avait pratiquement échappé à Schleyer, dont la paternité était reconnue au moment même où la langue était modifiée à travers des simplifications, des restructurations, des réorganisations, des filiations hérétiques. C'est le destin de tout projet de langue artificielle que, si le « verbe » ne se répand pas, elle maintienne sa pureté ; mais que, si le « verbe » s'affirme, la langue devienne alors la propriété de l'ensemble des prosélytes, et, puisque le mieux est l'ennemi du bien, elle se « babélise ». C'est ce qui s'est passé avec le Volapük : en quelques années, il allait passer d'une diffusion imprévisible à une survivance de plus en plus clandestine, alors que de ses cendres naissaient d'autres projets comme l'*Idiom Neutral*, la *Langue universelle* de Menet (1886), le *Bopal* de St. de Max (1887), le *Spelin* de Bauer (1886), le *Dil* de Fieweger (1893), le *Balta* de Dormoy (1893), le *Veltparl* de W. von Arnim (1896).

Le Volapük est un *système mixte* et, selon Couturat et Leau, il suit des lignes qui avaient déjà été tracées par Jakob von Grimm. Il a quelque chose des systèmes *a posteriori* parce qu'il se propose de prendre comme modèle l'anglais, car c'est la langue la plus répandue chez les peuples civilisés (même si, surtout pour ce qui est du lexique, Schleyer peut être accusé plutôt d'avoir calqué l'allemand assez littéralement). Nous avons 28 lettres, chaque lettre a un son unique, et l'accent tombe toujours sur la dernière syllabe. Soumis à des soucis de possibilité de prononciation internationale, Schleyer avait éliminé le *r* parce qu'il était, d'après lui, imprononçable pour les Chinois — sans se rendre compte du fait que beaucoup de peuples orientaux ont des difficultés non pas à prononcer le *r*, mais à le différencier du *l*.

La langue de référence est, comme nous venons de le dire, l'anglais, mais l'anglais phonétique. Par conséquent chambre devient *cem* (de *chamber*). D'autre part, l'exclusion de lettres comme le *r* impose de fortes déformations aux nombreux radicaux tirés des langues naturelles, raison pour laquelle si pour « montagne » la référence est l'allemand *berg*, dans la nécessité d'ôter le *r*, on a *bel*, et de même « feu », de *fire*, devient *fil*. Un des avantages des lexiques *a posteriori* est que les mots peuvent rappeler des termes d'autres langues, mais avec des variations comme celles que nous avons examinées le peu que la langue avait d'*a posteriori* risque constamment d'être perdu. *Bel* évoque pour les peuples latins l'idée de beauté, sans pour autant évoquer l'idée de *berg* pour les peuples germaniques.

Sur la base de ces radicaux s'inscrit le jeu des flexions et des autres dérivations qui suivent un critère de transparence *a priori*. La grammaire opte pour un système de déclinaisons (« maison » : *dom, doma, dome, domi,* etc.), le féminin se forme de façon régulière à partir du masculin, les adjectifs ont tous le suffixe *ik* (*gud* = « bonté », *gudik* = « bon »), les comparatifs prennent le suffixe *-um* et ainsi de suite. Étant donné les nombres cardinaux, les dizaines se forment en ajoutant un *-s* à l'unité (*bal* = « un », *bals* = « dix »). Dans tous les mots qui évoquent une idée de temps (comme *aujourd'hui, hier, cette année*) doit toujours entrer le préfixe du temps (*del-*) ; le suffixe *-av* indique toujours qu'il s'agit d'une science (si *stel* est « étoile », *stelav* sera « astronomie »). Mais ces critères *a priori* engendrent ensuite des décisions arbitraires : par exemple, le préfixe *lu-* indique toujours l'infériorité, mais si *vat* signifie « eau », pour quelle raison *luvat* doit-il être « urine » et non « eau sale » ? Pour quelle raison la mouche (avec une décision analogue à celles prises par Dalgarno) s'appelle-t-elle *flitaf* (animal qui vole), comme si les oiseaux ou les abeilles ne volaient pas ?

Couturat et Leau observent que le Volapük (comme les autres systèmes mixtes), tout en n'étant pas une langue philosophique, prétend analyser les notions selon une méthode philosophique, et par conséquent il a les défauts des langues philosophiques sans en présenter, par ailleurs, les avantages logiques. Il n'est pas réellement *a priori* parce qu'il emprunte ses radicaux aux langues naturelles ; mais il n'est pas, non plus, *a posteriori* parce qu'il soumet ces radicaux à des déformations systématiques, décidées *a priori*, et les rend ainsi méconnaissables. Tendant à ne ressembler à aucune langue connue, il est difficile pour les locuteurs de chacune de ces langues. Les langues mixtes se forment, suivant des critères de composition, par agglutinations conceptuelles qui rappellent plutôt le caractère primitif et régressif des *pidgin*. Si dans le *pidgin english* les bateaux à vapeur, selon qu'ils sont à roue ou à hélice, sont dits *outside-walkee-can-see* et *inside-walkee-no-can-see*, dans le Volapük la joaillerie sera appelée *nobastonacan*, créé par l'agglutination de pierre, marchandise et noblesse.

La Babel des langues *a posteriori*

Parmi les LIA, le prix de l'ancienneté revient probablement à un projet qui apparaît sous le pseudonyme de Carpophorophilus, en 1734 ; la *Langue nouvelle* de Faiguet lui succède, puis le *Communicationssprache* de Schipfer (1839) ; par la suite, le XIXe siècle est certainement le siècle des LIA.

Un échantillonnage établi sur un certain nombre de systèmes révèle une série de ressemblances familières, comme la majorité de radicaux latins et, en tout cas, une distribution suffisante entre les radicaux de langues européennes, si bien que les locuteurs de langues naturelles différentes ont tout de même l'impression d'être confrontés à un idiome qui leur est familier :

> Me senior, I sende evos un gramatik e un verb-bibel de un nuov glot nomed universal glot (*Universal Sprache*, 1868).
> Ta pasilingua ere una idiomu per tos populos findita, una lingua qua autoris de to spirito divino, informando tos hominos zu parlir, er creita... (*Pasilingua*, 1885).
> Mesiur, me recipi-tum tuo epistola hic mane gratissime... (*Lingua*, 1888).
> Con grand satisfaction mi ha lect tei letter... Le possibilità de un universal lingue pro la civilisat nations ne esse dubitabil... (*Mondolingue*, 1888).
> Me pren the liberté to ecriv to you in Anglo-Franca. Me have the honneur to soumett to yoùs inspection the prospectus of mès object manifactured... (*Anglo-Franca*, 1889).

> Le nov latin non requirer pro le sui adoption aliq congress (*Nov Latin*, 1890).
> Scribasion in idiom neutral don profiti sekuant in komparasion ko kelkun lingu nasional (*Idiom Neutral*, 1902).

Il va même apparaître, en 1893, un *Antivolapük*, qui n'est rien d'autre que la négation d'une LIA, parce qu'il fournit une grammaire universelle essentielle qu'il faut compléter avec des *items* lexicaux pris dans la langue du locuteur. Ainsi, on aura des phrases différentes selon les locuteurs, par exemple :

> Français-international : *IO NO savoir U ES TU cousin...*
> Anglais-international : *IO NO AVER lose TSCHE book KE IO AVER find IN LE street.*
> Italien-international : *IO AVER vedere TSCHA ragazzo E TSCHA ragazza IN UN strada.*
> Russe-international : *LI dom DE MI atjiez E DE MI djadja ES A LE ugol DE TSCHE uliza.*

Également contradictoire est le *Tutonish* (1902), langue internationale qui n'est compréhensible que pour des locuteurs de l'aire allemande ou, tout au plus, anglaise ; ainsi, le *Pater Noster* sonne comme *vio fadr hu bi in hevn, holirn bi dauo nam*... Mais, miséricordieusement, l'auteur va concevoir aussi une possibilité de langue internationale pour les locuteurs d'aire latine, qui réciteront le *Pater* comme *nuo opadr, ki bi in siel, sanktirn bi tuo nom*.

L'effet fatalement comique de ces exemples est donné uniquement par l'effet-Babel. Prises isolément, un grand nombre de ces langues apparaissent comme assez bien construites.

Très bien construit, dans sa grammaire élémentaire, était le *Latino sine flexione* de Giuseppe Peano (1903), qui était un grand mathématicien et un grand logicien. L'intention de Peano n'était pas de créer une nouvelle langue, mais simplement de conseiller un latin simplifié, qu'il aurait fallu utiliser au moins dans les rapports scientifiques internationaux, et uniquement sous sa forme écrite. Il s'agissait d'un latin sans déclinaisons, et son « laconisme » rappelle un grand nombre de réformes grammaticales que nous avons examinées dans les chapitres précédents. Voilà les mots mêmes de Peano : *Post reductione qui præcede, nomen et verbo fie inflexible ; toto grammatica latino evanesce.* Lexique, donc, d'une langue naturelle très connue, et grammaire pratiquement inexistante, au point d'encourager, pour faire face à certaines nécessités, des tentatives de pidginisation. Lorsque quelques publications mathématiques furent rédigées en latin sans flexion, un collaborateur anglais décida d'introduire pour construire le futur la forme anglaise « I will », en obtenant *me vol publica* pour « je publierai ». L'épisode n'est pas seulement savoureux, il laisse aussi entrevoir immédiatement un développement incontrôlable. Comme pour d'autres langues internationales, plus qu'un jugement structurel est valable la preuve du consensus des peuples : le latin *sine flexione* ne s'est pas répandu, et, s'il demeure encore, c'est comme une simple pièce historique.

L'Espéranto

L'Espéranto fut proposé au monde pour la première fois en 1887 quand le Dr Lejzer Ludwik Zamenhof publia en russe un livre dont le titre était *Langue internationale. Préface et manuel complet (pour les Russes)*, Varsovie, Gebethner et Wolf. Le nom Espéranto fut adopté universellement puisque l'auteur avait signé son livre avec le pseudonyme de Doktoro Espéranto (docteur plein d'espoir).

En réalité, Zamenhof, né en 1859, avait commencé à rêver depuis son adolescence d'une langue internationale. A son oncle Josef, qui lui écrivait en lui demandant quel nom n'étant pas hébraïque il avait choisi pour vivre parmi les gentils (selon la coutume), Zamenhof, alors âgé de dix-sept ans, répondait qu'il avait choisi Ludwik influencé par une œuvre de Comenius, lequel citait Lodwick, connu aussi comme Lodowick (lettre à l'oncle du 31 mars 1876, voir Lamberti 1990 : 49). Les origines et la personnalité de Zamenhof ont certainement contribué à la conception et à la diffusion de sa langue. Né d'une famille hébraïque à Bielostok, dans la partie lituanienne appartenant au royaume de Pologne, qui était par ailleurs sous la domination des tsars, Zamenhof avait grandi dans un creuset de races et de langues, agité par des poussées nationalistes et des vagues permanentes d'antisémitisme. L'expérience de l'oppression, et ensuite de la persécution menée par le gouvernement tsariste à l'encontre des intellectuels, surtout juifs, avait fait mûrir également l'idée d'une langue universelle et celle d'une concorde entre les peuples, liée à celle-ci. De plus, Zamenhof se sentait solidaire de ses coreligionnaires et souhaitait un retour des Juifs en Palestine, mais sa religiosité laïque l'empêchait de s'identifier à des formes de sionisme nationaliste, et, au lieu de penser à la fin de la Diaspora comme à un retour à la langue des pères, il estimait que les Juifs du monde entier auraient pu justement être unis par une langue nouvelle.

Alors que l'Espéranto se répandait dans plusieurs pays, d'abord dans l'aire slave, puis dans le reste de l'Europe en suscitant l'intérêt de sociétés d'érudits, de philanthropes, de linguistes, et en faisant naître une série de colloques internationaux, Zamenhof avait aussi publié anonymement un pamphlet en faveur d'une doctrine inspirée de la fraternité universelle, l'*homaranisme*. D'autres adeptes de l'Espéranto avaient insisté (avec succès) pour que le mouvement en faveur de la langue nouvelle restât indépendant de positions idéologiques particulières, puisque, si la langue internationale devait s'affirmer, elle ne pouvait le faire qu'en attirant des hommes d'idées religieuses, politiques et philosophiques différentes. L'on s'était même soucié de passer sous silence le fait que Zamenhof était juif, pour ne donner lieu à aucun soupçon — à une époque où, il faut le rappeler, était en train de prendre forme dans plusieurs milieux la théorie du « complot juif ».

Et pourtant, bien que le mouvement espérantiste eût réussi à convaincre de sa neutralité absolue, l'impulsion philanthropique, la religiosité laïque de base qui l'animait, influencèrent certainement son acceptation de la part de nombreux adeptes — comme on disait en Espéranto, *samideani*, qui partageaient le même idéal. En outre, dès les années de sa naissance, la langue et ses partisans furent pratiquement bannis par le gouvernement tsariste qui les suspectait, et en raison aussi du fait qu'ils avaient eu la chance / malchance d'obtenir l'appui passionné de Tolstoï, dont le pacifisme humanitaire était perçu comme une idéologie révolutionnaire dangereuse. Enfin, des espérantistes de différents pays furent plus tard persécutés par le nazisme (voir Lins 1988). Or la persécution tend à renforcer une idée : la majeure partie des autres langues internationales aspiraient à se présenter comme des aides pratiques, alors que l'Espéranto avait repris les éléments de l'élan religieux et irénique qui avait caractérisé les recherches de la langue parfaite au moins jusqu'au XVIIe siècle.

Nombreux furent les partisans illustres ou les sympathisants de l'Espéranto, depuis des linguistes comme Baudouin de Courtenay et Otto Jespersen, jusqu'à des hommes de science comme Peano ou des philosophes comme Russell. Parmi les témoignages les plus convaincants, il y a celui de Carnap, qui dans son *Autobiographie* évoque avec émotion le sentiment de solidarité éprouvé en parlant une langue commune avec des gens de pays différents, et les qualités de cette « langue vivante [...] qui unissait une surprenante flexibilité des moyens d'expression à une grande simplicité de structure » (voir Schilpp éd., 1963 : 70). Pour ne rien dire de l'affirmation lapidaire d'Antoine Meillet : « Toute discussion théorique est vaine : l'Espéranto fonctionne» (Meillet 1918 : 268).

Comme témoignage du succès de l'Espéranto, il existe aujourd'hui une *Universala Esperanto-Asocio* avec des délégués dans les principales villes du monde. La presse espérantiste compte plus d'une centaine de périodiques, les œuvres principales de toutes les littératures, de la Bible aux contes d'Andersen, ont été traduites en Espéranto, et il existe aussi une production littéraire originale.

De même que cela est arrivé avec le Volapük, l'Espéranto a connu aussi, surtout dans les premières décennies, des batailles passionnées visant à réaliser diverses réformes du lexique et de la grammaire : si bien qu'en 1907 le Comité directeur de la Délégation pour le choix d'une Langue internationale, dont Couturat était le secrétaire fondateur, accomplit ce que Zamenhof considéra comme un coup de main, une véritable trahison : il avait été reconnu que la meilleure langue était l'Espéranto, mais on l'approuvait dans sa version réformée, connue ensuite comme *Ido* (due en grande partie à Louis de Beaufront, qui avait pourtant été en France un espérantiste passionné). Cependant la plupart des espérantistes ont résisté, suivant un principe fondamental déjà énoncé par Zamenhof, en fonction duquel dans le futur l'on pourrait élaborer des enrichissements et peut-être des améliorations lexicales, mais en gardant ce que nous pourrions appeler le «socle dur» de la langue, établi par Zamenhof dans *Fundamento de Esperanto*, de 1905.

Une grammaire optimisée

L'alphabet de l'Espéranto, composé de 28 lettres, se fonde sur le principe «pour chaque lettre un seul son et pour chaque son une seule lettre». L'accent tonique tombe toujours régulièrement sur l'avant-dernière syllabe. L'article a une forme unique, *la*. On dit donc *la homo, la libroj, la abelo*. Les noms propres ne sont pas précédés d'article. Il n'existe pas d'article indéterminé.

Pour le lexique, déjà au cours de sa correspondance de jeunesse Zamenhof avait remarqué que dans plusieurs langues européennes tant le féminin que plusieurs dérivations suivaient une logique suffixale (*Buch/Bücherei, pharmakon/pharmakeia, rex/regina, gallo/gallina, héros/héroïne, tsar/tsarine*), alors que les contraires suivaient une logique préfixale (*heureux/malheureux, fermo/malfermo, rostom/malo-rostom*, en russe, pour « haut/bas »). Dans une lettre du 24 septembre 1876, Zamenhof se décrit pendant qu'il est en train de compulser des dictionnaires de diverses langues en identifiant tous les termes qui ont une racine commune et qui pourraient donc être compris par des locuteurs de plusieurs langues : *lingwe, lingua, langue, lengua, language ; rosa, rose, roza* et cætera. Il y avait là, déjà, le début d'une langue *a posteriori*.

Ensuite, lorsqu'il ne pourra pas avoir recours à des radicaux communs, Zamenhof créera ses propres termes selon un critère distributif, en privilégiant les langues néolatines, suivies des langues germaniques et slaves. Il s'ensuit que, si l'on examine une liste de mots de l'Espéranto, le locuteur de n'importe quelle langue européenne trouvera (I) beaucoup de termes reconnaissables parce qu'identiques ou semblables aux siens, (II) d'autres, étrangers, qu'en quelque sorte il connaît déjà, (III) certains termes à première vue difficiles mais qui, lorsque leur signification a été apprise, deviennent reconnaissables, et enfin (IV) un nombre raisonnablement réduit de termes inconnus qu'il faut apprendre *ex novo*. Quelques exemples peuvent montrer les critères de choix : *abelo* (abeille), *apud* (près), *akto* (acte), *alumeto* (allumette), *birdo* (oiseau), *cigaredo* (cigarette), *domo* (maison), *fali* (tomber), *frosto* (gel), *fumo* (fumée), *hundo* (chien), *kato* (chat), *krajono* (crayon), *kvar* (quatre).

Les noms composés sont assez nombreux. Zamenhof ne pensait probablement pas aux critères des langues *a priori*, où la composition est la règle parce que le terme doit révéler, pour ainsi dire, sa formule chimique. Mais, même avec un critère *a posteriori*, il avait devant les yeux l'usage des langues naturelles, où des termes comme *schiaccianoci, tire-bouchons, man-eater,* sans parler de l'allemand, sont des termes ordinaires. Créer des termes composés chaque fois que cela était possible permettait d'exploiter au maximum un nombre réduit de radicaux. La règle est que le mot principal se trouve à la suite du mot secondaire : pour « bureau » (meuble), où il faut centrer l'attention sur le fait qu'il s'agit tout d'abord d'une table, et ensuite qu'elle sert pour écrire, l'on a *skribotablo*. La flexibilité dans l'agglutination des composés permet la création de néologismes dont le sens est immédiatement reconnaissable (Zinna 1993).

Une fois donné le radical, la formule neutre prévoit une désinence *-o*, qui n'est pas, comme on le croit d'habitude, le suffixe masculin, mais signifie qu'il s'agit d'un substantif au singulier, sans en préciser le genre. Le féminin, par contre, est « marqué » par l'insertion du suffixe *-in* avant la désinence *-o* : « père/mère » = *patr-o/patr-in-o* ; « roi/reine » = *reĝ-o/reĝ-in-o* ; « mâle/femelle » = *viro/vir-in-o*. On obtient le pluriel en ajoutant la désinence *-j* au singulier : « les pères/les mères » = *la patroj, la patrinoj*.

Dans les langues naturelles on a, pour chaque contenu, des lemmes aux formes absolument différentes. Pour donner un seul exemple, qui apprend l'italien doit mémoriser pour 4 significations différentes 4 mots différents comme *padre, madre, suocero, genitori* (père, mère, beau-père, parents) ; en Espéranto, partant du radical *patr*, il est possible d'engendrer (sans l'aide du dictionnaire) *patro, patrino, bopatro, gepatroj*.

L'emploi régulier de suffixes et de préfixes est important. Dans une langue telle que l'italien, comme le fait remarquer Migliorini (1986 : 34), *trombett-iere* (un trompette) et *candel-iere* (un chandelier) expriment deux idées tout à fait différentes, alors que des idées analogues sont exprimées par des suffixes différents, comme dans *calzolaio* (un cordonnier), *trombettiere* (un trompette) *commerciante* (un commerçant), *impiegato* (un employé), *presidente* (un président), *dentista* (un dentiste), *scalpellino* (un tailleur de pierres). Au contraire, en Espéranto, toutes les professions ou activités sont indiquées par le suffixe *-isto* (face au mot *dentisto* le locuteur sait qu'il s'agit d'une profession liée aux dents).

La formation des adjectifs est intuitive : ils s'obtiennent régulièrement en ajoutant *-a* au radical : *patr-a* = « paternel » et doivent être accordés avec le substantif (*bonaj patroj* = « les bons pères »). Les 6 formes verbales inconjugables sont simplifiées, distinguées d'une manière stable par divers suffixes. Par exemple, pour « voir » : infinitif (*vid-i*), présent (*vid-as*), passé (*vid-is*), futur (*vid-os*), conditionnel (*vid-us*), impératif (*vid-u !*).

Comme le fait remarquer Zinna (1993), alors que les langues *a priori* et les grammaires « laconiques » essayaient de réaliser un *principe d'économie* à tout prix, l'Espéranto vise plutôt un *principe d'optimisation*. Par exemple, tout en n'étant pas une langue flexionnelle, l'Espéranto garde l'accusatif, que l'on obtient par l'ajout d'un *-n* à la terminaison du substantif : *la patro amas la filon, la patro amas la filojn*. La raison en est que l'accusatif est le seul cas qui dans les langues non flexionnelles n'est pas introduit par une préposition, et qu'il faut donc le rendre évident de quelque façon. D'autre part, les langues qui ont aboli l'accusatif pour les noms le conservent pour les pronoms (*IO amo ME stesso* = *J'aime MOI-même*). La présence de l'accusatif permet aussi d'intervertir l'ordre syntaxique en permettant toujours de reconnaître qui fait l'action et qui la subit.

L'accusatif sert d'autre part à éviter quelques équivoques présentes dans des langues non flexionnelles. Comme il est employé aussi (de même qu'en latin) pour le mouvement vers un lieu, on peut faire la distinction entre *la birdo flugas en la ĝardeno* (l'oiseau est en train de voler *dans* le jardin) et *la birdo flugas en la ĝardenon* (l'oiseau vole *vers* le jardin) : en italien, *l'uccello vola nel giardino* resterait ambigu. En français, devant une expression comme *je l'écoute mieux que vous,* il faudrait décider si (I) j'écoute quelqu'un mieux que ne le fait mon interlocuteur, ou si (II) j'écoute quelqu'un plus que je n'écoute mon interlocuteur. L'Espéranto dirait dans le premier cas *mi aŭskultas lin pli bone ol vi* et dans le deuxième *mi aŭskultas lin pli bone ol vin.*

Objections et contre-objections théoriques

L'objection fondamentale que l'on peut faire à n'importe quelle langue *a posteriori*, c'est qu'elle ne prétend pas déterminer ou réorganiser artificiellement un système universel du contenu, mais qu'elle se soucie d'élaborer un système de l'expression suffisamment facile et flexible pour pouvoir exprimer les contenus que les langues naturelles expriment normalement. Cela, qui pourtant peut paraître un avantage pratique, peut être considéré comme une limite théorique. Si les langues *a priori* étaient trop philosophiques, les langues *a posteriori* le sont trop peu.

Aucun partisan d'une LIA ne s'est posé le problème du relativisme linguistique ou ne s'est soucié du fait que des langues différentes organisent le contenu de façon différente et sans commune mesure mutuelle. On s'attend à ce qu'il existe d'une langue à l'autre des expressions en quelque sorte synonymes, et l'Espéranto peut se vanter de sa large moisson de traductions d'œuvres littéraires pour prouver son « effabilité » complète (ce point a été débattu, sur des positions opposées, par deux auteurs que la tradition rapproche comme partisans du relativisme linguistique, c'est-à-dire Sapir et Whorf ; sur cette opposition, voir Pellerey 1993 : 7).

Mais, si une langue *a posteriori* donne comme vérifié le fait qu'il existe un système du contenu identique pour toutes les langues, ce modèle du contenu devient fatalement le modèle occidental : bien qu'il cherche à s'éloigner par quelques traits caractéristiques du modèle indo-européen, même l'Espéranto, fondamentalement, s'y tient, tant lexicalement que syntaxiquement, et « la situation aurait été différente si la langue avait été faite par un Japonais » (Martinet 1991 : 681).

L'on peut juger que ces objections ne sont pas pertinentes. Le point de faiblesse théorique peut devenir un point de force pragmatique. Si l'on décidait que le souhait d'une unification linguistique ne peut se réaliser qu'à travers l'adoption d'un modèle linguistique indo-européen (voir Carnap *in* Schilpp 1963 : 71), la décision serait appuyée par les faits : *pour le moment* les choses ne se passent pas différemment, étant donné que même le développement économique et technologique du Japon s'appuie sur l'acceptation d'une langue véhiculaire indo-européenne comme l'anglais.

Les raisons pour lesquelles se sont imposées aussi bien les langues naturelles que les langues véhiculaires sont en grande partie extralinguistiques ; en ce qui concerne les raisons linguistiques (facilité, rationalité, économie et ainsi de suite), les variables sont si nombreuses qu'il n'y a pas de raisons « scientifiques » pour contester Goropius Becanus et ses partisans, et nier que le flamand est la langue la plus facile, naturelle, douce et expressive de l'univers. Le succès actuel de l'anglais est né de l'addition de l'expansion coloniale et commerciale de l'Empire britannique et de l'hégémonie du modèle technologique des États-Unis. On peut certainement soutenir que l'expansion de l'anglais a été facilitée par le fait qu'il s'agit d'une langue riche en monosyllabes, capable d'absorber des termes étrangers et de créer des néologismes, mais, si Hitler avait gagné la guerre et si les États-Unis avaient été réduits à une confédération de petits États aussi faibles et instables que ceux de l'Amérique centrale, ne pourrait-on pas faire l'hypothèse que la terre entière parlerait aujourd'hui avec la même facilité en allemand, et que la publicité pour les transistors japonais au *duty free shop* (autrement dit *Zollfreier Waren*) de l'aéroport de Hong-kong serait en allemand ? D'autre part, sur la rationalité *seulement apparente* de l'anglais (et de n'importe quelle autre langue naturelle véhiculaire), on relira les critiques de Sapir (1931).

L'Espéranto pourrait donc fonctionner comme langue internationale pour les mêmes raisons que cette fonction a été exercée, au cours des siècles, par des langues naturelles comme le grec, le latin, le français, l'anglais ou le swahili.

Une objection très importante remonte à Destutt de Tracy : pour lui, une langue universelle était aussi impossible que le mouvement perpétuel, et pour une raison « péremptoire » : « Quand tous les hommes de la terre s'accorderaient aujourd'hui pour parler la même langue, bientôt, par le seul fait de l'usage, elle s'altérerait et se modifierait de mille manières différentes dans les divers pays, et donnerait naissance à autant d'idiomes distincts, qui iraient toujours s'éloignant les uns des autres » (*Éléments d'idéologie*, éd. 1803, II, 6, p. 393).

Il est vrai que, pour ces mêmes raisons, le portugais du Portugal et le brésilien diffèrent à tel point entre eux que l'on fait généralement deux traductions différentes d'un livre étranger ; et c'est une expérience commune pour les étrangers que, s'ils ont appris le portugais à Rio, ils se trouvent ensuite en difficulté lorsqu'ils l'entendent parler à Lisbonne. L'on pourrait pourtant répondre qu'un Portugais et un Brésilien continuent à se comprendre, du moins pour ce qui concerne les nécessités de la vie quotidienne, ne serait-ce que parce que la diffusion des mass media informe au fur et à mesure les locuteurs d'une variété linguistique sur les petites transformations qui ont lieu chez les locuteurs de l'autre variété.

Des partisans de l'Espéranto comme Martinet (1991 : 685) ont jugé pour le moins ingénue la prétention qu'une langue auxiliaire ne se transforme et ne se dialectise pas au cours de sa diffusion dans des aires différentes. Mais, si une LIA restait une langue auxiliaire, non parlée dans la vie quotidienne, les risques d'une évolution parallèle seraient réduits. L'action des médias qui se ferait l'écho des décisions d'une sorte d'académie internationale de contrôle pourrait favoriser le maintien de la norme, ou, du moins, son évolution contrôlée.

Les possibilités « politiques » d'une LIA

Jusqu'à présent, les langues véhiculaires se sont imposées par la force de la tradition (le latin véhiculaire du Moyen Age, langue politique, académique et ecclésiastique), ou par une série de facteurs difficilement évaluables (le swahili, langue naturelle d'une aire africaine qui graduellement et spontanément, pour des raisons commerciales et coloniales, s'est simplifiée et standardisée en devenant une langue véhiculaire pour de vastes régions limitrophes), ou par hégémonie politique (l'anglais, après la Seconde Guerre mondiale).

Mais serait-il possible à une entité supranationale (comme l'ONU ou le Parlement européen) d'imposer une LIA comme langue « franche » (ou d'en reconnaître la diffusion effective et de la ratifier) ? Il n'existe pas de précédents historiques.

Il est cependant indéniable qu'aujourd'hui bien des circonstances ont changé ; par exemple, cet échange curieux et continu entre peuples différents, représenté par le tourisme de masse qui ne se fait pas seulement aux niveaux les plus élevés de la société, était un phénomène inconnu dans les siècles passés. Les mass media, qui se sont montrés capables de répandre partout sur la terre des modèles de comportement assez homogènes, n'existaient pas (c'est précisément aux mass media que l'on doit en grande partie l'acceptation de l'anglais comme langue véhiculaire). Par conséquent, si une campagne planifiée des media accompagnait une décision politique dans ce sens, une LIA choisie pourrait se répandre facilement.

Si les Albanais et les Tunisiens ont appris aisément l'italien uniquement parce que la technologie leur permettait de capter les chaînes de télévision italiennes, à plus forte raison des peuples différents pourraient se familiariser avec une LIA à laquelle les télévisions du monde entier consacreraient une série suffisante d'émissions quotidiennes, dans lesquelles on commencerait à écrire, par exemple, les discours pontificaux ou les délibérations des différentes assises internationales, les instructions sur les boîtes des gadgets, une grande partie du *software* électronique, ou dans laquelle se dérouleraient aussi les communications entre pilotes et aiguilleurs du ciel.

Si cette décision politique n'a pas encore eu lieu, et qu'elle est apparue comme étant très difficile à solliciter, cela ne veut pas dire qu'elle ne puisse pas être prise dans l'avenir. On a assisté en Europe, au cours des quatre derniers siècles, à un processus de formation d'États nationaux pour lesquels a été essentiel (en même temps qu'une politique de protection douanière, de constitution d'armées régulières, d'imposition énergique de symboles de l'identité nationale) même, et surtout, l'encouragement porté tout aussi énergiquement à une langue nationale à travers l'école, les académies, l'édition. Et cela, au détriment des langues minoritaires, à tel point que — en diverses circonstances politiques — on les a réprimées par la violence et on les a réduites au rang de « langues châtrées ».

Aujourd'hui, cependant, nous assistons à une rapide inversion de la tendance : sur le plan politique les barrières douanières tendent à disparaître, on parle d'armées supranationales et les frontières s'ouvrent ; on a assisté au cours des dernières décennies partout en Europe à une politique de respect à l'égard des langues minoritaires. Au cours des dernières années, il est même arrivé quelque chose d'encore plus déconcertant, dont les événements qui ont suivi l'écroulement de l'Empire soviétique sont la manifestation la plus exemplaire : la fragmentation linguistique n'est plus ressentie comme un incident auquel il faudrait remédier, mais comme un instrument d'identité ethnique et un droit politique, quelque chose auquel revenir même au risque d'une guerre civile. Et ce même processus est en train de se dérouler, bien que de façon différente, mais souvent non moins sanglante, aux États-Unis. Si l'anglais des Wasp a été pendant deux siècles la langue du *melting-pot*, aujourd'hui la Californie est en train de devenir de plus en plus un État bilingue (anglais et espagnol), et New York la suit de près.

Il s'agit probablement d'un processus qu'il est impossible d'arrêter. Si la tendance à l'unification européenne va de pair avec la tendance à la multiplication des langues, l'unique solution possible réside dans l'adoption complète d'une langue européenne véhiculaire.

Parmi toutes les objections, celle qu'avait déjà formulée Fontenelle, à laquelle fait écho le discours d'introduction de D'Alembert à l'*Encyclopédie*, sur l'égoïsme des gouvernements, qui ne se sont jamais distingués dans la détermination de ce qui était bon pour l'ensemble de la société humaine, est encore valable. Même si une LIA était une exigence incontournable, une assemblée mondiale qui n'a pas encore réussi à se mettre d'accord sur les moyens pour sauver d'urgence la planète de la catastrophe écologique ne semble pas disposée à soigner de manière indolore la blessure que Babel a laissée ouverte.

Mais notre siècle est en train de nous habituer à de tels processus d'accélération de chaque phénomène qu'il déconseille toute activité prophétique facile. Le sentiment de la dignité nationale risque de constituer justement une force explosive : face au risque que dans une future union européenne puisse prévaloir la langue d'une seule nation, les États qui ont peu de possibilités d'imposer leur langue et qui craignent la suprématie de celle d'autrui (donc tous moins un) pourraient commencer à soutenir l'adoption d'une LIA.

Limites et effabilité d'une LIA

En observant les efforts nombreux accomplis par les LIA les plus répandues pour se légitimer à travers la traduction d'œuvres poétiques, le problème de savoir si une LIA peut avoir des résultats artistiques reste ouvert.

Par rapport à ces questions, il me revient à l'esprit une célèbre (et mal comprise) boutade attribuée à Leo Longanesi : « On ne peut pas être un grand poète bulgare. » La boutade ne contient et ne contenait rien d'offensant à l'égard de la Bulgarie. Longanesi voulait dire que l'on ne peut être un grand poète en écrivant dans une langue parlée par quelques millions de personnes vivant dans un pays (quel qu'il soit) qui est resté pendant des siècles en marge de l'histoire.

Une première lecture de la boutade est que l'on ne peut pas être reconnu comme un grand poète si l'on écrit dans une langue que le plus grand nombre ne connaît pas, mais cette lecture serait réductrice, ne serait-ce que parce qu'elle identifierait la grandeur poétique avec la diffusion. Plus probablement, Longanesi voulait dire qu'une langue s'enrichit et se fortifie grâce à la multiplicité des événements extralinguistiques qu'il lui arrive d'exprimer, aux contacts avec d'autres civilisations, aux exigences de communiquer ce qui est nouveau, aux conflits et aux renouvellements du corps social qui l'utilise. S'il s'agit d'un peuple qui vit en marge de l'histoire, dont les coutumes et le savoir sont restés immobiles pendant des siècles, sa langue, demeurée immuable, dans l'épuisement de ses propres souvenirs, figée dans ses rituels centenaires, ne pourra pas s'offrir comme instrument sensible à un nouveau grand poète.

Mais une objection de ce genre ne pourrait pas être faite à une LIA ; elle ne resterait certainement pas limitée dans l'espace et elle s'enrichirait chaque jour du contact avec les autres langues. Elle pourrait plutôt souffrir d'un durcissement dû à l'excès de contrôle structurel venant du haut (condition essentielle de son internationalité) et ne vivrait pas du parler quotidien. Il est vrai que l'on pourrait répondre à cela en rappelant que le latin ecclésiastique et universitaire, désormais figé par les formes de cette grammaire dont parlait Dante, a su produire de la poésie liturgique comme le *Stabat Mater* ou le *Pange Lingua*, et de la poésie joyeuse comme les *Carmina Burana*. Mais il est vrai par ailleurs que les *Carmina Burana* ne sont pas *La Divine Comédie*.

Il manquerait à cette langue un héritage historique, avec toute la richesse intertextuelle que cela comporte. Mais la langue vulgaire des poètes siciliens, de *La Chanson de geste du prince Igor* ou de *Beowulf*, était tout aussi jeune et absorbait en quelque sorte l'histoire des langues précédentes.

CHAPITRE XVII

Conclusions

Plures linguas scire gloriosum esset, patet exemplo Catonis, Mithridates, Apostolorum.

COMENIUS, *Linguarum methodus novissima*, XXI.

Cette histoire est un geste de propagande, dans l'explication partiale qu'elle donne de l'origine de la multiplicité des langues, présentée *uniquement* comme un châtiment et une malédiction [...]. Dans la mesure où la multiplicité des langues rend pour le moins difficile une communication universelle entre les hommes, elle est, en effet, un châtiment. Par ailleurs, elle signifie aussi un accroissement de la force créatrice originelle d'Adam, une prolifération de cette force qui permet de produire des noms grâce à un souffle divin.

J. TRABANT, *Apeliotes, oder der Sinn der Sprache*, 1986, p. 48.

Citoyens d'une terre multilingue, les Européens ne peuvent qu'être aux écoutes du cri polyphonique des langues humaines. L'attention à l'autre parlant sa langue, tel est le préalable si l'on veut bâtir une solidarité qui ait un contenu plus concret que les discours de propagande.

Cl. HAGÈGE, *Le Souffle de la langue*, 1992, p. 273.

Chaque langue constitue un certain modèle de l'univers, un système sémiotique de compréhension du monde, et si nous avons 4 000 modes différents de décrire le monde, cela nous rend plus riches. Nous devrions nous préoccuper de la préservation des langues de même que nous nous préoccupons de l'écologie.

V. V. IVANOV, *Reconstructing the Past*, 1992, p. 4.

La réévaluation de Babel

Nous avions dit, au début, que le récit de la Tour de Babel dans Genèse 11 avait prévalu sur le récit de Genèse 10, tant dans l'imaginaire collectif que chez ceux qui réfléchissaient plus particulièrement sur la pluralité des langues. Mais Demonet (1992) a montré que la réflexion sur Genèse 10 avait déjà commencé à se développer à l'époque de la Renaissance — et nous avons vu qu'à la lumière de cette relecture biblique s'était déjà manifestée la crise de l'hébreu comme langue demeurée inchangée jusqu'à Babel — alors que l'on peut soutenir que la positivité de la multiplication des langues était déjà présente dans le milieu hébraïque et le kabbalisme chrétien (Jacquemier 1992). Et, cependant, il faudra attendre le XVIIIe siècle pour que de la relecture de Genèse 10 surgisse une réévaluation décisive de ce même épisode de la Tour de Babel.

Dans la période où apparaissaient les premiers volumes de l'*Encyclopédie*, l'abbé Pluche, dans *La Mécanique des langues et l'Art de les enseigner* (1751), avait rappelé qu'une première différenciation de la langue, sinon dans le lexique, au moins dans la variété d'inflexions entre une famille et l'autre, avait déjà commencé à l'époque de Noé. Pluche va plus loin : la multiplication (qui n'est pas la confusion) des langues apparaît comme un phénomène, à la fois naturel, et *socialement positif*. Il est vrai que, selon Pluche, déjà au temps de Noé les hommes sont d'abord troublés par le fait de ne plus avoir la possibilité de s'entendre entre tribus et familles, mais à la fin :

> ceux qui avoient un tour de langage intelligible entr'eux faisoient corps, & habitoient le même canton. C'est cette diversité qui a donné à chaque pays ses habitants, & qui les y conserve.
> De cette sorte, on doit dire que le profit de ce changement extraordinaire & miraculeux s'étend à tous les âges suivans. Par la suite, plus les peuples se mêlèrent, plus il y eut aussi de mélanges & de nouveautés dans les langues : plus elles se multiplièrent, moins devint-il aisé de changer de pays. Cette confusion fortifia les attaches qui forment l'amour de la patrie : elle rendit les hommes plus sédentaires (p. 17-18).

Il y a là quelque chose de plus que la célébration du génie des langues : il y a un renversement de signe dans la lecture du mythe de la Tour de Babel. La différenciation *naturelle* des langues devient à présent le phénomène positif qui a permis la fixation des groupes humains, la naissance des nations et du sentiment de l'identité nationale. Il est nécessaire de lire cet éloge du point de vue de l'orgueil patriotique d'un Français du XVIIIe siècle : la *confusio linguarum* devient la condition historique de la stabilisation de certaines valeurs de l'État. En paraphrasant Louis XIV, Pluche est en train d'affirmer que « l'État c'est la langue ».

Il est intéressant, de ce point de vue, de relire les objections à une langue internationale présentées par un auteur ayant vécu avant leur floraison au cours du XIXe siècle, à savoir Joseph-Marie Degérando dans *Des signes*. Il remarquait que les voyageurs, les hommes de science et les commerçants (ceux qui ont besoin d'un idiome véhiculaire) sont une minorité, alors que la grande majorité des citoyens vit très bien en s'exprimant dans sa langue. Cela ne veut pas dire que ceux dont le voyageur a besoin ont également besoin de lui, et qu'il faut donc un idiome commun. Le voyageur a intérêt à comprendre les indigènes, mais ceux-ci n'ont pas besoin de comprendre le voyageur, qui peut même se servir de son avantage linguistique pour cacher ses intentions aux peuples qu'il visite (III : 562).

Quant au contact scientifique, une langue qui le rendrait

plus facile se trouverait coupée de la langue littéraire, alors que nous savons que les deux langues s'influencent et se fortifient réciproquement (III : 570). De plus, si elle était employée dans une simple finalité de communication scientifique, une langue internationale se transformerait en instrument de secret, en coupant les humbles de sa compréhension (III : 572). Quant aux coutumes littéraires (et l'argument peut ici apparaître risible et bassement sociologique), en écrivant dans leur langue les artistes sentent moins les effets de la rivalité internationale et ils ne doivent pas s'exposer à de trop vastes confrontations... On dirait presque que le caractère réservé, ressenti comme une limite pour la langue scientifique, apparaît à Degérando comme un avantage pour la langue littéraire (de même qu'il l'était pour le voyageur rusé et cultivé, qui en savait plus que les indigènes qu'il allait exploiter).

Nous sommes à la fin du siècle, il ne faut pas l'oublier, qui a vu naître l'éloge de la langue française de Rivarol. Degérando reconnaît que le monde est partagé en des zones d'influence, et que dans quelques territoires il conviendrait d'adopter l'allemand, dans d'autres l'anglais, mais il ne peut pas s'empêcher d'affirmer que, s'il était possible d'imposer une langue auxiliaire, la palme devrait revenir au français, pour des raisons évidentes de puissance politique (III : 578-579). Et cependant Degérando perçoit que l'obstacle réside dans l'égoïsme des gouvernements : « Supposera-t-on que les gouvernements veuillent s'entendre pour établir des lois uniformes pour le changement de la langue nationale ? Mais, avons-nous vu bien souvent que les gouvernements s'entendent en effet pour les choses qui sont d'un intérêt général pour la société ? » (III : 554).

Il y a, foncièrement, la conviction que l'homme du XVIIIe siècle, et à plus forte raison le Français du XVIIIe siècle, n'est pas séduit par l'apprentissage d'autres langues, fussent-elles d'autres peuples et universelles. Il existe une surdité culturelle à l'égard du polyglottisme qui continuera à subsister pendant tout le XIXe siècle, en laissant des traces voyantes encore dans le nôtre, et dont ne sont exemptés, comme le disait déjà Degérando, que les habitants du nord de l'Europe, et pour des raisons de nécessité. Cette surdité est si diffuse que Degérando éprouve le besoin (III : 587) de soutenir, comme par provocation, que l'étude des langues étrangères n'est pas si stérile et mécanique que le prétend l'opinion commune.

Par conséquent, Degérando ne peut que conclure son exposé, assez sceptique, par l'éloge de la diversité des langues : elle oppose des obstacles aux projets des conquérants et à la contagion de la corruption entre les peuples ; elle garde au sein de chaque peuple l'esprit et le caractère national, les habitudes qui protègent la pureté des mœurs. Une langue nationale est un lien étatique, elle stimule le patriotisme et le culte de la tradition. Degérando admet que ces réflexions peuvent nuire au sentiment de la fraternité universelle, et il commente : « Mais dans les siècles corrompus, c'est surtout vers les sentiments patriotiques qu'il faut diriger toutes les âmes ; plus l'égoïsme fait de progrès, et plus il est dangereux de nous rendre cosmopolites » (III : 589).

Si nous devions aller chercher dans les siècles précédents une affirmation vigoureuse de l'unité profonde entre peuple et langue (telle qu'elle a été permise par l'événement de la Tour de Babel), nous la trouverions déjà chez Luther (*Declamationes in Genesim*, 1527). Cet héritage est peut-être aux origines d'une nouvelle réévaluation, plus affirmée, que nous retrouverons chez Hegel. Mais, maintenant, celle-ci n'assume pas seulement l'aspect d'une fondation du lien étatique, mais celui aussi d'une célébration presque sacrale du travail humain.

> Qu'est-ce le sacré ? demande Goethe. Et il répond aussitôt : « Ce qui unit les âmes. » [...] Dans les lointaines vallées de l'Euphrate l'homme érige une œuvre architecturale immense ; tous les hommes y travaillent en commun, et c'est cette communauté qui constitue à la fois le but et le contenu de l'œuvre. Cette union qu'on

> voulait créer n'était pas une association purement patriarcale. Au contraire : elle devait marquer la dissolution de cette association, et la construction qui devait s'élever jusqu'aux nuages devait signifier précisément l'objectivation de cette dissolution et la réalisation d'une union plus vaste. Tous les peuples d'alors y ont travaillé, et s'ils se sont rapprochés les uns des autres pour réaliser cette œuvre incommensurable, pour remuer le sol, pour superposer des blocs de pierre, pour faire subir au pays tout entier comme une transformation architectonique, s'ils se sont ainsi acquittés de tâches qui sont exigées de nos jours par les mœurs, les coutumes et l'organisation légale de l'État, ç'a été uniquement pour créer entre eux un lien qui devait être indissoluble [1].

Dans cette vision où la Tour semble annoncer la naissance de l'État Éthique, la confusion des langues est certainement le signe que l'unité étatique ne se profile pas comme universelle, mais qu'elle engendre différentes nations (« la même tradition ajoute qu'après s'être réunis dans un seul centre pour réaliser cette œuvre d'union, les peuples se sont de nouveau séparés, pour suivre chacun sa voie particulière [2] », mais l'entreprise de la Tour de Babel est néanmoins la condition du commencement de l'histoire sociale, politique, scientifique — premier indice de l'avènement d'une ère du progrès et de la raison. Intuition dramatique, roulement de tambours presque jacobin, avant de couper la tête à l'encombrant Adam et à son *ancien régime* linguistique.

L'exécution n'est pas capitale. Le mythe de la Tour comme faillite et drame vit encore aujourd'hui : la « tour de Babel [...] exhibe un inachèvement, l'impossibilité de compléter, de totaliser, de saturer, d'achever quelque chose qui serait de l'ordre de l'édification, de la construction architecturale, du système et de l'architectonique » (Derrida 1987 : 203). Et pourtant Dante, dans le *De vulgari eloquentia* (I :

1. *Esthétique*, III, 1,1, trad. S. Jankélévitch, Paris, Flammarion, 1979, p. 34-35.
2. *Ibid.*

VII), donnait une singulière version « édificatoire » de la *confusio linguarum*. Elle n'apparaît pas tant comme la naissance de langues de différents groupes ethniques que plutôt comme prolifération de « langages » techniques (les architectes parlent la langue des architectes, les porteurs de pierre une autre qui leur est propre), comme si Dante pensait aux jargons des corporations de son temps. L'on serait tenté de reconnaître ici une formulation, largement *ante litteram*, d'un concept de division du travail accompagnée d'une *division du travail linguistique*.

La faible suggestion de Dante a dû, de quelque manière, voyager à travers les siècles : dans l'*Histoire critique du Vieux Testament* (1678) de Richard Simon apparaissait l'idée que la confusion de la Tour de Babel était imputable au fait que les hommes devaient nommer les différents instruments et que chacun les nommait à sa manière.

Que ces interprétations ramènent à la surface un sentiment qui animait aussi de façon souterraine la culture des siècles précédents, cela nous est rapporté par une recherche menée tout au long de l'histoire de l'iconographie sur la Tour de Babel (voir Minkowski 1983). A partir du Moyen Age, elle a été amenée à placer au premier ou au second plan le travail humain, les maçons, les poulies, les blocs équarris, les monte-charge, les fils à plomb, les équerres, les compas, les treuils, les techniques du mortier et ainsi de suite (à tel point que certaines informations sur les modes d'œuvrer des maîtres maçons médiévaux sont souvent tirées précisément des représentations de la Tour). Et qui sait si l'idée de Dante ne vient justement pas d'une fréquentation du poète avec l'iconographie de son temps.

Vers la fin du XVIe siècle la peinture hollandaise s'empare du thème, dont elle offrira d'innombrables variations (que l'on pense à Bruegel). Chez quelques-uns de ces artistes le nombre des accessoires techniques grossit, et tant dans la forme que dans la solide robustesse de la Tour se manifeste une sorte de confiance laïque dans le progrès.

Naturellement, au XVIIe siècle, époque où apparaissent différents traités sur les « merveilleuses machines », ces traits de reconstruction technologique augmentent. Même dans la *Turris Babel* de Kircher (auquel on ne peut certainement pas attribuer des penchants laïques), l'attention se déplace sur les problèmes statiques posés par la Tour en tant qu'objet *fini*, si bien que même l'auteur jésuite semble être fasciné par le prodige technologique qu'il est en train de traiter.

Mais, avec le XIXe siècle, même si le thème tombe en désuétude, à cause de l'affaiblissement évident de l'intérêt théologique et linguistique pour l'accident de la *confusio*, « le premier plan fait place au ''groupe'', qui symbolise ''l'humanité'', dont l'inclination, la réaction ou le destin doivent être représentés, sur le fond, par la ''Tour de Babel''. Ce sont donc des scènes dramatiques composées par des masses humaines qui constituent le centre du tableau » (Minkowski 1983 : 69). Que l'on pense à la planche consacrée à Babel dans la Bible illustrée par Gustave Doré.

Nous sommes désormais dans le siècle à la fin duquel Carducci célébrera la locomotive à vapeur dans un *Inno a Satana*. L'orgueil luciférien de Hegel a fait école, et l'on ne comprend pas si l'image qui domine au centre de la gravure de Doré, nue avec les bras et le visage tournés vers le ciel assombri de nuages (tandis que la Tour sombre menace au-dessus des ouvriers qui transportent d'immenses cubes de marbre), est en train de défier, orgueilleuse, ou de maudire, vaincue, un Dieu cruel — mais il est certain qu'elle n'accepte pas humblement son destin.

Genette nous rappelle (1976 : 161) que l'idée que la *confusio* fût une *felix culpa* était présente chez des auteurs romantiques comme Nodier : les langues naturelles sont parfaites précisément en ce qu'elles sont plurielles, parce que la vérité est multiple, et le mensonge consiste dans le fait de la croire unique et définitive.

La traduction

A la fin de sa longue recherche, la culture européenne se trouve face à la nécessité urgente de trouver une langue véhiculaire qui en recompose les fractures linguistiques, aujourd'hui plus encore qu'hier. Mais l'Europe est obligée de tenir compte aussi de sa vocation historique, celle d'un continent qui a engendré des langues différentes, dont chacune, même la plus périphérique, exprime le « génie » d'un groupe ethnique, et demeure le véhicule d'une tradition millénaire. Est-il possible de concilier la nécessité d'une langue véhiculaire unique avec celle de la défense des traditions linguistiques ?

Paradoxalement, les deux problèmes vivent de la même contradiction théorique et des mêmes possibilités pratiques. La limite d'une langue universelle véhiculaire est la même que celle des langues naturelles sur lesquelles elle est calquée : elle présuppose un principe de traduisibilité. Si une langue universelle véhiculaire prévoit de pouvoir redonner les textes de n'importe quelle langue, c'est parce que, bien qu'il existe un « génie » des langues particulières, bien que chaque langue constitue une manière très rigide de voir, d'organiser et d'interpréter le monde, l'on suppose que, malgré tout, il est toujours possible de traduire d'une langue à l'autre.

Mais, si cela est une limite et une possibilité des langages universels *a posteriori*, c'est aussi une limite et une possibilité des langues naturelles : on peut traduire les pensées exprimées dans les langues naturelles dans une langue *a posteriori* parce qu'il est possible de traduire d'une langue naturelle vers une autre.

Que le problème de la traduction puisse présumer une

langue parfaite, cela avait été une intuition de Walter Benjamin : si l'on ne peut jamais reproduire dans la langue de destination les significations de la langue-source, il est nécessaire de s'en remettre au sentiment d'une convergence entre toutes les langues puisque « à travers chaque langue quelque chose est visé qui est la même et que pourtant aucune des langues ne peut atteindre séparément, mais que par le tout de leurs visées intentionnelles complémentaires : le langage pur » (Benjamin 1923 : 42). Mais cette « *reine Sprache* » n'est pas une langue. Si nous n'oublions pas les sources kabbalistiques et mystiques de la pensée de Benjamin, nous pouvons pressentir l'ombre, très pesante, des langues saintes, quelque chose de beaucoup plus ressemblant au génie secret des langues de la Pentecôte et de la Langue des Oiseaux, qu'aux formules d'une langue *a priori*. « La traduction, le désir de traduction n'est pas pensable sans cette *correspondance* avec une pensée de Dieu » (Derrida 1987 : 217 ; voir aussi Steiner 1975).

Beaucoup de chercheurs de traduction automatique, par contre, ont certainement recours à une langue paramètre qui doit comporter certaines caractéristiques des langues *a priori*. Il doit y avoir un *tertium comparationis* qui permet de passer de l'expression d'une langue A à celle d'une langue B en décidant que toutes les deux sont équivalentes à une expression métalinguistique C. Mais, si ce *tertium* existait, ce serait la langue parfaite, et, s'il n'existe pas, ce n'est qu'un simple postulat de l'activité de traduire.

A moins que le *tertium comparationis* ne soit une langue naturelle si flexible et puissante qu'elle puisse être dite « parfaite » entre toutes. Le jésuite Ludovico Bertonio avait publié en 1603 un *Arte de lengua aymara* et en 1612 un *Vocabulario de la lengua aymara* (une langue parlée aujourd'hui encore entre la Bolivie et le Pérou), et il s'était rendu compte qu'il s'agissait d'un idiome d'une très grande flexibilité, capable d'une incroyable vitalité néologisante, particulièrement adapté pour exprimer des abstractions, au point de formuler le soupçon qu'il s'agissait de l'effet d'un « artifice ». Deux siècles plus tard, Emeterio Villamil de Rada pouvait en parler en la définissant comme une langue adamique, l'expression d'« une idée antérieure à la formation de la langue », fondée sur des « idées nécessaires et immuables » et donc une langue philosophique s'il y en eut jamais (*La lengua de Adan*, 1860). Tôt ou tard, on allait se mettre à y chercher des racines sémitiques, et c'est ce qui s'est passé.

Des études plus récentes ont établi que l'aymara se sert d'une logique trivalente au lieu de se fonder sur la logique bivalente (vrai/faux) sur laquelle est basée la logique occidentale : cette langue est donc capable d'exprimer des subtilités modales que nos langues ne saisissent qu'au prix de pénibles périphrases. Pour conclure, il existe certains projets d'utiliser l'étude de l'aymara pour résoudre certains problèmes de traduction par ordinateur (pour toutes ces informations et pour une vaste bibliographie, voir Guzmán de Roja s.d.). Bien que « par sa nature algorithmique, la syntaxe de l'aymara facilite grandement la traduction de n'importe quel autre idiome dans ses termes propres (mais non le contraire) » (L. Ramiro Beltran, *in* Guzmán de Roja s.d. : III). A cause de sa perfection, l'aymara pourrait rendre n'importe quelle pensée exprimée dans d'autres langues réciproquement intraduisibles, mais cela se ferait au prix de l'impossibilité de la retraduction dans nos idiomes naturels de tout ce que la langue parfaite aurait transformé en ses propres termes.

L'on pourrait échapper à ces inconvénients en supposant, comme le font certains courants récents, que la traduction est un fait purement interne à la langue de destination ; c'est pourquoi cette dernière doit résoudre en son sein, et en fonction du contexte, les problèmes sémantiques et syntaxiques posés par le texte originaire. Nous sommes ainsi en dehors de la problématique des langues parfaites, parce qu'il s'agit de comprendre des expressions produites selon le génie d'une langue-source et d'inventer une paraphrase « satisfaisante » (mais en fonction de quels critères ?), en respectant le génie de la langue de destination.

La difficulté théorique du problème avait déjà été appréhendée par Humboldt. Si aucun mot d'une langue n'est complètement identique à celui d'une autre langue, traduire devient impossible ; à moins que l'on n'entende la traduction comme l'activité qui, n'étant pas du tout réglée ni formalisable, donne la possibilité de comprendre des choses que nous n'aurions jamais pu connaître à travers notre langue.

Mais, si la traduction n'était que cela, nous aurions un curieux paradoxe : la possibilité d'un rapport entre deux langues A et B ne se manifeste que lorsque A s'enferme dans la pleine réalisation d'elle-même, en supposant avoir compris B, dont cependant elle ne peut plus rien dire, parce que tout ce que l'on attribue à B est dit en A.

Il est cependant possible de penser non pas à une troisième langue paramètre, mais à un instrument comparatif, qui ne soit pas, en lui-même, une langue, qui pourrait (ne serait-ce qu'approximativement) être exprimé en n'importe quelle langue, et qui permettrait pourtant de comparer deux structures linguistiques qui, en elles-mêmes, sont supposées être incommensurables. Cet instrument fonctionnerait pour la même raison pour laquelle chaque langue devient plus claire dans ses propres termes grâce à un *principe d'interprétance* : la langue naturelle elle-même se sert continuellement de métalangage, à travers ce procédé que Peirce (voir Eco 1979, 2.8, p. 54) appelait de *sémiosis illimitée*.

Examinons, par exemple, le tableau proposé par Nida (1975 : 75) pour rendre compte de la différence sémantique entre une série de verbes de mouvement (voir Figure 17.1).

L'anglais est ici en train de rendre plus clair à lui-même que, si *to walk* signifie bouger en appuyant toujours et alternativement l'une ou l'autre jambe sur le sol, *to hop* signifie bouger en appuyant de façon répétée une seule des deux jam-

	run	walk	hop	skip	jump	dance	crawl
1. one or another limb always in contact vs. no limb at times in contact	–	+	–	–	–	±	+
2. order of contact	1–2–1–2	1–2–1–2	1–1–1 or 2-2-2	1–1–2–2	not relevant	variable but rhythmic	1–3–2–4
3. number of limbs	2	2	1	2	2	2	4

Figure 17.1

bes. Naturellement, le principe d'interprétance exige que le locuteur anglais éclaircisse ce que signifie *limb*, et tout autre terme qui apparaît dans l'interprétation de l'expression verbale ; l'exigence posée par Degérando à propos de l'analyse sémantique infinie que nous demande un terme apparemment primitif comme *marcher* est valable ici. Mais une langue espère toujours trouver des termes moins controversés, pour éclaircir à travers eux ceux dont la définition est plus difficile, même si c'est à travers des conjectures, des hypothèses, des approximations.

Ce même principe est valable aussi pour la traduction. L'italien, par exemple, a certainement des termes pratiquement synonymes pour traduire *to run* (« correre » = courir) et *to walk* (« camminare » = marcher), *to dance* (« danzare » = danser) et *to crawl* (« strisciare » = ramper), mais il se trouvera en difficulté pour trouver un synonyme de *to hop* (que les dictionnaires rendent par « saltare su una gamba sola » = sauter sur une seule jambe), comme il est complètement impuissant à rendre *to skip*, qui devient « saltellare, salterellare » (= sautiller), « ballonzolare » (= dansotter), termes qui n'expriment pas un mouvement à travers lequel on saute par deux fois sur une jambe et par deux fois sur l'autre.

Et pourtant, si nous ne savons pas définir *to skip*, nous savons définir les termes qui l'interprètent, comme *limb, order of contact, number of limbs*, en nous aidant éventuellement par des références à des contextes et des circonstances, en conjecturant que ce « contact » doit être entendu comme contact avec la surface sur laquelle il bouge... Il ne s'agit pas de disposer d'une langue paramètre. Il est certain que l'on suppose que dans n'importe quelle culture il existe un synonyme pour *limb* dans le sens de « membre », parce que la structure du corps humain est la même pour toute l'espèce, et les articulations identiques de nos membres permettent probablement à chaque culture de différencier la main du bras, et la paume de la main des doigts, et dans les doigts la phalange, la phalangine et la phalangette (et cela serait valable aussi pour une culture qui, si l'on suit le père Mersenne, serait disposée à nommer chaque pore, chaque circonvolution des doigts d'une main). Mais, en partant encore une fois du plus connu pour parvenir au moins connu, on procède par « arrangements » successifs ; c'est pourquoi il sera possible de dire en italien ce qu'il est en train d'arriver lorsque (en anglais) *John hops*.

Cette possibilité ne concerne pas seulement les pratiques de traduction, mais aussi la possibilité de vivre avec d'autres sur un continent polyglotte par vocation. Le problème de la culture européenne de l'avenir ne réside certainement pas dans le triomphe du polyglottisme total (celui qui saurait parler toutes les langues serait semblable au Funes el Memorioso de Borges, l'esprit occupé par une infinité d'images), mais dans une communauté de personnes qui peuvent saisir l'esprit, le parfum, l'atmosphère d'une parole différente. Une Europe de polyglottes n'est pas une Europe de personnes qui parlent couramment beaucoup de langues, mais, dans la meilleure des hypothèses, de personnes qui peuvent se rencontrer en parlant chacune sa propre langue et en comprenant celle de l'autre, mais qui, ne sachant pourtant pas parler celle-ci de façon courante, en la comprenant, même péniblement, comprendraient le « génie », l'univers culturel que chacun exprime en parlant la langue de ses ancêtres et de sa tradition.

Le don d'Adam

Quelle était la nature du don des langues reçu par les apôtres ? Quand on lit saint Paul (1 Corinthiens, 14), l'on peut supposer qu'il s'agit de la *glossolalie* (et donc du don de s'exprimer dans une langue extatique, que tout le monde comprenait comme s'il s'était agi de sa propre langue). Mais si on lit les Actes des Apôtres 2, il est dit qu'à la Pentecôte vint du ciel un grondement, et que sur chacun d'eux se posèrent des langues de feu, ils commencèrent à parler en d'*autres* langues — et ils auraient donc reçu le don, sinon de la *xénoglossie* (c'est-à-dire du polyglottisme), au moins d'un service mystique de traduction simultanée. Nous ne sommes pas en train de plaisanter : la différence n'est pas des moindres. Dans le premier cas, la possibilité de parler la langue sainte d'avant la Tour de Babel aurait été rendue aux Apôtres. Dans le second cas, il leur aurait été accordé la grâce de retrouver en Babel non pas le signe d'une défaite et une blessure à guérir à tout prix, mais la clé d'une nouvelle alliance et d'une nouvelle concorde.

Nous n'essaierons pas de plier les Écritures saintes à nos fins, comme l'ont fait imprudemment tant de protagonistes de notre histoire. L'histoire que nous venons de retracer a été celle d'un mythe et d'un espoir. Mais pour chaque mythe il en est un opposé, qui dessine un espoir alternatif. Si notre histoire ne s'était pas limitée à l'Europe, mais si elle avait pu s'étendre vers d'autres civilisations, nous aurions trouvé — aux confins de la civilisation européenne, entre le Xᵉ et le XIᵉ siècle — un autre mythe : celui raconté par l'Arabe Ibn Hazm (voir Arnaldez 1981, Khassaf 1992a, 1992b).

Il existait au début une langue donnée par Dieu, grâce à laquelle Adam connaissait la quiddité des choses, et c'était une langue qui prévoyait un nom pour chaque chose, soit substance soit accident, et une chose pour chaque nom. Mais il semble qu'à un moment donné Ibn Hazm se contredise, comme si le caractère équivoque était évidemment donné par la présence d'homonymes, mais qu'une langue puisse être parfaite même si elle comprend des synonymes infinis, pourvu que, tout en nommant la même chose de plusieurs manières, elle le fasse toujours de façon adéquate.

C'est que les langues ne peuvent pas être nées par convention, puisque, pour en accorder les règles, les hommes auraient eu besoin d'une langue qui précède celles-ci ; mais, si cette langue existait, pour quelle raison les hommes auraient-ils dû se donner la peine d'en construire d'autres, entreprise injustifiée et pénible ? Il ne reste, pour Ibn Hazm, qu'une seule explication : la langue originaire *comprenait toutes les langues*.

La division successive (que le Coran voyait déjà, d'ailleurs, comme un événement naturel et non comme une malédiction, voir Borst 1957-63, I : 325) n'a pas été provoquée par l'invention de nouvelles langues, mais par la fragmentation de cette langue unique qui existait *ab initio*, et dans laquelle toutes les autres étaient déjà contenues. C'est pour cette raison que tous les hommes sont capables de comprendre la révélation coranique, dans quelque langue qu'elle soit exprimée. Dieu a fait descendre le Coran dans la langue arabe uniquement pour le faire comprendre à son peuple, et non parce que cette langue jouissait d'un privilège particulier. Dans n'importe quelle langue les hommes peuvent retrouver l'esprit, le souffle, le parfum, les traces du polylinguisme originel.

Essayons d'accepter cette suggestion qui nous vient de loin. La langue mère n'était pas une langue unique, mais l'ensemble de toutes les langues. Adam n'a peut-être pas eu ce don, il ne lui avait été que promis, et le péché originel a interrompu son lent apprentissage. Mais, l'héritage qu'il a laissé à ses fils. c'est la tâche de conquérir la maîtrise, pleine et réconciliée, de la Tour de Babel.

Bibliographie

Aarsleff, Hans
1982 *From Locke to Saussure*, Minneapolis, University of Minnesota Press.

Alessio, Franco
1957 *Mito e scienza in Ruggero Bacone*, Milan, Ceschina.

Arnaldez, Roger
1981 *Grammaire et Théologie chez Ibn Hazm de Cordoue*, Paris, Vrin.

Arnold, Paul
1955 *Histoire des Rose-Croix et les Origines de la franc-maçonnerie*, Paris, Mercure de France (Préface d'U. Eco, 1990, n[lle] éd.).

Baltrušaitis, Jurgis
1985 *La Quête d'Isis. Essai sur la légende d'un mythe. Introduction à l'égyptomanie*, Paris, Flammarion.

Barone, Francesco
1964 *Logica formale e logica trascendentale*, Turin, Edizioni di « Filosofia ».

Barone, Francesco éd.
1968 Gottfried W. Leibniz, *Scritti di logica,* Bologne, Zanichelli.

Bassi, Bruno
1992 « Were it perfect, would it work better ? Survey of a Language for cosmic intercourse », *in* Pellerey éd., 1992, p. 261-270.

Bausani, Alessandro
1970 *Geheim- und Universalsprachen : Entwicklung und Typologie,* Stuttgart, Kohlhammer.
Benjamin, Walter
1923 *Die Aufgabe des Übersetzers*, in *Schriften,* Frankfort-sur-le-Main, Suhrkamp, 1955.
Bernardelli, Andrea
1992 « Il concetto di carattere universale nella "Encyclopédie" », *in* Pellerey éd., 1992, p. 163-172.
Bettini, Maurizio
1992 « E Dio creò la fibra ottica », *La Repubblica*, 28 mars 1992.
Bianchi, Massimo L.
1987 *Signatura rerum. Segni, magia e conoscenza da Paracelso a Leibniz*, Rome, Edizioni dell'Ateneo.
Blasi, Giulio
1992 « Stampa e filosofia naturale nel XVII secolo : l'"Abecedarium novum naturae" e i "characteres reales" di Francis Bacon », *in* Pellerey éd., 1992, p. 101-136.
Blavier, André
1982 *Les Fous littéraires,* Paris, Veyrier.
Bonerba, Giuseppina
1992 « Comenio : utopia, enciclopedia e lingua universale », *in* Eco *et al.* 1992, p. 189-198.
Bora, Paola
1989 « Introduzione », *in* J.-J. Rousseau, *Saggio sull'origine delle lingue*, Turin, Einaudi, p. VII-XXXII.
Borst, Arno
1957-63 *Der Turmbau von Babel. Geschichte der Meinungen über Ursprung und Vielfalt der Sprachen und Völker*, Stuttgart, Hiersemann, 6 vol.
Brague, Rémi
1992 *Europe, la voie romane,* Paris, Critérion.
Brekle, Herbert E.
1975 « The Seventeenth Century », *in* Th. A. Sebeok

éd., *Current Trends in Linguistics. XIII/1. Historiography of Linguistics,* La Haye-Paris, Mouton, p. 277-382.

Brunet, Gustave (Philomneste Junior)
1880 *Les Fous littéraires,* Bruxelles, Gay et Doucé.

Burney, Pierre
1966 *Les Langues internationales*, Paris, P.U.F.

Busse, Winfried, Trabant, Jürgen éd.
1986 *Les Idéologues,* Amsterdam, Benjamins.

Buzzetti Dino, Ferriani Maurizio éd.
1982 *La grammatica del pensiero*, Bologne, Il Mulino.

Calimani, Riccardo
1987 *Storia dell'ebreo errante,* Milan, Rusconi.

Calvet, Louis-Jean
1981 *Les Langues véhiculaires,* Paris, PUF.

Canto, Monique
1979 « L'Invention de la grammaire », *in* Collectif 1979, p. 707-719.

Carreras y Artau, Joaquín
1946 *De Ramón Lull a los modernos ensayos de formación de una lengua universal,* Barcelone, Consejo Superior de Investigaciónes Científicas.

Carreras y Artau, Tomás, Carreras y Artau Joaquín
1939 *Historia de la filosofía española. Filósofos cristianos de los siglos XII al XV,* Madrid, Real Academia de Ciencias Exactas, Físicas y Naturales.

Casciato, Maristella, Ianniello, Maria Grazia, Vitale, Maria, éd.
1986 *Enciclopedismo in Roma barocca. Athanasius Kircher e il Museo del Collegio Romano tra Wunderkammer e museo scientifico*, Venise, Marsilio.

Cavalli-Sforza, Luigi Luca *et al.*
1988 « Reconstruction of Human Evolution : Bridging together genetic, archeological, and linguistic data », *in Proceedings of the National Academy of Sciences of the USA*, 85, p. 6002-6006.

Cavalli-Sforza, Luigi Luca
1991 «Genes, peoples and languages», *Scientific American*, 265, p.104-110.
Cellier, L.
1953 *Fabre d'Olivet. Contribution à l'étude des aspects religieux du Romantisme*, Paris, Nizet.
Ceñal, Ramón
1946 «Un anónimo español citado por Leibniz», *Pensamiento*, VI, 2, p. 201-203.
Cerquiglini, Bernard
1991 *La Naissance du français,* Paris, PUF.
Chomsky, Noam
1966 *Cartesian Linguistics. A Chapter in the History of Rationalistic Thought*, New York, Harper & Row ; *La Linguistique cartésienne : la nature formelle du langage,* traduit fr. Paris, Éd. du Seuil, 1969, coll. «L'ordre philosophique».
Clauss, Sidonie
1982 «John Wilkins, ''Essay toward a real character'' : its place in the seventeenth-century episteme», *Journal of the History of Ideas*, XLIII, 4, p. 531-553.
Clulee, Nicholas H.
1988 *John Dee's Natural Philosophy*, Londres, Routledge and Kegan Paul.
Coe, Michael D.
1992 *Breaking the Maya Code*, Londres, Thames and Hudson.
Cohen, Murray
1977 *Sensible Words. Linguistic Practice in England 1640-1785,* Baltimore, The Johns Hopkins UP.
Collectif
1979 *Le Mythe de la langue universelle*, numéro double monographique de *Critique* 387-388.
Corti, Maria
1981 *Dante a un nuovo crocevia*, Le lettere (Società dantesca italiana. Centro di studi e documentazione

dantesca e medievale. Quaderno 1), Florence, Libreria Commissionaria Sansoni.
1984 « Postille a una recensione », *Studi Medievali*, Serie terza, XXV, 2, p. 839-845.

Cosenza Giovanna
1993 *Il linguaggio del pensiero come lingua perfetta*, Tesi di dottorato di ricerca in Semiotica, Università di Bologna, 5e cycle.

Couliano, Ioan P.
1984 *Éros et Magie à la Renaissance*, Paris, Flammarion.

Coumet, Ernest
1975 « Mersenne : dictions nouvelles à l'infini », *XVIIe Siècle*, 109, p. 3-32.

Couturat, Louis
1901 *La Logique de Leibniz d'après des documents inédits,* Paris, PUF.
1903 *Opuscules et Fragments inédits de Leibniz,* Paris, Alcan.

Couturat, Louis ; Leau, Léopold
1903 *Histoire de la langue universelle,* Paris, Hachette.
1907 *Les Nouvelles Langues internationales,* Paris, Hachette.

Cram, David
1980 « George Dalgarno on ''Ars signorum'' and Wilkins' ''Essay'', *in* Ernst F.K. Koerner éd., *Progress in Linguistic Historiography* (Proceedings from the International Conference on the History of the Language Sciences, Ottawa, 28-31 août 1978), Amsterdam, Benjamin, p. 113-121.
1985 « Language universals and universal language schemes », in Klaus D. Dutz ; Ludger Kaczmareck éd., *Rekonstruktion und Interpretation. Problemgeschichtliche Studien zu Sprachtheorie von Ockham bis Humbolt,* Tübingen, Narr, p. 243-258.
1989 « J.A. Comenius and the universal language scheme of George Dalgarno », *in* Maria Kyralová ; Jana Přívratská éd., *Symposium Comenianum 1986. J.A. Comenius's Contribution to World Science and*

Culture (Liblice, 16-20 juin 1986), Prague, Academia, p. 181-187.

Dascal, Marcelo

1978 *La Sémiologie de Leibniz,* Paris, Aubier-Montaigne.

De Mas, Enrico

1982 *L'attesa del secolo aureo,* Florence, Olschki.

De Mauro, Tullio

1963 « A proposito di J.J. Becher. Bilancio della nuova linguistica », *De Homine*, 7-8, p. 134-146.

1965 *Introduzione alla semantica,* Bari, Laterza.

Demonet, Marie-Luce

1992 *Les Voix du signe. Nature et origine du langage à la Renaissance (1480-1580),* Paris, Champion ; Genève, Slatkine.

De Mott, Benjamin

1955 « Comenius and the real character in England », *Publications of the Modern Language Association of America*, 70, p. 1068-1081.

Derrida, Jacques

1967 *De la grammatologie,* Paris, Éd. de Minuit.

1987 « Des tours de Babel », in *Psyché : inventions de l'autre,* Paris, Galilée, p. 203 et 217. [Recueils de textes écrits de 1977 à 1987 ; « Des tours de Babel » : 1re version publiée en 1985 *in* « Difference in translation », éd. Joseph Graham, Cornell University Press (éd. bilingue) et *in* « L'art des confins », *Mélanges offerts à Maurice de Gandillac*, Paris, PUF].

Di Cesare, Donatella

1991 « Introduzione », *in* Wilhelm von Humboldt, *La diversità delle lingue,* Rome-Bari, Laterza, 1993², p. XI-XCVI.

Dragonetti, Roger

1961 « La conception du langage poétique dans le "De vulgari eloquentia" de Dante », *Romanica Gandensia*, IX (numéro monographique *Aux frontières du langage poétique. Études sur Dante, Mallarmé et Valéry*), p. 9-77.

1979 « Dante face à Nemrod », *in* Collectif, *Le Mythe de la langue universelle*, numéro double monographique de *Critique*, 1979, 387-388, p. 690-706.

Droixhe, Daniel
1978 *La Linguistique et l'Appel de l'histoire (1600-1800)*, Genève, Droz.
1990 « Langues mères, vierges folles », *Le Genre humain*, n° 21, mars, p. 141-148.

Dubois, Claude-Gilbert
1970 *Mythe et Langage au XVIe siècle,* Bordeaux, Ducros.

Dupré, John
1981 « Natural kinds and biological taxa », *The Philosophical Review*, XC, 1, p. 66-90.

Dutens, Ludovicus éd.
1768 Gottfried W. Leibniz, *Opera omnia,* Genève, De Tournes.

Eco, Umberto
1956 *Il problema estetico in Tommaso d'Aquino,* Milan, Bompiani, 1970²; *Le Problème esthétique chez Thomas d'Aquin*, traduit par Maurice Javion, Paris, PUF, coll. « Formes sémiotiques », 1993.
1975 *Trattato di semiotica generale,* Milan, Bompiani.
1979 *Lector in fabula*, Milan, Bompiani ; *Lector in fabula ou la Coopération interprétative dans les textes narratifs,* trad. Myriem Bouzaher, Paris, Grasset, 1985, coll. « Figures », et Livre de poche, 1989.
1984 *Semiotica e filosofia del linguaggio*, Turin, Einaudi ; *Sémiotique et Philosophie du langage,* trad. Myriem Bouzaher, Paris, PUF, 1993.
1985 « L'epistola XIII e l'allegorismo medievale, il simbolismo moderno », *in Sugli specchi,* Milan, Bompiani, 1987², p. 215-241.
1990 *I limiti dell'interpretazione*, Milan, Bompiani ; *Les Limites de l'interprétation,* trad. Myriem Bouzaher, Paris, Grasset, 1992.

Eco, Umberto *et al.*
1991 *La ricerca della lingua perfetta nella cultura europea. Prima parte : dalle origini al rinascimento,* dispense della cattedra di Semiotica, Università di Bologna, 1990-1991.
1992 *La ricerca della lingua perfetta nella cultura europea. Seconda parte : XVI-XVII secolo,* dispense della cattedra di Semiotica, Università di Bologna, 1991-1992.
Edighoffer, Roland
1982 *Rose-Croix et Société idéale selon J. V. Andreae*, Neuilly-sur-Seine, Arma Artis.
Erba, Luciano
1959 *L'incidenza della magia nell'opera di Cyrano di Bergerac,* « Contributi al seminario di filologia moderna, serie francese », I, Milan, Vita e Pensiero.
Evans, Robert J.W.
1973 *Rudolf II and His World. A Study in Intellectual History (1576-1612),* Oxford, Clarendon.
Fabbri, Paolo
1991 « La Babele felice ''Babelix, Babelux [...] ex Babele lux'' », *in* Lorena Preta éd., *La narrazione delle origini*, Rome-Bari, Laterza, 1991[2], p. 230-246.
1993 « Elogio di Babele », *Sfera*, 33, p. 64-67.
Fano, Giorgio
1962 *Saggio sulle origini del linguaggio,* Turin, Einaudi (2e éd. augmentée, *Origini e natura del linguaggio,* Turin, Einaudi, 1973).
Faust, Manfred
1981 « Schottelius' concept of word formation », *in* Horst Geckeler ; Brigitte Schlieben-Lange ; Jürgen Trabant ; Harald Weydt, éd., *Logos semantikos,* vol. I, Berlin-New York, De Gruyter ; Madrid, Gredos, p. 359-370.
Festugière, André-Jean
1944-54 *La Révélation d'Hermès Trismégiste,* Paris, Les Belles-Lettres (3e éd. 1983, 3 vol.).

Fichant, Michel éd.
1991 « Postface » à Gottfried W. Leibniz, *De l'horizon de la doctrine humaine,* Paris, Vrin, p. 125-210.

Fillmore, Charles
1968 « The Case for Case », *in* Emmon Bach ; Richard T. Harms éd., *Universals in Linguistic Theory,* New York, Holt, Rinehart and Winston, p. 1-88.

Formigari, Lia
1970 *Linguistica ed empirismo nel Seicento inglese,* Bari, Laterza.
1977 *La logica del pensiero vivente,* Rome-Bari, Laterza.
1990 *L'esperienza e il segno. La filosofia del linguaggio tra Illuminismo e Restaurazione,* Rome, Riuniti.

Foucault, Michel
1966 *Les Mots et les Choses,* Paris, Gallimard.

Frank, Thomas
1979 *Segno e significato. John Wilkins e la lingua filosofica,* Naples, Guida.

Fraser, Russell
1977 *The Language of Adam,* New York, Columbia UP.

French, Peter J.
1972 *John Dee. The World of an Elizabethan Magus,* Londres, Routledge and Kegan Paul.

Freudenthal, Hans
1960 *Lincos. Design of a Language for Cosmic Intercourse. Part I,* Amsterdam, North Holland.

Fumaroli, Marc
1988 « Hiéroglyphes et Lettres : la "sagesse mystérieuse des Anciens" au XVIIe siècle », *XVIIe siècle*, XL, 158, 1 (numéro monographique sur *Hiéroglyphes, images chiffrées, sens mystérieux*), p. 7-21.

Gamkrelidze, Thomas V., Ivanov, Vyačeslav V.
1990 « The early history of languages, *Scientific American*, 263, 3, p. 110-116.

Garin, Eugenio
1937 *Giovanni Pico della Mirandola. Vita e dottrina,* Florence, Le Monnier.

Genette, Gérard
1976 *Mimologiques. Voyage en Cratylie,* Paris, Éd. du Seuil.
Genot-Bismuth, Jacqueline
1975 « Nemrod, l'église et la synagogue », *Italianistica,* IV, 1, p. 50-76.
1988 *« Pomme d'or masquée d'argent » : les sonnets italiens de Manoel Giudeo (Immanuel de Rome),* Paris (inédit).
Gensini, Stefano
1984 *Linguistica leopardiana. Fondamenti teorici e prospettive politico-culturali,* Bologne, Il Mulino.
1991 *Il naturale e il simbolico,* Rome, Bulzoni.
Gensini, Stefano éd.
1990 Gottfried W. Leibniz, *Dal segno alle lingue. Profilo, testi, materiali,* Casale Monferrato, Marietti Scuola.
Gerhardt, Carl I. éd.
1875 *Die philosophischen Schriften von G.W. Leibniz,* Berlin, Weidemann.
Giovannoli, Renato
1990 *La scienza della fantascienza,* Milan, Bompiani.
Glidden, Hope H.
1987 « ''Polygraphia'' and the Renaissance sign : the case of Trithemius », *Neophilologus*, 71, p. 183-195.
Gombrich, Ernst
1972 *Symbolic Images,* Londres, Phaidon Press.
Goodman, Feliciana
1972 *Speaking in Tongues. A Cross-Cultural Study of Glossolalia,* Chicago, Chicago UP.
Goodman, Nelson
1968 *Languages of Art,* Indianapolis, Bobbs-Merril ; *Langages de l'art : une approche de la théorie des symboles*, trad. Jacques Morizot, Nîmes, Jacqueline Champion, 1990.
Gorceix, Bernard
1970 *La Bible des Rose-Croix*, Paris, PUF.
Gorni, Guglielmo
1990 *Lettera nome numero. L'ordine delle cose in Dante,* Bologne, Il Mulino.

Granger, Gilles-Gaston
1954 « Langue universelle et formalisation des sciences. Un fragment inédit de Condorcet », *Revue d'histoire des sciences et de leurs applications*, VII, 3, p. 197-219.
Greenberg, Joseph H.
1970 « Language universals », *in* Th. A. Sebeok éd., *Current Trends in Linguistics. III. Theoretical Foundations*, La Haye, Paris, Mouton, p. 61-112.
Greenberg, Joseph H. éd.
1963 *Universals of Language,* Cambridge (MA), MIT Press.
Grua, Gaston éd.
1948 Gottfried W. Leibniz, *Textes inédits de la Bibliothèque provinciale de Hanovre,* Paris, PUF.
Guzmán de Rojas, Iván
s.d. *Problemática logico-lingüística de la comunicación social con el pueblo Aymara,* mimeo, Con los auspicios del Centro internacional de Investigaciónes para el Desarrollo de Canada.
Hagège, Claude
1978 « Babel : du temps mythique au temps du langage », *Revue philosophique de la France et de l'étranger*, CIII, 168, 4 (numéro monographique sur *Le Langage et l'Homme*), p. 465-479.
1992 *Le Souffle de la langue,* Paris, Odile Jacob.
Haiman, John
1980 « Dictionaries and encyclopedias », *Lingua*, 50, 4, p. 329-357.
Heilmann, Luigi
1963 « J.J. Becher. Un precursore della traduzione meccanica », *De homine* 7-8, p. 131-134.
Hewes, Gordon W.
1975 *Language Origins : A Bibliography,* La Haye-Paris, Mouton.
1979 « Implications of the Gestural Model of Language Origin for Human Semiotic Behavior », *in* Seymour

Chatman ; Umberto Eco ; Jean-Marie Klinkenberg éd., *A Semiotic Landscape — Panorama sémiotique,* La Haye-Paris-New York, Mouton, p. 1113-1115.

Hjelmslev, Louis

1943 *Prolegomena to a Theory of Language,* Madison, University of Wisconsin Press ; trad. fr. *Prolégomènes à une théorie du langage*, Paris, Éd. de Minuit, 1968.

Hochstetter, Erich *et al.*

1966 *Herrn von Leibniz's. Rechnung mit Null und Eins,* Berlin, Siemens.

Hollander, Robert

1980 « Babytalk in Dante's Commedia », *in* Id., *Studies in Dante,* Ravenne, Longo, p. 115-129.

Idel, Moshe

1988a « Hermeticism and judaism », *in* Ingrid Merkel ; Allen G. Debus éd.,1988, p. 59-78.

1988b *Kabbalah. New Perspectives,* New Haven, Yale UP.

1988c *The Mystical Experience of Abraham Abulafia* ; trad. fr. *L'Expérience mystique d'Abraham Aboulafia,* Paris, Éd. du Cerf, 1989, coll. « Patrimoines. Judaïsme ».

1988d *Studies in Ecstatic Kabbalah,* Albany, State University of New York Press.

1989 *Language, Torah and Hermeneutics in Abraham Abulafia,* Albany, State University of New York Press.

Ivanov, Vjačeslav V.

1992 « Reconstructing the Past », *Intercom* (University of California, Los Angeles), 15, 1, p. 1-4.

Jacquemier, Myriem

1992 « Le Mythe de Babel et la Kabbale chrétienne au XVIe siècle, *Nouvelle Revue du seizième siècle,* 10, p. 51-67.

Johnston, Mark D.

1987 *The Spiritual Logic of Ramón Llull,* Oxford, Clarendon.

Khassaf, Atiyah

1992a *Sīmiya', J̌afr, ʿilm al-ḥurūf e i simboli segreti (« asrar ») della scienza delle lettere nel sufismo*, Tesi di dottorato di ricerca in Semiotica, Università di Bologna.

1992b «Le origini del linguaggio secondo i musulmani medievali», *in* Pellerey éd., 1992, p. 71-90.

Knowlson, James

1975 *Universal Language Schemes in England and France, 1600-1800,* Toronto-Buffalo, University of Toronto Press.

Knox, Dilwyn

1990 «Ideas on gesture and universal languages, c. 1550-1650», *in* John Henry, Sarah Hutton éd., *New Perspectives on Renaissance Thought,* Londres, Duckworth, p. 101-136.

Kuntz, Marion L.

1981 *Guillaume Postel,* La Haye, Nijhoff.

La Barre, Weston

1964 «Paralinguistics, kinesics, and cultural anthropology», *in* Thomas A. Sebeok, Alfred S. Hayes, Mary C. Bateson éd., *Approaches to Semiotics,* La Haye, Mouton.

Lamberti, Vitaliano

1990 *Una voce per il mondo. Lejzer Zamenhof, il creatore dell'Esperanto,* Milan, Mursia.

Land, Stephen K.

1974 *From Signs to Propositions. The Concept of Form in Eighteenth-Century Semantic Theory,* Londres, Longman.

Le Goff, Jacques

1964 *La Civilisation de l'Occident médiéval,* Paris, Arthaud.

Lepschy, Giulio C. éd.

1990 *Storia della linguistica*, Bologne, Il Mulino, 2 vol.

Lins Ulrich

1988 *La danĝera lingvo*, Gerlingen, Bleicher-Eldonejo (éd. allemande *Die gefäliche Sprache,* Gerlingen).

Llinares, Armand

1963 *Raymond Lulle, philosophe de l'action,* Paris, PUF.

Lohr, Charles H.

1988 « Metaphysics », *in* Charles B. Schmitt ; Quentin Skinner ; Eckhard Kessler ; Jill Kraye éd., *The Cambridge History of Renaissance Philosophy,* Cambridge, Cambridge UP, p. 537-638.

Lo Piparo, Franco

1987 « Due paradigmi linguistici a confronto », *in* Donatella Di Cesare ; Stefano Gensini éd., *Le vie di Babele. Percorsi di storiografia linguistica (1600-1800),* Casale Monferrato, Marietti Scuola, p. 1-9.

Losano, Mario G.

1971 « Gli otto trigrammi (« pa kua ») e la numerazione binaria », *in* Hochstetter *et al.,* 1966, p. 17-38.

Lovejoy, Arthur O.

1936 *The Great Chain of Being,* Cambridge (MA), Harvard U.P.

Lubac, Henri de

1959 *Exégèse médiévale,* Paris, Aubier-Montaigne.

Maierù, Alfonso

1983 « Dante al crocevia ? », *Studi Medievali*, Serie terza, XXIV, 2, p. 735-748.

1984 « Il testo come pretesto », *Studi Medievali*, Serie terza, XXV, 2, p. 847-855.

Manetti, Giovanni

1987 *Le teorie del segno nell'antichità classica,* Milan, Bompiani.

Marconi, Luca

1992 « Mersenne e l'*Harmonie universelle* », *in* Pellerey éd., 1992, p. 101-136.

Marigo, Aristide

1938 *« De vulgari eloquentia » ridotto a miglior lezione e commentato da A. Marigo,* Florence, Le Monnier.

Marmo, Costantino

1992 « I Modisti e l'ordine delle parole : su alcune difficoltà di una grammatica universale», *in* Pellerey éd., 1992, p. 47-70.

Marrone, Caterina

1986 «Lingua universale e scrittura segreta nell'opera di Kircher», *in* Casciato, Ianniello, Vitale éd., 1986, p. 78-86.

Marrou, Henri Irénée

1958 *Saint Augustin et la Fin de la culture antique,* Paris, De Boccard.

Martinet, André

1991 «Sur quelques questions d'interlinguistique. Une interview de François Lo Jacomo et Detlev Blanke», *Zeitschrift für Phonetik, Sprach — und Kommunikations Wissenschaft*, 44, 6, p. 675-687.

Meillet, Antoine

1918 *Les Langues dans l'Europe nouvelle,* Paris, Payot, 1928[2].

1930 *Aperçu d'une histoire de la langue grecque,* Paris, Hachette.

Mengaldo, Pier V.

1968 Introduzione a Dante Alighieri, *De vulgari eloquentia,* Padoue, Antenore, p. VII-CII.

1979 «Introduzione e note a Dante Alighieri», *De vulgari eloquentia, in Opere minori*, t. II, Milan-Naples, Ricciardi.

Mercier Faivre, Anne-Marie

1992 «"Le Monde Primitif" d'Antoine Court de Gébelin», *Dix-huitième siècle*, 24, p. 353-366.

Merkel, Ingrid, Debus, Allen éd.

1988 *Hermeticism and the Renaissance,* Washington-Londres-Toronto, Folger Shakespeare Library-Associated UP.

Merker, Nicolao, Formigari, Lia éd.

1973 *Herder — Mondobbo. Linguaggio e società,* Rome-Bari, Laterza.

Migliorini, Bruno

1986 *Manuale di Esperanto,* Milan, Cooperativa Editoriale Esperanto.

Minkowski, Helmut

1983 « ''Turris Babel''. Mille anni di rappresentazioni », *Rassegna*, 16 (numéro monographique sur la Tour de Babel), p. 8-88.

Monnerot-Dumaine, Marcel

1960 *Précis d'interlinguistique générale,* Paris, Maloine.

Montgomery, John W.

1973 *Cross and the Crucible. Johann Valentin Andreae.* La Haye, Nijhoff.

Mugnai, Massimo

1976 *Astrazione e realtà. Saggio su Leibniz,* Milan, Feltrinelli.

Nardi, Bruno

1942 *Dante e la cultura medievale,* Bari, Laterza (rééd. 1985).

Nicoletti, Antonella

1989 « Sulle tracce di una teoria semiotica negli scritti manzoniani », *in* Giovanni Manetti éd., *Leggere i « Promessi sposi »,* Milan, Bompiani, p. 325-342.

1992 « ''Et... balbutier en langue allemande des mots de paradis''. A la recherche de la langue parfaite dans le ''Divan occidental-oriental'' de Goethe », *in* Pellerey éd., 1992, p. 203-226.

Nida, Eugene

1975 *Componential Analysis of Meaning. An introduction to Semantic Structures,* La Haye-Paris, Mouton.

Nocerino, Alberto

1992 « Platone o Charles Nodier : le origini della moderna concezione del fonosimbolismo », *in* Pellerey éd., 1992, p.173-202.

Nock, Arthur D. éd.

1945-54 *Corpus Hermeticum*, Paris, Les Belles-Lettres, 4 vol.

Nöth, Winfried

1985 *Handbuch der Semiotik,* Stuttgart, Metzler.

1990 *Handbook of Semiotics,* Bloomington, Indiana UP (n[lle] édition revue et augmentée).

Olender, Maurice

1989 *Les Langues du Paradis,* Paris, Gallimard-Seuil.

1993 « L'Europe, ou comment échapper à Babel ? », *L'Infini*, 1993, n° 44.

Ormsby-Lennon, Hugh

1988 « Rosicrucian linguistics : twilight of a Renaissance tradition », *in* Merkel ; Debus éd., 1988, p. 311-341.

Ottaviano, Carmelo

1930 *L'« Ars Compendiosa » de Raymond Lulle,* Paris, Vrin, 1981[2].

Pagani, Ileana

1982 *La teoria linguistica di Dante,* Naples, Liguori.

Pallotti, Gabriele

1992 « Scoprire ciò che si crea : l'ebraico-egiziano di Fabre d'Olivet », *in* Pellerey éd., 1992, p. 227-246.

Paolini, Monica

1990 *Il teatro dell'eloquenza di Giulio Camillo Delminio. Uno studio sulla rappresentazione della conoscenza e sulla generazione di testi nelle topiche rinascimentali,* Tesi di laurea in Semiotica, Università di Bologna, 1989-1990.

Parret, Herman éd.

1976 *History of Linguistics Thought and Contemporary Linguistics,* Berlin-New York, De Gruyter.

Pastine, Dino

1975 *Juan Caramuel : probabilismo ed enciclopedia,* Florence, La Nuova Italia.

Peirce, Charles S.

1931-58 *Collected Papers,* Cambridge (MA), Harvard UP, 8 vol.

Pellerey, Roberto

1992a *Le lingue perfette nel secolo dell'utopia,* Rome-Bari, Laterza.

1992b « La Cina e il Nuovo Mondo. Il mito dell'ideografia nella lingua delle Indie », *Belfagor*, XLVII, 5, p. 507-522.

1992c « L'"Ars signorum" de Dalgarno : une langue philosophique », *in* Pellerey éd., 1992, p. 147-162.

1993 *L'azione del segno. Formazione di una teoria della pragmatica del segno attraverso la storia della teoria della percezione e della determinazione linguistica nella filosofia moderna,* Tesi di dottorato di ricerca in Semiotica, Università di Bologna, 5ᵉ cycle.

Pellerey, Roberto éd.

1992 *Le lingue perfette,* numéro triple monographique de *Versus. Quaderni di studi semiotici*, 61-63.

Pfann, Elvira

1992 « Il tedesco barocco », *in* Eco *et al.* 1992, p. 215-229.

Pingree, David éd.

1986 *Picatrix. The Latin Version,* Londres, Warburg Institute.

Platzeck, Ehrard W.

1953-54 « La combinatoria lulliana », *Revista de filosofía* 12, p. 575-609, et 13, p. 125-165.

Poli, Diego

1989 « La metafora di Babele e le "partitiones" nella teoria grammaticale irlandese dell'"Auraicept na n-Éces" », *in* Diego Poli éd., *Episteme.* (« Quaderni linguistici e filologici, IV : In ricordo di Giorgio Raimondo Cardona »), Università di Macerata, p. 179-198.

Poliakov, Léon

1990 « Rêves d'origine et folie de grandeurs », *Le Genre humain* (numéro monographique sur *Les Langues mégalomanes*), mars, p. 9-23.

Pons, Alain

1930 « Les Langues imaginaires dans le voyage utopique. Un précurseur : Thomas Morus », *Revue de littérature comparée*, 10, p. 592-603.

1931 « Le Jargon de Panurge et Rabelais », *Revue de littérature comparée*, 11, p. 185-218.

1932 « Les Langues imaginaires dans le voyage utopique. Les grammairiens, Vairasse et Foigny », *Revue de littérature comparée*, 12, p. 500-532.

1979 « Les Langues imaginaires dans les utopies de l'âge classique », *in* Collectif, 1979, p. 720-735.

Porset, Charles

1979 « Langues nouvelles, Langues philosophiques, Langues auxiliaires au XIXe siècle. Essai de bibliographie », *Romantisme*, IX, 25-26, p. 209-215.

Prieto, Luis J.

1966 *Messages et Signaux,* Paris, PUF.

Prodi Giorgio

1977 *Le basi materiali della significazione,* Milan, Bompiani.

Proni, Giampaolo

1992 « La terminologia scientifica e la precisione linguistica secondo C.S. Peirce », *in* Pellerey éd., 1992, p. 247-260.

Quine, Willard V. O.

1960 *Word and Object,* Cambridge (MA), MIT Press ; *Le Mot et la Chose...* trad. Joseph Dopp et Paul Gochet, Paris, Flammarion, 1977.

Radetti, Giorgio

1936 « Il teismo universalistico di Guglielmo Postel », *Annali della Regia Scuola Normale Superiore di Pisa*, II, V, 4, p. 279-295.

Rastier, Francois

1972 *Idéologie et Théorie des signes,* La Haye-Paris, Mouton.

Recanati, Francois

1978 « La Langue universelle et son "inconsistance" », *in* Collectif, 1979, p. 778-789.

Reilly, Conor

1974 *Athanasius Kircher, S.J., Master of Hundred Arts,* Wiesbaden-Rome, Edizioni del mondo.

Rey-Debove, Josette
1971 *Étude linguistique et sémiotique des dictionnaires français contemporains,* Paris, Klincksieck.
Risset, Jacqueline
1982 *Dante écrivain,* Paris, Éd. du Seuil.
Rivosecchi, Valerio
1982 *Esotismo in Roma barocca. Studi sul Padre Kircher,* Rome, Bulzoni.
Rosiello, Luigi
1967 *Linguistica illuministica,* Bologne, Il Mulino.
Rossi, Paolo
1960 *« Clavis Universalis ». Arti mnemoniche e logica combinatoria da Lullo a Leibniz*, Milan-Naples, Ricciardi (2e éd. Bologne, Il Mulino, 1983) ; *Clavis Universalis : Arts de la mémoire, logique combinatoire et langue universelle de Lulle à Leibniz,* trad. Patrick Vighetti, Grenoble, Jérôme Millon, 1993.
Russell, Bertrand
1940 « The object language », *in An Enquiry into Meaning and Truth,* Londres, Allen and Unwin, 1950, p. 62-77.
Sacco, Luigi
1947 *Manuale di crittografia*, 3e édition mise à jour et augmentée, Rome, Istituto Poligrafico dello Stato.
Salmon, Vivian
1972 *The Works of Francis Lodwick,* Londres, Longman.
Salvi, Sergio
1975 *Le lingue tagliate,* Milan, Rizzoli.
Samarin, William J.
1972 *Tongues of Men and Angels. The Religious Language of Pentecostalism,* New York, Macmillan.
Sapir, Edward
1931 « The function of an international auxiliary language », *Psyche*, 11, 4, p. 4-15. Publié également dans H.N. Shenton, E. Sapir, O. Jespersen, *International Communication : A Symposium on the Language*

Problem, Londres, Éd. Mandelbaum, 1931, p. 110-121 ; trad. Jean-Élie Boltanski et Nicole Soulé-Sousbielle, « La Fonction d'une langue internationale auxiliaire », *Linguistique*, Paris, Éd. de Minuit, 1968, p. 99-113.

Sauneron, Serge

1957 *Les Prêtres de l'ancienne Égypte,* Paris, Éd. du Seuil.

1982 *L'Écriture figurative dans les textes d'Esna (Esna VIII),* Le Caire, IFAO, p. 45-59.

Schank, Roger ; Abelson, Robert P.

1977 *Scripts, Plans, Goals, and Understanding : An Inquiry into Human Knowledge Structure,* Hillsdale, Erlbaum.

Schillp, Arthur éd.

1963 *The Philosophy of Rudolf Carnap,* Londres, Cambridge UP.

Scholem, Gershom *et al.*

1979 *Kabbalistes chrétiens*, Paris, Albin Michel, coll. « Cahiers de l'Hermétisme ».

Scolari, Massimo

1983 « Forma e rappresentazione della Torre di Babele », *Rassegna*, 16 (numéro monographique sur la Tour de Babel), p. 4-7.

Sebeok, Thomas A.

1984 *Communication Measures to Bridge Ten Millennia,* relation technique pour l'Office of Nuclear Waste Isolation, Columbus, Batelle Memorial Institute.

Secret, François

1964 *Les Kabbalistes chrétiens de la Renaissance,* Paris, Dunod.

Serres Michel

1968 *Le Système de Leibniz et ses modèles mathématiques,* Paris, PUF.

Sevoroskin, Vitalij éd.

1989 *Reconstructing Languages and Cultures* (Abstracts and materials from the First International Interdisciplinary Symposium on Language and Prehistory, Ann Arbor, novembre 1988).

Shumaker, Wayne
1972 *The Occult Sciences in the Renaissance,* Berkeley, University of California Press.
1982 *Renaissance Curiosa,* Binghamton (NY), Center for Medieval and Early Renaissance Studies.

Simone, Raffaele
1969 « Introduzione », *in Grammatica e logica di Port-Royal,* Rome, Ubaldini, p. VII-L.
1990 *Seicento e Settecento, in* Lepschy éd., 1990, vol. II, p. 313-395.

Slaughter, Mary
1982 *Universal Languages and Scientific Taxonomy in the Seventeenth Century*, Londres-Cambridge, Cambridge UP.

Sottile, Grazia
1984 *Postel : la vittoria della donna e la concordia universale,* Tesi di laurea, Università di Catania, Facoltà di Scienze Politiche, 1983-1984.

Stankiewicz, Edward
1974 « The Dithyramb to the Verb in Eighteenth and Nineteenth Century Linguistics », *in* Dell Hymes éd., *Studies in History of Linguistics,* Bloomington, Indiana UP, p. 157-190.

Steiner, George
1975 *After Babel*, Londres, Oxford UP ; *Après Babel : une poétique du dire et de la traduction,* trad. Lucienne Lotringer, Paris, Albin Michel, 1991.

Stephens, Walter
1989 *Giants in Those Days,* Lincoln, University of Nebraska Press.

Stojan, Petr E.
1929 *Bibliografio de Internacia Lingvo*, Genève, Tour de l'Ile.

Strasser, Gerhard F.
1988 *Lingua universalis. Kryptologie und Theorie der Universalsprachen im 16. und 17. Jahrhundert*, Wiesbaden, Harrassowitz.

Sturlese, Rita

1991 « Introduzione a Giordano Bruno », *De umbris idearum,* Florence, Olschki, p. VII-LXXVII.

Tagliagambe, Silvano

1980 *La mediazione linguistica. Il rapporto pensiero-linguaggio da Leibniz a Hegel,* Milan, Feltrinelli.

Tavoni, Mirko

1990 « La linguistica rinascimentale », *in* Lepschy éd., 1990, vol. II, p. 169-312.

Tega, Walter

1984 *« Arbor scientiarum ». Sistemi in Francia da Diderot a Comte,* Bologne, Il Mulino.

Thorndike, Lynn

1923-58 *A History of Magic and Experimental Science*, New York, Columbia UP, 8 vol.

Tornitore, Tonino

1988 *Scambi di sensi,* Turin, Centro Scientifico Torinese.

Trabant Jürgen

1986 *Apeliotes, oder der Sinn der Sprache,* Munich, Fink.

Van der Walle, Baudouin ; Vergote, Joseph

1943 « Traduction des ''Hieroglyphica'' d'Horapollon », *Chronique d'Égypte*, 35-36, p. 39-89 et 199-239.

Vasoli, Cesare

1958 « Umanesimo e simbologia nei primi scritti lulliani e mnemotecnici del Bruno », *in* Enrico Castelli éd., *Umanesimo e simbolismo,* Padoue, Cedam, p. 251-304.

1978 *L'enciclopedismo del seicento,* Naples, Bibliopolis.

1980 « Per la fortuna degli ''Hyeroglyphica'' di Orapollo », *in* Marco M. Olivetti, éd., *Esistenza, mito, ermeneutica* (« Archivio di filosofia », I), Padoue, Cedam, p. 191-200.

Viscardi, Antonio

1942 « La favella di Cacciaguida e la nozione dantesca del latino », *Cultura neolatina*, II, p. 311-314.

Waldman, Albert éd.
1977 *Pidgin and Creole Linguistics,* Bloomington, Indiana UP.

Walker, Daniel P.
1958 *Spiritual and Demonic Magic from Ficino to Campanella*, Londres, Warburg Institute.
1972 « Leibniz and language », *Journal of the Warburg and Courtauld Institute*, XXXV, p. 249-307.

White, Andrew D.
1917 *A History of the Warfare of Science with Theology in Christendom,* New York, Appleton.

Whorf, Benjamin L.
1956 *Language, Thought and Reality,* Cambridge (MA), MIT Press ; *Linguistique et Anthropologie*, trad. Claude Carme, Paris, Denoël, 1969.

Wirszubski, Chaim
1989 *Pico della Mirandola's Encounter with Jewish Mysticism,* Cambridge (MA), Harvard UP.

Worth, Sol
1975 « Pictures can't say ''Ain't'' », *Versus. Quaderni di studi semiotici*, 12, p. 85-105.

Wright, Robert
1991 « Quest for mother tongue », *The Atlantic Monthly*, 276, 4, p.39-68.

Yaguello, Marina
1984 *Les Fous du langage,* Paris, Éd. du Seuil.

Yates, Frances
1954 « The art of Ramon Lull. An approach to it through Lull's theory of elements », *Journal of the Warburg and Courtauld Institutes*, XVII, p. 115-173 (repris *in* Yates 1982, p. 9-77).
1960 « Ramon Lull and John Scotus Erigena », *Journal of the Warburg and Courtauld Institutes*, XXIII, p. 1-44 (repris *in* Yates 1982, p. 78-125).
1964 *Giordano Bruno and the Hermetic Tradition*, Londres, Routledge and Kegan Paul ; *Giordano Bruno et la tra-*

dition hermétique, trad. Rolland, Paris, Dervy-Livres, 1988.
1966 *The Art of Memory*, Londres, Routledge and Kegan Paul ; *L'Art de la mémoire,* trad. fr., Paris, Gallimard, 1975, coll. « Bibliothèque des histoires ».
1972 *The Rosicrucian Enlightenment*, Londres, Routledge and Kegan Paul ; *La Lumière des Rose-Croix,* trad. fr., Paris, Retz, 1978.
1979 *The Occult Philosophy in the Elizabethan Age*, Londres, Routledge and Kegan Paul ; *La Philosophie occulte à l'époque élisabéthaine,* trad. Laure de Lestrange, Paris, Dervy-Livres, 1987.
1982 *Lull and Bruno. Collected Essays I,* Londres, Routledge and Kegan Paul.

Yoyotte, Jean
1955 « Jeux d'écriture. Sur une statuette de la XIXe dynastie », *Revue d'égyptologie*, 10, p. 84-89.

Zambelli, Paola
1965 « Il "De Auditu Kabbalistico'" e la tradizione lulliana del rinascimento », Atti dell'Accademia Toscana di Scienze e Lettere « La Colombaria », XXX, p. 115-246.

Zinna, Alessandro
1993 *Glossematica dell'esperanto,* communication inédite au Collège de France, Paris (séminaire dirigé par U. Eco, Chaire européenne, 1992-1993).

Zoli, Sergio
1991 « L'oriente in Francia nell'età di Mazzarino. La teoria preadamitica di Isaac de la Peyrère e il libertinismo del Seicento », *Studi Filosofici*, X-XI, p. 65-84.

Index

Table

DU MÊME AUTEUR

AUX ÉDITIONS DU SEUIL

L'Œuvre ouverte, traduit de l'italien par M. Roux de Bézieux et A. Boucourechliev, 1965, et coll. « Points », 1972.

CHEZ D'AUTRES ÉDITEURS

La Structure absente, Mercure de France, 1972.

Le Nom de la rose, traduit de l'italien par Jean-Noël Schifano, Grasset, 1982, Prix Médicis étranger (édition augmentée d'une *Apostille*, traduite de l'italien par Myriem Bouzaher, Grasset, 1985).

La Guerre du faux, traduit de l'italien par Myrian Tanant avec la collaboration de Piero Caracciolo, Grasset, 1985.

Lector in Fabula, traduit de l'italien par Myriem Bouzaher, Grasset, 1985.

Pastiches et Postiches, traduit de l'italien par Bernard Guyader, Messidor, 1988.

Sémiotique et Philosophie du langage, traduit de l'italien par Myriem Bouzaher, PUF, 1988.

Le Signe : histoire et analyse d'un concept, adapté de l'italien par J.M. Klinkenberg, Labor, 1988 ; 2e éd., Livre de poche, 1993.

Le Pendule de Foucault, traduit de l'italien par Jean-Noël Schifano, Grasset, 1990.

Les Limites de l'interprétation, traduit de l'italien par Myriem Bouzaher, Grasset, 1992.

Le Problème esthétique chez Thomas d'Aquin, traduit de l'italien par Maurice Javion, PUF, 1993.

De Superman au Surhomme, traduit de l'italien par Myriem Bouzaher, Grasset, 1993.

RÉALISATION : CHARENTE PHOTOGRAVURE À L'ISLE-D'ESPAGNAC
IMPRESSION : NORMANDIE ROTO IMPRESSION S.A. À LONRAI (61250)
DÉPÔT LÉGAL : OCTOBRE 1994. N° 12596-2 (I4-1880)

LIBRAIRIE EUROPÉENNE DES IDÉES

Publiée avec le concours du Centre national du livre

Heinrich Graetz
La Construction de l'Histoire juive
Paris, Cerf, 1991

André et Jean Sellier
Atlas des peuples d'Europe centrale
Paris, La Découverte, 1991

Bartolomé Bennassar
Histoire des Espagnols : VIe-XXe siècle
Paris, Robert Laffont (collection « Bouquins »), 1992

Dennis Bark et David Gress
Histoire de l'Allemagne depuis 1945
Paris, Robert Laffont (collection « Bouquins »), 1992

Jan Amos Komensky (Comenius)
Le Labyrinthe du monde et le Paradis du cœur
Paris, Desclée, 1992

Henry Méchoulan
Les Juifs d'Espagne : Histoire d'une diaspora, 1492-1992
Paris, Liana Levi, 1992

Klaus Schatz
La Primauté du pape : son histoire, des origines à nos jours
Paris, Cerf, 1992

Charles Tilly
Contrainte et Capital dans la formation de l'Europe : 990-1990
Paris, Aubier-Flammarion, 1992

Sous la direction d'Henri Giordan
Les Minorités en Europe : droits linguistiques et droits de l'Homme
Paris, Kimé, 1992

Maurice de Gandillac
Genèses de la modernité
Paris, Cerf, 1992

J.H. Elliott
Olivares
Paris, Robert Laffont (collection « Bouquins »), 1992

Charles Burney
Voyage musical dans l'Europe des Lumières
Paris, Flammarion, 1992

Leonardo Benevolo
La Ville dans l'histoire européenne
Paris, Le Seuil, 1993

Peter Gay
Le Suicide d'une république : Weimar, 1918-1933
Paris, Calmann-Levy, 1993

Istvan Bibo
Misère des petits États d'Europe de l'Est
Paris, Albin Michel, 1993

Textes réunis et présentés par Christian Biet
et Jean-Paul Brighelli
Mémoires d'Europe. Anthologie des littératures européennes, 1453-1993
Paris, Gallimard, 1993

Sous la direction de Gilbert Vincent et Jean-Paul Willaime
Religions et Transformations de l'Europe
Strasbourg, Presses universitaires de Strasbourg, 1993

Paolo Rossi
Clavis Universalis
Grenoble, Jérôme Millon, 1993

Charles Tilly
Les Révolutions européennes, 1492-1992
Paris, Le Seuil, 1993

Joseph Rovan
Histoire de l'Allemagne, des origines à nos jours
Paris, Le Seuil, 1994

Ouvrage dirigé par Jean Baumgarten, Rachel Ertel,
Itzhok Niborski, Annette Wieviorka
Mille Ans de cultures ashkénazes
Paris, Liana Levi, 1994